叙实性与事实性

陈振宇　张新华　主编

上海教育出版社
SHANGHAI EDUCATIONAL
PUBLISHING HOUSE

目　　录

前　　言

"汉语句法语义理论研究"系列小型学术讨论会，由复旦大学中国语言文学系主办。采用工作坊模式，每期邀请近 20 名专家学者与学术新锐，就某一专题作深入讨论。主要关注重大的理论问题，也可以是系统性的描写，以前沿性和创新性为导向，尤其欢迎具有挑战性的研究成果。会后按计划出版相应的专题论文集，将集结为复旦大学中文系"汉语句法语义理论研究"丛书。

本论文集所对应的会议于 2018 年 3 月 31 日至 4 月 1 日在复旦大学召开，会议的主题是"叙实与事实——汉语语句的蕴涵和预设关系"。陈振宇代表主办单位致辞。报告顺序为：

袁毓林（北京大学）《叙实性与事实性：语言推理的两种导航机制》

陈振宇（复旦大学）《叙实性与事实性》

方清明（华南师范大学）《叙实名词"事实"的句法、语义探析》

李新良（浙江工业大学）《现代汉语动词的叙实性的"灰色地带"——以"打算"类动词为例》

赖蔚晨、张和友（北京师范大学）《叙实与指称的视点和编码》

郭　光（复旦大学）《"知道"的非叙实与反叙实——兼论"早知道"的语法化》

张新华（复旦大学）《强叙实动词研究》

唐正大（中国社会科学院）《主语从句的非叙实性和主语名词的时间指称独立性初探》

雍　茜（暨南大学）《汉语反叙实句的触发因子与表征模式》

张　帆（中国社会科学院）《"假装"类动词宾语的双重真值模型》

蒋　严（伦敦大学）《论汉语违实条件句的分析的几个因素》

彭利贞（浙江大学）《"过去"的道义与反事实》

姜毅宁(复旦大学) 《强调、反预期语境与事实性》

李宏亮(电子科技大学) 《"希望……"类虚拟句分析》

李晋霞、徐爱改(北京师范大学) 《"要不是"违实句探析》

张天娇、陈振宇(复旦大学) 《假设、否定、取效行为与反事实——以"如果"句为例》

王莹莹(湖南大学) 《副词"一定"的语义解释研究》

陈振宁(浙江大学) 《成都话语气词的叙实与事实》

会议还安排了自由发言与讨论。

会后,经过相关专家的交流,选出 19 篇论文组成本论文集《叙实性与事实性》,其中有的是在会上报告后进一步修改定稿,有的则是与讨论主题紧密相关的其他文章,共同形成一个较为完整的系列,以便反映汉语研究者在叙实和事实研究方面的前沿成果。这些文章大多数已经在期刊上发表,收入文集时,不少作者做了大量的修改,有的是因为发表时篇幅有限,所以在本论文集中收入其文章的完整版;有的是对发表时的错误、疏漏做了修正,以反映最新的思考。作者的努力令人感动,也大大增强了本论文集的阅读价值。

在哲学上,很早就有关于晦暗与透明的研究。如"他在找麒麟",说话者并不表明他是否认为有麒麟存在,这是晦暗性;但"他找到了一只麒麟",说话者表明他认为麒麟是存在的,这是透明性。这其实是一种逻辑蕴涵关系,即当说话者认为"他找到了一只麒麟"为真时,"存在麒麟"也为真;但当说话者认为"他在找麒麟"为真时,"存在麒麟"可能为真,也可能为假。

在语言研究中,可以发现更为复杂的情况。叙实性研究关注下面这样的语句:

"他知道李四来了"为真,或"他不知道李四来了"为真,都可推出"李四来了"为真。因此"叙实"动词"知道"构成了逻辑上的预设关系。

"他假装没看见她"为真,或"他没有假装没看见她"为真,都可推出"(他)没看见她"为假。因此"反叙实"动词"假装"也构成了一种与事实"相反"的预设关系。但"假装"句也存在一些复杂的情况。例如,"范文博假装在看报纸","在看报纸"的行为表面上已经现实存在,但该行为只是作为一种"表象",其执行者"范文博"的真正目的并非"看报纸",而在别的事情。

　　有些动词,只有肯定形式蕴涵所引出的宾语小句为真,否定形式却无此蕴涵能力(或者相反),这种动词是"半叙实性"的。如"他证明了电磁波的确存在"为真,则可推出"电磁波的确存在"为真;但"他没有证明电磁波的确存在"为真,"电磁波的确存在"却是可能为真可能为假的。

　　预设的触发语研究,以及预设的取消研究也关心与此类似的问题,如"他孩子病了"和"他孩子没病"都有存在预设"他有孩子"。但是如果我们看见一个人在那儿着急,我们猜测"莫非是他孩子病了?",这时我们并不能肯定"他有孩子"是真是假。

　　还有关于反事实句(虚拟句)的热烈讨论,如反事实条件句,"你要努力的话就好了"意味着"你努力"为假,但是在汉语中条件句在大多数情况下没有反事实性;再如某些陈述也暗含反事实性,"你昨天应该去的",很容易解读为"你昨天没去",不过也不是没有反例。究竟是什么在决定汉语语句事实性的解读,仍然是一个没有完美答案的议题。

　　所有这些现象都与一个关键的问题有关:语句间的蕴涵关系是怎么达成的? 是因为某些语词的作用? 是因为构式的意义? 是百科知识的产物? 还是特定语用推理的结果? 这是一个很有价值的理论问题。如果读者在看完本论文集后,能够把握当前研究的方向,理解各家学说的异同,并产生深刻的反思,最终对这些问题给出自己的答案,那是我们所欣慰的。

陈振宇　张新华

2019 年 6 月 1 日

叙实性与事实性:语言推理的 两种导航机制 *

袁毓林

提 要 本文讨论叙实性和事实性在语言推理中的导航作用及其运作机制。首先说明人类内在性的语言能力使得人们能够抓住语言表达的形式线索来进行真值判断和语义推理,强调语言能力落实在具体的词项和构式之中。接着论证叙实性表达的真值可靠性问题,揭示了其背后的交互主观性和语义推理方面的指引功能,并援引动力学的相关观点,说明反事实表达背后的因果推理可以用"力动态"的心智模式来解释:如果"拮动力"导致"主动力"改变了其固有状态,那么在"拮动力"缺失的情况下,"主动力"会做些什么。文章还讨论了叙实性跟命题态度与言语行为的关系、英语与汉语在反事实推理方面的差别等问题。

关键词 叙实性 事实性 语言推理 交互主观性 因果推理 力动态模式

1. 引言:语言推理有窍门

人类长着一颗贪婪的大脑,不知疲倦地追寻宇宙苍生的真相与意义,[1]永无止境地辨别世间万物的虚实与真伪。人们用语言进行思维和交际,对于语言表达所指称或陈述的事物的真假,自然也会特别敏感。并

* 本课题得到教育部人文社会科学重点研究基地重大研究项目"汉语意合语法框架下的词汇语义知识表示及其计算系统研究"(项目编号:18JJD740003)和国家重点基础研究计划(973 计划)项目:"语言认知的神经机制"(项目编号:2014CB340502)的资助,初稿曾在复旦大学主办的"2018 年汉语句法语义理论研究学术讨论会——叙实与事实"(2018 年 3 月,上海)上作大会主题报告,《语文研究》匿名审稿人提出意见,谨此致以诚挚的谢意。

且,人们通常能够透过语言表达,很容易对有关命题的真假作出判断,或者推出结论。当然,有时候语言推理的过程也会颇费周折,甚至无功而返。例如:

(1) 2018年春节期间北京卫视对口相声《卖假肢》中的片段:

甲:你卖<u>假货</u>给我二大爷?

乙:我卖什么<u>假货</u>给你二大爷了?

甲:你卖假肢给我二大爷。

乙:唉! 那是因为你二大爷缺一条腿。

甲:你卖的是假假肢!

乙:假假肢? 那不成了<u>真货</u>了吗?

(2) 大家都<u>知道</u>他<u>不是外国人</u>,他却卖力地<u>假装</u>是外国人,说着洋腔洋调的汉语。(自拟)

(3) 有人像苏·凯瑞(Sue Carey)就曾力图<u>表明</u>,我们的科学能力不过是一般的推理、钻研等常识能力的自然发展。我<u>不太相信</u>。我<u>感觉</u>科学涉及十分不同的心智能力。(Chomsky 2011/2015:99)

(4) 1993年有一个笑话在美国盛传一时,说的是一次克林顿夫妇在驱车经过希拉里家乡时,看到希拉里过去的一个男朋友正在加油站工作。于是,夫妻两个有如下对话:

克林顿:如果你当初没有嫁给我,你可能会成为加油工的妻子。

希拉里:如果我当初没有嫁给你,那当总统的就该是他了。

(Pinker 2007/2015:249)

(5) 伍迪·艾伦(Woody Allen)有一句名言:"我一生唯一的遗憾就是我不是别人。"(改编自:Pinker 2007/2015:247)

(6) 网上流传的一道智力测验题:

有人说:如果昨天是明天的话就好了,这样今天就是周五了。请回答:句中的今天到底是周几?

例(1)中语素"假"的多义性("伪造的"或"人造的"),给咬文嚼字的人提供了设置意义陷阱的机会。例(2)中"知道"的宾语小句("他不是外国人")的所指命题必须是真的,相反,"假装"的前一个宾语小句("[他]是外国人")的所指命题必须是假的;但是,"假装"的后一个宾语小句("[他]说着洋腔洋调的汉语")的所指命题似乎又是真的。问题是:假装出来的行为怎么能够是真的? 例(3)中"表明、相信"的宾语小句"我们的科学能力不过是一般的推理、钻研等常识能力的自然发展"、"感觉"的宾语小句"科学涉及十分不同的心智能力"的所指命题是可真可假,其真值完全取决于说话人或听话人的信念。例(4)中克林顿夫妇各自的反事实假设,构造了两种虽然诡异但跟真实世界较为接近的可能世界。[2] 例(5)中美国导演伍迪·艾伦那句名言,反过来说,就是一个反事实假设条件句:"如果我是别人(而不是现在的我),那么将一生无所遗憾了。"至于例(6)中的答案,需要在由周一至周日组成的、具有序列关系的时间标尺(sequential scale)上,对虚拟的"明天(=真实的昨天)、今天(周五)"与真实的"昨天、今天(周几)、明天"进行对勘和周值的代入,才可知虚拟世界比真实世界快 2 天;因此,把虚拟世界中"今天"的周值(周五)减去 2,就是真实世界中"今天"的周值(周三)。像上文例(2)和例(3)中动词预设其宾语小句的真值的能力或性质,就是语义学上所谓的叙实性(factivity);像上文例(4)至例(6)中语句表示其跟实际情况不同或相反的性质,就是语义学上所谓的事实性(facticity)。

可见,一方面语言运用无小事,不动脑筋会出错;另一方面语言推理有窍门,略施小计悟妙谛。就看你能不能抓住语言表达提供的种种形式线索,循着语言推理的轨道,利用叙实性和事实性等各种语言推理机制。而这一切,背后又拜所谓的人类内在性语言能力所赐。下面就简单讨论一下人类内在性语言能力的性质及其在外部语言中的具体落实。

2. 语言能力落实在具体的词项与构式之中

众所周知,乔姆斯基(Chomsky)主张,人类具有天赋的习得语言的内在性能力,这种基于遗传的语言能力(linguistic competence)的形式化表征就是普遍语法(universal grammar)理论。[3] 这一观点的提出对于理解儿童如何习得语言,以及什么是真正的人类及其语言的本质都有深远的意义,并且被很多人认为是对当时(20 世纪 50 年代)占主导地位的行为主义心理学理论的直接挑战。

1959 年乔姆斯基在《语言》(*Language*)杂志上发表《评斯金纳的〈言

语行为〉》("*A Review of B.F.Skinner's Verbal Behavior*",Chomsky 1959),对行为主义心理学家伯尔赫斯·弗雷德里克·斯金纳(Burrhus Frederic Skinner,1904—1990)的《言语行为》(*Verbal Behavior*,Skinner 1957)一书进行了评论。斯金纳在该书里试图用行为主义理论解释语言问题。斯金纳指出,人类的语言行为只是刺激和反应。其中,看见、听见和感觉到的东西是刺激,说出的话是反应。辨识出刺激,就能预测会有什么反应。他将"言语行为"定义为一种从他人那里学习得来的行为。乔姆斯基则旗帜鲜明地反对这种说法。

乔姆斯基(Chomsky 1959)的主要观点是,将实验室里研究动物行为的原则,应用到实验室之外的人类身上是毫无意义的,要想理解人类的复杂行为,我们必须假定负有终极责任的大脑中有一些无法被观测到的实体。乔姆斯基认为,成年人的大部分心智能力都是"先天的"(innate)。尽管儿童并不是一生下来就会说某种语言,但是所有儿童都天生具有很强的"语言习得"(language acquisition)能力,这种能力使他们得以在最初几年中很快地掌握某种语言。乔姆斯基(Chomsky 2006)又对这些观点进行了进一步的说明。他引用 16 世纪瓦尔特(Juan Huarte)的思想学说/观点:人类心智的能力"在内部并由自身能力形成,是知识所依赖的原则"。据此,他认为对语言而言,"知识所依赖的原则"是人们所习得的内部语言(I-language)的原则。他还说:

> 我不知道是否有更严肃的证据支持其他灵长类动物也和人一样有语言能力的论断。事实上,对我而言,我们拥有的任何证据似乎都支持这样的观点:习得和使用语言的能力是人类这一物种所特有的能力,有很深层的限制性的原则决定着人类语言的本质。并且这些原则被深植于人类心智的特性之中。(Chomsky 2006/2015:110)

乔姆斯基(Chomsky 2011)还认为语言的科学(the science of language)是自然科学,他视语言为一种生物系统,由个体进化而来并且通过基因遗传给后代;语言的科学可以告诉我们何为自然语言,是什么将其赋予了人类(而不是其他生物),如何解释语言的出现和人类惊人的认识能力的形成。[4]乔姆斯基坚信,人类语言能力和其他理性能力(比如数学能力等)是人类固有的本质,源于基因遗传(第一因素)造就的天赋结构(比如普遍语法等）。[5]他不认为"这是一种无法当真的、近于宗教信仰式的原则"[6]，他也不怕被冠以"神秘主义"的恶名。他主张坦然地接受我们暂时无法弄清楚的一切，并以此为起点着手研究。[7]

我们赞成乔姆斯基关于儿童生下来头脑中并不是一块白板（blank slate），而是有各种先验的认知结构和语言能力这种观念。但我们相信，在语言运用中，基于经验的概念结构是认知结构和语言能力发挥作用的基础性认知资源，对于语句构成及其意义识解起着重要的作用。因为，正如乔姆斯基（Chomsky 2011）所指出的：我们没有理由相信词项与概念之间存在什么差别，我们并没有什么独立于某种特定语言之外的概念。比如，"驴"是一个词项，也是一个概念，它是一个语言的概念，也是一个进入思想的概念。概念显现在语言之中，但是我们无法知道它们是不是独立于语言之外而存在。概念本身是否源自语言这个问题似乎超出了我们的研究能力。[8]通过调查语言运用中的实际事例，我们发现制导语义推理的许多机制就内置于语言具体的词汇或构式之中，或者说，隐含在词项和构式中的某种语义成分及其背后的概念结构，甚至还有其外在的形式标记或线索，它们透露了说话人在命题的事实性或主观态度上的倾向性。其中，具有不同的叙实性功能的谓宾动词和不同类型的反事实表达句式，就为语言推理规定了方向和设定了轨道，从而成为方便人们语言生成和理解的导航机制。下面，我们分别讨论叙实性和事实性这两种语言推理的导航机制。

3. 叙实性表达背后的交互主观性和推理指引

如果词语的意义果真是进入思想的概念，从而成为"思想的语言"（the language of thought）的基石，[9]那么，我们人类文化和思想中各种关于事物真假的信息，应该至少有一部分可以或已经直接在词汇上进行了编码。这种情况，在汉语中表现为用"真、假、虚、实、伪"等构成语素作为标记。例如：

(7) 真迹/真品—赝品/仿品；真理—歪理/谬论；真皮—人造皮；真情/真心/真意—假意；真丝—人造丝；真情/真相/实情—假象；真话/实话—假话；真名/实名—假名；实木—人造板材。

(8) 假花—真花;假钞/假币/伪钞—真币;假发—真发;假枪—真枪—仿真枪;虚名—实学;虚岁—实岁;假性近视—真性近视;假牙—真牙。

(9) 假案—(真案);假山—(真山);假小子—(真小子);[打]假球—([打]真球);假嗓子—(真嗓子);伪科学—(真科学);伪书—(真书);伪君子—(真君子)。

(10) 假账—(* 真账);假肢—(* 真肢);假道学—(* 真道学);假面具—(?真面具);伪证—(* 真证[据])。

例(7)中表示真假两种概念的词汇都是有标记的。例(8)中表示假概念的词汇在构成上是有标记的,在使用上反而是无标记的(要表示这种概念,只能用"假-"这种有标记的词汇形式);表示真概念的词汇在构成上是有标记的,在使用上也是有标记的(要表示这种概念,本来不需要用"真-"这种有标记的词汇形式)。这种情况,比一般的"标记颠倒"(markedness reversal)现象还要复杂和有趣。通常的标记模式是中性或正面意义用无标记形式(如 like、accurate),偏离或负面意义用有标记形式(如 dis-like、in-accurate;* dis-hate、* in-fuzzy)。因此,偏离正常的花朵、枪械的"假花、仿真枪"要用类前缀"假/仿真-"作标记,而正常的"花、枪"则可以不用类前缀"真-"作标记。但随着有标记形式及其所反映的现象(或概念)的盛行,为了强调或防止混淆,本来无标记的中性或正面意义也可以用有标记的形式来表达(如"真花、真枪")。于是出现了这种偏离常规标记模式的标记颠倒。例(9)和例(10)的情况跟例(8)相似,但是表示真概念的词汇形式反而很少使用,甚至是不存在的,如例(10)。当人们使用其中某个词来陈述(predicate)某种事物时,说话人就是在实施对外部世界中某种事物进行真假判断的社会行为(social action),并且承诺了相应的社会(道德、法律,等等)责任。

当然,表示真假两种概念还可以用"真、假、所谓、貌似、疑似"等区别词修饰名词性成分,构成短语形式。例如:

(11) 真警察—假警察;真的和田玉—假的和田玉;所谓的新兴产业;貌似女子;疑似病例。

(12) 英国《经济学人》周刊 1 月 25 日刊登了一篇题为《我的真相是用

来对付你的——与假情报进行战争》的文章称，互联网和社交媒
体为大规模操纵舆论创造了全新的机会。今后，"假新闻"将会
显得十分真实，甚至诱发国家间开战。（参考消息网 2018-2-19）

(13) 哥白尼很怀疑所谓的太阳绕着地球转的真理。（自拟）

(14) 日前，一张疑似泰国前总理英拉及其兄长他信现身阿联酋迪拜
一家牙科诊所的照片，引发了广大网友的高度关注。（海外网
2018-3-2）

上面这些用"真、假、所谓、貌似、疑似"类词汇标记来表示概念真假的
情况，相对来说都是比较简单的。[10] 比较复杂的情况是，有的动词的语义
结构中有明确指引宾语所指命题真假的信息（作为一种词汇预设）。
例如：

(15) a. 草树知春不久归，百般红紫斗芳菲。（韩愈《晚春》）

b. 知汝远来应有意，好收吾骨瘴江边。（韩愈《左迁至蓝关示侄
孙湘》）

(16) a. 不知细叶谁裁出，二月春风似剪刀。（贺知章《咏柳》）

b. 不知腐鼠成滋味，猜意鹓雏竟未休。（李商隐《安定城楼》）

(17) 床前明月光，疑是地上霜。（李白《静夜思》）

(18) 飞流直下三千尺，疑是银河落九天。（李白《望庐山瀑布》）

"知（道）"和"疑（是）"反映的是两种相对的知识状态：前者是主语所
指（也可以同时是说话人）意识到其宾语所陈述的某种事态是一种事实，
即预设其宾语所指命题为真，即使在前面加上否定词"不"，仍然如此。这
种谓词被称为叙实谓词[11]（factive predicates）。后者是主语所指（也可
以同时是说话人）意识到其宾语所陈述的某种事态不是一种事实，而是一
种假象或幻觉；即预设其宾语所表示的命题为假。这种谓词被称为反叙
实谓词[12]（counter-factive predicates）。但更多的谓宾动词只反映其主
语所持有的某种信念，却并不承诺或明示其宾语所表示的命题为真，也不
预设或暗示其宾语所表示的命题为假。例如：

(19) 据英国《卫报》报道，美国国家广播公司（NBC）26 日访问美国
"第一千金"伊万卡，抛出辛辣问题："是否相信指控特朗普性骚
扰的人？"伊万卡迟疑一下后表示被记者的问题冒犯，称该问题：

"对一位女儿而言很不礼貌,而且我父亲<u>坚持</u>自己被指控性骚扰不是事实。"伊万卡又说,"我不<u>认为</u>这个问题可以拿去问任何人的女儿"。伊万卡也称自己"<u>知道</u>父亲的为人,我认为身为一位女儿有权利<u>相信</u>自己的父亲"。(《人民日报》(海外版)2018-2-27)

上例中"相信、坚持、认为"并不预设其宾语所指命题的真值,最多只是表示一下主语基于自身的社会角色而对有关事情(评价客体)的一种主观立场(stance)而已。[13]这种谓词被称为非叙实谓词(non-factive predicates)。这样,谓词(包括动词和形容词)可以根据其叙实性分为三种基本的类型:叙实谓词、反叙实谓词和非叙实谓词。

由于叙实谓词预设其宾语(或主语)所指命题为真(或者是一个事实),因而谁使用这样的谓词来叙述某种事情,谁就要面临使用其他谓词所没有的道德责任或法律风险,甚至是牢狱之灾。比如,平克(Pinker 2007)就讲了这样一个真实的故事:美国总统小布什 2003 年 1 月发表国情咨文演讲时,说到下面一句话:

(20) The British government has <u>learned</u> that Saddam Hussein recently sought significant quantities of uranium from Africa.(译文:英国政府已经<u>获悉</u>,萨达姆·侯赛因近期向非洲求购了大量的铀矿石。)

布什到底有没有说谎? 由于 learn(获悉)是叙实动词,意味着说话人相信其宾语小句所说的事情是真实的。认为"布什说谎了"的人们,在语义学上的直觉是:既然布什当时用的是"has learned"(已经获悉),那么萨达姆向非洲求购了大量的铀矿石必然是事实;如果不是事实,那么就是"布什说谎了"。叙实谓词预设宾语所指命题为真的逻辑,成为批判者们指责布什说谎的依据。但美国国防部长拉姆斯菲尔德(Donald Rumsfeld)另有说辞。他在为布什辩护时:该声明"从严格的法律意义上说是准确的"。当然,这种辩护虽说有点儿强词夺理,但也并非毫无道理。因为叙实谓词只是表示说话人相信其宾语小句所叙述的事情是真的,但没有人能够做到完全确定某件事情一定是真的。[14]正如马克·吐温(Mark Twain)所说的:

这个世界的问题并不在于人们<u>知道</u>得太少,而在于他们<u>了解</u>太多并不是那么一回事的事情。

在我年轻时,我什么都记得住,不管是发生的还是没有发生的;而现在我的机能正在日益衰退,用不了多久……我就只能记住那些从未发生过的事情了。

上文中的"知道、了解、记(得)住"等都是叙实谓词,其宾语小句所叙述的事情理应是真实可信的。但你以为是真实可信的事情,却又可能是假象、幻觉,甚至是子虚乌有的东西。这位大作家果真洞悉叙实谓词在预设事情的"确信度"上的悖论性质。[15]我国先秦时代哲学家庄子与惠施的"濠梁之辩"("子非我,安知我不知鱼之乐?"),也是一场关于他者经验是否可知的辩论。[16]可见,由一个叙实谓词引起的"布什到底有没有说谎",远不能用简单的"是"或"否"来回答。我们也可自问一下,是不是都"知道"这一事实:太阳早上从东方升起,傍晚从西天落下。这个所谓的事实真的就是事实吗?如果它的确是真的,那么太阳就是绕着地球转的。照此则我们的认识水平就一下子回到了哥白尼之前的时代了。

具有叙实性功能的谓词(包括叙实动词、反叙实动词、非叙实动词),大多数是能够带小句宾语的动词,[17]它们跟主语和宾语小句一起组成补足语构式(complementation constructions)。根据费尔哈亨(Verhagen 2005)的研究,这种补足语构式中真正表达话语基本内容的是宾语小句;而主句谓语动词主要是表达意识主体的心理状态或过程的"心理空间建造者"(mental-space builder),相应地,主句主语是一种"站在前台的概念化者"(onstage conceptualizer)。补足语构式的话语功能是:邀请站在后台(ground)的概念化者(听话人)跟站在前台的概念化者(主句主语)以及说话人进行认知上的协作(cognitive coordination),并且指导听话人按照说话人通过主句(包括主句主语和主句谓语动词)所指定的方式来对宾语小句进行认知识解(cognitive construe)。因此,这是一种具有交互主观性(intersubjectivity)功能的语言表达形式。[18]从叙实性的角度来看,补足语构式的语义特点就是,说话人通过主句谓语动词(不同类型的叙实性谓词)来规定宾语小句的真值情况:或者是真的(叙实谓词),或者是假的(反叙实谓词),或者是真假不确定的(非叙实谓词);并且明示宾语小句所表示的信息的来源和证据,从而指导听话人谨慎对待宾语小句所表示的信息的真实性。比如,上文例(20)中说话人(布什总统)巧妙地把应该对"萨达姆正在研制核武器"这一信息真实性负责的主体,推卸到了站在前台的概念化者(主句主语)"英国政府"身上。因此,叙实性其实是语言表达交互主观性的一种特殊的表现形式和实现形式。

4. 反事实表达背后的因果推理及其动力学机制

乔姆斯基(Chomsky 2006)一书中多处提到,考古人类学的记录暗示,在大约五至十万年前的某个时期,人类进化中出现了一个"大跃进"(great leap forward):开始有了创造性想象、计划制定、工具的复杂使用、艺术、符号性表征,以及对月相之类外部事件的记录等。看起来,这大约就是语言被整合后出现的时间。因此,认为语言和这些复杂认知行为之间存在关联的推测并非没有根据。如果某个原始人有语言能力,他便可以作出计划,可以思考和理解,可以想象其他情景(包括并非现场的情景),并且可以从中作出选择或者形成看法,然后在某个阶段,他可以通过语言对一些情况进行表达。……语言不只是将信息组织起来,它还有创新能力。我们可以考虑这个世界按这种做法、不按这种做法就会是什么样子。事实上,哪怕是不会有实物形态的东西,我们也能想象出来。[19]值得注意的是,乔姆斯基提及的"想象其他情景"和"考虑这个世界按这种做法、不按这种做法就会是什么样子"加起来,就差不多是反事实思维(counterfactual thinking)了。[20]可见,反事实思维是现代人类的一种基本的认知能力。[21]

有足够多的观察和记录表明,不同的种族和人群在反事实思维的运用和语言表达方面,存在着系统性的差异。[22]下面,我们通过两个分别发生在中国和美国的刑事案件,特别是两位原告诉状中的归因表达来说明这一点。

(21) 2017年1月9日,唐山曹妃甸区柳赞镇发生摩托车相撞事故,其中一辆车的驾驶人张永焕逃逸。正在现场的朱振彪驾车追赶,两人一前一后行至一处铁道时,张永焕被火车撞击身亡。尽管承认父亲存在肇事逃逸情节,但张永焕之子张殿凯坚持认为,朱振彪的穷追不舍,是导致父亲被撞身亡的原因。他因此将朱振彪告上法庭,提出共计约60万元的赔偿要求。

　　张殿凯在庭上表示,朱振彪的追赶,是父亲走上铁轨并被撞死的主要原因。此外,现场监控录像显示,父亲提出"你再过来,我就上铁道了"时,朱振彪并没有停止追击,"所以在这个过程中,朱振彪是有责任的"。

　　朱振彪的代理律师周存鹏提出,朱振彪的追赶,主观目的是等待警察到场处理。张永焕主动走上铁道,且在走上铁轨后,朱振彪始终保持相对较远的距离,并没有对张穷追不舍,"这种距离是为了保证张永焕在朱振彪的视野内,张永焕的死,不是朱振彪积极追赶或者放任的结果"。

　　昨日下午,唐山滦南县法院认定,朱振彪的追赶行为不具有违法性,对张永焕的死亡不构成民事侵权责任过错,其行为和张永焕死亡之间不具有法律因果关系,故驳回原告诉讼请求。

(《新京报》2018-2-13)

上例中,原告张殿凯认为:"朱振彪的追赶,是父亲走上铁轨并被撞死的主要原因",朱振彪的代理律师周存鹏则提出:"朱振彪的追赶,主观目的是等待警察到场处理。……张永焕的死,不是朱振彪积极追赶或者放任的结果",唐山滦南县法院据此认定:"朱振彪的追赶行为不具有违法性,对张永焕的死亡不构成民事侵权责任过错,其行为和张永焕死亡之间不具有法律因果关系"。可见,诉讼双方对被告的追赶行为和原告父亲的被撞身亡之间到底有没有直接的因果关系持有相反的主张。原告对于这种因果关系的表达是凭直觉的平铺直叙,没有从反面进行假设,即:如果没有被告的追赶行为,就不会有其父被撞身亡的结果。这引导人们去推论:被告的追赶行为是其父亲被撞身亡的充分必要条件。

(22) 有这么一个由间接因果关系引起的实际难题,这个难题就连哲学家们也都无能为力。长岛的一个寡妇提交了一份1 600万美元的过失致死的诉讼,她起诉的对象是贝尼哈娜日式连锁餐厅。该餐厅的一名厨师模仿成龙在电影《好好先生》(Mr. Nice Guy)中的表演,试图用锅铲将一只烤虾投进其丈夫的嘴里。该厨师第一次将一只烤虾投向该男子的妹夫,但没投中,结果打中了他的额头。随后他又将另一只烤虾投向该男子的儿子,结果打中了他的手臂。最后,厨师又将第三只烤虾投向了正试图扭头躲开的本案受害者,她的丈夫。晚餐过后,她的丈夫开始感到颈部疼痛。在接下来的几个月里,他接受了两次脊髓手术。第二次手术后,由于术后感染,他最终死于败血症。据《纽约法律周刊》(*New York Law Journal*)报道,该妇女的家族律师援引了反事实因果关系理论:"如果不是那次投食事件……(这个人)现在可能还活着。"贝尼哈娜方的律师则含蓄地援引了力动态的相关理论:"贝尼哈娜对其(该男子)死亡不予承担任何责任,因为这个因果链中的第一个环节或第二个环节与该男子 5 个月之后的死亡之间存在着一个断档。"大概是出于人类心智的本色,陪审团最终还是作出了对贝尼哈娜有利的裁决。(Pinker 2007/2015:270—271)

上例中,原告律师的反事实表达"如果不是那次投食事件……(这个人)现在可能还活着",差不多是在引导陪审团认定:贝尼哈娜厨师的投食行为,是原告丈夫死亡的直接的主要原因。这说明,相对而言,国外的法庭辩论更加偏好使用反事实表达。

　　可见,反事实推理是因果推理的一种极端和夸张的表现形式。它把有关事实置于一个虚构的可能世界中,对其中的一个条件进行重新设想,推导出跟已经发生的事情相反的结果,并且据此进行归因(把一个必要条件认定为主要原因或充分必要条件),以便进行相应的责任追究。因此,这种追求片面的确证的论证方式,使得其推论的有效性具有不确定性。比如,例(22)中,导致原告丈夫死亡有一系列的原因,贝尼哈娜厨师的投食行为固然是其中的一个原因(始发性肇因),但是未必是主要原因。因为很显然,只要手术正确和医疗得当,术后感染和死于败血症等严重后果都是可以避免的。

　　问题是,为什么在人们的心理上,反事实推理常常是可以接受的,并觉得这是合情合理的? 也就是说,为什么反事实推理往往是符合人们的逻辑直觉的? 这要追溯到作为反事实推理基础的因果推理的动力学机制上。根据 Pinker(2007),人们有一种直觉:世界是由有因果力的机制和力量(某种由原因传输给结果的推动力、能量或吸引力)所组成的。……人类对因果威力的习惯性幻想以及迫使自己顺应它们的习惯，自远古时代起就已经成为一种文化习俗。不仅如此，它还为伏都教、占星术、魔法、祷告、偶像崇拜、新时代的灵丹妙药以及其他的巫医神术，提供了丰富的土壤。就连那些令人尊敬的科学家们，也不甘心仅仅停留在对这表面关联性的简单记录上。相反，他们会设法撬开大自然的黑匣子，从中挖掘出那些发挥决定作用的隐藏力量。当然，有些时候他们所挖掘出的隐藏力量并不起作用。比如，燃素、光以太。不过，大多数情况下，它们还是非常奏效的。比如，基因、原子以及构造板块，等等。……心理学家通过实验表明：无须提前对一系列事件进行观察，便可以对因果力进行推理的能力，是灵长类动物天赋能力的一部分。……借用语言学家泰尔米（Talmy 2000）"力动态"的心智模式（the scheme of force dynamics）来讲：一个有关物体运动还是停止的内在倾向（主动力，agonist）和外来的使物体运动或停止的抗衡力（拮动力，antagonist）的概念，……一个事件导致另一个事件就相当于一个拮动力直接作用于一个主动力。拮动力直接地、刻意地导致主动力改变其固有状态，这种力动态原型形态是语言中因果结构式的语义基础。……假如人们借助力动态术语来构思因果关系是自然而然的，那么我们就不难理解为什么因果关系这个概念会跟反事实思维有着如此密切的关系了。按照定义，主动力的内在趋势是：在没有拮动力作用的情况下，它会起什么作用；换句话说，在拮动力缺失的情况下，它能做些什么。这很可能是深埋在我们认知组成中的基石。现代逻辑学家们以反事实为依据所捃出的更精准的因果关系定义，正是在这个基础上提出来的。[23]以例（22）来说，原告丈夫原来的生活方式跟其身体素质等要素是主动力，它们一起决定了他的生命周期；而贝尼哈娜厨师的投食行为、两次手术及术后感染则是拮动力，它们合力改变了原告丈夫生命周期的自然趋势。诉讼双方的分歧在于：原告律师把原告丈夫早亡的主要原因，只归咎于贝尼哈娜厨师的投食行为这一最初的拮动力；而被告方则指出，还有更加重要的后续的拮动力：手术不当及术后感染。被告方有充分的理由用反事实条件句来辩护："那次投食事件以后，如果不是手术不当及术后感染……（这个人）现在可能还活着。"

　　这就是反事实推理的因果动力学机制，借此人们可以为既成事实反向假设另外一种可能性,从而平衡由既成事实带来的情绪起伏(较多的是不良情绪),并且为未来在相似情境中的行为进行规划和寻找决策依据。[24]例如:

(23) 73 岁的南宁市民江先生说,如果人生可以像拍电影一样重来,他不会这样演绎自己的人生。

(24) 在政府的帮助教育下,我已经认识到我所犯的颠覆国家政权罪性质的严重性,我认罪并且真诚悔罪,我深感对不起国家,更对不起家人,追悔莫及。如果时光能够倒流,让我重新选择的话,我绝对不会与那些敌对势力和别有用心的人为伍。(中国网 2016-7-27)

(25) 有人会问,华润宝能这么折腾了一大圈,搞出那么大的麻烦和风险,到底图个什么呢? 这就是所谓:早知今日,何必当初。当事人若知道后来会闹出这样多的变故,当然会有太多的懊悔。(网易财经 2016-7-29)

(26) 据了解,邱先生从成都运新鲜的蒜苗去上海,车行至事发地时,从右边突然窜出一只金黄色小狗,他赶紧踩急刹,车辆顿时就偏了方向,往右边的边坡驶去,情急之下他往左边猛打方向,结果车辆撞上中央护栏侧翻。

　　"幸亏当时路面通行车辆少,要不后果真不敢想象!"虽然事情已经发生了 10 个小时,昨日下午接受采访时驾驶员邱先生仍然心有余悸。

　　驾驶员邱先生告诉记者,经初步评估,车辆损失维修费用就高达 20 余万元,货物赔偿 10 余万元,路产损失 2 万余元,他共计要赔偿 32 万元以上。

　　邱先生说,自己从小喜欢小动物,是一名资深爱狗人士。见到狗狗窜出来的一瞬间,他想都没想就踩下刹车紧急制动,后面的事情就不在他的控制范围内了。"这一次事故,让我遭惨了,车子坏了不说,同车副驾驶还受伤了。哎! 下次遇到,可能我会作出不同的选择。"邱先生一脸无奈地说。(《重庆晚报》2015-6-25)

例(23)的新闻背景是，江先生 57 岁时弃妻娶 24 岁保姆，古稀之年被扫地出门。例(24)和例(23)一样，都是通过反事实表达来宣泄一种后悔、遗憾的情绪。例(25)的反事实表达不太顺畅：前件虚设了一个反事实的条件，但是后件却是真实的结果。莫非我们真的不善于反事实思维与表达？例(26)一方面通过反事实语句来表达一种幸免于车毁人亡的庆幸、侥幸情绪，另一方面又由于巨大的经济损失而为未来面对相似情境的行为作出了预先规划。

5. 叙实性和命题态度与言语行为

通过上文的讨论，我们可以发现：叙实性似乎跟逻辑学上所谓的"命题态度"(propositional attitudes)关系密切。比如，在英语中，经常用下列句子形式来表示某个主体(记作 A)对于某个句子(记作 S)所表示的命题(记作 that S)的态度：

(27) A believe/hope/desires/fears that S.

（某人 相信/希望/渴望/害怕 某事）

从叙实性的角度看，"相信、害怕"的事情是真假不定的，因此它们是非叙实谓词；而"希望、渴望"的事情在目前是没有实现的，也相当于是假的，因此它们也可以算作是广义的反叙实谓词。[25]

事实上，叙实性跟言语行为关系也很密切。因为有的言语行为要对所说的事情的真假预先有所承诺，所以许多言语行为动词往往具有某种叙实性。例如：

(28) 日本媒体 10 日报道，政府决定承认，先前提供给国会的"地价门"相关文件遭篡改。……日本媒体去年 2 月曝光，政府部门以市场评估价格大约十分之一的"白菜价"把一块国有土地卖给森友学园，供后者盖小学。事件逐渐被深挖，安倍及其妻子被怀疑在这桩交易中施加影响，使得森友学园以超低价拿地。……森友学园时任理事长笼池泰典去年在国会作证时"爆料"，称安倍昭惠在这桩土地买卖交易中向政府部门施加了影响。……安倍坚决否认与"地价门"有关联，称如果查出他有不当之举就辞职。……财务省的做法进一步受到在野党阵营和舆论质疑。9 日，麻生太郎<u>宣布</u>,国税厅长官佐川宣寿向他提出辞职,他已接受。……另外,日本媒体9日<u>报道</u>,一名卷入"地价门"的财务省近畿财务局官员7日被发现死亡,初步判断是自杀。……在野党阵营甚至<u>要求</u>安倍乃至整个内阁辞职。……安倍领导的自民党一名成员也<u>推测</u>:"不可能把麻生单独抛出去,很有可能发展为内阁辞职。"(《经济参考报》2018-3-12)

上例中,"报道、承认、曝光、爆料、宣布"等言语行为动词,其宾语所指的事情通常是真实的;其主语所指的人对该事情的真实性作出了承诺,并且负有法律或道德责任。[26]"要求"等言语行为动词,其宾语所指涉的事情在当下通常是没有实现的,因而不是真实的,是非事实的。"否认"和"怀疑、推测(说)"这两种言语行为的不同是:前者是别人认为其宾语所指的事情是真实的,而其主语所指的人却认为是假的;后者是其主语所指的人认为其宾语所指的事情是真的或很可能是真实的。[27]这样看来,叙实性除了真假之外,还涉及真假的概率和立场的表达等问题。这一切,都有可能使得叙实性这种词汇预设机制在推理的导航上趋于不确定。

总之,叙实性的研究,需要跟命题态度与概率、言语行为的类型、交互主观性和立场表达等问题结合起来通盘思考,以期获得新的理论视野,开拓出新的研究课题。

6. 英汉反事实推理的两个小插曲

我们再以2016年中美两个新闻事件所涉及的反事实思维与表达来比较汉英反事实推理的差别。先看中文例子的事件背景:2016年3月17日,CBA(中国男子篮球职业联赛)总决赛川辽大战第三场在四川男篮的主场进行,赛后双方球迷以及辽宁篮球队员在辽篮下榻的宾馆外发生了冲突。[28]在网络新闻评论中,有两个网友的意见如下:[29]

(29) A:最大问题是安保,如果有极端四川球迷想打客队怎么办? 这次有红衣男背锅,如果没有,出现了对殴事件或者球迷伤人事件,怎么办?

　　　 B:哪来那么多如果,你咋不说如果没有红衣男也许就没有这场事件呢!(新浪体育 2016-3-18)

上例中，评论者 A 通过反事实推理，意在讨论解决问题的办法，态度比较积极。但是，评论者 B 用反问句"哪来那么多如果"表示对这种反事实推理的蔑视，不愿继续围绕安保问题展开讨论。这在一定程度上反映了一部分国人对反事实推理的不重视。其实，评论者 B 也用到反事实推理与表达："如果没有红衣男，也许就没有这场事件"。但他明显地是在用反事实语句回敬评论者 A 的反事实表达，目的并不是寻找事情的起因或解决问题的办法。另外，从表达方式上看，评论者 A 是用一般疑问句表达反事实意义，语气比较温和；评论者 B 则是用反问句表达反事实意义，带有强烈的反诘、责怪色彩。

英语例子的事件背景是：2016 年 3 月，美国共和党内特朗普和克鲁兹竞争总统候选人提名的对决正酣。一个反对特朗普的组织，翻出了特朗普现任妻子梅兰妮 2000 年为某时尚杂志拍摄的裸照，并将其制作成反对特朗普竞选的广告。广告上写道："这就是你所选的下一任第一夫人，不想这样的话，周二就把票投给克鲁兹吧。"广告发布后引起巨大的争议，特朗普在社交网站推特上发布了一张克鲁兹妻子海蒂的"丑照"，并且跟梅兰妮的照片并列，还配上"无须坦白"和"一图胜万语"的说明。克鲁兹立刻回复道："真汉子不攻击妇女。你的妻子很可爱，海蒂也是我生活的爱。"同时，克鲁兹也否认与上述竞选广告有关联。后来，特朗普告诉《纽约时报》专栏作家莫林・多德说：

> （30）"Yeah, it was a mistake," he <u>told</u> columnist Maureen Dowd. "If I had to do it again, I wouldn't have sent it."译文："是的，转推这张图是个错误"，他告诉专栏作家莫林・多德，"假如我能重来一遍，我就不会上传（照片）。"（《新京报》2016-4-4）

这种"假如我能重来一遍，我就不会怎样"式的事后聪明，的确有益于人们总结经验，吸取教训，最大限度地避免重蹈覆辙。但是，我们有时好像并不相信这种反事实思维。例如：

> 常常责怪自己　当初不应该
> 常常后悔没有　把你留下来
> 为什么明明相爱　到最后还是要分开
> ⋯⋯⋯⋯

　　有多少爱可以重来　　有多少人愿意等待

　　当懂得珍惜以后会来　　却不知那份爱　会不会还在

　　(歌曲《有多少爱可以重来》部分歌词)

虽然责怪、后悔等负面情绪激发了反事实思维，但是结果还是不相信爱可以重来，只能落得一个"此情可待成追忆，只是当时已惘然"的哀叹。由此可见，说汉语的人跟说英语的人在反事实思维与表达的自觉性方面，还是存在着相当大的差别的。

7. 结语：一点小小的警告

　　叙实性和事实性这两种现象有时可以在同一个语句中一起出现。例如：

　　(31) a. 早知今日，何必当初？

　　　　　b. 早知如此，悔不当初！

　　(32) 周公恐惧流言日，王莽谦恭未篡时。

　　　　　向使当初身便死，一生真伪复谁知？(白居易《放言五首·其三》)

例(31)中"早知今日"一方面预设事实是"今日如此"，另一方面蕴涵"当初不知今日会如此"。例(32)是用周公、王莽的故事，通过反事实和疑问性叙实表达，来说明真伪邪正，日久方验。

　　通过上面的讨论，我们大概可以知道：叙实性和事实性表达有特定的语义预设和蕴涵，可以作为语言推理的两种导航机制，并且它们在指导人们的推理和真值判断方面，经常有效，但并不总是可靠。还正是应了一句老话：

　　语言的道路坎坷不平，过往行人小心注意！

附　注

　　[1] 详见丹尼尔·博尔(Daniel 2012)。

　　[2] 克林顿夫妇各自的反事实假设的诡异性，表现在其片面正确；或者说，是只顾一点，不及其余：嫁给加油工的女人当然是加油工的妻子，但是希拉里当初的男友并不是天生今后只能当加油工；希拉里如果真嫁给了他，他以后也未必一定会是(今天的)加油工。同样，现今成为总统夫人的女人的丈夫当然是总统，不过她的总统夫

人的称号源于她现今的丈夫是总统；但是，不能保证她嫁给谁，谁就是总统。这跟王子与公主这种世袭的爵位不同：王子的妻子是王妃，哪个女人嫁给了王子，那么她就是王妃；公主的丈夫是驸马，哪个男子娶了公主，他就是驸马。

[3] 详见乔姆斯基（Chomsky 2006）第三版序言和第六章，中译本第 3 页、201 页。

[4] 详见乔姆斯基（Chomsky 2011）前言，中译本第 ii—iii 页。

[5] 根据乔姆斯基（Chomsky 2011），基因遗传是决定人类语言能力的第一因素，它决定了被称为第二因素的经验。经验是由我们的基因遗传因素基于语料而建构起来的。此外，还有自然法则这种第三因素决定着语言系统的结构和运算方式。当然，诸如经济原则或效率理论之类的自然法则，对语言、有机体、神经元的分布组织、动物的觅食策略、甚至整个世界都起作用。详见中译本第 211—214 页。

[6] 这是乔姆斯基在宾夕法尼亚大学读本科时的哲学导师尼尔逊·古德曼（Nelson Goodman，1906—1998）对于乔氏天赋论的看法。他们的关系也因此而破裂。详见乔姆斯基（Chomsky 2011）第 14 章，中译本第 128 页。

[7] 详见乔姆斯基（Chomsky 2011）第 14、15 章，中译本第 128—130、133—144 页。

[8] 详见乔姆斯基（Chomsky 2011）第 2 章，中译本第 28—30 页。

[9] 关于思想的语言，详见 Fodor（1975）和 Fodor（2008）等。关于乔姆斯基对此的评论，详见乔姆斯基（Chomsky 2011），中译本（2015）第 28—29、99、271—272、318、333、389 页。

[10] 感谢匿名审稿人指出：其中有一些实际上是真假不定，如"疑似"和"所谓"。它们都并不保证其真，也不保证其假；有时说话者猜测其可能为真，但信心并不充分，所以很难用简单的真假标记来对它们分类。有的还有传信功能，如"貌似"涉及外在的感受信息，"所谓"则有传信的功能。

[11] 关于汉语中的叙实动词，详见李新良、袁毓林（2017）及其所列的参考文献。

[12] 关于汉语中的反叙实动词，详见李新良、袁毓林（2016）及其所列的参考文献。

[13] 关于立场表达，详见：Du Bois（2007）。

[14] 感谢匿名审稿人指出：布什这段话还利用了传信范畴，将信息的来源转移给英国政府，而一旦涉及传信，叙实动词的叙实性就不能保证。详见陈振宇、甄成（2017）。

[15] 以上内容，根据平克（Pinker 2007）中译本第 8—10 页。但加入了我们的认识，如果要引用，务请核对原文。

[16] 参考丹尼尔·博尔（Daniel 2012）中译本的译者序。陈振宇、甄成（2017）也有专门的讨论。

[17] 感谢匿名审稿人指出,有的叙实动词(如"奇怪")针对的命题是其主语,例如"他现在还没来很奇怪/一点也不奇怪"。

[18] 以上内容,依据费尔哈亨(Verhagen 2005:96—98);文旭、高莉对该书的中文导读,见费尔哈亨(Verhagen 2005)世图引进版第16—18页。但本文加入了我们的认识,如果要引用,务请核对原文。

[19] 详见乔姆斯基(2011)第11章,中译本第97—98页。

[20] 感谢匿名审稿人指出:这些性质应该是"非事实"思维。即假定一种情景,并在这种情景下进行推理;但是,并不保证这种情景的真实性。它可能是永远也无法实现的,如"如果我是你";也可能是有可能实现的,如"如果我是教师",所以并不只是反事实。本文认为,反事实至少包括两种情况,一种是跟过去的情况相反(如:"如果我昨天去俄罗斯看世界杯,今天就不会在这里上课了。"实际情况是:我昨天没去俄罗斯看世界杯,并且今天在这里上课);一种是跟现在或将来的情况相反(如:"如果我今天/明天真的去俄罗斯看世界杯,后天就不会在这里上课了。"言下之意是:我今天/明天不可能去俄罗斯看世界杯,并且后天会在这里上课)。因此,那些倾向于否定的"非事实"思维也属于广义的"反事实"思维。详见袁毓林、张驰(2016a、2016b)的相关讨论。据此,"如果我是教师"可以是一般的假设句(如:"如果我[将来]是教师,我一定要首先教学生怎样做人"),也可以是反事实假设句(如:"如果我[将来]是教师,那么天底下人人都是教师了。")。

[21] 感谢匿名审稿人指出:非事实思维才是现代人类的一种基本的认知能力。在策划、研究事物时,我们其实是希望我们的假定为真的。例如两军对垒,一方说"如果敌人是7点出发,那么现在应该在这个位置"。他实际上是希望敌人的确是7点出发,并且在这个位置的。因为这样他才好安排对策,他不可能去想象一个根本不会为真的情况。因为这和他的工作毫无关系。什么时候我们才需要反事实条件句,不是这种正常的工作思维;而是在恰恰不需要我们做出负责的选择,仅仅是在口头上进行诡辩的时候。如下面的例子所示。本文作者认为,审稿人的意见失之片面。两军对垒时,一方说"如果敌人是7点出发,那么现在应该在这个位置"。除了审稿人设想的情况外,也可以是反事实的情况。比如,根据情报,敌人实际上是8点钟出发的,因此远远没有到达这个位置,我方赶紧在这个位置布阵设防和配置火力是来得及的,等等。

[22] 详见袁毓林(2015)、袁毓林和张驰(2016a、2016b)及其所引用的参考文献。

[23] 以上内容,根据平克(Pinker 2007)中译本(2015)第253—261页,但叙述中加入了我们的认识。如果要引用,务请核对原文。

[24] 感谢匿名审稿人指出:应该说明,对已经发生的事而言,反事实表述仅仅是

一种情感或情绪的宣泄，而对类似的其他个体而言，才有辅助其规划或决策的可能。本文作者相信：反事实表述在实现情绪功能（affective function）的同时，具有准备功能（preparative function），可以帮助当事人在心理上模拟以后怎样避免重蹈覆辙。详见袁毓林（2015）一文中§6的综述性介绍。

[25]感谢匿名审稿人指出：直接归入某一类并不妥当，如"希望"有时是非事实，如"我希望他已经找到了自己的最爱"，但这时"我"还不能肯定他的情况。正如本文作者在前面附注中所声明的，"非事实"也可以归入广义的"反事实"。

[26]感谢匿名审稿人指出：但如果只是传信，即表明信息来源未必准确。例如，"昨天电视台报道了二环堵车的事，后来发现根本是一个假新闻"。本文作者认为，动词的叙实性一般都是默认性的（default），可以被后续表达推翻。例如，"大家都知道小王今年18岁，哪里知道他居然虚报了年龄"。

[27]关于"怀疑"的语义问题，详见袁毓林（2014）等文献。

[28][29]感谢卢达威博士提供这两个例子，以及他对此的分析和说明。

参考文献

陈振宇　甄　成　2017　《叙实性的本质——词汇语义还是修辞语用》，《当代修辞学》第1期。

李新良　袁毓林　2016　《反叙实动词宾语真假的语法条件及其概念动因》，《当代语言学》2016年第2期。

李新良　袁毓林　2017　《"知道"的叙实性及其置信度变异的语法环境》，《中国语文》2017年第1期。

袁毓林　2014　《"怀疑"的意义引申机制和语义识解策略》，《语言研究》第3期。

袁毓林　2015　《汉语反事实表达和相关的思维特点》，《中国社会科学》第8期。

袁毓林　张　驰　2016a　《中国大学生反事实思维及其表达的乐观主义倾向》，《汉语学报》第4期。

袁毓林　张　驰　2016b　《简析中国大学生反事实思维及其表达的替代方案》，《现代中国语研究》第18期。

Chomsky, Noam　1959　A Review of B. F. Skinner's Verbal Behavior, *Language* 35(1):26—58.

Chomsky, Noam　2006　*Language and Mind*, Third Edition. Cambridge University Press.《语言与心智》，诺姆·乔姆斯基著，熊仲儒、张孝荣译，中国人民大学出版社，2015年。

Chomsky，Noam　2011　*The Science of Language：Interviews with James McGilvray. Cambridge University Press.*《语言的科学：詹姆斯·麦克吉尔弗雷访谈录》，诺姆·乔姆斯基著，曹道根、胡朋志译，商务印书馆，2015 年。

Daniel，Bor　2012　*The Ravenous Brain：How the New Science of Consciousness Explains Our Insatiable Search for Meaning*，Basic Books.《贪婪的大脑：为何人类会无止境地寻求意义》，丹尼尔·博尔著，林旭文译，机械工业出版社，2013 年。

Du Bois，John W.　2007　The Stance Triangle. In Englebretson，Robert(ed.)，*Stancetaking in Discourse：Subjectivity，Evaluation，Interaction.* 139—182. Amsterdam and Philadelphia：John Benjamins.《立场表达的三角》，乐耀翻译，方梅审校，见方梅、乐耀(2018)《规约化与立场表达》之附录，第 278—332 页，北京大学出版社。

Fodor，Jerry　1975　*The Language of Thought.* Cambridge，Massachusetts：Harvard University Press.

Fodor，Jerry　2008　*LOT 2：The Language of Thought Revisited.* Oxford University Press.

Pinker，Steven　2007　*The Stuff of Thought：Language as a Window into Human Nature.* New York：Penguin Groups，Viking Press.《思想本质：语言洞察人类天性之窗》，史蒂芬·平克著，张旭红、梅德明译，浙江人民出版社，2015 年。

Skinner，Burrhus　1957　*Verbal Behavior.* MA：Copley Publishing Group.

Talmy，Leonard　2000　*Toward a Cognitive Semantics.* Volume I：*Concept Structure Systems.* Volume II：*Typology，and Process in Concept Structure.* Cambridge Mass.：MIT Press.

Verhagen，Arie　2005　*Constructions of Intersubjectivity：Discourse，Syntax，and Cognition.* Oxford：Oxford University Press.本文所引依据世界图书出版公司 2014 年影印版。

袁毓林：yuanyl@pku.edu.cn
原载《语文研究》2020 年第 1 期。

事实性与叙实性
——通向直陈世界的晦暗与透明

陈振宇　姜毅宁

提　要　在"可能世界分层"理论中,首先要区分现实世界与认知世界、直陈世界和非直陈世界。说话者自身所在的世界,即言语活动所发生的世界,是现实世界,在其中存在的事物就是真实;说话者直接表述的认知世界是直陈世界,在其中存在的事物是事实,它代表的是说话者的主观立场,而不是客观世界本身的性质。说话者并不当作一个事实,而是将其作为一种假定来谈论的事物,是更深层的非直陈世界中的事物。如果说话者假定的事物,可以确定在直陈世界中存在,这称为"叙实";如果可以确定在直陈世界中不存在,这称为"反叙实",叙实和反叙实的可确定性,意味着直陈世界和非直陈世界之间是"透明"的。如果说话者假定的事物,无法确定在直陈世界中是否存在,这称为"非叙实",意味着直陈世界和非直陈世界之间是"晦暗"的。本文还讨论了透明和晦暗的各种具体情况。

关键词　真值　事实　叙实　实指　虚指　意向谓词

从利奇(Leech 1981/1987:427—452)等引入"叙实"(factive)范畴开始,不少学者都做出了重要的贡献(参看 Kiparsky & Kiparsky 1970;Lewis 1970;Leech 1981/1987;渡边昭夫 1979;Tsao 1990;袁毓林 2014;李新良 2010,2015;陈振宇、甄成 2017 等)。但是应该看到,这一研究并非空穴来风,更早的时候,关于晦暗语境(opaque context,又译为封闭语境)和透明语境(transparent context,又译为开放语境),[1]在哲学和语义学中就是一个重要的话题(徐烈炯 1990/1995:72)。这促使我们从更为本源的角度去思考相关的真值现象。

1. 相对真值

任何一个语句的内容,如果作为抽象的命题,例如"猪八戒用钉耙作为武器",究竟是真是假,是无法判断的,必须放在一个"可能世界"(possible world)中来讨论,因此只有相对的真假而没有绝对的真假,可以用"存在"(existential)来定义真假:

在特定可能世界 Wi 中存在的事物 XP,就是该世界中的真事物或真命题[2];反之,在特定可能世界 Wi 中不存在的事物 XP,就是该世界中的假事物或假命题。

因此,在一个世界为真的事物,在另一个世界中很可能为假,反之亦然。在名著《西游记》的世界中,"猪八戒"和"猪八戒用钉耙作为武器"都是真的;但在某一部 YY 小说中,"猪八戒"可以是真的,"猪八戒用钉耙作为武器"则可以是假的。因此我们不能问"XP 是真是假",而必须问"在世界 Wi 中,XP 是真是假"。这才是语用上有价值的问题。正因为如此,真值可以定义为事物和世界的关系函数。

1.1 多重可能世界?

至少有两种可能世界——"原初世界/源世界"(original world),即说话者自身所在的世界,也称"真实世界"(real world/reality),它也是言语活动所发生的世界;"认知世界"(cognitive world),即说话者的意识或话语所打开的一层虚拟的认知世界。

打开新世界的能力称为"意向性"(intentionality),在语言中表现为"意向谓词",[3]它们的主语都是一个有意识的主体(即必须是"人"或"拟人"),称为"意向者";宾语讲的都是主体所感觉或认知的事物、状态或事件,而这个事物、状态或事件并不必然地存在于主体所在的世界之中,称为"意向内容";意向谓词自身表达的是特定的"意向活动",不同的意向活动代表着不同的打开新世界的方式,不同的方式会带来不同的认知结果。

上述观念就是"可能世界分层"理论。[4]我们需从语句中意向谓词的管辖范围入手,给出明确的语法操作,其中很重要的一种现象是"递归嵌套",如在下例中,可能世界 0 就是现实世界,即说话者本人所在的世界,其他可能世界 i 都是由相应的意向谓词(用下划线和加粗表示)所打开的一层层认知世界:

(1) (S **说/认为**)[他在努力向我们**表明**,[他**知道**[她并未**意识到**[他已经**知道**[她**想要**[请他跳舞]]]]]]

可能世界0	可能世界1	可能世界2	可能世界3	可能世界4	可能世界5	可能世界6
(S说/认为)	他在努力向我们表明	他知道	她并未意识到	他已经知道	她想要	请他跳舞

(引自陈振宇 2017:11)

事物或命题,它们与可能世界的关系有两条重要的终极性质:第一,任何一个事物或命题,只要我们讨论它的外延,都至少可以找到一个层次的可能世界,其中存在着该事物或命题。(如果只是把事物看成一种属性或内涵,即所谓的"无指"用法,那就不一定涉及世界的存在。)第二,任何一个事物或命题,都至少可以找到一个层次的可能世界,其中不存在该事物或命题。这就是说,"毫无例外的普遍真理是不存在的",至少可以假设一个它不存在的认知世界。上述两条性质否认了"在所有的可能世界中都存在的事物"这一宗教性的终极真理的存在。[5]

1.2　直陈世界与事实性

在认知世界中,最外围的一重世界,即可能世界 1 称为"直陈世界"(indicative world),这是说在这个世界里说话者直接陈述他的思想或话语。在篇章中,任何一个语句都必然蕴含着一个说话者及其言语行为,相当于在语句前加上一个主句结构"我说……"或"我认为……",不论在实际的语篇中是否真的出现,在逻辑语义上它都是必然存在的。这表明该话语表达的是说话者的最为直接面对的那个认知世界。

例如张三说"猪八戒手拿九齿钉耙",此时说话者张三正在直接面对《西游记》的世界,这个世界以及世界中的事物都是他直接言说的对象,称为张三的直陈世界,这意味着张三此时是直接把"猪八戒手拿九齿钉耙"这一意义作为事实加以言说。

与之不同,那些内嵌于直陈世界的可能世界 2、可能世界 3……都是非直陈世界，或者称为"虚拟世界"（fantasy world），或"参照世界"（reference world）[6]，它们是由句中显性或隐性存在的一个意向谓词打开的新一层可能世界。

任何一个认知世界（包括可能世界1）中存在的事物或命题，从本质上讲，都不能直接投射到现实世界中来。现实与认知的关系是一种实践关系，实践是检验现实真理的唯一依据，这既然不是语言学的任务，也就不必执拗于此。因此，在语义学中讲的真假，实际上仅仅是对某一可能认知世界而言的相对真假，以及不同可能世界之间的真假投射关系。

例如说话者说"我爸爸昨天回来了"和"猪八戒娶了高小姐"，前者在说话者本人所在的现实世界中可能是真实的，而后者却肯定是虚假的。但对当下言语活动而言，这两句都是说话者直陈的内容，被他作为事实来讲述。在语法中，汉语以及绝大多数语言并没有专门的标记来区分这两种事实性表述。因此，它们在人类认知中，实际上是被当成一个范畴来看待的，这就是"直陈世界"。

但大多数语言都会多多少少发展出一系列语言形式，来区别直陈世界与非直陈世界，如说话者说"他爸爸昨天回来了"和"他爸爸昨天可能回来了"，前者是直陈事实，后者却加了一个推测标记"可能"，表明"他爸爸昨天回来了"仅仅是说话者的一个假定，并不能完全肯定是事实。我们同样可用这一语句模板来分析"猪八戒娶了高小姐"和"猪八戒可能娶了高小姐"。由此可知，汉语中的推测情态区分的不是真实与事实，而是事实与虚拟。即假定的东西通常都会有标记，但事实最容易直接陈述（不论该事实是否真实）。

综上所述，从科学的角度讲，现实世界是最重要的世界，一切表达只有在现实世界有效（可验证）才是科学的真实。真实性（reality）是关于事物与现实世界的知识。但是从语言学的角度讲，由于语言并不能对现实世界如何，所以直陈世界在诸世界中才居于最重要的地位，事实性（factivity）是关于事物与直陈世界的知识，它代表的是说话者的主观立场，而不是客观世界本身的性质。我们可分出以下几种：

"事实"指事物在直陈世界存在，这意味着说话者把它当成一个事实来说或想。

"反事实",又称为"违实""虚拟",是在直陈世界不存在,但在某个非直陈世界中存在,这意味说话者把它当成一个虚拟的事情来说或想。

"非事实"是指事物在直陈世界中是否存在并不清楚,说话者虽然提出它,但并不一定把它当成事实,也不一定当成反事实。

1.3 个人信念与公共信念

在一般情况下,说话者在直陈世界中所说的是他的"信念"(belief),即他所认为的事实。[7]但是对事实的理解还要避免一个错误。我们常遇见"个人信念"(personal belief)的问题,逻辑上又译为"涉己信念"(de se interpretation)[8],例如一个人可能会说"天上的上帝看着我们",另一个人会说"上帝是不存在的",但是它们所说的都是他们本人的信念,都是他们所相信的事实。

与个人信念相对的是"公共信念"(common belief),指在一定的范围内,参与会话的各方都当作事实或被迫当成事实的概念或表达式。例如科学技术概念是最需要公共信念的概念,否则就难以验证。利用公共信念可以定义"知识"(knowledge),即处于一定时期一定范围内的公共信念之中的信息。

公共信念与个人信念之间存在模糊性,所以知识成了一个相对静止而实际上是在不断变化之中的集合。这个道理非常明显,但这一现象的结果却很严重。例如对大多数人来说,"单身汉是没有结婚的男人",所以一般而言有下例(2a)的蕴涵关系。但当说话者是在明确表明李四作为信息来源,即把这一命题放在李四的认识或话语世界中后,如下例(2b)所示,蕴涵关系就不一定成立了:

(2) a 张大明是单身汉→张大明没有结婚

    b 李四认为张大明是单身汉↛李四认为张大明没有结婚

      李四说张大明是单身汉↛李四说张大明没有结婚

这是因为李四也许没有那么明确的意识,知道"单身汉是没有结婚的男人",也许他以为单身汉是住集体宿舍的人,和结不结婚没有关系,所以他即使认为张大明是单身汉,也不一定认为张大明没有结婚。

一切蕴涵公式都有一个前提,即必须是针对同一个认识主体的信念,或者是针对公共信念。

1.4　实指论元与虚指论元

意向谓词是动词和形容词,它们都表示意向活动,既然是事件,就和其他事件(命题)一样,一般总是有一个或多个论元参与,但是这些论元和它所依附的事件并不一定都在一个世界之中。与事件处于同一世界的论元称为"实指论元"(specific argument),不一定处于同一世界的论元称为"虚指论元"(nonspecific argument)。这对范畴需与"实指—虚指"区分:

"实指"(specific),当说话者运用一个语词时,在他的直陈世界中有该语词指向的事物或事件;"虚指"(nonspecific),当说话者运用一个语词时,在他的直陈世界中不一定有该语词指向的事物或事件,也即该事物或事件被说话者当成非事实或反事实。[9]

下面看一个反事实的例子。逻辑上有一种"空概念",它是指外延为0的概念,如"2000年的法国国王",只要有基本常识的说话者,即基于公共信念,他一般不会将其当成事实。但"空概念是空集合"的说法并不准确,因为只要说话者提到了这一概念,这一概念就是在某一世界中存在的;任何基于内涵定义或语词命名的概念,都隐含了一个意向谓词"我假定"。如:

(3) 法国的政治制度奉行"半总统"共和制,总统是国家的权力中心。法国总统手中的权力凌驾于行政、立法、司法三权之上,被称作"帝王总统",从这一点看,希拉克就是"2000年的法国国王"。

说话者的认知过程是:我假定的可能世界2中存在"2000年的法国国王",他就是希拉克;只不过这一国王并未投射到直陈世界中,所以它不是事实,而只是某些性质的假定聚合体;说话者真正做的是把本来在直陈世界中存在的"希拉克",也放在虚拟的可能世界2中,去充当这位国王。正是在这一意义上,我们说"2000年的法国国王"是反事实虚指概念,而并不是所谓"外延为0的概念"。

空概念是有外延的,只不过它的外延是在非直陈世界之中。空概念具有外延的证据之一是,可以用认知序列来进一步缩小它的外延。传统上,对空概念的错误理解之一就是,因为认为例(4a)本来就不存在,是空外延,因此例(4b)、例(4c)也是空外延,这几个集合是同样的空集合,而在数学上空集合都相等：

（4）a　麒麟　　b　独角麒麟　　c　长有鱼尾的独角麒麟

但这一分析与语言事实不符，如在下例中，我们可以明确地知道张三所找的是不同的东西，从例（5a）到例（5c）满足张三要求的事物越来越少，因为在假设的非直陈世界中，麒麟不但存在，而且还随着修饰语的增多而外延缩小，独角麒麟只是麒麟中的一种，它们并不是相等的集合：

（5）a　张三在找麒麟。

　　 b　张三在找独角麒麟。

　　 c　张三在找长有鱼尾的独角麒麟。

非意向谓词的论元都是实指论元；对意向谓词而言，意向者是实指论元，而意向内容是虚指论元。意向内容是意向性活动的客体或对象，可以指实体也可以指事件、活动等。虽然意向内容是意向者创造的，但在语言表达中，意向内容是必不可少的，一定要在语句中出现，而意向者却可能在语句中隐含。

当意向活动本身是直陈的内容时，意向谓词和它的实指论元都在可能世界1中，因此都是被说话者当成事实来陈述的，但它的虚指论元则在可能世界2中，一般来说都是非事实，即可能会投射到可能世界1中来，也可能不会投射过来。例如说话者说"张三认为明天是周一"，意向者"张三"和意向活动"张三认为（想）"都是说话者直陈的事实，但意向内容"明天是周一"却不一定是事实。

为什么有一个投射（mapping）问题？因为在多重可能世界中，内外可能世界之间一般是相互独立的，没有必然的真值联系，也就是说，在可能世界i中的事物或事件，在可能世界i-1中可能存在，也可能不存在，不是必然存在，也不是必然不存在，这就是话语的"晦暗性"（opacity）本质。例如"张三认为明天是周一"即是如此，从这句话本身无法知道究竟明天是不是周一，这就是晦暗性。晦暗是意向谓词的典型性质。

1.5　存在预设及其有效性

实指论元必须遵守"存在预设"：事件若存在，则其实指论元也必须在同一世界中存在。例如：

（6）a　张三打了李四。

  b 张三没打李四。

  只有当直陈世界中存在张三、李四两个论元时,事件"张三打李四"在这一世界中才可能是真的;同理,只有当直陈世界中存在张三、李四两个论元时,否定性事件"张三没打李四"在这一世界中才是有价值的;换言之,如果不存在张三,或不存在李四,那么谈论"张三打了李四"和"张三没打李四"都是不可能的。

  虚指论元不需要遵守这一预设要求,如:

  (7)张三在找偷他东西的人。——张三没/不找偷他东西的人。

  "偷他东西的人"是虚指论元,因为"找"是个意向谓词。[10]这只是张三心理构想的一个对象,不论在张三的世界中是否真的存在,在第一句中张三去寻找他的事件是事实,在第二句中张三不去寻找他的事件也是事实。[11]事件是事实,而它的虚指论元却未必是事实。另外,这一事件中的施事"张三"是实指论元,因此在否定句和肯定句中他都必须是事实,句子才有价值。

  还有更为麻烦的情况,即介于二者之间的论元——半实指论元。例如:

  (8)a 张三找到了偷他东西的人。

   b 张三没有找到偷他东西的人。

  宾语论元"偷他东西的人"在例(8a)肯定句中是实指论元,在例(8b)否定句中是虚指论元。肯定否定的差异导致事件的语义内容不同,肯定"找到",是把心目中的那个对象实现在寻找者的世界中,否定则是没有实现(但并没排除在未来实现的可能),所以论元性质不一样了。在例(8a)中,只有"偷他东西的人"是事实,"找到"这一事件才是事实;在例(8b)中则无此要求,不论"偷他东西的人"在张三的直陈世界中是否存在,"没有找到"事件都是事实。这样一来,存在预设限制可以说是一半有效,另一半无效。

1.6 叙实性

  有一般就有特殊,有的意向谓词具有特殊的性质,使它的虚指论元,倾向于投射到该谓词所在的世界之中,在该世界中存在,成为事实;或者倾向于不能投射过来,在该世界中不存在,成为反事实。这种性质称为"透明性"(transparent),与晦暗性相对。透明是意向谓词中少数的、边缘的、有标记的情况。

有些事物本身具有特殊的性质,因此有此倾向,如:

(9) 张三说 [你昨天来过]

　　世界 1　　　 [世界 2]

"你"和"你来过"在句法上都居于世界 2,不一定是事实,但"你"却是一个定指对象,代表第二人称,因此它一定要投射到直陈世界中来,与张三一样被说话者当成事实。这也就是说,"你"也是透明的。

投射问题是"叙实性"(factivity)范畴的研究领域。"叙实"与"事实"的英文术语一样,很多时候也会混在一起,但二者还是有区别的。当说话者直接说一个语句(记为"XP")的时候,如果没有特别的标记,也没有其他特别的语境或认知要求的话,一般就意味着说话人认为该语句 XP 为事实,这就是直陈句,但这并不是叙实性研究的范围。

有时说话者不是直接说 XP,而是在 XP 的外围套了一个意向成分 YP,形成"YP(XP)"结构,这样就会出现复杂的情况,XP 是否还能投射到直陈世界中就值得进一步讨论,这就是叙实性研究的范围了。我们有:

第一,"叙实",当说话者说"YP(XP)"时,他是在表现他认为 XP 为事实,如:

(10) 老张(不)知道[小李来了]

　　　 YP　　　　 XP

不论主句是肯定还是否定,说话者一般都默认"小李来了"是事实,是把它当成了一个默认的背景知识来对待。

第二,"反叙实",当说话者说"YP(XP)"时,他是在表现他认为 XP 为假,如:

(11) 要是[小李来了]就(不)好了

　　　　 XP

　　　　 YP

不论主句是肯定还是否定,说话者一般都认为"小李来了"不是事实(反事实),同样,也把它当成背景条件。

第三,"非叙实",当说话者说"YP(XP)"时,他表明自己无法认定 XP 的真假,如:

（12）老张（不）**认为**[小李来了]
　　　　　　　　YP　　　　　　XP

不论主句是肯定还是否定，说话者都不知道"小李来了"是真还是假，因为这只是一个来自老张的个人信念，对说话者来说是间接知识。

还有更为复杂的情况，如"半叙实"，指在对意向谓词进行肯定否定操作时，会出现不同的结果。如"李四承认偷了柜子里的钱"，"李四承认"的话，则说话者倾向于认为"李四偷了柜子里的钱"是事实；但如果李四没承认，那么他是否偷了钱仍然可能不是事实，也就是仍然是非事实。再如"李四不否认偷了柜子里的钱"，如果李四不否认的话，则说话者倾向于认为"李四偷了柜子里的钱"是事实；但如果李四否认，那么他是否偷了钱仍然不清楚。

叙实系统可整理如下：[12]

直陈（indicative）/事实（factives）

非直陈
　晦暗──非叙实/非事实（none-factives）
　半晦暗半透明──半叙实（semi-factives）
　透明
　　叙实/事实（factives）
　　反叙实/反事实（counterfactives）

2. 意向活动的表达

除了意向谓词之外，还有多种表达方式，如隐含意向谓词的情态成分、意向名词等。另外，有的概念自身的产生就是意向活动的结果，所以这些概念只要使用，就必然伴随意向互动，可以认为是在该概念的语义内容中隐含了一个意向谓词。下面分别展开讨论。

2.1　意向谓词

根据意向谓词的表达方式分为以下几种：[13]

第一，"主语（意向者）＋宾语（意向内容）"，这是最常见的一种配置，如（意向者加波浪线，意向内容加直线，意向谓词用粗体，下同）：

（13）他**知道**她没来。

　　　他试图**想象**面前站着一个中性人。

　　　她**想**那人真倒霉。

　　　张三很**后悔**没考及格。

老张**相信**儿子是个有出息的孩子。

老人们**说**魔鬼曾经降临在这个小山村。

他**否认**有人来过实验室。

张三在**寻找**传说中的麒麟。

王老师**研究**了很多问题。

他试图**躲避**魔鬼的伤害。

司机**假装**没看见对面的路人。

他**梦见**母亲来城里找他。

第二，"主语（意向者）＋间接宾语（意向接受者）＋直接宾语（意向内容）"，其中意向接受者是从意向者那里接受信息（意向内容）的一方。如：

(14) 他**告诉**我们她没来。

主教**欺骗**信众（说）上帝已经降临。

第三，"主语（意向者）＋对象状语（意向内容）"。如：

(15) 他对她的不知好歹十分**痛恨**。

孩子们对冲过来的"火车"感到很**好奇**。

他对魔鬼的"降临"**觉得**很奇怪。

第四，"主语（意向者）＋对象状语（意向接受者）＋宾语（意向内容）"。如：

(16) 他向我们**证明**这事是李四干的。

孩子们向路人**宣传**温室效应是由无节制的人类活动引起的。

第五，"主语（意向内容）＋宾语（意向者）"。如：

(17) 魔鬼的降临让他**大吃一惊**。

第六，除了意向者之外，有时还有其他事物，意向者用它们来打开或处理自己的认识世界，这些事物可归入广义的工具材料，我们可称之为"意向条件"，它们也都是实指论元。例如下面有下画线的部分（工具材料加双直线，下同）：

(18) 小王用这两个例子**证明**汉语小句可以没有谓语。

侵略者用这些照片**表示**他们受到了当地人的欢迎。

这件事**说明**小李是个好人。

第七，上述意向结构（包括意向谓词和意向名词）都有一个共同点，即一般来说,句中有的成分是实指论元,有的是虚指论元,二者都应该有,并且显现出结构上的层级性。但是有的意向结构,却基本上不出现意向者(也不出现意向条件),根本原因是意向者就是说话者,他可能不在句中出现,而是在语境中隐含,此时可以有"主语(意向内容)"配置,如下例(19a);或"宾语(意向内容)"配置,如下例(19b)。

(19) a 他的事<u>很奇怪</u>(,会是真的吗?)

不帮忙肯定<u>**不对**</u>!

小王没考及格是<u>**真的**/**假的**</u>!

魔鬼并<u>**不存在**</u>。

b 世上<u>**没有**救世主</u>。

<u>**不存在**什么挑战者</u>。

不是<u>谁也没来</u>。

2.2 意向名词

除了意向谓词外,还有一些与认知或言语有关的名词,在它们的语义内容中隐含有意向谓词,所以也打开了一个新的认知世界。根据它们的表达方式分为以下几种:[14]

第一,"定语(意向内容)",这是意向名词最常见的一种配置,在该名词的定语位置打开了一个新的可能世界。如:

(20) <u>魔鬼存在</u>的**证据**(被用来证明)

<u>获得冠军</u>的**事实**(已经证明/是真的)

<u>老张出车祸</u>的**消息**(有人说)

<u>蜗牛比光速还快</u>的**梦想**(有人想)

<u>人类起源于非洲</u>的**猜想**/**假设**(有人猜想/假设)

<u>日月星辰都围绕地球旋转</u>的**观念**(有人认为)

<u>上帝降临</u>的**谎言**(有人欺骗说)

<u>人口越多越好</u>的**错误认识**(被证明为假)

<u>日耳曼民族创造人类文明</u>的种族主义**观念**就是从这个时候开始的(有人认为)

<u>一张野人在林中跑过</u>的**图片**/**照片**(有人绘制/拍摄)

可以看到,它们中有的根本就是名动兼类或名动同源词。还有一些是与情态有关的。如:

(21) 他们早已完成了任务的**可能（性）**不大

第二,"定语(意向者)＋定语(意向内容)",这是多重定语,显然,在汉语中例子较少,如:

(22) 法官关于该女子犯有重婚罪的**判决**不能令人信服(法官**判决**)
老张的当时他在屋里睡觉的**证言**不可信(老张**说**)

第三,"定语(意向者)",然后整个名词性结构做小句的状语,这也是一种常见格式。如:

(23) 在老李的**心中**,小王已经长大成人了。＝老李**认为**
在村里人的**观念里**,这条河是上天所赐的礼物。＝村里人**认为**
在戴先生的**理论中**,动态事件和静态事件完全是可以相互转换的。＝戴先生**认为**
在德军拍的**照片中**,侵略者和当地村民一副亲密友好的样子。＝德军用照片**表示**

第四,有时,意向者可以隐含,只有意向名词作状语。如:

(24) 从**理论上讲**,他们已经赶到了目的地。＝从理论上**判定**
传说中龙族就生活在这片大山里。＝有人**传说**
故事里他和公主结了婚。＝有人**讲**

第五,意向谓词可以和相应的意向名词共现。如:

(25) 他**拍**了一张全家和乐幸福在一块儿的**照片**
好莱坞**制作**了这部抵御外星人入侵的**电影**
科学家们**找**到了小行星撞击地球的**证据**
他们**伪造**了已经收到货款的**记录**

2.3 广义情态

很多情态成分[15]在语义上都隐含着一个意向谓词,例如条件式、疑问式、否定式、认识情态式、祈使式、义务式等,因此打开一层假定的可能世界 2。[16]另外,这些意向谓词的意向者都不在句中出现,而是在语境中隐含,一般是说话者本人,或者是所谓"大家、大众",并且整个小句都是意

向内容。让我们以下列例句为例,来说明它们的非直陈性质:

表 1　广义情态句的语义结构

类　　型	意义结构	可能世界 0 (说话者 S 所在的世界)	可能世界 1 (说话者直接的 意识或话语世界) ≠可能世界 0	可能世界 2 (说话者假定的 意识或话语世界) ≠可能世界 1
条件式		(S 说/认为)	(我假设)	XP(有人偷了你的钱包)
如果<u>有人偷了你的钱包</u>,那一定是张三。 即使<u>有人偷了你的钱包</u>,他也已经跑掉了。	意义 1		S 假设	有人偷了你的钱包
	意义 2	S 认为		偷你钱包的人是张三/偷你钱包的人已经跑掉了
疑问式		(S 说/认为)	(我问)	XP(张三偷了你的钱包)
<u>张三偷了你的钱包</u>吗?	意义 1		S 假设/S 听说	张三偷了你的钱包
	意义 2		S 问:XP 在可能世界 1 中是否存在	
意外式		(S 说/认为)	(我意外)	XP(张三偷了你的钱包)
难道是<u>张三偷了你的钱包</u>?	意义 1		S 假设/S 听说	张三偷了你的钱包
	意义 2	S 认为	XP 在可能世界 1 中可能存在	
	意义 3		S 对此感到惊讶	
否定式		(S 说/认为)	neg(我否认)	XP(张三偷了你的钱包)

续表

类　型	意　义结　构	可能世界 0（说话者 S所在的世界）	可能世界 1（说话者直接的意识或话语世界）≠可能世界 0	可能世界 2（说话者假定的意识或话语世界）≠可能世界 1
张三没偷你的钱包。偷你钱包的人是不存在的。/没有人偷你钱包。	意义 1		S 假设/S 听说	有人偷了你的钱包,这人是张三
	意义 2	S 认为	XP 在可能世界 1 中为假	
认识情态式		(S 说/认为)	(我猜测)	XP(张三偷了你的钱包)
应该是张三偷了你的钱包。张三可能偷了你的钱包。	意义 1		S 假设/S 听说	有人偷了你的钱包,这人是张三
	意义 2	S 认为	XP 在可能世界 1 中有可能或应该存在	
肯定祈使式		(S 说/认为)	(我要求)	XP(你去偷张三的钱包)
(你)去偷张三的钱包。	意义 1		S 假设	(未来)你去偷张三的钱包
	意义 2		S 要求:XP 在可能世界 1 中从无到有,变为真实	
否定祈使式		(S 说/认为)	(我禁止)	XP(你去偷张三的钱包)
(你)别偷张三的钱包。	意义 1		S 假设	(未来)你去偷张三的钱包
	意义 2		S 要求:XP 在可能世界 1 中不能变为真实	

类　　型	意义结构	可能世界 0（说话者 S 所在的世界）	可能世界 1（说话者直接的意识或话语世界）≠可能世界 0	可能世界 2（说话者假定的意识或话语世界）≠可能世界 1
义务式		（S 说/认为）	应该（情理事理道义等方面的要求）	XP（把钱包还给失主）
应该把钱包还给失主。	意义 1		S 假设	把钱包还给失主
	意义 2		XP 在可能世界 1 中被某种力量要求从无到有，变为真实	

　　需要特别指出的是，非现实的存在物可以是最荒唐的，即对说话者或公共信念来说是完全不可接受的事物，因为它不在直陈世界中，所以说话者根本不必为它的事实性负责。下面的 XP 在直陈时句子不成立或很别扭，但到了非现实句中就是通顺的了，这是因为这些 XP 都是很荒谬的事物：

　　(26) 直陈：?? 蜗牛的速度比光还快。

　　　　条件：如果蜗牛的速度比光还快，那将会带来十分喜剧的结果。

　　　　疑问：蜗牛的速度比光还快吗？

　　　　意外：难道蜗牛的速度比光还快?!

　　　　否定：蜗牛的速度不可能比光还快。

　　　　认识情态句：(在特殊的条件下,)蜗牛的速度可能比光还快。

　　　　祈使：必须让蜗牛的速度比光还要快。

　　　　义务：为了拯救世界，应该让蜗牛的速度比光还快。

2.4　世界信息

　　在语言中，还可以直接对当前认知世界进行表述，从而让听众明确地知道语句的内容是存在或不存在于哪一个世界中的。这种世界表述称为"世界信息"（about the world），不过它给出了世界的内容，却并不一定会规定这世界的性质,究竟是直陈世界还是虚拟世界,从世界信息上常常看不出来(个别的会表明其性质)。

对语句而言,世界信息都是"背景信息",所以它一般由修饰语表达。如用时间、空间或其他背景性状语性成分表达的世界信息,见例(27)画虚线的部分:

(27) <u>公元584年(隋文帝开皇四年)到公元610年(隋炀帝大业六年)20余年之间</u>,两代中国皇帝下令开凿和疏通了以首都洛阳为中心,北抵河北涿郡、南达浙江余杭的大运河。

　　<u>从前</u>,村里的孩子读不上正规的学校,大多数人只认识几个字。

　　<u>在美国小学</u>,每个教室都有这么一面文字墙帮助孩子记单词!

　　<u>秦始皇统一中国前</u>,各国都筑有长城。

　　<u>在《西游记》里</u>,猪八戒和高小姐并没有生育;但<u>在这部电影中</u>,却生了一个儿子,叫猪小戒,还上西天去找他老爸。

　　<u>历史文献中</u>,黄帝逝世后葬于桥山。其孙高阳立,即颛顼帝。

再如用定语性成分表达的世界信息,见例(28)画虚线的部分:

(28) <u>先</u>总理曾来曾家看望过他。(不是现在的总理)

　　<u>法国国王</u>路易十五五岁登基,与波兰公主玛丽·蕾姗斯卡结婚,共育有十个子女。(不是其他国家的路易十五)

　　<u>1991年的</u>苏联,经济不断滑坡,人民生活水平继续下降,政治"多元化"和多党制,已经严重地削弱和放弃了苏共的领导地位,反对派趁势崛起,社会动荡日益加剧,已经走到了濒临崩溃的边缘。(不是此前的苏联)

有的世界信息会表明是直陈世界还是虚拟世界,如例(29)画虚线的部分:

(29) <u>所谓的</u>"绝对的平等"不但从未实现过,人们甚至也从未想过要去实现它。

　　他所<u>猜想的</u>"新星"后来得到了证实。

　　<u>在现实中</u>,我们每个人都犯过错误,不存在道德上完全干干净净的人。

　　<u>真正的</u>人有欢笑、有痛苦、有成功,也有失败。

"所谓"表明"绝对的平等"是某些人所说的内容,因此含有一个意向谓词;同理,"他所猜想的"也有一个意向谓词,因此都是虚拟世界,这比较容易理解。需要特别注意的是,说话者在表明自己的直陈世界时,喜欢用"现实、真正"等本来表述现实世界(也就是原初世界)的词语,因为他认为这些事物不但是事实,而且是现实。这是一种信念表达系统,是修辞夸张,是认识的跳跃,是理想,并不等于他真的能够将自己的认识投射到现实世界中来。

2.5　实指性等级

通过对意向谓词的了解,我们可以看到,所谓意向活动,就是人类的思维与言语活动;而所谓直陈,就是说话者最直接的思维反应,即直接提取他心中的事实。

什么东西是人容易直接提取的? 当然是外延明确,有具体的现象表征,直接储存在他头脑中的事物。人的认识,从本质上讲,是从具体到抽象,即以说话人为圆心,向外扩展,先将直接体验的事物纳入思维与语言,再将间接体验的事物纳入,再将更为抽象的事物纳入,如此发展下去,直到将最为空泛、很难构成体验的事物纳入。越向内,越是直陈;越向外,越是相当于"我假定、我猜想、我想象"等意向活动的疆域,而且越是非叙实的领域。

其中"体验的"(experienced)与"想象的"(imagined)之间有一个大的分野。体验是说话者可以通过身体感知的,包括直接的体验与间接的体验,前者是直接用身体器官去感知,后者是通过一定的工具呈现某种结果,再用身体去感知,包括使用仪器、声像材料及其他记录与测量方式。而纯粹的想象是没法或暂时无法进行验证的思维。居于体验与想象之间的是所谓"传闻"(hearsay),即由他人体验后所做的报告,它虽有体验的性质,但因为不是说话者自己的体验,因此也只能通过报告来想象,而且流传过程本身有可能出错,所以远不如自己的体验来得真实,然而它比纯粹的想象有更多的实证性质,毕竟是曾经的体验。

因此,思维的概念就形成了不同的类型,分为两大类:

第一,非内涵性概念(仅仅表达个体,并不去追寻其内涵的事物)和外延占优势的概念(先确定外延,再去寻找其属性或内涵的概念),它们是体

验的对象,当没有其他意向结构的作用时,它们就倾向用于直陈的可能世界1。例如:

(30) 苏格拉底病了。

　　　苏格拉底没病。

"苏格拉底"是古希腊的伟大哲学家,我们通过古人的记载间接地验证了他的存在,所以这是专名,即非内涵概念。第一句是肯定句,没有任何意向谓词;第二句是否定句,但"苏格拉底"也没有受到否定词的影响;这样一来,说话者就是将"苏格拉底"当成直陈世界中的一个实指对象来处理。这就形成"存在预设",即不管说话者是说他病了,还是说他没病,都不影响说话者默认"苏格拉底"存在。

但是存在预设不能过分解读。如果句中有其他意向结构,这些概念也很可能虚指,也会用在非直陈世界中。如:

(31) 在早期文献中找不到苏格拉底,(因此这个人很可能并不存在)。

此时"苏格拉底"受到否定词(隐含有意向谓词)的约束,按前面关于否定的解释,指在可能世界2中假定有一个"苏格拉底",然后说明在可能世界1中他并不存在。

第二,内涵与外延都不明确的概念(先命名,再去寻找其内涵,确定其外延的概念)和内涵占优势的概念(先有内涵,再去确定其外延的概念),它们自身就是某种意向活动的产物,无法直接或间接地体验,所以只能靠意向活动来想象。这样一来,这些概念的语义内容中本身就隐含了意向谓词,即使句中没有其他意向谓词,这些概念也倾向于被当作虚指的对象来看待。例如下面两句的区别:

(32) a　乔姆斯基从来没在我们面前出现过。

　　　?? 乔姆斯基从来没在我们面前出现过,所以这世上没有乔姆斯基。

　　 b　魔鬼从来没在我们面前出现过。

　　　魔鬼从来没在我们面前出现过,所以这世上没有魔鬼。

"乔姆斯基"是一个专名,对特定对象的称呼,即非内涵的概念,所以他一般被当成事实,是实指的事物,即使他从来没在我们面前出现过,也可有间接的体验来保证他的存在。当然,如果"乔姆斯基"只是一个传说,是由他人或说话者自己推测出来的一个人物,那么就不再是真正意义上的专名,而是一个内涵与外延都不明确的概念,这时,他就是虚指,在可能世界1中并不一定存在,也就可以合法地怀疑"这世上没有乔姆斯基"了。

与"乔姆斯基"不同,"魔鬼"这一概念,本来就是内涵与外延都不明确的概念,是我们想象的产物,所以它天生就是虚指,居于说话者假定的某个世界中,因此在可能世界1中不存在。

当然如果句子产生叙实性,即使是"魔鬼"这样的事物也会被投射到可能世界1中来。例如:

(33) 魔鬼降临在这个小山村。

我很后悔没听魔鬼的话。

你知道魔鬼是上帝的对立面吗?

例(33)这几句的说话者之所以默认魔鬼是直陈世界的成员,或者是因为说话者自己是个宗教徒,认为魔鬼是事实;或者是因为这时的直陈世界本身就是对某个神话故事的叙述,就如前面猪八戒的例子那样,而在这一神话中魔鬼是事实。

上述概念性质可以归纳为"实指性等级":在日常会话中,下文等级中越是上边的对象,越倾向于投射到直陈世界中,即使句中有意向谓词或其他意向结构;越是下面的事物越倾向于虚指,除非句中其他方面全都说明现在直陈的对象就是一个想象的世界。

第一、第二人称代词/亲指性的代词空位或名词＞

具体人名/具体事物＞

社会习俗确定的地理、组织、纪年等＞

……＞

第三人称代词/指示代词/定指的一般名词＞

可自由任免的职务等＞

……＞

推理猜测的事物＞

抽象名称/学术概念/宗教文化概念/临时概念

让我们以人称的区别来看看这一等级的情况。例如:

(34) a 如果当时有你/我在,就不会出现这样的结果。

b 　如果当时有<u>他</u>在，就不会出现这样的结果。

c 　如果当时有<u>一个主管官员</u>ᵢ在，<u>他</u>ᵢ就不会让这样的结果
　　发生。

第一、第二人称都是所谓"亲指"，即说话双方有办法让被指称的对象处于他们共同的视线注视之下，因此勿需别的什么，他们"直接知道"在世界中实际上是指哪一个对象。[17]对言语活动而言，听说双方都只能是实指的，甚至是真实的。因此即使例（34a）是假设条件句，即使事件"你在/我在"有可能是反事实的，论元"你/我"也一定是事实性事物。

第三人称则有两面性：一种如例（34b）中，指称某个我们都知道的确定的人，那么这就和第一、第二人称一样，必然是事实性的事物。但是在例（34c）中，"他"回指一般名词"主管官员"，而句中的主管官员却是假设句中的事物，是假定的非直陈世界中的，因此不一定是事实，这样一来，"他"也就不一定在可能世界1中存在，只是一个虚指的对象。

再看称呼方面的不同情况。例如：

（35）a 　如果<u>阿姨</u>没空，我还可以找找其他老师。

　　　b 　如果<u>上帝</u>没空，我还可以求求其他大神，真主啊，佛祖啊，妈
　　　　　祖啊什么的！

例（35a）是所谓"临时命名"，[18]它并非准确地命名，而是说话者由于言语活动需要，对一个临时交际的对象给予一定的名称，以便称呼，以利于言语活动的进行。如：我现在正和一个中年妇女打交道，根据她的年龄性别等特征，我临时赋予她"阿姨"这个名称，即使她与我没有任何亲戚关系，甚至我的年龄比她还大，这都没有关系，因为这不过是为了称呼与表示礼貌而已。这样的概念就是亲指的一种，因此，即使是在条件句中，"阿姨"也是事实性的对象。

例（35b）的"上帝"虽然是专有名词，但并非哲学意义上的专名，因为这是一个宗教概念，并非现实性的存在，其外延不明确，而是由一系列属性汇集而成，当它处于条件句中时，它更倾向于是一个假定的对象，一个虚指的实体。正因为此，即使说话者并不认为上帝是事实对象，他也可以完全合法地说上面的话。

3. 结语

本文立足于事实性的本质,从语言学的角度重新探讨了真值的概念,并在此基础上提出了可能世界分层理论,以期对叙实性研究有一个更为全面的把握,从而将叙实性研究推向一个更深的层次。

我们区分了真实、事实与非事实三个层次的可能世界,直陈世界是最重要的世界,其中的事物是说话者当成事实来讲述的事物。而说话者自身所在的世界,也是言语活动所发生的世界是客观真实世界,真实并不是语言的任务。语言中关注的是关于事物与直陈世界的知识,他代表的是说话者的主观立场,而不是客观世界本身的性质。因此,由说话者直接表达的事件或知识在客观世界不一定就是真实的。

语言中的意向谓词打开了一个个可能的世界,参与意向活动的论元和它所依附的事件处于同一世界的论元称为"实指论元",不处于同一世界的论元称为"虚指论元"。意向者是实指论元,意向内容则是虚指论元。意向谓词打开的可能世界,与直陈世界之间一般是不能相通的,所以具有晦暗性。但是,有的意向谓词具有特殊的性质,使它的虚指论元倾向于投射到该谓词所在的世界之中,在该世界中存在,成为事实,或者倾向于不能投射过来,在该世界中不存在,因此是反事实,这就是"透明性"。

我们还讨论了一些能够打开可能世界的各种语言成分,如隐含意向谓词的情态成分、意向名词、广义情态句等。最后我们根据概念本身的性质,概括了"实指性等级",一般说来,第一、第二人称倾向于投射到直陈世界1中,即使句中有意向谓词或其他意向结构;抽象名称、宗教文化概念等倾向于虚指,因为它们的语义内容中就隐含有意向谓词。

附　注

[1] 晦暗和透明,由蒯因(Quine 1960)提出。

[2] 从存在的角度讲,不论是一个实体,还是一个事件,都是在特定世界中存在的一个对象,因此没有必要刻意区分。

[3] 麦考莱(McCawley 1998:516—537)说,把某些动词或形容词说成是"建构世界"的,是因为那些谓词的补足语是指各种可选择的世界,如 believe 的补足语指信念

世界,want 是指希望世界,dream 指梦幻世界,say 指话语世界,等等。陈振宇(2017:10)说,"意向性"这一术语来自哲学,源于拉丁语 intentio,而 intentio 又由动词 intendere 派生而来,意为"指向某个目标或事物"。更准确地讲,是指向意向者所在的世界之外的一个新的、更深的可能世界中的目标或事物。

[4] 前人已有相似的观念,参看麦考莱(McCawley 1998:516—537)的讨论。在汉语研究中刘大为(2004:5)也已提出这样的观念。本节这部分内容引自陈振宇(2017:11)。

[5] 一些学者认为逻辑和数学规则本身是在所有可能世界中都存在的(也就是都为真的),如不可能 A 与~A 同时为真。但是任何一个有基础佛教观念的人,都知道"空即是色,色即是空"的道理。为了弥补此一不足,一个方案是提出"不可能世界"(impossible world),认为违反逻辑的是不可能世界中的情况。有了上述两条终极性质后,就不再需要"不可能世界"了,而是认为可能世界分成很多类型,各个类型遵循自己的原则,因此大多数可能世界中,逻辑和数学的公理是存在的、有效的,但在部分人(如佛教徒)的信念世界中,却是另外一回事(并且万一哪天我们今天所知的逻辑或数学错了呢)。

[6] 麦考莱(McCawley 1998:525)所用的术语。请注意,"虚拟"指虚构的事物,但这一术语有两种用法:这里的虚拟可能是事实,可能不是事实,而英语语法中的"虚拟句"指一定不是事实。

[7] 当然,在特殊的情况下,说话者可以故意说他所不相信的事物,如撒谎或有意误导。但这时有两种情况,一种是他竭力把反事实当成事实来表述,这时对是否事实的判断是心理学或语境的任务,与句法语义学无关,我们可以暂时不予理会,就当他是对事实的陈述好了;另一种则是他在表面上似乎是在传递事实信息,但他又希望听者能够明白这些信息的反事实性,这时,他的言语活动中往往有某种特殊的表现,称为"反事实标记",例如反语的运用,这是我们需要研究的内容。

[8] 刘易斯(Lewis 1979)提出。

[9] 参见陈振宇(2017:38—41)的详尽讨论。

[10] 参看陈振宇(2017:15)关于"意向行为动词"的论述。

[11] 这一事件中的施事"张三"是实指论元,因此在否定句和肯定句中他都必须是事实,句子才有价值。

[12] 本表原型来自袁毓林(2014)、李新良(2014)等,但由于他们没有将真实与事实区分,也没有引入可能世界分层理论,所以没有注明叙实性的晦暗—透明哲学本质,这部分内容是陈振宇(2017:12)添加的,本文又作了充实。

[13] 前人研究颇多,限于篇幅这里就不再详述,参看李新良(2014)、陈振宇

(2017:10)的总结。

　　[14] 这里参考了寇鑫、袁毓林有关文献,如他们发表在《语言研究集刊》(第二十辑)上的《汉语叙实反叙实名词的句法差异及其认知解释》一文。

　　[15] 请注意,这里指广义的情态概念,见陈振宇(2017:246—256)广义情态句一节。

　　[16] 陈振宇(2017:41)把这种能力称为"非现实性"(irrealis),即所描写的事物或事件,只能在可能世界2或以上的世界中肯定存在;换言之,说话者并不是直接讲述非现实的事物或事件,而是对它们至少进行了一次加工,这个加工的操作是由可能世界中出现或隐含的意向谓词来实现的。

　　[17] 陈振宇(2017:70)。

　　[18] 陈振宇(2017:73—74)。

参考文献

　　陈振宇　2017　《汉语的指称与命题》,上海人民出版社。

　　陈振宇　杜克华　2015　《意外范畴:关于感叹、疑问、否定之间的语用迁移的研究》,《当代修辞学》第5期。

　　陈振宇　甄　成　2017　《叙实性的本质——词汇语义还是修辞语用》,《当代修辞学》第1期。

　　渡边昭夫　1979　《关于普通话中的前提》,《中国语文》第18号。

　　刘大为　2004　《意向动词、言说动词与篇章的视域》,《修辞学习》第6期。

　　李新良　2010　《汉语叙实词语研究》,浙江大学硕士论文。

　　李新良　2014　《现代汉语动词的叙实性研究》,北京大学博士学位论文。

　　李新良　2015　《立足于汉语事实的动词叙实性研究》,《世界汉语教学》第3期。

　　徐烈炯　1990/1995　《语义学》,语文出版社。

　　袁毓林　2014　《隐性否定动词的叙实性和极项允准功能》,《语言科学》第6期。

　　Kiparsky, Paul & Carol Kiparsky　1970　Fact. In Bierwisch, Manfred & Karl Erich. Heidolph, eds., *Progress in Linguistics*, Mouon: Mouton 143—173.

　　Leech, Geoffrey　1981　*Semantics:The Study of Meaning* (2nd edition). Harmondsworth: Penguin Books.李瑞华、王彤福、杨自俭、穆国豪译《语义学》,何兆熊、华钧校订,上海外语教育出版社,1987。

　　Leech, Geoffrey　1983　*Principle of Pragmatics*. London: Longman.

　　Lewis, David　1979　*Attitudes de dicto and de se*. The Philosophical Review, Vol.88.

Lewis，David 1970 Counterfactuals. *Journal of Pragmatics*. Vol.40：1865—1895.

McCawly，Jame D. 1993 *Everything That Linguists have Always Wanted to Know about Logic_but were Ashamed to Ask*.《语言逻辑分析——语言学家关注的一切逻辑问题》，王维贤、徐颂列等译，杭州大学出版社，1998 年。

Quine，W.V.O. 1960 Word and Object. CAM：MIT. Press.

Tsao，Feng-fu 1990 *Sentence and Clause Structure in Chinese：A Functional Perspective*. Taipei：Student Book Co.

陈振宇：chenzhenyu@fudan.edu.cn
原载《语言研究集刊》2018 年第二十辑。

汉语叙实反叙实名词的
句法差异及其认知解释[*]

寇　鑫　袁毓林

提　要　现代汉语名词具有叙实性。其中，预设其定语小句为真的名词是叙实名词(如：小王出国的事实→小王出国了)，而预设其定语小句为假的名词是反叙实名词(如：孩子生病的谎言→孩子没有生病)。我们发现，叙实名词和反叙实名词在句法表现上呈现出较大差异。首先，叙实名词语义中的"真"义，使其排斥多种句法结构：不常跟施成角色共现，不能对施成角色进行否定，不与"假造"义动词共现等；而反叙实名词语义中的"假"义，则允许其搭配多种物性角色和多种语义类别的动词。其次，叙实名词容易被表示主观否定性的词汇削弱或取消其预设定语小句为"真"的"叙实"特征；而反叙实名词预设其定语小句为假的"反叙实"特征则不可取消。最后，文章使用"疑善信恶"这种基本的认知模式，来解释名词"真、假"语义如何造成其在句法上的不对称表现。

关键词　叙实性　叙实名词　反叙实名词　定语小句　句法差异　疑善信恶

1. 引言

　　能够带小句宾语的动词可以根据其推演宾语所述命题的真值情况而对其叙实性进行分类。Kiparsky & Kiparsky(1970)、利奇(Leech 1981)、

　　* 本课题的研究得到教育部人文社会科学重点研究基地重大研究项目"汉语意合语法框架下的词汇语义知识表示及其计算系统研究"和国家重点基础研究计划(973计划)项目课题"语言认知的神经机制"(2014CB340502)的资助，谨此致以诚挚的谢意。

李新良(2013)、袁毓林(2014b)都对动词的叙实性进行过详细的研究。根据动词推演其宾语真值的能力,可以将动词分为叙实动词、反叙实动词和非叙实动词三类(Leech 1981;袁毓林 2014b)。动词叙实性的实质是谓词语义中对其宾语所表示的命题"真"或"假"的判断,通过规定其宾语小句的真值,影响整个主句命题的预设。除动词外,某些名词也能够规定其定语小句的真值。例如:

(1) a. 厂家伪造产品标签的事实

　　 b. 公司运转良好的谎言

例(1a)中修饰"事实"的定语小句所述的"厂家伪造产品标签"的命题一定为真,而例(1b)中定语小句"公司运转良好"所表述的命题则为假。这说明被修饰的中心语名词"事实"和"谎言"和某些动词一样,具有提示预设的作用。但是,并不是所有名词作中心语时都能够限定其定语小句的真值。例如:

(2) a. 所有人都知道的谎言

　　 b. 大家都为之震惊的消息

例(2a)中的中心语虽然仍是"谎言",但其定语小句"所有人都知道"因为缺少宾语,不能表示命题;而例(2b)中,定语小句"大家都为之震惊"的真值可能为真也可能为假,其真值与中心语"消息"并无确定的真值关系。可见,不是所有的名词都可以限定其定语小句的真值。只有表示名词具体内容的定语小句,中心语名词才有可能根据自身语义推演其定语小句的真值。根据古川裕(1989)、寇鑫、袁毓林(2017),这类结构可以被称为内容义定语小句结构,其中心语名词一般都是内容义名词。

现代汉语名词的叙实性分类比动词更加复杂。动词作为句子的核心成分,可以和其宾语小句构成命题,因此,李新良(2013)、袁毓林(2014b)均使用谓词及其否定式能否推演其宾语所表示命题的真值作为动词叙实性分类的依据。但是"定语小句+名词"的结构作为句子中的论元成分,并不能作为命题进行否定,故而无法直接套用动词叙实性分类的标准。因此,本文使用袁毓林(2013、2014a)在 Pustejovsky(1991)基础上提出的十类名词物性角色中的"施成(AGE)"和"处置(HAN)"两类角色与内容义定语小句结构组成述宾结构,观察当"内容义定语小句(XP)+的+内容

义名词（N）"在主句中实现为宾语时，XP 是否会随着主句肯定/否定形式或谓词角色的改变而改变其真值。其测试公式为：

A. AGE+XP 的 N　　　　　如：编造瘟疫大面积传播的谣言。

B. NEG+AGE+XP 的 N　　如：没有编造瘟疫大面积传播的谣言。

C. HAN+XP 的 N　　　　　如：报道瘟疫大面积传播的谣言。

D. NEG+HAN+XP 的 N　　如：没有报道瘟疫大面积传播的谣言。

根据以上测试标准，叙实名词在 A—D 组的句法测试中能推演 XP 为真，而反叙实名词则均能推演 XP 为假。[1]但是，在具体测试过程中，我们发现叙实名词的句法限制明显多于反叙实名词。本文将在此基础上，根据叙实名词和反叙实名词在句法表现上的差异，探求特定的叙实性特征会怎样影响名词的句法功能，并揭示其背后的认知概念机制。

2. 叙实名词的"真"及其在句法上的弱势表现

在句子中，名词经常处于被支配的从属地位。动词、形容词定语以及带有主观性的语境意义都有可能对名词及其内容义定语小句的语义产生影响。本节关注叙实名词的句法表现，从词语之间的搭配限制可以看到：名词的叙实意义对句法形式的制约非常有限，并且很容易被其他句法成分的意义所消解。

2.1　叙实名词对施成角色的限制

汉语中的叙实名词数量有限，通过对古川裕（1989）给出的例词进行考察，我们共找到 7 个：事实、事迹、真相、故实、史实、真理、真谛。

根据定义，叙实名词应该在 A—D 四种格式的小句中都能推演其内容义定语小句为真。但是，事实并非完全如此。因为"XP+的+N_{叙实名词}"基本不与其施成角色共现。并且，叙实名词在句法上排斥 B 类结构，即不能否定其施成角色。例如：

（3）a. ?有_{AGE}地球围绕太阳转动的事实。→地球围绕太阳转动。（A）

　　b. *没有_{AGE}地球围绕太阳转动的事实。（B）

　　c. 每个孩子都知道_{HAN}地球围绕太阳转动的事实。→地球围绕太阳转动。（C）

d. 每个孩子都不**知道**_{HAN}地球围绕太阳转动的事实。→地球围绕太阳转动。(D)

(4) a. ? 张警官有_{AGE}舍身抢救人民财产的事迹。→张警官舍身抢救人民财产。(A)

b. * 张警官没有_{AGE}舍身抢救人民财产的事迹。(B)

c. 人们都在**传颂**_{HAN}他舍身抢救人民财产的事迹。→他舍身抢救人民财产。(C)

d. 人们没有**传颂**_{HAN}他舍身抢救人民财产的事迹。→他舍身抢救人民财产。(D)

　　我们以"事实、真相、真理、事迹"四个词为例,在语料库中对名词和其物性角色的共现情况进行了统计。表1中的统计资料反映了叙实名词和其四类动词性物性角色(施成角色、处置角色、行为角色/功用角色)的共现频率。

表1　"XP＋的＋N_{叙实名词}"与其物性角色的共现频率

角色 词汇	施成角色	处置角色	行为角色/ 功用角色	共现动词举例 (频率)
事实	13％(13/100)	75％(75/100)	12％(12/100)	接受(7)、存在(7)、承认(5)
真相	0％(0/100)	96％(96/100)	4％(4/100)	揭露(12)、掩盖(6)、披露(6)
真理	2％(2/100)	88％(88/100)	10％(10/100)	揭示(10)、指导(7)、展示(7)
事迹	1％(1/100)	77％(77/100)	22％(22/100)	介绍(15)、描写(9)、报道(9)
总计	4％(16/400)	84％(336/400)	12％(48/400)	

　　表1反映出叙实名词在实际语料中跟相关物性角色的共现限制情况。其中,仅有4％的实例是"XP＋的＋N_{叙实名词}"结构与施成角色进行搭配。这是因为叙实名词的语义预设"内容为真",所以这些名词的"来源"或"创造方式"非常单一,基本都是"客观存在"的。当名词所指内容在句

法表层实现为"XP"时,"施成角色＋XP＋的＋N_{叙实名词}"这种搭配类型基本都会以存在句的方式出现。例如:

（5）目前非公有制企业中,普遍**存在**劳动者合法权益被侵犯的<u>事实</u>。

叙实名词也不能进入由其施成角色作述语的否定式中。但是,当句子表达的是反事实语态(counterfactual mood)时,则可以接受。例如:

（6）也就是说如果**没有**<u>无产阶级当家作主的事实</u>,社会主义宪法就根本无从产生。（《宪法》,法律出版社 2010 年出版）

例（6）允许使用否定词"没有"是因为"无产阶级当家作主的事实"已经存在,因此"没有＋XP＋的＋事实"使整个句子成为一个"反事实"条件句（袁毓林 2015）。这更加说明叙实名词的具体所指"XP"是在现实世界中真实发生的,且其真实性和现实性不能否定。

叙实名词"内容为真"的语义特点影响了这类名词的句法表现,使其构成的"XP＋的＋N"结构很少跟施成角色共现,并且强制要求 XP 为"真实"和"现实"的,在现实句中不能跟施成角色的否定式搭配。

2.2 "假造"类动词和叙实名词的共现限制

但是,叙实名词一旦脱离开"XP＋的＋N_{叙实名词}"式偏正结构,成为光杆名词时,却可以作为"假造"类动词的宾语。比如:

（7）**捏造**事实　　**编造**真相　　**虚构**（优秀）事迹

"假造"类动词不是叙实名词的"施成角色",而是这类名词的"处置角色"。叙实名词的语义概念中都带有［＋内容为真］的语义特征,因而一旦被"假造",这类名词所指涉的内容就不再具有"事实/真相/真理"的语义特征。但是,"假造"类动词可以选取叙实名词作宾语,强行改变名词内容的真值特征。

但是,"XP＋的＋N_{叙实名词}"结构却很难与"捏造、编造"等假造类动词搭配。例如:

（8）a.？领导**捏造**<u>工厂运营状况良好的事实</u>。

　　　b.？清军**编造**了<u>各地明军惨败的真相</u>。

　　　c.？他**虚构**了<u>自己为保护六名儿童而奋不顾身、舍己为人的事迹</u>。

真实文本中没有找到类似的例子,例（8）中自拟的例子也不太自然。

所以,"XP＋的＋N_{叙实名词}"应该是排斥"假造"义动词的。但是,为什么光杆的叙实名词可以与"假造"义动词搭配,而带了内容义定语小句的叙实名词则不行呢? 这是因为,内容义定语小句在语义上是与内容义名词同位性共指的,并对名词语义中关于"内容为真"的具体内容进行精细化表述(elaboration)。这样,就把"为真"的意义显性地在句法表层中明示出来了,使本来隐含在名词语义中的真值特征不能被轻易地消解掉。因此,"XP＋的＋N_{叙实名词}"结构比光杆的叙实名词"真实"义更强,并表现为这一结构在选择限制上排斥"假造"类动词。

2.3　"怀疑"对叙实名词真值的取消

袁毓林(2014b、2014c)曾讨论过隐性否定动词"怀疑"对其宾语小句"相信"或"不相信"的主观态度。"怀疑"本身可以兼带体词性和谓词性宾语,本节使用"怀疑"来测试叙实名词,看动词的主观否定义是否会影响内容义定语小句的真值。例如:

(9) 警长一直在**怀疑**_{HAN}<u>亨利盗窃银行存款</u>的事实。→? 亨利盗窃银行存款。

(10) 小张的同学非常**怀疑**_{HAN}<u>他拾金不昧</u>的事迹。→? 小张拾金不昧。

(11) 哥白尼很**怀疑**_{HAN}<u>太阳绕着地球转</u>的真理。→? 太阳绕着地球转。

例(9)—例(10)中,"怀疑"的加入,让听话者不能笃定而确切地推演补足语小句为真。在这种情形下,叙实名词的叙实能力被大大地减弱了。这种叙实性的减弱跟动词"怀疑"的主观否定意义有着密切的联系。比如,例(9)中,"亨利盗窃银行存款的事实"受到"怀疑"后,这一事实"真"的语义内容大打折扣,听话人会受"怀疑"隐性否定的干扰而无法断定"亨利盗窃银行存款"为真,反而更倾向于认为"亨利盗窃银行存款"为假。"怀疑"这种冲抵叙实名词"真实性"的功能,来自"怀疑"的主观否定义。袁毓林(2014b)指出"怀疑"表示"相信"或"不相信"的语用调节机制来自于其后宾语小句的评价意义:当宾语小句表示消极意义时,"怀疑"被识解为"相信"(如:怀疑他监守自盗。);而当宾语小句表示积极意义时,"怀疑"被识解为"不相信"(如:怀疑他真能舍己为公。)。进而将"怀疑"的语义识解模式概括为"疑善信恶"。

当"怀疑"这种"疑善信恶"的语义识解模式作用到"XP＋的＋N_{叙实名词}"上时，实现为"疑真"的语用功能。"怀疑"可以直指叙实名词"真实"义的内涵，并对"真实性"进行否定。这种通过主观评价意义（而非施成角色）的否定，一方面不会与叙实名词所指内容为真的语义发生冲突，另一方面又从更高阶的语用层面对其进行了否定。结果，这里的叙实名词"事实、事迹、真理"便成为一种元语言性（metalinguistic）的引用性用法（quotative usage）。于是，可以在定语小句前面或叙实名词前面加上专门的反叙实词汇标记"所谓（的）"。例如：

(9') 警长一直在怀疑_{HAN}所谓的<u>亨利盗窃银行存款</u>的事实。

(10') 小张的同学非常怀疑_{HAN}所谓的<u>他拾金不昧</u>的事迹。

(11') 哥白尼很怀疑_{HAN}所谓的<u>太阳绕着地球转</u>的真理。

这同时也说明，叙实名词的"叙实功能"在一定程度上是可以被上下文语境取消的。

2.4 "虚假"义修饰语对叙实名词真值的取消

叙实名词可以被表示"虚假"义的形容词修饰，形成所谓的矛盾修饰法（oxymoron）。例如：

(12) <u>虚假的</u>事实　<u>错误的</u>真理　<u>虚假的</u>真相

当这类修饰语与叙实名词进行搭配时，叙实名词的所指会从"真"变为"假"。不过，这类"虚假"义的修饰语却很难进入"XP＋的＋N_{叙实名词}"的结构中。例如：

(13) a. (*虚假的)小王去过北京的(*假)事实

　　　b. (*虚假的)公司运营状况不佳的(*假)真相

但是，"真理"可以受"伪"修饰，进入"XP＋的＋N_{叙实名词}"结构。例如：

(14) a. 他听说过<u>坐月子不能碰水</u>的这个**伪**真理。→坐月子不是不能碰水。

　　　b. 他没听说过<u>坐月子不能碰水</u>的这个**伪**真理。→坐月子不是不能碰水。

一旦受到"虚假"义定语的修饰，"真理"的所指内容就不再为"真"。作为一种复合名词，"伪真理"反而和反叙实名词的表现一样，可以预设

XP 为假。如例(14)所示。

　　除了"伪"之外，专门表示元语言性引用的"所谓(的)"，可以对"XP＋的＋N$_{叙实名词}$"进行修饰。[2]例如：

　　(15) 他敢于挑战封建社会所谓的<u>君为臣纲</u>的<u>真理</u>。

　　(16) 女记者根本不相信所谓的<u>西方社会新闻自由</u>的<u>真相</u>。

　　(17) 所谓的<u>妻子罹患精神病</u>的<u>事实</u>，其实是伊斯卡斯先生编造出来的。

例(15)—例(17)中，受到反叙实词汇标记"所谓"修饰的 XP 失去了作为"真理、真相、事实"的真实性，主句并不能推演 XP 为真。这种情况与"所谓"的主观否定意义相关。

　　"所谓"有两个意思：①所说的；②(某些人)所说的(含不承认意)。吕叔湘(1999)认为，第一个义项多用于提出要进行解释的词语；第二个义项则用于引述别人的话语，含有不承认的意思。吕为光(2011)认为，"所谓$_1$"的功能主要是引出概念作为话题，并对概念进行解释，构建出一个"引入—解释"结构。例如：

　　(18) <u>所谓资产证券化</u>，一般是指将缺乏流动性但能够产生未来现金流的资产，通过结构性重组，并据以融资的过程。[转引自吕为光(2011)一文中例(3)]

"所谓$_2$"则是表达说话人对所引述事物的主观评价、否定或贬低，是一个反叙实词汇标记。例如：

　　(19) <u>所谓的艺术家</u>

　　"所谓$_2$"可以直接加在名词上，且对名词产生"否定性主观评价"的作用。当"所谓$_2$"修饰叙实名词时，表现出的特点就是从元语言层面否定名词内容的真实性。例如：

　　(20) <u>所谓的真相　所谓的事实　所谓的真理</u>

　　因此，用"所谓$_2$"进行修饰，就是质疑或反驳了某些内容作为"真相、事实、真理"的"合法性"。这种合法性被颠覆，使得这些叙实名词的真值被颠倒。这种情况类似于"怀疑"的主观否定义。"所谓$_2$"并不对叙实名词的"真"直接进行否定，而是通过加入主观性信息来对"叙实名词"的"真"做出引用性元语言的否定判断。因此，当叙实名词受到"所谓$_2$"修饰时，其叙实功能也会被取消。

综上所述,叙实名词语义的"真"会产生明显的句法后果。比如,"XP＋的＋N_{叙实名词}"不易与施成角色共现,其施成角色不能被否定;"XP＋的＋N_{叙实名词}"结构一般不作"假造"义动词的宾语,也不容易受"虚假"义修饰语修饰。但是,带有主观性否定特征的词汇,比如"怀疑、所谓₂",则可以取消叙实名词"真"的意义(即规定其定语小句为真)。

3. 反叙实名词的"假"及其在句法上的强势表现

根据 A—D 四项句法测试,现代汉语中共有 11 个常用的反叙实名词:谎言、谎话、谬论、谣言、假象、错觉、幻觉、幻景、前景、念头、幻想。

本节关注反叙实名词的"假"义会为这类名词带来怎样的句法后果,同时探求这种"假"的意义是否可以被特定的句法操作所取消。

3.1 反叙实意义的渗透性

叙实名词在句法搭配上会受到比较严格的限制。比如,很少与施成角色共现,并且不能对施成角色进行否定等。但是,反叙实名词在句法表现上则相当灵活。这些名词在 A—D 四种格式的测试中均可以推演其补足语小句的否定性命题。例如:

(21) a. 犯罪分子编造_{AGE}了自己是大学生的谎言。→犯罪分子不是大学生。(A)

    b. 犯罪分子没有编造_{AGE}自己是大学生的谎言。→犯罪分子不是大学生。(B)

    c. 我相信_{HAN}了他是大学生的谎言。→他不是大学生。(C)

    d. 我没有相信_{HAN}他是大学生的谎言。→他不是大学生。(D)

(22) a. 厂家通过广告制造出_{AGE}产品完美无缺的假象。(A)
    →产品不是完美无缺。

    b. 厂家没有通过广告制造出_{AGE}产品完美无缺的假象。(B)
    →产品不是完美无缺。

    c. 消费者相信_{HAN}了产品完美无缺的假象。(C)
    →产品不是完美无缺。

    d. 消费者没有相信_{HAN}产品完美无缺的假象。(D)
    →产品不是完美无缺。

　　表 2 以"谎言、假象、念头、幻想"四个词为例,统计了这些词语在真实文本中与其动词性物性角色的共现情况。

表 2　"XP＋的＋反叙实名词"与其物性角色的共现频率

角色 词汇	施成角色	处置角色	行为角色/ 功用角色	共现动词举例 (频率)
谎言	33％(33/100)	43％(43/100)	24％(24/100)	编造(11)、欺骗(9)、戳穿(8)
假象	65％(65/100)	11％(11/100)	24％(24/100)	制造(27)、造成(19)、迷惑(10)
念头	52％(52/100)	40％(40/100)	8％(8/100)	打消(17)、产生(11)、有(7)
幻想	14％(14/100)	57％(57/100)	29％(29/100)	破灭(9)、打破(9)、丢掉(6)
总计	41％(164/400)	37.75％(151/400)	21.25％(85/400)	

　　通过表 2 中的数据可见,反叙实名词在实际使用中可以与多种物性角色灵活搭配。在与不同物性角色的动词进行搭配时,受到的限制较少。

　　处置角色动词的语义很容易改变名词的叙实功能。比如,叙实名词会受到主观否定动词"怀疑"的影响而削弱其叙实性。但是,反叙实名词的"假"却很难通过与动词组合而取消。比如,"证实"类动词可以表示名词的"内容为真",它很难作为反叙实名词的处置角色出现;即使共现,也都不能取消掉反叙实名词对其定语小句"假"的预设。例如:

(23)？调查机构证实了该企业运营状况良好的谎言。→该企业运营状况不好。

　　而主观否定类动词"怀疑"也暗示其内容义定语小句为假。例如:

(24)？我非常怀疑这种药能够治愈癌症的谎言。→这种药不能够治愈癌症。

(25)？媒体都很怀疑卡瓦罗辞职的谣言。→卡瓦罗没辞职。

　　在 2.3 节中可以看到,主观否定动词"怀疑"可以大大降低叙实名词的叙实意义;但是,这种否定意义对反叙实名词却不起作用,反叙实名词的内容义定语小句依然为假。

与上述情况相对应,"编造"类动词通常可以使名词的内容变为"假"。比如:"编造真相、编造消息"。但是,这些词却正好是反叙实名词的施成角色。编造类动词的"假"和反叙实名词的"假"义不仅没有互相抵消,相反它们还经常共现来突出这种"假"的意味。

由此可见,会对其他名词的叙实性功能产生影响的"证实""怀疑"以及"编造"义动词,都不能取消反叙实名词预设其内容义定语小句为假的反叙实功能。反过来说,反叙实名词的"假"义(预设定语小句为假),具有很大的语境免疫力。

3.2 修饰成分对反叙实名词的影响

2.4节我们看到了"虚假"义修饰语对叙实名词的影响,这类修饰语是否会影响反叙实动词"假"的意义呢? 我们先来看这类名词能否受"虚假"义修饰语的修饰。例如:

(26) 虚假的谎言 虚构的假象 假的错觉 虚假的错觉 虚假的谣言

可见,部分反事实名词可以受虚假义定语修饰。那么,这种虚假义是否会影响反叙实名词的叙实性呢? 来看下面的测试:

(27) a. 消费者会产生一种虚假的、广告中的产品都完美无缺的错觉。

→广告中的产品不是完美无缺的。

b. 消费者不会产生那种虚假的、广告中的产品都完美无缺的错觉。

→广告中的产品不是完美无缺的。

(28) a. 他听信了他家的房子马上要拆迁的那个虚假的谣言。

→他家的房子不是马上要拆迁。

b. 他没有听信他家的房子马上要拆迁的那个虚假的谣言。

→他家的房子不是马上要拆迁。

根据例(27)、例(28),虚假义的修饰语并不能改变反叙实名词的叙实性。另外,"真实"义的修饰语也很难影响反叙实名词。例如:

(29) 真谎言 实在的幻想 真实的错觉 真谣言 真谬论

例(29)中的反叙实名词虽然受到"真实"义修饰语的修饰,但其内容义为"假"的语义仍然存在。"真实"义修饰语的加入,反而"坐实"了其语义中的"假"。比如："我宁愿听**真**谎言，也不听**假**真相。"由此看来，例(26)与例(29)中的定语是描写性的(类似于"狡猾的狐狸"一类结构中的定语)，而不是区别性的(如"大/小的狐狸"一类结构中的定语)。

同样，反叙实名词虽然也可以被主观否定词"所谓₂"修饰，比如"所谓的谎言(其实是真话)"，但是，当"所谓₂"修饰"XP＋的＋N反叙实名词"时，"所谓₂"就很难取消掉"XP"为"假"的预设。例如：

(30) 所谓的<u>公司一切运转良好</u>的<u>谎言</u>

(31) 所谓的<u>他家要拆迁</u>的<u>谣言</u>

例(30)和例(31)也同样提示 XP 小句为假。而且在句子中，"所谓₂"似乎并不是修饰中心语名词"谎言"和"谣言"的，而是修饰 XP 小句。"所谓₂"先与"XP"组合，否定 XP 的陈述意义，然后再与反叙实名词结合，共同把"假"的意义指派给 XP 小句所表达的命题。

可见，反叙实名词"假"的意义不会被其他句法成分所冲抵和取消，反叙实名词对小句真值为假的控制更加严格。

4. 叙实名词、反叙实名词句法差异的认知基础

通过对比叙实名词和反叙实名词的句法表现，可以看到：相对而言，叙实名词的意义中"真"的语义功能(预设其定语小句为真)极易变动，可以通过多种句法语义手段来取消；但"假"的语义功能(预设其定语小句为假)则非常"顽固"，多项对于叙实名词起作用的预设取消手段都无法在反叙实名词上其作用。而且，叙实名词的句法特点主要表现在"限制"和"排斥"上。比如，不和施成角色共现、不能否定施成角色等。反叙实名词的句法特点则"强势"得多，反叙实名词对定语小句为"假"的预设可以不受支配其语义的述语动词的影响，不论是"编造""证实"或"怀疑"类容易影响宾语名词的语义实现的动词，名词的定语小句的"假"都不容改变。

叙实名词和反叙实名词在句法上表现出的"灵活性"和"稳定性"的差异，表面上可以归结于语言"规约性"的方面：叙实名词的搭配面更"窄"，反叙实名词的搭配面更"宽"。但是，我们不禁要问，同样具有预设定语小句真值的作用，为什么反叙实名词因为其"假"义就更加"灵活"和"稳固"？为什么叙实名词的"真"义就要受到严格的限制，并且还会面临被取消的"危

险"呢？这种"真"和"假"的不对称性是否可以在认知概念层面做出解释呢？

究其原因，这种"真"的变动性和"假"的稳固性，通常应该受制于人类社会发展过程中人所形成的相对固定的认知模式。一般来说，人类判断为"真"的公理、定律，通常只是目前暂时没有被证伪罢了。随着社会的发展和进步，人类会不断地认识宇宙、认识自身，许多知识和定见都会发生变化。比如，一些曾经被认为是"真"的东西（如：地球是宇宙的中心、人类是万物之灵、语言是人类独有的，等等），在历史发展中可能会变为"假"。这种基本的认知模式同样反映到了作为概念化的现实及其结构方式的语言及其句法、语义组织中：语义为"真"的成分在句法中受限且意义易被消解；而"假"的事物/事件则是"被确定""被证伪"的，因此其意义相对稳固，并在句法中保持强势，很难被取消。正如袁毓林（2014b）曾提出的人类发展过程中的"疑善信恶"原则，这种"疑真信假"的特征在叙实名词和反叙实名词的对比中愈加明显。

5. 结论

叙实名词和反叙实名词在句法表现上呈现出了比较大的差异。首先，叙实名词语义中的"真"义（预设其定语小句为真），使其排斥多种句法结构。比如，不能搭配施成角色或对施成角色进行否定。而反叙实名词语义中的"假"义（预设其定语小句为假），则允许它搭配多种物性角色和多种语义类别的动词。其次，叙实名词容易被包含主观否定性意义的词汇成分削弱或取消其预设其定语小句为真的"叙实"特征。但是，反叙实名词预设其定语小句为假的"反叙实"特征则不会被取消。本文认为，这种名词在叙实性上"真、假"不对称的表现，来源于人类"疑善信恶"的认知概念模式。具体表现为：宁信其为假，难信其为真。

除了叙实名词和反叙实名词之外，非叙实名词的叙实性也会受到其他句法成分的干扰。比如，"判断"类名词受到"真实"修饰的时候就可以推演其定语小句为真，当受到"虚假"修饰时则可以推演定语小句为假。例如：

（32）曼德拉因病逝世的真实消息。→曼德拉因病逝世。

（33）天王歌星跳楼自杀的虚假消息。→天王歌星没有跳楼自杀。

另外，当定语小句中出现时间性成分或表示情态特征时，名词的叙实性同样会受到影响。例如：

（34）他一直有<u>要去城里读书</u>的愿望。

（35）我得出了<u>他一定会进入半决赛</u>的判断。

例（34）的定语小句是"他要去城里读书"，"愿望"将其［—现实］的意义实现在定语小句的表层结构中，用"要"表示"未来"的时间特征。因此，"他要去城里读书"这一命题的真假在谓词逻辑中就无从判断，必须要引入"时间模态算子"来进行约束。例（35）的定语小句用"一定"表达了认识情态。因此，要判断"他一定会进入半决赛"这一命题的真假，也需要引入模态算子"可能"和"必然"来对命题进行限定。以上这些复杂而丰富的问题，都需要在今后做进一步的挖掘和讨论。

附　注

　　［1］汉语名词叙实性分类的具体操作标准以及名词叙实性类型，详见袁毓林、寇鑫（2018）。

　　［2］"所谓"既可以直接修饰名词性成分（如：所谓阳春白雪）；也可以加助词"的"再修饰名词性成分（如：所谓的个人自由）。我们在文章中暂时不严格区分这两种情况，写作"所谓（的）"。

参考文献

古川裕　1989　《"的 s"字结构及其所能修饰的名词》，《语言教学与研究》第 1 期。

寇　鑫　袁毓林　2017　《汉语定语小句的类型及其句法表现》，《语言教学与研究》第 4 期。

李新良　2013　《现代汉语动词的叙实性研究》，北京大学博士学位论文。

李新良　袁毓林　2016　《反叙实动词宾语真假的语法条件及其概念动因》，《当代语言学》第 2 期。

吕叔湘　1999　《现代汉语八百词》（增订本），商务印书馆。

吕为光　2011　《"所谓"的功能及主观化》，《当代修辞学》第 5 期。

袁毓林　2012　《动词内隐性否定的语义层次和溢出条件》，《中国语文》第 2 期。

袁毓林　2013　《基于生成词库论和论元结构理论的语义知识体系研究》,《中文信息学报》第 6 期。

袁毓林　2014a　《汉语名词物性结构的描写体系和运用案例》,《当代语言学》第 1 期。

袁毓林　2014b　《"怀疑"的意义引申机制和语义识解策略》,《语言研究》第 3 期。

袁毓林　2014c　《隐性否定动词的叙实性和极项允准功能》,《语言科学》第 6 期。

袁毓林　2015　《汉语反事实表达及其思维特点》,《中国社会科学》第 8 期。

袁毓林　寇　鑫　2018　《现代汉语名词的叙实性研究》,《语言研究》第 2 期。

朱德熙　1983　《自指和转指——汉语名词化标记"的、者、所、之"的语法功能和语义功能》,《方言》第 1 期。

朱德熙 著,袁毓林 整理　2010　《语法分析讲稿》,商务印书馆。

Kiparsky, Carol & Kiparsky, Paul 1970 Fact. In M. Bierwisch & K. Heidolph (eds). *Progress in Linguistics*. The Hague: Mouton. pp.143—147.

Leech, Geoffrey 1981/1974　*Semantics*: *The Study of Meaning 2ed edition*. Harmondsworth: Penguin Books.

Pustejovsky, James 1991 The generative lexicon. *Computational Linguistics*. 17.4:409—441.

寇　鑫:snjdkx@163.com;

袁毓林:yuanyl@pku.edu.cn

原载《语言研究集刊》第二十辑。原文注释 1 所提文章已刊出,因此改为"详见袁毓林、寇鑫(2018)",并在参考文献中加入了该文。

命题态度与主宾语从句不对称性初探*

唐正大

提 要 本文所讨论的补足语从句与命题态度相关,即认为某个命题(可能)为真或假。主语从句在句法上为高度简缩的非定式小句,甚至向名词性特征靠拢;宾语从句则需要是定式小句,甚至允许出现主句现象,从而向主句性特征靠拢。宾语从句的强主句性特征可通过认知动词"怀疑"而更直观地显示出来。例如,"我怀疑[红队战胜蓝队]P"可解读为"偏信于P",而"我怀疑[红队战胜蓝队]P的说法"或"[红队战胜蓝队]P值得怀疑"则"偏疑于P"。这是因为前者中,怀疑主体和P的言者合一,言为己出,故句法上偏主句性,语义上则偏信。后二者中P或做名词的补足语,或自身呈现出名词性,其言者与怀疑主体分立,因而语义上偏疑。这符合"说出即相信"的语用效应。

关键词 补足语从句 涉言—涉实 对象宾语与内容宾语

1. 汉语补足语从句与命题态度概说

补足语从句(complement/argument clause)是做论元的从属句,语义上有自指性(self-designated,参看朱德熙1983),指称一个命题,因此也称作内容小句,或命题小句。补足语从句可以做主语、宾语和定语,前二者是主句谓词的核心论元,后者则是做核心名词的补足语,即定语性补足语。补足语从句表达命题,而非实体,因此涉及命题态度(propositional

---

* 本文得到中国社会科学院优势学科"语言类型学"和中国社会科学院与匈牙利科学院合作项目"论元结构与事件结构的研究"的资助。感谢陈振宇、丁健、方梅、刘丹青、刘辉、龙海平、卢达威、鲁承发、王越、吴越、袁毓林、张定、张谊生、宗守云等学者对本文的帮助。

attitude)，即态度主体(agent，多为话语中的言者)指明或蕴含某个命题为真、为假，或可能为真、可能为假(参看 Quine 1956)，这也就是所谓叙实性(factivity)功能。本文主要讨论汉语中和命题态度相关的补足语从句。分别举例如下(波浪线部分是指明或蕴含命题态度的核心名词或谓词，下面的画线部分是表达命题的小句)：

(1) 名词补足语从句：总统去大马士革的消息(未经证实。)

(2) 主语从句：亩产上万斤曾经是主流新闻。

(3) 宾语从句：所有人都相信，辛普森谋杀了自己的妻子。

2. 名词补足语从句

2.1 "的+核心名词"的从属化功能和阻断效应

汉语名词补足语结构和关系从句结构的构成方式基本一致(参看 Comrie 1996)：从句+的+核心名词。区别是，关系从句结构的核心名词和从句中的某个论元(空位)有同指关系，例如"[i]去大马士革的[那个人i]"；名词补足语结构的核心名词和从句本身具有同指关系，如例(1)中"消息"与"总统去大马士革"同指。下面讨论名词补足语从句的叙实性问题。

叙实性研究较多关注谓词性成分对命题态度的影响(参看 Levinson 1983：181—184)，例如当言者说出"老板(不)知道孔乙己偷走了那本书"时，他同时认为"孔乙己偷走了那本书"是真实的；若说出"孔乙己偷走那本书是不可能的"，则言者认为其为假；若说出"老板怀疑孔乙己偷走了那本书"，则言者态度中立，怀疑主体"老板"却认为其可能为真。这些命题态度都取决于主句的谓词性成分。

不难看出，名词补足语从句的核心名词也可以影响从句的叙实性。当言者说出例(4)～例(6)时，"事情"蕴涵了命题"张明告别娱乐圈"为真，"谣言"指明其为假，"消息"则不蕴涵命题态度：

(4) 叙实性：张明告别娱乐圈的事情

(5) 非叙实性：张明告别娱乐圈的消息

(6) 反叙实性：张明告别娱乐圈的谣言

也就是说，当核心名词可以决定小句命题的真假时，主句谓语是无法取消这种命题态度的;而当核心名词的命题态度中立时,例如"……的消息",命题态度则由主句谓语决定。下面观察真实语料中主句谓语的命题态度对于名词补足语从句所表命题的影响,尤其关注该从句能否加上兼表现实情态(realis modality)的时体成分,如"已经、曾经、正在、了"等。主句谓语的命题态度主要有:证实(verify)、证伪(falsify)或存疑等。

(7) 如今她果然得偿凤愿和心爱的人结为连理,欣喜之余又觉得<u>她结婚</u>的消息是从大殿上传出来才晓得的。(《冤家看对眼》冬儿)

  从句:无时体情态   *主句:证实*

(8) 香姑,你<u>罗大哥**已死**</u>的消息是从何处听来? 又是如何死的?(《玉娇龙》聂云岚)

  从句:有时体情态   *主句:非叙实(存疑)*

(9) <u>林星亮父亲悲伤过度而死</u>的消息是假新闻。(《今日早报》2004-12-1)

  从句:无时体情态   *主句:证伪*

(10) <u>美官员**正在**与伊拉克领导人举行谈判</u>的消息是萨达姆政府制造的谣言。(《文汇报》2003-4-3)

  从句:有时体情态   *主句:证伪*

总体来看,无论主句谓语的命题态度是证实、证伪,还是存疑,名词补足语从句内的谓语可以加上表达现实情态的时体成分,也可以不加;换句话说,尽管主句谓语在语义上决定了从句的真值,但句法上却并不强制要求从句是定式句(finite clauses)或非定式句(non-finite clauses)。

值得关注的是,表现实情态的时体成分在默认状况(如简单陈述句)下,也具有一定的叙实性。因此,下例(11)从句谓语中"已经"的叙实性与主句谓语的证伪操作("是假新闻")直接对抗,导致自相矛盾,所以不能说。相比之下,例(12)只是多出了"的消息",却可以说。可见,"的消息"在句法上有效地降低了"已经、正在"的定式性,这类似于从属化标记,语义上阻断了这些时体成分的叙实性向主句层面的跨越(crossover),使得主句谓语的命题态度可以覆盖整句,避免了自相矛盾。图中实线箭头表示主句谓词的证伪操作,虚线箭头表示从句中时体成分的叙实性效应,"×"表示自相矛盾,"√"表示证伪操作完成,"△"表示对从句叙实性跨越的阻断：

(11) *敌军已经入侵邻国，这是假新闻。

(12) 敌军已经入侵邻国的消息 被证明是假新闻。

2.2 例外——"主句现象"无法阻断

有些表示情态、方式的副词或其他状语性成分一旦出现在名词补足语从句中，"的＋核心名词"就不能阻断其叙实性操作了，其后果是，主句的证伪操作不可避免地和从句谓语的叙实性发生矛盾：

(13) *他们竟然/悍然/以迅雷不及掩耳之势入侵邻国的消息被证明是假新闻。（意外情态/方式副词/方式状语—证实或叙实）

不妨说，"已经、正在、了"等和时间指称相关的成分仅具有弱叙实性，仅在主句层面才被激活；而"的确、竟然、悍然"等情态或方式副词则属于"主句现象"（main clause phenomenon，参看 Emonds 1970、Green 1976等），无论出现在主句还是从句中，其叙实性总要跨越，并作用于主句层面。

总之，实际语料中补足语从句的光杆形式（如"他结婚"等）和定式句形式（如"美伊正在谈判"等）都存在，无论主句的命题态度是证实还是证伪、叙实还是反叙实。这是因为有"的＋核心名词"的从属化功能及其对从句命题态度的阻断效应。如果从句中出现"主句现象"，则无法阻断。

3. 主语从句的非定式性和宾语从句的主句性

补足语从句也可以直接做主语或宾语，分别成为主语从句和宾语从句。二者所出现的句子中，表达命题态度的成分都是主句谓语，前者如"……是真的、……不可信、……很可疑"等，后者多为言说、认知动词，如"说、知道、相信、怀疑"等。

在句法结构和叙实性等方面，汉语主语从句和相应的宾语从句呈现出明显的不对称性。具体来讲，主语从句的无标记形式是光杆小句，多排斥时体标记，不独立成句。而且在真实语料中，无主语出现的主语从句很常见。构成鲜明对比的是，宾语从句更适合看作主句，需要满足和独立小句一样的自足性要求,如添加时体标记等。下面分别用"非定式"和"定式"两个概念来对应这两种情况。

3.1 非定式小句——主语从句的无标记结构

下面继续观察主句谓语的命题态度和补足语从句的语法结构之间的关联。不难发现,当主语从句所在的主句谓语为反叙实性断言(证伪)时,从句谓语需要以非定式(光杆)形式出现,试对比(14a)和(15a);而当主句谓语为叙实性断言(证实)时,从句谓语可以是非定式小句(14b),也可以是定式小句(15b),即出现了一些表达现实情态的成分:

(14) a. 他打败阿喀琉斯是不可能的。(非定式—证伪)

 b. 他打败阿喀琉斯是千真万确的。(非定式—证实)

(15) a. *他已经打败了阿喀琉斯是不可能的。(*[定式—证伪])

 b. 他已经打败了阿喀琉斯是千真万确的。(定式—证实)

也就是说,非定式光杆形式的主语从句适合主句谓语命题态度表达的各种情况,而定式主语从句只能用于主句谓语为证实/叙实的情况,而且是可选性的(optional)。在真实语料中,非定式光杆主语从句的无标记状况更为常见,甚至出现了补不出主语的光杆小句:

(16) 然而对于遇水膨胀橡胶而言,[　　]用它来判断耐久性是不可信的。

这一点跟英语构成了鲜明的对比,英语主语从句要求是定式句,即使主句谓语的命题态度为证伪,例如:That she *stole* the diamond is incredible(引自朱德熙 1983)。

3.2 宾语从句

涉及命题态度的宾语从句原则上做言说、认知动词的补足语。下面两例中,"(不)知道"是叙实动词,"相信"和"不相信"和认识情态相关,分别用于证实和证伪。下面观察宾语从句在主句谓语表达不同命题态度时的句法表现,即定式性特征:

(17) a. *我知道/相信,她打败阿喀琉斯。

 b. *我不知道/不相信,她打败阿喀琉斯。

(18) a. 我知道/相信,他打败了阿喀琉斯。/他能打败阿喀琉斯。

 b. 我不知道/不相信,他打败了阿喀琉斯。/他能打败阿喀琉斯。

上文指出,补足语从句做主语时,其无标记形式是非定式光杆小句,且以无主语出现的 VO 模式最常见。相比之下,补足语从句做宾语时,则必须是定式句,形式上等同于一个自足句,具有和主句同样的成句条件,例如须增加时体标记等。

与主语从句不同的是,汉语宾语从句和英语 that 小句更相似,例如:I (don't) believe that he murdered Achilles,无论主句谓语动词的叙实性如何,都要求是定式句。

汉语宾语从句似乎比英语还要更"自由"一些,以至于可以允许"主句现象"出现,而英语的宾语从句则限制其进入[参看 Emonds(1970)和 Green(1976)等研究]:

(19)话题化前置:

我相信,[阿喀琉斯]$_i$ 他可以打败[$_i$]。(对比:* I believe that Achilles he can beat.)

(20)带句末语气词:

他知道,经营老虎机本身就属于违法行为嘛。(《都市快讯》2003-6-14)

3.3　标句词缺失引起的汉语主宾语从句在定式性上的两极分化

从上文可知,汉语涉及命题态度的补足语从句在主语位置(即主语从句)和宾语位置(即宾语从句)呈现出句法特征上的两极性:主语从句倾向于采用结构极简的非定式小句,宾语从句则需要成分齐全的定式句甚至自足句。而英语中相应的补足语从句在主语和宾语位置上是对称的,都要求是定式句。也就是说,在主语位置,汉语比英语更简缩,我们姑称之为"谨小慎微";在宾语位置,汉语比英语更像主句,我们称之为"肆无忌惮"。如果从小句定式性(finiteness)这个参项角度看,汉英主宾语从句会呈现下面的格局:

汉语主语从句＜英语主语─宾语从句＜汉语宾语从句

非定式性◄─────────定式性────────►主句性

标句词(complementizer)的缺乏,带给宾语从句的影响是,宾语从句更适合看作一个独立小句。涉及宾语从句命题态度的动词主要是认知、言说动词,"～道"(参看刘丹青 2004)等准标句词还远未达到广泛和强制使用的层级。关于宾语从句的主句性,本文第 5 部分将详细讨论。

汉语这种"主简宾繁"的两极分化格局的原因均可归结为:缺少标句词。根据 Hopper & Traugott(1993:178),标句词的功能主要有连接小句和标识句法界限(syntactic boundaries)。现代汉语既没有英语类型的前置标句词,也没有日语和古汉语"(VP)者"类型的后置标句词(参看朱德熙 1983),甚至缺少古汉语的名词化—补足语化策略"S 之 VP"结构。因此,如何标识主语从句身份和界限,如何使其与主句谓语部分进行切分(parsing),便构成了一个挑战。可以认为,汉语在此采取了一种和形态发达语言的加缀法(affix)方向相反的手段,即小句简缩(clause reduction,参看:Shigehiro 2011),并以此使得主语从句在句法上区别于时体情态丰满的主句结构。这种"缩身以求异"的策略不妨看作是一种"消极形态",属于 Frajzyngier(1996:95)所说的构型性标句词(complementizer through configuration),是一种广义标句词,区别于狭义的形态、词汇性标句词。例如上文,"敌军入侵邻国"这个切片在汉语主句层面是绝对不可能成句的,它一出现,便以这种"消极形态"的构型方式标识出了自己的从属句身份,使听者继续期待主句出现,以便对其进行真假赋值。

实际上,汉语主语从句的强非定式性特征还体现在:它在句法分布等方面甚至已经靠近普通名词了。下面举几个实际语料中的例子:

(21) 由此证明她说的<u>关在黑屋子里</u>是不可信的。(《表姐表妹》文丽)

(22) <u>连只爱过两次</u>都是不可信的。<u>只爱过两次</u>也意味着他或她在婚前或婚后定有过一次爱心萌动……的时候。(《泯灭》梁晓声)

(21)中,主语从句竟可以像普通名词一样带修饰语,即关系从句;而(22)中,主语从句做介词"连"的宾语,进入"连……都"构式。这对于典型的补足语从句而言是不可思议的。英语的 that 小句都不可能有这几种操作。也就是说,汉语的主语从句甚至可以比非定式性特征走得更远,即更靠近名词。因此(21)的定式性序列可以进一步细化为如下格局:

汉语主语从句＜英语主语—宾语从句＜汉语宾语从句

名词性◀————非定式性—定式性——▶主句性

4. 主语从句和虚拟条件句在语义—句法上的平行性

由上文可知,汉语主语从句在结构上多为非定式光杆句,其命题真值完全取决于主句的命题态度,因此,主语从句本身是非叙实的,无所谓真假。从语料中看,主语从句多为引用别人言语,或者言者假定的状况(postulated situation),以待主句的证实、证伪或质疑等操作。因此,汉语主语从句实际上属于"涉言(de dicto)"补足语范畴,也即言者只管"说了什么"(what is said),而不负责真值,例如是否已经、一定会发生以及如何发生,即所谓"涉实(de re)"。关于"涉言""涉实"补足语,可参看 Burge(1977)、Frajzyngier(1996:95)等。

汉语在句首位置安排表"涉言"义的小句或成分,既有历时汉语的基础,也有类型学理据。李宗江(2017)研究了大量近代汉语话题标记,多是"涉言"性质的,甚至直接使用含有言说动词的标记,例如"要说、且不言、话表、不提、要知道、至于说"等。从类型学上看,汉语属于话题优先语言(Li & Thompson 1976),而话题本质就是提出一个有待说明的概念或命题。

众所周知,"条件句即话题"(Haiman 1978)。在这个接口上,涉言性的主语从句和条件句呈现出关联是很自然的,因为一部分条件句也表达假定命题。

朱德熙(1983)已注意到假设句中的"者"(即条件句)和自指标记"者"(即主语从句)有联系:"一个 VP 加上自指的'者'以后,从语法上说,是从谓词性成分转化为名词性成分;从语义上说,是从陈述转化为指称。……指称形式跟相应的陈述形式意义上相通,……如果说 VP 是表示行为、动作、状态的,那么'VP 者'表示的就是事物化了的行为、动作、状态",下面举原例:

(23)若宿者,令人养其马,食其委。(《管子·大匡》)

语义上主语从句和条件句相关,那么句法表现方面如何?现代汉语失去了"者"这样的兼表自指和假设的标记,"的"只能做转指标记。下面观察二者在其他句法参项方面是否具有平行性。

4.1 动词重叠和瞬间动词的否定形式

很多研究都注意到动词重叠式不能有否定式,如隋娜、胡建华(2016)以及李宇凤(2014)等。瞬间动词(semelfactive verbs,如"V 一下")和重叠式相似：

(24)*我没试试。/*你别试试。/*他不试试。/*我们不试一下。

但实际上,重叠式和瞬间动词排除否定式主要是在主句层面的陈述句中。条件句中重叠式和瞬间动词可以有否定形式,主语从句也往往可以：

(25)条件句：让我去吧,<u>不试试/不试一下</u>怎么知道不行呢?(《血的纹章》天龙王)

(26)主语从句：在这种节骨眼上,他<u>不出来搅和搅和/搅和一下</u>是不可能的。

另外,语料中似乎还有"没VV"出现在主句谓语中的情况,如(27)。我们认为这不仅不是例外,而且支持我们的观察："没尝尝她的拿手好菜"应该看作谓词"好久"的后置补足语从句,相当于说<u>没尝尝她的拿手好菜好久了</u>",这和主语位置的补足语从句实际上是同质异序的,关于这两种主语从句类型,可参看 Givón(2001:160)和唐正大(2018)等。而且,如果不能构成这种主语从句,则仍不能说"没VV"。试对比宾语从句(28)。这是因为,汉语宾语从句更靠近主句。

(27)魏姨呢?好久<u>没尝尝她的拿手好菜</u>了。(《紫苑花开》寄秋)

(28)*我知道,当年大家<u>没尝尝她的拿手好菜</u>。

4.2　第二人称代词做小句主语

在主句层面,第二人称代词做主语是高度有标记的,基本上限于祈使句(多省略)和疑问句。而在主语从句和条件句中,则很自然和常用：

(29)主句：*你们不激动。

(30)主语从句：<u>你们不激动</u>是不可能的。

(31)条件句：<u>你们不激动</u>我可要说你们了。

4.3　[VC+O]不带时体成分

在汉语主句层面,[动结式+宾语]结构一般都是带时体成分才成句;而在条件句中,则可以没有;同样,主语从句也不带时体成分。从(33)可以看出,如果要带"了",就形成双独立句了,而且第二个句子需要有叙实性(如33c),来指明或蕴含第一个句子的真实性,此时第二小句需要有代词回指第一个小句;如果第二个述谓小句是反叙实表达,如(33d),则该句不仅在句法上有问题,语义上也存在自相矛盾。(下面例句中,"*(X)"表示"X"不可缺少。)

（32）主句：红队战胜蓝队*（了）。／红队*（已经）战胜蓝队。

（33）主语从句：

    a. <u>红队战胜蓝队</u>出乎所有人预料。（非定式主语从句＋叙实性谓语）

    b. <u>红队战胜蓝队</u>只是个黄粱美梦。（非定式主语从句＋证伪性谓语）

    c. <u>红队战胜蓝队了</u>,*（这）出乎所有人预料。（定式句＋[代词＋叙实性谓语]$_{独立句}$）

    d. *<u>红队战胜蓝队了</u>,（这）只是个黄粱美梦。（*[定式句＋证伪性谓语]）

（34）条件句：

    a. <u>红队战胜蓝队</u>,我就在白金汉宫设宴三天。（非定式条件句＋证伪性主句）

    b. ?<u>红队战胜蓝队了</u>,我就在白金汉宫设宴三天。（?[定式句＋证伪性主句]）

下面简单概括一下主语从句和虚拟条件句的平行性以及二者与主句的互补格局：

表1：主语从句—虚拟条件句平行性及其与主句的互补性对立

	不 VV/V 一下	II人称	光杆动词	主语出现	VC＋O 无时体标记
主语从句	＋	＋	多见	少见	多见
虚拟条件句	＋	＋	多见	＋	＋
主句陈述句	－	罕见	罕见	多见	－

下面小结一下汉语主语从句的几个语义、句法特点。语义上，主语从句表达假定命题（hypothetical proposition，参看 Frajzyngier 1991），这一点与部分条件句相似。Dixon & Aikhenvald 等（2006:15）认为，主语从句表达潜在状态（potential state），因此是一种典型的涉言性小句，例如上文"战胜蓝队"并非是对于"红队"的述谓，而是临时假定说出"红队战胜蓝队"，并以整体作为述谓对象。句法上，通过小句简缩或去小句化策略（declausalization)构造主语从句,并以此区别于主句,因而可以看作消极形态。主语从句甚至表现出更多的名词化特征。

和主语从句在定式性方面呈现出两极分化格局的,是宾语从句,后者不但需要和独立主句一样成句,必要时带时体标记,而且还可以允许各种主句现象。下面以"怀疑"为例,进一步观察宾语从句的句法语义特征。

5. 宾语从句的主句性——以"怀疑"为例

5.1 主语从句 vs.宾语从句以及小句 vs.名词补足语

上文注意到汉语主宾语从句在句法结构等方面有不对称性和两极对立现象。但二者都作为命题态度谓词的补足语,因而还是密切相关的。在保证基本语义和命题态度不变的前提下,主语从句和宾语从句可以相互转换;另外,如果用同指名词来替换主语从句和宾语从句,也大多可以保持语义不变,即:

{[主语从句+主句]=[名词主语+主句]}={[主句+宾语从句]=[主句+名词宾语]}

下面从证实、证伪两种命题态度的角度观察这两组平行转换:

(35) 证实性

　　{红队战胜蓝队是事实。=该消息是事实。}={我相信红队战胜了蓝队。=我相信该消息。}

(36) 证伪性

　　{红队战胜蓝队是谣言。=该消息是谣言。}={我不相信红队战胜了蓝队。=我不相信该消息。}

这种平行互换结构是可以理解的,毕竟自指性小句,一般都可以用一个抽象名词(如"消息、事情、说法"等)来指称和替换。然而奇怪的是,当命题态度既非证实,也非证伪,而是怀疑的时候,这种两组平行的、可互换的格局似乎出现了例外。下面以"怀疑……/……值得怀疑"为例:

首先看名词主语/话题和名词宾语。显然二者还是具有对称表现的:

(37) a.该消息值得怀疑。=b.我怀疑该消息。

但主语从句和宾语从句做主句谓词的补足语时,二者竟不能对等了:

(38) a.红队战胜蓝队值得怀疑。≠b.我怀疑红队战胜了蓝队。

不难看出,和(37a、37b)、(38a)不同的是,(38b)中的"怀疑"是偏"信"的,即认为"红队很可能战胜了蓝队";而其他三个是偏"疑"的,相当于说"红队很可能没战胜蓝队"。四分格局中,只有"怀疑＋宾语从句"中的命题才偏向于肯定的:

"怀疑"类谓词带不同类型补足语的"三缺一"格局

> 主语从句—疑　　宾语从句—信
>
> 主语名词—疑　　宾语名词—疑

有意思的是,"怀疑"带宾语从句时,却不能对其表达的命题 P 进行"怀疑"。相应的,英语用两个不同的词完美解决了这一问题:英语对宾语从句命题从信时,用 suspect;从疑时,用 doubt。

5.2　相关研究

"怀疑"在"信"与"疑"之间产生偏向分歧,这一现象早有学者注意,例如李兴亚(1987)、袁毓林(2014)、鲁承发(2016)、刘彬、袁毓林(2018)等。李兴亚(1987)已注意到"怀疑"宾语为名词性成分或谓词性成分时,区别在于解读上的不同,分别为"不很相信"和"有点相信"。沈家煊(1999:230—231)用"动态交际值"(degree of communication dynamism)和"线性增量"原则解释这一现象。袁毓林(2014)将其区分为"怀疑$_1$"和"怀疑$_2$",认为二者具有几乎相反的意义:"怀疑$_1$"表"不相信","怀疑$_2$"表"有点儿相信"或"猜测"。并注意到二者在句法、语义、语用与信息多方面的对立,认为二者深层次对立主要在于语用上的正面与负面,并用"疑善信恶"和乐观原则作为统一解释。鲁承发(2016)认为两个"怀疑"分别为"质疑旧认识"和"建构新认识",认为二者对立取决于听说双方的编码和解码博弈。刘彬、袁毓林(2018)则提出了"更为普遍和抽象"的"疑实信虚"原则进行解释。

诸研究均注意到"怀疑"在带体词性宾语和谓词性宾语时语义上的分化格局,区别主要在于解释何以形成这种偏向。袁毓林(2014)注意到"怀疑"带谓词性宾语时,除了表"有点儿相信"外,还有"信恶"倾向,例如一般不说"#我怀疑自己就要发财了",但我们认为这只能算怪句,难算错句;这一观察值得肯定;但认为"怀疑$_1$＋体词性宾语"有"疑善"倾向,似不明显。

例如常见的对于消息的真实性、命题真假等判断,都无所谓善恶之分,或者"疑善疑恶"都没问题(分别如"我怀疑<u>这两种物质会发生化学反应</u>的观点"和"我怀疑<u>好朋友已患癌/痊愈</u>的诊断结果")。本文认为建立在语义、语用倾向性基础上的研究很有必要,但仍坚持以建立在句法结构基础上的语义语用属性为主要切入角度,来观察"怀疑"所涉命题态度的游移现象。下文讨论动词"怀疑"的语义属性。

5.3 "怀疑"与逻辑可能

从基本模态语义上看,"怀疑"所涉命题在"怀疑主体"——也即袁毓林(2014)所言的"感事"——的认识世界中,可能为假,也可能为真,分别表示为 $\Diamond_\neg$ P 和 $\Diamond$P,如下表第三列:

"怀疑"所涉命题 P 的真假情况简表

	P 在所有可能世界为真	P 在所有可能世界可真可假	P 在所有可能世界为假
$\Diamond$P	＋	＋	—
$\Diamond_\neg$ P	—	＋	＋

我们认为,无论"怀疑"带体词性宾语,还是谓词性宾语,都可转换为一个在怀疑主体看来可真可假命题形式(如右侧小句),只是在实际话语中有所偏向倚重(如黑体突出部分):

(39) 我怀疑这个说法。　　　→这个说法为真或**为假**。

(40) 他怀疑我是个小偷。　　→我**是**或**不是**个小偷。

(41) 小二黑怀疑小芹是不是走了。→他**走了**或没走。

(42) 嬴政怀疑荆轲。　　　　→荆轲**有嫌疑**或无嫌疑(要做某事/做了某事)。

需要注意的是,同为名词宾语,"怀疑荆轲"和"怀疑这个说法"有区别。说法可假可真,而"荆轲"的所指却是真的,"所疑"的是在某事件中,荆轲是否有罪或无辜。

首先需要明确,只要是"怀疑",无论如何偏向,其相应的命题都没有确定性,可以做下面的测试(* 表示语义上自相矛盾):

(43) a. *我怀疑红队已战胜蓝队的传闻,因为我已经知道了最终比分。

　　b. * 我怀疑红队已战胜蓝队,因为我已经知道了最终比分。

　　然而同时,尽管相关命题可真可假,怀疑主体的存疑必须有所指向:"我"对于"怀疑"涉及的命题"红队已战胜蓝队"的认知态度分别为,(43a)偏向于不相信,(43b)偏向于相信。命题真假的不确定性和信疑偏向的确定性,是"怀疑"语义必备的两个方面。

　　我们认为,"怀疑"带内容性体词性宾语时,之所以会有偏疑解读,是因为突显◇¬P,抑制◇P;带谓词性宾语是突显◇P,抑制◇¬P。而带部分正反问句时,恰好是◇P 和◇¬P 的象似性表达(iconic embodiment),当然,其解读还是倾向于突显◇P,抑制◇¬P。实际上,所抑制的命题是背景信息,也即怀疑主体在开始怀疑之前的"无意识"状态。也就是说,5.1节中所显示的"三缺一"格局可以进一步表述如下:

"怀疑"带不同补足语时对于两种正反命题的突显和抑制

"怀疑"所带的补足语	例　　句	突显	抑制/背景
主语从句转换式	<u>红队战胜蓝队</u>值得怀疑。	◇¬P	◇P
带补足语从句的名词(体词性)	我**怀疑**<u>红队已战胜蓝队</u>的传闻。	◇¬P	◇P
宾语从句(谓词性)	我**怀疑**,<u>红队已战胜蓝队</u>。	◇P	◇¬P
	我**怀疑**<u>红队是不是已战胜蓝队</u>。	◇P	◇¬P

5.4　突显—抑制/背景效应不可取消

　　善恶偏向是语用层面存在的倾向性现象,且"信恶"稍显,"疑善"难明;况语用层面的善恶倾向只在适切性(felicity)上有所差异,可以取消。而"怀疑"带不同补足语类型所形成的对于正反命题的突显与抑制,属于语义矛盾问题,"善恶"观难起作用(下例"∈"表示"是……的一部分"):

(44) 怀疑＋补足语从句宾语(从句 P=宾语)

　　a. 我怀疑<u>张三要当爸爸了</u>,因为我昨天看见他喜滋滋地购买婴儿用品。

　　b. * 我怀疑<u>张三要当爸爸了</u>,因为他已经两年没看到他老婆了。

(45) 怀疑＋名词宾语(从句 P∈宾语)

a. *我怀疑<u>张三要当爸爸了</u>的消息，因为我昨天看见他喜滋滋地购买婴儿用品。

b. 我怀疑<u>张三要当爸爸了</u>的消息，因为他已经两年没看到他老婆了。

5.5 认知动词 vs.准施为动词

我们认为，上述突显—抑制以及所谓"疑信偏向"的内在原因是，带体词性宾语的"怀疑$_1$"相当于认知义普通动词，怀疑主体为第一论元；"怀疑$_1$"的宾语为对象宾语，为第二论元。相比之下，带谓词性宾语（即宾语从句）的"怀疑$_2$"类似于施为动词（performative verb）[1]，也就是说，当怀疑主体说出"张三要当爸爸了"这个命题的同时，他也完成了"怀疑"这个认知行为，说出谓词性宾语就是"怀疑"本身，也相当于以"怀疑"的方式"认为 P"。

认识到普通动词和准施为动词的区分，"怀疑$_1$"和"怀疑$_2$"的疑信偏向就不难解释了。"怀疑$_1$"句中的命题 P"张三要当爸爸了"嵌套于名词"消息"之下，因此并不是怀疑主体所认为、所说出的命题；而"怀疑$_2$"后面的 P 却是怀疑主体所认为、所说出的，是一个包含了可能情态的独立断言（$\Diamond$P），自然偏信。嵌套在名词下的 P，是他人的确定断言（$\Box$P）。言非己出，置疑即近否。

语用学中有一种常见效应——"说出即相信"（saying is believing，或 SIB effect，参看 Echterhoff et al. 2008）。说出"可能 P"，即为"相信可能 P"，尽管在逻辑上同时存在"可能$\neg$P"，但必须保证 P$>\neg$P 的语用价值才会说出来。下面具体显示"是否自己说出 P"对于"怀疑"语义的影响：

"说出即相信"效应与"怀疑"的语义偏向可描述如下：

	偏疑的"怀疑$_1$"	偏信的"怀疑$_2$"
"怀疑"所带宾语	体词性宾语	谓词性宾语
"怀疑"的动词属性	普通认知动词	准施为动词
命题 P 的句法实现	内嵌小句	独立小句
怀疑主体与 P 的关系	未说出 P→不相信 P	说出$\Diamond$P→相信$\Diamond$P
怀疑主体与 P 之言者的关系	怀疑主体≠P 的言者	怀疑主体＝P 的言者

考虑到怀疑主体和言者的关系,"怀疑"的偏向模式就变得简单了,即"疑他信己"。非怀疑主体者说出的 P 是背景信息,如名词补足语从句、主语从句、内容名词等,怀疑主体自然对其进行质疑;而对于自己说出的、结构完整、时体情态丰盈的 P 表达,怀疑主体自然是偏信的,其背景信息是一个未被激活的相反命题。从句法语义上看,未说出的 P 是对象宾语,自己说出的 P 是内容宾语。

5.6 "怀疑"的"2＋1"配价结构及其论元实现

"怀疑"本是一个动宾式的合成词,为不及物动词,在历史文本中绝大多数不带宾语。但由"怀疑"的语义内容决定了其"2＋1"配价结构[2],即{怀疑(感事,对象,内容)},只不过"对象"和"内容"在论元实现方面往往是互补的,不同时出现。"怀疑$_1$"即对象角色实现为宾语,"怀疑$_2$"即内容角色实现为"宾语"。下面分别以"赢政怀疑荆轲是刺客"和"赢政怀疑荆轲是刺客的风闻"为例,简图如下(实线表示论元实现。虚线表示论元未实现,包含两种情况:要么是默认的话语知识前提,如例(46)这样的"怀疑＋小句"式;要么是语义推理,如例(47)"怀疑＋名词补足语"):

(46)内容实现型:赢政怀疑荆轲是刺客。

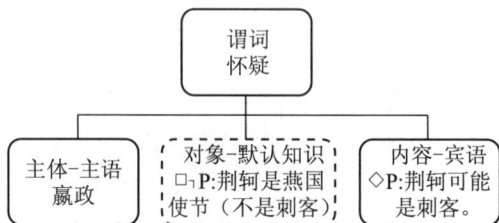

(47)对象实现型:赢政怀疑荆轲是刺客的风闻。

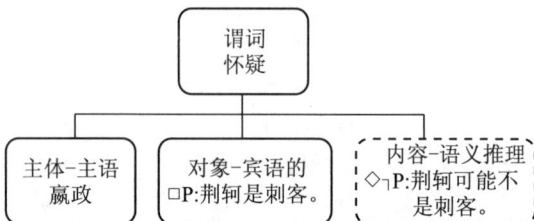

因此,所谓"怀疑₁"就是抑制了内容宾语的"对象实现型"认知动词,"怀疑₂"就是抑制了对象宾语的"内容实现型"认知动词,带有一定的施为性。

5.7　汉语史中"怀疑"论元角色的"内容显赫"倾向

汉语史中"怀疑"为不及物动词,对象和内容这两个价位都没有实现为宾语。然而有意思的是,其中几乎所有"怀疑"用例,在语境中若能追溯到的结构,其语义角色(价),总是内容,而非对象,例如(下面画线部分为"怀疑"之内容):

(48) 虑曰:"恐系妖孽之子孙,<u>犯之自肇衅矣</u>。"皆不敢出,然心甚**怀疑**。(《续客窗闲话》)

(49) 妻曰:"<u>倘彼酒后置毒,妾将奈何?</u>"汜不肯听,妻……乃先与犬试之,犬立死。自此汜心**怀疑**。(《三国演义》)

也就是说,古汉语"怀疑"仅突出内容这一角色,该角色未实现为宾语,而是以语篇上的先行语(precedent)存在的。

实际上,相当于现代汉语"怀疑"、可以带宾语的是动词"疑",然而仍然带内容宾语(下例画线部分),而非命题性的对象宾语。

(50) 帝疑<u>其弟子窃其尸而藏之</u>。(《太平广记》)

(51) 节度使于頔疑<u>其妖幻</u>,使兵马使李西华引兵攻之。(《太平广记》)

这样看来,所谓"怀疑₁"带对象宾语的用法应该是比较晚起的现象。本文暂不展开论述。

6. 余论:从类型学视角看汉语宾语从句的"内容显赫"

6.1　内容显赫与内容性标句词

实际上,"内容显赫"不仅限于认知动词"怀疑",其他大量的言说动词、认知动词往往都能或者只带内容性补足语小句,而且还因此造就了内容宾语标句词,例如"道"。刘丹青(2004)注意到"道"的强大组合能力,举出数十个"责怪道、介绍道、喝令道、训斥道"这样的组合。言说类动词带"道"容易理解,认知动词或其他伴随的行为动词、状态动词也有不少带"道"的情况,如自然语料中常见的"否定道、拒绝道、若有所思道、沉声道、冷笑道、打趣道、耸肩道、犹豫道、同意道",甚至本文讨论的"怀疑"和"道"组合也不在少数。这些"V＋道"都有一个共同特点,正如刘丹青(2004)指出的,"道"为核心标注(head-marking)手段,可以看作内容宾语的标句词。其强大的组合能力,吸引了很多不同语义类型的动词。"V＋道"的组合语义大致可以描写为"V 并说出……",这样使得本来的不及物动词(冷笑、若有所思、犹豫)和本来只能带对象宾语的二价动词(否定、拒绝、同意)分别增加了一个语义价——内容,在论元结构上实现为内容宾语。这样看来,本文讨论的"怀疑$_2$"相当于隐匿了"道"的"怀疑道"。

如果说"道"尚有一些古汉语遗留色彩,现代汉语尤其是口语中大量使用的"～说",其组合能力更是不容小觑。除了上述提到的各类动词外,"～说"甚至已经进入虚词的领地,如"所以说、因为说、但是说、就是说……",而这些"说"的后面,必须都是内容性的、表达命题的小句。

实际上,无论是"～道""～说",还是隐匿了它们的"怀疑"等动词,其后所带的小句从句法上看,都必须是定式小句,甚至可以看作句法上的独立小句,语义上的内容小句。也正是因为,尽管"道"可看作标句词,但仍是核心标注语,因此无法像从属语标记语(dependent-marking,如 that)那样在句法上管辖其后的小句,在语义上阻断主句对从句谓词的命题态度操作。正因为如此,几乎所有的内容性"宾语小句"都可以接受主句现象。换个角度看,它们可能就是主句,即独立小句。

同样,正是由于"道"类标句词附缀于其他宿主动词上,不能独用或者前置依附,因此不可能像英语 that 那样可以用于主语从句。这样的后果就是,汉语主语从句缺少显性标记以标识小句的主语论元身份,以此与主句区别。只能通过小句结构内部的"减法",即消极形态来标识对立。同时,宾语小句也因为缺少从属语标记,所以无法阻止自己成为另一个独立小句,而原动词中,有些已经语法化为"话语标记",此不赘述。

6.2　与"主简宾繁"相关的现象与背后的统一机制

本文注意到汉语中涉及命题态度的主宾语从句在语义、句法等方面的不对称现象,甚至刻画出二者的两极性格局,简言之,主语从句向名词一极靠拢,宾语从句向主句一极靠拢。实际上,汉语中有一系列现象与此相关,其内部的主要机制可能是"已知信息—新信息"这一信息组织原则。

例如本文讨论到的，主语从句适合编码已知信息，或者假定信息，二者都是话语的起点（在英语中都可以用 Given 来指代）。宾语从句适合编码新信息，即认知、言说主体自己认知和说出的命题。这也正是为什么汉语的宾语从句很难编码对象角色，因为"对象"即预先存在的靶信息，是先于认知和言说动词存在的，因此，"对象"角色只能实现为宾语名词、饰名小句，或者主语位置的名词或简缩小句。此外，汉语的重要语法类型也往往与此相关，如话题优先（话题化提取论元活跃）、处置式发达、动后限制、话语标记层出不穷（由于宾语从句的主句化，认知/言说动词容易虚化为话语标记），等等。我们用下表概括一下这几种类型关联（typological correlates），并以此期待这个视角的更多研究。

与"主简宾繁"相关的几种句法—语义类型关联对可以描述如下：

已知信息关联项	新信息关联项
话题	述题
主语从句—非定式光杆小句	宾语从句—主句化
名词性	主句性
涉言性	涉实性
对象论元	内容论元
条件句	结果句

附　注

　　[1] 刘大为（1991）也注意到思考认知类动词的言语行为特征："思考活动就其整体而言也，就是一种内部言语行为。"

　　[2] 之所以用配价（valence）结构，而不是语义角色（semantic roles），是因为前者一般用来表示动词的必有、潜在的语义角色，这些角色有更强的表达需求，这样就排除了比如"时间、处所、方式"等其他可选性语义角色。

参考文献

李兴亚　1987　《"怀疑"的意义和宾语类型》，《中国语文》第 2 期。

李宇凤　2014　《否定、疑问与动词重叠》，《语言研究集刊》（第十二辑），上海辞书出版社。

李宗江 2017 《近代汉语的话题标记及其演变》,《汉语学报》第 4 期。

刘 彬 袁毓林 2018 《"怀疑"的词汇歧义和意义识解策略》,《外语教学与研究》第 1 期。

刘大为 1991 《言语行为与言说动词句》,《汉语学习》第 6 期。

刘丹青 2004 《汉语里的一个内容宾语标句词——从"说道"的"道"说起》,《庆祝〈中国语文〉创刊 50 周年学术论文集》,商务印书馆。

鲁承发 2016 《"怀疑"意义的引申机制与识解策略新探——兼谈"表达省力"与"理解省力"博弈对句法的影响》,《语言教学与研究》第 3 期。

沈家煊 1999 《不对称与标记论》,江西教育出版社。

隋 娜 胡建华 2016 《动词重叠的句法》,《当代语言学》第 3 期。

唐正大 2018 《从"是时候 VP 了"看汉语从句补足语结构的崛起——兼谈汉语视觉语体中的 VO 特征强化现象》,《世界汉语教学》第 3 期。

袁毓林 2014 《"怀疑"的意义引申机制和语义识解策略》,《语言研究》第 3 期。

朱德熙 1983 《自指和转指——汉语名词化标记"的、者、所、之"的语法功能和语义功能》,《方言》第 1 期。

Burge, Tyler 1977 Belief de re. *Journal of Philosophy* 74, 338—362.

Comrie, Bernard. 1996 The unity of noun-modifying clauses in Asian languages. *Pan-Asiatic Linguistics: Proceedings of the Fourth International Symposium on Languages and Linguistics*, Vol.3:1077—1088.

Dixon Robert, Malcolm Ward and Alexandray Aikhenvald (eds.) 2006 Complementation: A cross-Linguistic Typology. Oxford: Oxford University Press.

Echterhoff, Gerald, E. Torg Higgins, Rene. Kopietz, Stephan. Groll 2008 How communication goals determine when audience tuning biases memory. *Journal of Experimental Psychology General*, 137(1):3.

Emonds, Joe 1970 *Root and Structure-Preserving Transformations*. Ph. D. Dissertation, Cambridge, MIT.

Frajzyngier, Zygmunt 1991 The de dicto domain in language. In Traugott, Elizabeth C. and Bernd Heine(eds.) 1991 *Grammaticalization*. Amsterdam: Benjamins. Vol.1, 219—251.

Frajzyngier, Zygmunt 1996 *Grammaticalization of the complex sentence: A case study in Chadic*. John Benjamins B.V.

Givón, Talmy 2001 *Syntax: An Introduction*. Vol.1. Amsterdam/Philadelphia:

John Benjamins Publishing Company.

Green M.Georgia. 1976 Main clause phenomena in subordinate clauses. *Language*. 52.2:382—397.

Haiman, John 1978 Conditionals are Topics. *Language*. Vol.54,（3）:564—589.

Hopper, Paul J., and ElizabethCloass Traugott. 1993. *Grammaticalization*. Cambridge: Cambridge University Press.

Levinson, Stephen C. 1983 *Pragmatics*. Cambridge: Cambridge University Press, 1983.

Li, Charles N.; Thompson, Sandra A. 1976 Subject and Topic: A New Typology of Language. In Charles N. Li. *Subject and Topic*. New York: Academic Press. pp. 457—489.

Quine, Willard Van Orman 1956 Quantifiers and Propositional Attitudes, *Journal of Philosophy* 53(1956). Reprinted, pp. 185—196 in Quine. 1976, *Ways of Paradox*.

Shigehiro Kato 2011 Clause Reduction and Pragmatic Preference in Japanese, International Workshop on Cross-Linguistic Studies on Clause Combining, Nov. 11—13.

唐正大:tangzhengda@126.com
原载《汉语学报》2019 年第 1 期。

概念结构驱动的现代汉语
半叙实动词研究*

李新良

提 要 文章旨在说明概念结构如何制约动词的叙实性。与"知道"那样典型的叙实动词相比,半叙实动词的叙实性并不稳定,其肯定形式具有叙实功能,否定形式具有非叙实功能,在有些条件下,它向叙实动词漂移,在有些条件下,它又向非叙实动词漂移。文章选取了降级操作、受副词修饰及非现实语气等多个层面、不同种类的语法环境去测试半叙实动词的叙实性,以此展示它们对这类动词叙实性的影响。又在叙实性跟传信范畴之间建立了关联,并得出了这类动词的叙实功能等级和现代汉语动词叙实功能的总等级。

关键词 半叙实动词 叙实性 漂移 传信范畴 概念结构

1. 引言

利奇(Leech 1983/1987:427—452)依据谓词对从属述谓结构(subordinate predication)所规定的性质(叙实性、非叙实性、反叙实性),把谓词分为叙实(factive)谓词、非叙实(non-factive)谓词和反叙实(counterfactive)谓词三类。以下例句选自利奇(Leech 1983/1987:429):

(1) a. Marian ***realized*** that her sister was a witch.(玛丽安意识到她妹妹是个巫婆)

---

* 本文得到国家社科基金青年项目"面向计算的现代汉语动词的叙实性研究"(项目编号:15CYY035)支持,在写作和修改过程中得到袁毓林、彭利贞、陈振宇几位先生指导和帮助,谨此致谢。

  b. Marian *suspected* that her sister was a witch.（玛丽安怀疑她妹妹是个巫婆）

  c. Marian *pretended* that her sister was a witch.（玛丽安假装她妹妹是个巫婆）

例（1a）中的 realize 能确保其后从属述谓结构 her sister was a witch 的真实性，因而是叙实谓词；例（1b）中的 suspect 不能确保其后从属述谓结构 her sister was a witch 的真实性，因而是非叙实谓词；例（1c）中的 pretend 之后的从属述谓结构 her sister was a witch 一定是个假命题，而其相应的否定命题则是真命题，所以 pretend 是一个反叙实谓词。

  由此可见，动词的叙实性是动词的一种语义功能，即动词预设其宾语小句真值的能力。按照这种语义功能，可以把现代汉语中的相关动词分为叙实动词、非叙实动词和反叙实动词，相应地，各类动词对宾语小句的真值的预设能力则是叙实功能、非叙实功能和反叙实功能。

  现代汉语中的半叙实动词一般都具有感知义，常见的有如下一些[1]：

瞅见 看出 看见 看到 看着[2] 目睹 碰到 碰见 碰着 瞥见 瞟见 听出 听见 听到 听着 望见 闻见 闻到 闻着 遇见 遇着 感觉到

  从构词上来看，这类动词有的已经包含了某些表示具体感觉器官的语素，如表示视觉的"看、目、瞥、瞟、望、遇"等，表示听觉的"听"等，"见、到、着"这些语素标明了信息的来源；还有的动词并未包含标明运用了哪种具体的感觉器官的语素，如"觉察到"等[3]。从结构类型来看，这类动词都是动结式结构，其中的"见、出、着、到"都是表示结果的补语。

  跟"知道"那样典型的叙实动词相比，半叙实动词的叙实性并不稳定，其肯定形式具有叙实功能，否定形式具有非叙实功能，在有些条件下，它向叙实动词漂移，有些条件下，它又向非叙实动词漂移。例如：

（2）a 我看到他的眼睛亮了一下。 ⇒他的眼睛亮了一下。

  b 我没看到他的眼睛亮了一下。*⇒他的眼睛亮了一下。

（3）a 我知道有人走过来了。 ⇒有人走过来了。

  b 我不知道有人走过来了。 ⇒有人走过来了。

例（2）表明，半叙实动词可以作为谓语核心进入陈述句，并且在肯定式的陈述句中具有叙实功能而在否定陈述句中不具有叙实功能。例(3)则表明,"知道"无论是肯定形式还是否定形式都预设其宾语小句为真,即它在肯定句和否定句中都具有叙实功能。

正是由于半叙实动词只有肯定式预设其宾语小句为事实,而否定式并不预设其宾语小句为事实,利奇(Leech 1983/1987:431—432)把它们称为"有条件的叙实谓词",但为了突出这类动词在叙实性上的这种特殊性,我们不再把它视为叙实动词的一个小类,而依据沈家煊(1999:139)和袁毓林(2014)把它们称为"半叙实动词";用以区别肯定式和否定式都预设其宾语小句为事实的叙实动词"知道、后悔、责怪"等。

李新良(2015)认为,不同的叙实性其实就是不同词汇的不同概念结构的反映。我们认为,对于每一个具体的词语,在不同类型的语法环境下表现出来的叙实性差异也源于它的概念结构。根据上面的分析,我们可以刻画出半叙实动词的概念结构(conceptual structure)[4]:

① 感知主体:具有正常的感知器官和感知能力的人(一般实现为句子的主语);

② 感知对象:人类利用感知器官获得的某种认知表征(representation),即被人类的某种感知器官感知的事物或事件(一般以小句形式实现为句子的宾语);

③ 感知活动和结果:感知活动指人用感觉器官去感知、认识对象的具体活动(看、听、闻等),感知结果指这种活动的效能(着、到等),可以被否定,即没有感知到对象。

从上面的讨论中,我们可以知道,半叙实动词在肯定句和否定句中叙实性具有不对称性,这种不对称性可以从这类动词的概念结构中找到原因:半叙实动词是动补式结构,其结果补语表明"认知主体对世界的感知有一个确定的结果",所以这类动词具有叙实功能,而这种结果会在否定句中受到否定,所以这类动词在否定句中不再预设它的宾语为真。下文我们也将说明,这种不对称性会有多种表现,换句话说,这种由概念结构决定的不对称性能解释多种跟这类动词的叙实性有关的语法语义现象。

接下来,我们将采用多种语法语义环境去测试半叙实动词的叙实性,弄清这类动词的叙实性在不同环境下的变异情况及变异方向,并尝试用

"概念结构决定动词的叙实性"这样的思想对相关现象予以解释,以便更好地把握这类动词的叙实性特点,同时也有利于弄清现代汉语其他动词的叙实性的制约和影响因素。

2. 降级操作与半叙实动词的叙实性

2.1 宾语小句的话题化

半叙实动词所带的宾语小句能够话题化,并且话题化以后,依然具有叙实功能。例如:

(4) a　他看到一个短发的姑娘靠在自己肩上。

　　　⇒一个短发的姑娘靠在自己肩上。

　　b　一个短发的姑娘靠在自己肩上,他看到了。

　　　⇒一个短发的姑娘靠在自己肩上。

(5) a　傲风听见赢天说不去寻宝。

　　　⇒赢天说不去寻宝。

　　b　赢天说不去寻宝,傲风听见了。

　　　⇒赢天说不去寻宝。

例(4b)和例(5b)是宾语小句话题化的句子,这样的句子依然能预设句子的宾语小句为真,这说明,在这样的情况下,半叙实动词依然具有叙实功能。

半叙实动词所带的宾语小句话题化以后,对这类动词的叙实性具有增强作用。例如:

(6) a　他没看到一个短发的姑娘靠在自己肩上。

　　　*⇒一个短发的姑娘靠在自己肩上。

　　b　一个短发的姑娘靠在自己肩上,他没看到。

　　　⇒一个短发的姑娘靠在自己肩上。

(7) a　傲风没听见赢天说不去寻宝。

　　　*⇒赢天说不去寻宝。

　　b　赢天说不去寻宝,傲风没听见。

　　　⇒赢天说不去寻宝。

在例(6a)和例(7a)这样的半叙实动词受到否定的句子中,不再预设其宾语小句为真;而相应的话题句例(6b)和例(7b)却依然能预设宾语小句为真,这说明话题化具有增强半叙实动词叙实功能的作用。

话题化能增强半叙实动词的叙实功能的原因在于:处于话题位置的是已知信息,这类动词的宾语小句经历话题化以后,只能被编码和理解为说话人"已知的事实",所以,在这样的条件下,半叙实动词的叙实功能能得以保留并能得到加强。[5]

2.2 宾语小句的指称化

半叙实动词的宾语小句还可以指称化,即把陈述式的宾语小句变为具有指称功能的偏正结构,并且其叙实功能依然能够得到体现。半叙实动词的宾语小句的指称化可以有三种方式:提取宾语小句的主语、提取宾语小句的宾语和整个宾语小句作同位性定语从句。例如:

(8) a 我看见那个人骑着一辆摩托车。

⇒那个人骑着一辆摩托车。

b 我看见骑着一辆摩托车的那个人。

⇒那个人骑着一辆摩托车。

c 我看见那个人骑着的摩托车。

⇒那个人骑着一辆摩托车。

d 我看见那个人骑着一辆摩托车的事实/这一事实。

⇒那个人骑着一辆摩托车。

例(8b)对原SVO句的宾语小句进行了提取主语操作,例(8c)对宾语小句进行了提取宾语操作,例(8d)对宾语小句进行了同位性定语从句化操作;在这三种把宾语小句指称化的操作手段中,半叙实动词依然能预设其宾语小句为真,由此可见,宾语小句的指称化依然无法改变半叙实动词的叙实功能。

半叙实动词的宾语小句指称化以后,对这类动词的叙实功能具有增强的作用。

(9) a 我没看见那个人骑着一辆摩托车,也许他骑的是电瓶车。

b ?我没看见骑着一辆摩托车的那个人,也许他骑的是电瓶车。

c ?我没看见那个人骑着的摩托车,也许他骑的是电瓶车。

d ?我没看见那个人骑着一辆摩托车的事实/这一事实,也许他骑的是电瓶车。

例(9a)由于受到否定,追补跟宾语小句真值相反的后续小句,句子能成立,说明"看见"不再预设其宾语小句为真,也就不再具有叙实功能;例(9b)—例(9d)也受到了否定,但由于宾语小句经历了指称化操作,追补跟宾语小句真值相反的后续小句,句子的合格性受到挑战,说明"看见"依然预设其宾语小句为真,因此具有叙实功能。

值得指出的是,半叙实动词的宾语小句指称化以后,整个偏正结构依然可以话题化,此时半叙实动词叙实功能依然能够得到体现并得到加强。例如:

(10) a 我看见那个人骑着一辆摩托车。
⇒那个人骑着一辆摩托车。

b 骑着一辆摩托车的那个人,我看见了。
⇒那个人骑着一辆摩托车。

c 那个人骑着的摩托车,我看见了。
⇒那个人骑着一辆摩托车。

d 那个人骑着一辆摩托车的事实,我看见了。
⇒那个人骑着一辆摩托车。

例(10b—10d)是半叙实动词的宾语小句先指称化再话题化得到的句子,在这样的句子里面,半叙实动词依然能预设其宾语小句为真,即依然具有叙实功能。

2.3 SVO 句式内嵌

"主语+半叙实动词+宾语小句"这种句式(SVO)还可以内嵌(embed)到其他句法结构中去充当定语和状语,并且内嵌以后,半叙实动词的叙实功能依然能够得以保留。例如:

(11) a 露丝看到了克杰缓缓沉入冰冷的海底。

b (看到了克杰缓缓沉入冰冷的海底的)露丝内心无限悲伤。

c [看到了克杰缓缓沉入冰冷的海底],露丝内心无限悲伤。

(12) a 我听到了他轻轻地叹气。

b (听到了他轻轻地叹气的)我也对前途充满了迷茫。

c [听到他轻轻地叹气],我也对前途充满了迷茫。

例(11)—例(12)说明,感知类动词带宾语小句可以内嵌,充当其他句子的定语小句或状语小句。

内嵌到其他句子中去充当定语小句和状语小句的 SVO 句式与原先的主谓宾句式相比,叙实性得到了增强。请比较:

(13) a　露丝看到了克杰缓缓沉入冰冷的海底。

　　　→露丝看到了克杰缓缓沉入冰冷的海底。其实沉入海底的不是杰克而是约翰。

　　 b　(看到了克杰缓缓沉入冰冷的海底的)露丝内心无限悲伤。

　　　→*露丝看到了克杰缓缓沉入冰冷的海底。其实沉入海底的不是杰克而是约翰。

　　 c　[看到了克杰缓缓沉入冰冷的海底],露丝内心无限悲伤。

　　　→*露丝看到了克杰缓缓沉入冰冷的海底。其实沉入海底的不是杰克而是约翰。

例(13a)可以追补否定宾语小句真值的后续小句,而内嵌以后的例(13b)和例(13c)不能追补同样的小句,说明内嵌化以后的半叙实动词的叙实功能比在原先的 SVO 句式中更强。

李新良(2015)讨论了降级操作跟叙实动词"知道"的叙实功能之间的关系,我们认为,这样的解释同样适用于半叙实动词的叙实性,限于篇幅,我们不再展开。

3. 副词性修饰语与半叙实动词的叙实性

通过对语料的考察,我们发现有些副词(或形容词)能削弱半叙实动词的叙实功能,例如"恍惚、仿佛、也许、大约、未必"等;还发现有些副词(或形容词)能增强半叙实动词的叙实功能,这类副词有时间副词"刚、刚刚、正、已经、曾经、随时、时时、不时、常常、时常、经常"等以及语气副词"却、倒、幸亏、多亏、难道、何尝、居然、竟然、究竟、偏偏、难怪、果真、果然"等。例如:

(14) 方鸿渐仿佛看见过赵辛楣往苏文纨家里跑,也许不是去她家。

(15) 他恍惚听见有人在喊他的名字,也许不是在喊他。

例(14)和例(15)由于分别受"仿佛、恍惚"修饰,允许追补否定宾语小句真值的后续小句,表明这时候"看见、听见"不再预设宾语小句为真,即"仿佛、恍惚"对"看见、听见"的叙实功能有减弱作用。

（16）a　*方鸿渐**果然**看见赵辛楣往苏文纨家里跑,也许不是去她家。

　　b　*方鸿渐**果然**没看见赵辛楣往苏文纨家里跑,也许不是去她家。

（17）a　*他**竟然**听见有人在喊他的名字,也许不是在喊他。

　　b　*他**竟然**没听见有人在喊他的名字,也许不是在喊他。

例（16）和例（17）由于分别受"果然、竟然"修饰,连例（16b）和例（17b）那样的否定句都不允许追补否定宾语小句真值的后续小句,说明"果然、竟然"对"看见、听见"的叙实功能有增强作用。

　　对动词的叙实性有增强作用的修饰语跟感知类动词搭配后形成的偏正结构跟光杆的感知类动词之间存在转精关系（troponymy）[6],能够蕴涵光杆的感知类动词,所以能增强感知类动词的叙实性,我们把它们称为"转精修饰语"。例如:

（18）a　方鸿渐**经常**看见赵辛楣往苏文纨家里跑。

　　b　方鸿渐看见赵辛楣往苏文纨家里跑。

　　c　赵辛楣往苏文纨家里跑。

例（18a）中的"经常看见"蕴涵例（18b）"看见",由于例（18b）预设例（18c）,所以例（18a）也预设例（18c）。相应地,如果半叙实动词受跟副词具有同样语法功能的地点、方式、原因等"转精修饰语"修饰的时候,叙实功能也能得到加强。

　　对动词的叙实性有减弱作用的修饰语,都包含隐性的[＋否定]特征,例如"也许、大约、未必"是"不确定","恍惚、仿佛"是"不清楚"等,我们把这类修饰语称为"（隐性）否定性修饰语"。这些副词对半叙实动词的叙实功能的削弱作用还是来源于这类动词在肯定句跟否定句中的叙实性不对称。

　　当然,我们也可以把这类动词受副词修饰看作是原先 SVO 的降级,同样是降级操作,上面讨论的宾语小句的话题化、宾语小句的指称化、SVO 句式的内嵌等语法操作对半叙实动词的叙实功能有增强作用。而副词性修饰语有的对这类动词的叙实功能有增强作用,有的具有削弱作用。这说明:词汇的概念结构对其叙实性有决定性作用,由于其概念结构的特点造成的这类动词在叙实性上的肯定句和否定句中的不对称,会在深层次上影响它的叙实性,在肯定性的环境中,这类动词的叙实功能得到加强,而在否定性的环境中,其叙实功能受到削弱,致使它向非叙实动词漂移。

4. 非现实语气与半叙实动词的叙实性

非现实(irrealis)语气具有把现实句变为非现实句的语义功能。那么,如果半叙实动词处在非现实语气这样的环境下,它的叙实功能还能否保留?会不会因为句子变为非现实句而消失?本节我们将选取非情态动词和条件句这两种汉语表达非现实语气的手段测试半叙实动词的叙实性。

4.1 情态动词与感知类动词的叙实性

彭利贞(2007:66—81)把现代汉语当中的情态动词分为认识情态(epistemic)动词、道义情态(deontic)动词和动力情态(dynamic)动词三类[7]。我们发现,当半叙实动词与认识情态动词"可能、应该、也许"和动力情态动词"可以、能够"等同现时,叙实功能受到抑制,例如:

(19) a 方鸿渐看见了有人站在窗台上。

⇒有人站在窗台上。

b 方鸿渐可能看见了有人站在窗台上。[认识情态]

*⇒有人站在窗台上。

(20) a 他听见有人走过来了。

⇒有人走过来了。

b 他应该听见有人走过来了。[认识情态]

*⇒有人走过来了。

(21) a 方鸿渐看见有人站在窗台上。

⇒有人站在窗台上。

b 方鸿渐能够看见有人站在窗台上。[动力情态]

*⇒有人站在窗台上。

(22) a 他听见有人走过来。

⇒有人走过来。

　　b　他可以听见有人走过来。[动力情态]

　　　　* ⇒有人走过来。

例(19b)—例(22b)由于分别受到了认识情态动词和动力情态动词的修饰,"看见"不再预设其宾语小句为真,这时候它的叙实功能消失。

　　出现这种效应的原因在于:认识情态动词表示事情为真的一种可能性,而不表示事情一定发生,也就等于说"事情有可能发生也可能不发生",这样一来"可能看见"就等于说"可能看见也可能没看见",而不表示必然有"看见"这种结果;动力情态动词表示主体有能力去实现这样的结果,而不意味着该结果已经实现,所以,跟认识情态动词和动力情态动词同现的时候,半叙实动词不再预设其宾语小句为真。

　　但当半叙实动词的宾语小句话题化以后,这些动词再与认识情态动词和动力情态动词同现时,它们的叙实功能依然能体现。例如:

　(23) a　方鸿渐可能看见了有人站在窗台上。

　　　　* ⇒有人站在窗台上。

　　　 b　有人站在窗台上,方鸿渐可能看见了

　　　　⇒有人站在窗台上。

　(24) a　方鸿渐能够看见有人站在窗台上。

　　　　* ⇒有人站在窗台上。

　　　 b　有人站在窗台上,方鸿渐能够看见。

　　　　⇒有人站在窗台上。

通过例(23)—例(24)的对比,我们能够看出,宾语小句话题化以后,"看见、听见"等动词依然预设其宾语小句为真,这说明它们还具有叙实功能。

　　需要指出的是,半叙实动词不能与道义情态动词同现,原因在于"看见、听见、看出来"等动词表示的是主体认识世界有一个确定的结果,这可以是一种可能性,也可以是一种能力,但一般不是某种义务,所以,这类动词能够与认识情态动词和动力情态动词同现,但是不能跟道义情态动词同现。

4.2　条件句与感知类动词的叙实性

　　彭利贞(2007:71)把条件句分为"可能条件句"和"反事实条件句":可能条件被假设存在的时间是将来,而反事实条件被假设在现在或过去。

例如彭利贞(2007:71):

(25) 如果你信得过我,就等我的好消息吧。(毕淑敏《墙上不可挂刀》)

(26) 如果我拿了书就在,也就没事了。(肖复兴《绿月季》)

例(25)是可能条件句,假设的条件将来有可能实现,而例(26)是反事实条件句,假设的条件在过去已经以相反的情形出现过,在过去或现在让这种条件实现是不可能的。

半叙实动词用于表示可能条件的条件句中,叙实功能受到抑制。例如:

(27) 如果我看见方鸿渐再来的话,我会告诉你的。

* ⇒方鸿渐再来。

(28) 如果你们闻见煤气泄露,请给我们公司打电话。

* ⇒煤气泄露了。

(29) 如果你听见传来的水的声音,那是我梦里呜咽中的小河。

* ⇒传来了水的声音。

例(27)—例(29)中的"看见、闻见、听见"由于置身表示将来条件的条件句中,不再预设宾语小句为真,说明其叙实功能消失。

半叙实动词如果用于反事实条件句,叙实性的表现为一种肯定形式和否定形式的互补性:如果这些动词以肯定形式进入反事实条件句,叙实功能受到抑制,被赋予非叙实功能;如果这些动词以否定形式进入反事实条件句,叙实功能得以保留。例如:

(30) 如果你看见过张三打李四,你就不会再以为张三是个温和的人。

⇒你没看见过张三打李四。　　* ⇒张三打过李四。

(31) 如果你没看见过张三打李四,就不会认为张三喜欢暴力。

⇒你看见过张三打李四。　　⇒张三打过李四。

例(30)预设"你没看见过张三打李四",而"你没看见过张三打李四"并不预设"张三打过李四",此时,"看见"的叙实功能受到抑制;例(31)预设"你看见过张三打李四",而"你看见过张三打李四"预设"张三打过李四",此时,"看见"的叙实功能得以体现。

我们认为半叙实动词在条件句中表现出不同的叙实性效应,源于它们对否定的不同反应。条件句可以看作对现实语气"到目前为止已经实现某事"的否定,可能条件句是直接的否定,反事实条件句设想一种跟已然事实相反的情形,是"逆反性"的否定;前面我们已经讨论过半叙实动词对否定的反应,这类动词受到否定以后叙实功能受到抑制,所以它们在可能条件句和肯定式的反事实条件句中的叙实功能会受到抑制。

　　通过本节的讨论,结论是:认识情态动词、动力情态动词和可能条件句这样的非现实语气对半叙实动词的叙实功能具有削弱作用,这是因为,这些非现实语气都包含有隐性的否定(可能实现而尚未实现),因此,这还是由概念结构决定的半叙实动词在肯定句和否定句中叙实性不对称性的体现。

5. 传信强度与半叙实动词的叙实功能等级

　　本节将结合 Givón(2001:327—329)给出的传信强度等级(hierarchies of evidential strength)来讨论半叙实动词的叙实性问题。以此为基础结合前面几节的讨论,给出现代汉语中的半叙实动词词汇层面和句法层面的叙实功能等级,从而做到既对半叙实动词的叙实性及其制约条件有一个较好的把握,又沟通了叙实性研究和传信研究的桥梁。

　　Givón(2001:327—329)根据信息来源的可靠程度列出了如下的传信强度等级(从左到右渐弱):

　　a　证据获取等级(access hierarchy):直接的感觉经验＞推论＞听说;

　　b　感觉次等级(sensory sub-hierarchy):视觉＞听觉＞其他;

　　c　人称指示等级(personal deictic hierarchy):说话人＞听话人＞第三者;

　　d　空间指示(spatial deixis):近指＞远指;

　　e　时间指示等级(temporal deixis):现在时＞完成时、近期发生过的＞很久前发生过的。

我们认为传信强度和叙实性虽然侧重点有所不同,但就半叙实动词而言,叙实功能跟传信强度呈正相关,即叙实功能越强,传信强度也越高。因此,Givón(2001:327—329)给出的传信强度等级在半叙实动词上也同样适用。例如:

(32) a 我看见危险来临。　　b 我听见危险来临。　　c 我闻见危险来临。

比如炸弹即将爆炸,"看见(导火线燃烧冒烟)"比"听见(导火线燃烧的声音)"和"闻见(火药燃烧的味道)"更能说明"危险来临",而"听见(导火线燃烧的声音)"又比"闻见(火药燃烧的味道)"更能说明"危险来临",所以,例(32a)的叙实功能也最强,依次排列为例(32b)和例(32a)。这是"感觉次等级"在这类动词上的体现。

但是,我们认为这并不是绝对的,因为半叙实动词表示的是一种感知,所以,它们的叙实功能的强弱还跟用什么样的器官去感知什么有关。例如:

(33) a 我看见事情发生了。　　b 我听见事情发生了。

尽管在一般情况下,例(33a)的叙实功能更强,但是例(33a)的叙实功能并不一定比例(33b)强;如果该事件只有声音而无形状(比如听广播),那么"看见"的叙实功能低于"听见"。

半叙实动词的主语人称不同,叙实功能也存在差异,具体来说就是:第一人称>第二人称>第三人称。例如:

(34) a 他看见了潮起潮落。　　b 你看见了潮起潮落。　　c 我看见了潮起潮落。

如果例(34a)为真,那么例(34b)和例(34c)也为真;如果例(34c)为假,那么例(34a)和例(34b)也为假。也就是说,从例(34a)到例(34c)的叙实功能依次增强。这是"人称指示等级"在这类动词上的体现。

需要指出的是,"人称指示等级"成立的前提是说话人是事件的亲历者。如果说话人不是事件的亲历者,而听话人或者是第三者是事件的亲历者,那么,第一人称的叙实功能也并不比第二、三人称强。也就是说,亲历性才是叙实功能强弱或者传信强度的真正来源。

再看:

(35) a 战友远远地看见邱少云身上着火了。

　　　b 战友就在不远的地方,看见邱少云身上着火却不能去救他。

例(35a)中的"看见"受"远远地"修饰,叙实功能比例(35b)中受"就在不远的地方"修饰要弱,因为受人的视力所限,远处看得没有近处看得真切。

这是"空间指示等级"在这类动词上的体现。

　　前面我们提到半叙实动词受"转精修饰语"和"（隐性）否定性修饰语"修饰的时候，叙实功能有强弱之别；用这个观点也能解释"空间指示等级"：对于"看见、听见、闻见"等这样的表示感知的动词，距离远也就意味着感知的准确度和精细度下降，也就是说"远远地"这样的修饰语包含了"不准确、不清楚、不精细"等意义，受这样的"（隐性）否定性修饰语"修饰，半叙实动词的叙实功能肯定要降低；而"近距离地"这样的修饰语正好跟"远远地"相反，受这样的"转精修饰语"修饰，半叙实动词的叙实功能肯定要增强。用这样的观点也同样能解释 Givón(2001：327—329)给出的"时间指示等级"，限于篇幅，我们不再赘述。

　　另外，我们发现，主语的数、主语的权威程度和主语的定指性都能对半叙实动词的叙实功能产生影响。

　　半叙实动词的主语为复数时比主语为单数时叙实功能更强。例如：

　　(36) a　只有小明看到他的手流血了，也许他的手根本没有流血。

　　　　 b　*大家都看到他的手流血了，也许他的手根本没有流血。

例(36a)的主语是单数，宾语小句可以在后续小句中受到否定，而例(36b)的主语是复数，宾语小句不能在后续小句中受到否定；这说明，例(36b)的叙实功能比例(36a)强。大家"有目共睹"的事情更容易让人相信确有其事，也说明了我们这种看法具有较强的心理现实性。

　　但是，如果半叙实动词的主语为复数，并且受到否定，会致使其叙实性向反叙实动词靠拢。例如：

　　(37) a　?只有小明没看到他的手流血了，实际上他的手根本没有流血。

　　　　 b　大家都没看到他的手流血了，实际上他的手根本没有流血。

　　　　 c　小明幻想自己的手流血了，实际上他的手根本没有流血。

例(37a)的宾语小句在后续小句中受到否定的时候，句子不自然；而例(37b)没有这样的问题，并且跟例(37c)的反叙实动词"幻想"的表现趋于一致。这说明：在复数主语和否定两种手段的共同影响下，半叙实动词具有了一定的反叙实功能，尽管这只是一种趋势，而不是说它变成了真正的反叙实动词。

　　主语的权威程度也对半叙实动词的叙实性产生一定的影响。例如：

（38）a　＊交警看见方鸿渐闯了红灯，也许他根本就没闯。

　　　b　路人看见方鸿渐闯了红灯，也许他根本就没闯。

例（38a）的宾语小句不能在后续小句中受到否定，而例（38b）的宾语小句可以，这说明权威程度高的主语"交警"比权威程度低的"路人"使半叙实动词具有更强的叙实功能。俗语说的"人微言轻"讲的也是同样的道理。

　　需要指出的是，当半叙实动词以权威程度高的名词当主语且受到否定的时候，会致使其叙实性向反叙实动词靠拢。证明的方法同上，我们不再赘述。

　　主语的定指程度对半叙实动词的叙实功能也有一定的影响，具体来说就是：定指的主语比不定指的主语使半叙实动词具有更强的叙实功能。例如：

（39）a　有的人看见厂房着火了。

　　　b　方鸿渐看见厂房着火了。

当说话人摆出证据说明"厂房着火了"的时候，大家听到例（39b）的时候肯定比例（39a）更易相信确有其事。因为"有鼻子有眼"总比"一鳞半爪、语焉不详"让大家觉得更真实。

　　宾语小句的主语是定指的，也比不定指的能使半叙实动词具有更强的叙实功能。例如：

（40）a　我看见一个人走了过来，但没看清他长得什么样。

　　　b　我看见方鸿渐走了过来，他满头大汗，气喘吁吁的。

当说话人摆出证据说明"有人走过来"的时候，大家听到例（40b）的时候肯定比例（40a）更易相信确有其事。

　　定指的主语比不定指的主语更能让半叙实动词具有叙实功能，也更符合 Grice（1975：45—46）提出的"合作原则"中的"质准则"（quality maxim）：不要说缺乏足够证据的话。因为，说话人对事件的细节描述得越多，就表明他有越多的证据来说明事件的真实性，所以，由于定指的主语比不定指的主语能提供更多的细节，因此，更易让听话人觉得说话人所说事件为真，也即，定指的主语比不定指的主语能使半叙实动词具有更强的叙实功能。

　　结合 Givón（2001：327—329）给出的传信强度等级及前面几节的讨论，我们可以给出半叙实动词的叙实功能等级，我们把这种等级分为词汇层面的与句法层面的。

　　Ⅰ　半叙实动词词汇层面的叙实功能等级（从左到右渐弱）：

　　　　1）感觉等级：视觉（"看见"等）＞听觉（"听见"等）＞嗅觉（"闻见"等）；

　　　　2）视觉次等级：瞥见＞看到/看见/看着等＞望见。[8]

　　Ⅱ　半叙实动词句法层面的叙实功能等级（从左到右渐弱）：

　　　　3）肯定形式半叙实动词＞否定形式半叙实动词；

　　　　4）半叙实动词宾语小句的话题化＞主语＋半叙实动词＋宾语小句；

　　　　5）半叙实动词宾语小句的指称化＞主语＋半叙实动词＋宾语小句；

　　　　6）"主语＋半叙实动词＋宾语小句"内嵌＞主语＋半叙实动词＋宾语小句；

　　　　7）转精修饰语＋半叙实动词＞光杆半叙实动词＞否定性修饰语＋半叙实动词；

　　　　8）半叙实动词进入是非问句＞半叙实动词进入陈述句；

　　　　9）半叙实动词进入现实语气＞半叙实动词进入非现实语气；

　　　　10）亲历性主语＋半叙实动词＞非亲历性主语＋半叙实动词；

　　　　11）第一人称＋半叙实动词＞第二人称＋半叙实动词＞第三人称＋半叙实动词[由10）]派生；

　　　　12）复数主语＋半叙实动词＞单数主语＋半叙实动词；

　　　　13）高权威主语＋半叙实动词＞低权威主语＋半叙实动词；

　　　　14）定指主语＋半叙实动词＞不定指主语＋半叙实动词。

　　如果把叙实动词、非叙实动词和反叙实动词都放在一起，我们能得出下面的叙实功能等级：

　　Ⅲ　现代汉语所有叙实性词语的叙实功能等级（从左到右渐弱）：

　　　　15）强叙实动词＞叙实动词＞半叙实动词＞非叙实动词＞反叙实动词

6. 结论：概念结构驱动的叙实性研究

　　本文以现代汉语中的半叙实动词为研究对象，先分析了这类动词的词汇特点并进一步刻画其概念结构，指出这类动词在肯定句和否定句中的叙实性具有不对称性。接着，选取不同类型、不同层次的语法环境去测试这类动词的叙实性,旨在说明概念结构怎样影响动词的叙实性。

半叙实动词的概念结构中包含的"感知结果"在肯定句中得到肯定,所以它在宾语小句的话题化、宾语小句的指称化、半叙实动词受"转精修饰语"修饰等肯定性的语法环境中能够保持为真,从而保障半叙实动词在这样的条件下保留叙实功能。

而这种"感知结果"又可以在否定句中被否定,所以它在非现实语气、否定性修饰语等构式中不能保障半叙实具有预设其宾语小句为真的能力,因而丧失叙实功能。也就是说,半叙实动词向叙实动词和非叙实动词等漂移的条件,都可以用它的叙实性在肯定句和否定句中的不对称性来解释,而这种不对称性又是由这类动词的概念结构决定的。

附 注

[1] 张新华(2015)把我们所说的这些半叙实动词视为叙实动词,把"觉着、感到、觉得、感觉"视为非叙实动词,我们认为有不妥之处,叙实动词跟半叙实动词有比较显著的句法语义差异;而"觉得"等不能预设其宾语小句为真也不预设其为假,应该是非叙实动词。尹洪波(2015)认为"相信"是半叙实动词,我们认为,"相信"也是非叙实动词。

[2] "看着、听着、闻着、遇着"等里面的"着"读作"·zhe(轻声)"。

[3] 跟这类动词有同样结构的"意识到、注意到"等在肯定句和否定句中都预设宾语小句为真,属于叙实动词,因此本文不讨论它们。

[4] 概念结构跟音系结构、句法结构相对,指单位或成串符号所代表的意义,属于语法中的词库。对概念结构的详细说明请参考 Jackendoff(1983、1990)及戴浩一(2002)等文献。

[5] 此处受彭利贞先生的启发,谨此致谢!

[6] Fellbaum(1998)认为动词之间的上下位关系有别于名词之间的上下位关系,于是重新创造了一个术语"troponymy"来称说动词之间的下位关系。详见 Fellbaum(1998),李新良、袁毓林(2013)。

[7] 彭利贞(2007:159—161)把现代汉语的情态动词分为三大类别:认识情态(epistemic)动词,如:可能、能、会、应该、必然、一定、肯定、准、得、要等;道义情态(deontic)动词,如:能、可以、准、许、应该、要、会、肯定、必须、得、等;动力情态(dynamic)动词,如:能、能够、会、可以、要等。

[8] 据李新良、袁毓林(2013),如果我们知道某一动作按照方式进行了,那么我们

可以说该动作一定发生了，"瞥见"与"看见"是一种"转精关系"，即"以某种方式看见p"蕴涵"看见p"，所以，"瞥见"的叙实功能强于"看见"。

参考文献

戴浩一　2002　概念结构与非自主性语法——汉语语法概念系统初探，《当代语言学》第1期。

李新良　2015　立足于汉语事实的动词叙实性研究，《世界汉语教学》第3期。

李新良、袁毓林　2013　面向计算的汉语动词蕴涵关系研究和型式库建设，《中国社会科学》第12期。

彭利贞　2007　《现代汉语情态研究》，中国社会科学出版社。

沈家煊　1999　《不对称和标记论》，江西教育出版社。

尹洪波　2015　《汉语否定词移动的句法语义效应及其解释》，《汉语学报》第4期。

袁毓林　2014　《隐性否定动词的叙实性和极项允准功能》，《语言科学》第6期。

张新华　2015　《感知类叙实动词研究》，《语言教学与研究》第1期。

朱德熙　1982　《语法讲义》，商务印书馆。

Fellbaum, Christiane(ed.)　1998　*WordNet：An Electronic Lexical Database.* MIT Press：Cambridge, Massachusetts.

Givón Talmy　2001　*Syntax：An Introduction*，John Benjamin's Public Company.

Grice, H. Paul.　1975　*Logic and conversation.* In：Cole, P. and J. Morgan (eds.) *Syntax and Semantics 9*，New York：Academic Press.

Jcckendoff, Ray　1983　*Semantics and cognition.* Cambridge, MA：MIT Press.

Jcckendoff, Ray　1990　*Semantic structures.* Cambridge, MA：MIT Press.

Kiparsky, Paul & Carol Kiparsky　1970　Fact. In Bierwisch M. and K. Heidolph (eds.)，*Progress in linguistics.* The Hague：Mouton.

Leech, Geoffrey　1981　*Semantics：The study of meaning.* 2nd edn—revised and updated. Harmond Sworth：Penguin Books. 利奇《语义学》，李瑞华等译，何兆熊、华钧校订，上海外语教育出版社，1987年。

李新良：lixinliang02@163.com

原载《语言研究集刊》第二十辑，本书收录时部分内容有所改动。

"感谢"类叙实动词句的话题、
焦点和名词化现象 *

张新华

提　要　"感谢"类情感动词内在蕴涵一个现实事件,该事件一般编码为宾语,并在句法、语义、信息结构等方面表现出复杂的句法结构。一方面,其宾语小句在阶段性和个体性上形成很大的浮动空间,宾语小句内部并存着显著的话题、焦点效应。特别是,这种话题性与焦点性可以在同一成分身上形成交叉,其根据来自主动词"感谢"对宾语小句成分的意向关注。另一方面,"感谢"的宾语部分常采取名词化的形式,包括五种类型:"N的V"、名动词、动作名词、事件名词、性格/能力名词。这些名词化形式表现出不同的动态性,并在语义深层直接、间接地对应于一个完整小句。

关键词　叙实性　话题　焦点　名词化

1　引言

"感谢"类情感动词主要包括四个:"感激、感谢、谢谢、多谢"(下面一般以"感谢"为代表进行表述)。储泽祥(1995)专题研究了"谢谢",认为其宾语的基底形式是一个指原因的及物动词小句,但实际使用中,基底式常采取"凝结"的形式,有省略和转化两种。该文侧重宾语的形式方面。聂仁发(2010)讨论"谢谢"与"感谢"的差异,认为其分工是:前者用于直陈谢意,后者用于转述谢意。本文发现,二者在这方面区别确实存在,但并不严格。对话性只是"感谢"语法内涵的冰山一角,只是指出这一点是不够

---

* 本文获国家社科基金一般项目"汉语叙实谓词的构式与语篇接口研究"(14BYY124)资助。

的。两位学者都未强调"感谢"的叙实性。

总的来看,"感谢"等动词在所编码的事件结构方面相同:都以一个现实事件为原因(下称"事因"),即都是叙实性的,关于叙实性参看:张新华(2015)。这个事因在感谢句中可编码为不同的句法形式,包括主谓小句和名词两种;前者是初始形式,后者是对前者的指称化。语用维度,四者基于[对话性]这一参数形成一个连续统:"感激"侧重于指主体本人的纯内心体验,因此也具备一些形容词的特征,"多谢"典型指面对面的表达,"感谢、谢谢"则是中间性的。决定"感谢"句法行为的主要根据是其所编码的事件结构,本文的重点也在于此。

2 "感谢"宾语事件的阶段性与个体性

"事实"(fact)有程度差异:典型情况是强殊指性、瞬时性的阶段动词的进行体,静态、概括的个体事态则是事实的不典型形式。"感谢"对事因在阶段性上表现出很大的浮动空间。

2.1 阶段性的小句宾语

阶段谓词的实质是动态性、个别性,即可以追溯一个明确的动作片段,即动子(参看:张新华 2008);个体谓词反之,是对动作片段的模糊化、概括化。另外,阶段性、个体性也体现在动词词组的层面。从初始层面看,"感谢"的根据是一个阶段事件,就是:某人通过耗费能量以执行某阶段性的动作,而给另一个主体带来直接的好处,因此后者对前者形成感恩的情绪体验。这个阶段事件编码为一个完整的主谓小句,句法上充当感谢的宾语。这种用法在实际语料中也时有发现,但总体频率不高。有进行体和完成体两种形式,以后者居多。

宾语小句采取进行体,动词可加体貌标记"着、在",如例(1)、例(2);也可用零形式,如例(3)、例(4):

(1) 很感谢他这么晚还在安慰人。

(2) 感激她注视着我的时候,双眼是眯着的。

(3) 长基,多谢你来陪我小坐!

(4) 赵先生,谢谢你陪我散步。

这种宾语事件的个别性最强,是现实范畴的典型表现形式,构成主体之所以形成感谢情绪的直接物理刺激。时间上,事因与感谢体验同步发生。宾动词采取零体貌形式的典型句法环境是:所指事件直接基于当下言谈情景,如"你来陪我小坐、你陪我散步"都是当时现实进行着的事件。

宾语用完成体,可带"了、过、完"等动态成分,如例(5)—例(7);也可采取零形式,如例(8):

(5) 我很感激他曾经把我拉出那个沼泽。

(6) 她感激他们教过她。

(7) 感谢你们听完了我的讲话。

(8) 谢谢你来探监。

时间顺序上,完成体指事因实际发生之后,主句主语形成感激的情绪体验。虽然完成体从外部看是整体性的,但其所操作的直接语义对象仍是动作中的动子,因此也是强个别性的。例如"完"指"听"所含动子的穷尽执行。通过宾语事件的完成,主体得到好处,因此形成感激的体验。

"感谢"的宾语小句也可采取否定的形式:

(9) 裴箸感激他不再问什么。

(10) 谢谢你没把我交给寺庙的人。

一个肯定的事件对主体是有伤害的,对方不执行之,即可免除主体遭受伤害,这也是一种受益,因此值得感谢。

"感谢"之叙实性的一个重要表现是:与典型叙实动词一样,根情态动词"能、可以"等用于宾语小句,要强制性地指现实事件,而非虚拟事件。语义上,这种句法环境中的根情态指难事实现。如:

(11) 我们趴下去给土地磕头,感谢着七里沟能生长这么好的麦穗。

(12) 谢谢徐良能够跟我们敞开心扉,分享这一切。

(13) 很感谢今天可以看到哥哥吃得很香。

例(11)"能"之后的"生长"等所指动作都已实际存在,并非潜在性。可比较,单独说"七里沟能生长这么好的麦穗",画线部分是非现实性的。

不同根情态动词在叙实性的反应上有所不同。例如"敢于"在"感谢"句表示其后动词指现实事件,而"愿意"则在现实性上有歧义。这是因为"敢于"比"愿意"语义更实在,自身即能指一个现实事件。如:

(14) 他感谢徐悲鸿敢于一口反万众地支持他。

（15）感谢你<u>愿意</u>陪小朗过生日。

例（14）"敢于"本身及其后"支持他"都指现实事件。例（15）不同，句子既可理解为只是"愿意"本身是现实存在的，如实际向人表达过这个心意，而"陪小朗过生日"这个物理动作却并未执行；句子也可解为"愿意"和"陪小朗过生日"都已实际发生。

2.2　个体性的小句宾语

2.2.1　笼统事件

笼统动词是一种重要的动词类型，它们也具有动态性，可采取进行体或完成体，但无法追溯到明确的内部片段。语义来源上，这种动词是对某种强动态动词的统括。"笼统化"是词汇层面上的语义操作，是一种造成新词，或使一个旧词产生新用法的手段。笼统化是概括化的低级形式，笼统动词仍然指具体范畴。如：

（16）我们感谢贵栏目伸张正义。

（17）谢谢你们单位培养了这么出色的青年！

（18）我很感激你为我们着想。

（19）谢谢你丰富了我的生命。

"伸张正义、培养、着想、丰富"内部都包含一系列极其复杂的具体动作片段，后者的实际执行才是现实的真正体现，但动词本身对它们不做聚焦，因此表现为笼统化。

强叙实动词（如"盯着、注视着"）只能组合典型殊指性、动态性的补足语，"感谢"则允许高度概括的补足语，所以叙实性不很典型。例如，"你丰富了我的生命"指一种笼统事件，缺乏殊指性，它可以跟"感谢"组合，却不能与"盯着"组合。

比喻的做法之一是用强动态动词指笼统动作，常出现在"感谢"的宾语部分。其句法功能一方面是把对方的一系列具体动作进行打包处理，另一方面也增强了情感的渲染力。如：

（20）谢谢你披满了阳光走向我。

（21）感谢司法机关为她洗清不白之冤。

"走向、洗清"本指强阶段动作，用为比喻，则表现为笼统化。例如"洗清不白之冤"指打官司并胜诉这样的具体事件，内部包含极复杂的奔走、看文件、言谈等一系列具体动作,但在比喻用法上并不关注后者。

2.2.2　静态、长时、通指事件

这三种事件的个体化程度比笼统动作有提高,共同特点是完全无法追溯内部动子。如:

(22) 感谢你总是考虑到我的兴趣和爱好,一次又一次地给我升职的机会。

(23) 很感谢你们当我是兄弟姐妹。

(24) 感谢几年来一直有你陪伴。

这种事件的体貌特征是长持续性,在一个很长的时间范围内都现实存在,但又很难找到一个特定的存在个案,因此表现为强概括性。由于核心动词缺乏明确的内部动子,所以不能采取进行体形式。

2.2.3　间接致使关系

致使的实质是物理能量的发挥,物质要素之间的能量作用越直接,其所造成的事件也就越个别。最典型的直接致使体现为下面三个语义参数:

A. 作用双方在物质上直接接触;

B. 施动者对受动者的能量施加在时间上即刻完成;

C. 受动者接受能量输入之后,在自身即刻形成一种状态改变。

句法上,表示典型直接致使的句式是"强动作动词＋结果状态"的动结式,如"踢开、拍碎"。致使关系的直接性造成事件的阶段性,也即典型的事实。相反,致使关系间接化,就是施动者的动作与受动者的状态改变之间,只有很疏远、模糊的因果联系,这就造成概括化、不典型的事实。

感谢允许事因表示高度间接的致使关系,这显示了感谢自身的概括特征。致使关系编码为多种句法形式,下面只讨论比较典型的两种。

一是宾语小句由"使、让"动词构成。"让"有直接、间接两种致使用法,"使"则只有间接致使用法。直接致使是阶段性的,但其结果事件却不一定具有现实性;间接致使是个体性的,其结果事件内在则是现实性的。如:

(25) 我真得感谢李德先生,他使我锻炼了双脚。

(26) a. 感谢他让陈观鱼醒悟过来。

b. 我很感谢你让我住在你家。

例(25)"使"的主语表面上是"他",但实际指事件:是"他"的某种具体做法逼得我只能走路,所以形成"锻炼了双脚"的结果事件;致使行为与结果之间是长时性的。在这种句子中,致使行为与结果事件都是现实性的。

例(26a)句中"让"指间接致使,即"他"的某种行为造成"陈观鱼醒悟"这个结果之间是长时性的。这时,致使行为与结果事件都是现实性的。例(26b)句中"让"指直接致使,"你"是施事,直接发出一种允许的动作。这时,"感谢"只保证使让行为是现实性的,但并不保证结果事件"我住在你家"现实存在。

二是宾语小句由不可控动词构成,表示隐性、间接致使关系;这时主动词会发生词义改变。撇开具体动作内容看,可控动词其实就指一种典型的直接致使关系。这种致使发生在可控动词所包含的诸动子之间。例如"走"的动作包含:"抬"而[致使]"腿升高"、"迈"而[致使]"腿向前"等一系列的致使关系。反之,不可控动词指间接致使。感谢允许宾语小句表示极为间接的致使关系,这是其词义概括性的体现。此外,由于"感谢"以对方行为的主动性、可控性为前提,因此,在宾动词强不可控的情况下,主动词自身在词义上也会随之发生改变:由指感谢而转为指庆幸。如:

(27) 她感激他不再出现。

(28) 感谢你成了我回忆里的一幕。

"他不再出现、你成了我回忆里的一幕"有可控和不可控两种解读。做可控解读,"他、你"后暗含"有意"这样的副词,"感激、感谢"指对"他、你"本人的感动,"他、你"被专门关注,是话题性的。"感谢"句还用于面对面的对话。做不可控解读,"感激、感谢"指对宾语事件整体的高兴心情,不指向"他、你"本人,"他、你"都是非话题性的;对"感谢"句而言,虽然其宾语小句的主语是"你",但整个句子仍然读为内心活动,非对话性。

上面两句"感激、感谢"指"庆幸"的特征还不大明显,这是因为其宾语小句的非可控性并不显著。下面的句子就明显多了:

(29) 还好,感谢这厮臂力弱,没射进肉里。

(30) 感谢他们现在还不清楚张强和李月在这里的身份。

例(29)"臂力弱"指属性,是完全不可控的,这种属性无所谓感谢,句子其实表示：由于这厮臂力弱，所以没对我造成伤害，因此值得庆幸。例(30)同此。

显然，感谢的对象总是他人，而指庆幸的"感谢"句，宾语小句的主语还可与主句主语同指。如：

(31) 真心感谢我有一个好老公。

(32) 她感谢自己还活着。

"我有一个好老公、自己还活着"这种句子无所谓感谢。从深层看，这种句子的宾语部分其实蕴涵一个笼统的外力，如"老天、上帝"之类，主句主语认为，是后者的某种行为在非常遥远地起作用，因而间接造成自己处于当前的良好存在状态，所以值得感谢。例如，句子可说为："真心感谢老天，我有一个好老公。"由于形式上外力总是不出现，就造成"感谢"直接组合同指主语的宾语小句，而感谢也失去对象，因此逐渐读为庆幸。

总的来看，事件结构上，"感谢"叙实性的最终体现是一个指动态个别事件的宾语小句，但又允许个体性、概括性很高的事因，因此表现为不典型的叙实性。

3 "感谢"宾语小句的话题性和焦点性

"感谢"的宾语小句具有显著的话题、焦点效应，就是：总是会把某成分处理为话题或焦点。话题和焦点是一组既对立而又内在相关的语法范畴。一般认为，话题指旧信息，焦点指新信息的核心，二者似乎是对立的。实际上，话题既然是整个语篇、句子关注的中心，这也就是焦点的内涵了。二者的关系是：话题是焦点的一种。如 Li & Thompson(1976)就把话题描述为"注意的中心"。话题的焦点性在韵律上有直接体现，Jackendoff(1972)指出，话题和焦点都是重读的，分别为话题重音和焦点重音。由于话题和焦点对句法成分都有叠加的特征，所以一些宾语也常具有话题性(Givón 1983；Gundel 1985；Lambrecht 1994)。

宾语小句中某成分的焦点化，根据是"感谢"对这些成分的特别关注。"感谢"是一种强意向性的认知行为，其关注点指向谁，谁就成为焦点。认知上，关注(pay attention to)即聚焦(focus on)。具体来看，"感谢"宾语事件的基本要素是三个：1.施事；2.主句主语所欲求的目的事物；3.实现这一欲求的动作手段。三者都可成为焦点。特别是在"感谢"宾语中,经常表现出话题和焦点的扭结现象,即话题本身就是焦点,并且通过焦点化而话题化。

3.1 宾语小句的主语话题化,以及向主句提升

一般而言,宾语小句的施事是主句主语关注的焦点成分。主句主语知道给其带来好处的事因是由特定施事完成的,并意识到对方在动作过程中付出了代价,所以感恩。因此,"感谢"的宾语小句是典型的话题判断形式:把施事从事件整体中特别提取出来,做专门的关注,这构成一次单独的认知行为,后面的动作部分则通过另一个认知行为来完成。

"感谢"句经常发生主语向宾语提升的现象:把本处于内嵌地位的宾语小句主语,向上提升到主句中去,充当主句动词的宾语。大量的跨语言研究发现,从句主语向主句宾语提升的一个重要条件就是:从句的主语有话题性、焦点性,即被主句动词特别关注,因此二者之间形成紧密关联。主句动词就像一个钓钩,把宾语小句中的话题抓住,提取出来。"感谢"在这一点上的表现特别显著,一个明显的形式标志是:"主句主语+动词+宾语"之后允许停顿,而"主句主语+动词"后却不允许停顿;这两点恰恰与一般小句宾语句的情况相反。比较:

(33) a. *感谢,父亲的肩膀,走到哪我都可以依靠。

　　　b. 他知道/说/发现,她来了。

(34) a. 感谢父亲的肩膀,走到哪我都可以依靠。

　　　b. *他知道/说/发现她,来了。

"感谢"宾语小句的主语表现为不同的话题程度。话题程度的最高形式是:宾语小句的主语直接与感谢组合,后面停顿,其后 VP 则表现为追加陈述。形式上,该 VP 可另带一个代词或名词主语,用于对前面的主句宾语进行回指。如:

(35) 感谢我们的队员,φ 做出了那么大的牺牲,要求却是这样的少。

(36) 感谢这些小流氓,他们叫我有了一个表现自己的机会。

(37) 感谢这样一个夜,这个夜晚让他们的生命忽然充满了尊严。

(38) 感谢有你,让我不再孤单!

例(35)"感谢我们的队员"构成一个完整表述,后面的小句很像一个

事后想起的追加解释,或后置型非限制关系小句。例(38)宾语"你"前加动词"有",后者类似焦点标记,功能是强调"你"的难得性。这句的"让我不再孤单"部分自身的语力强度很高,这就更把"你"推向主句。

主语至宾语提升是一种句法融合的现象:主句与宾语由两个相对松散、分离的小句,融合为一个致密的单句。

四者中,"感谢、谢谢、多谢"的套话色彩很强,情感内涵则弱化、虚化,这就使它们在主语提升结构上形成一种引出言谈对象的用法;而"感激"则更强调真实的情感体验,不怎么允许这种用法。如:

(39) 也感谢/谢谢/多谢/? 感激孟庆嘉,在过去的几天时间,不管什么条件,都坚持着汽车之家一贯的原则,第一时间把内容呈现给用户……

主句部分"感谢+宾语"形式短小,而其后出现多个 VP,这就造成前者的述谓价值弱化,功能更多地表现为引入言谈对象,后面本为内嵌成分的诸多 VP 则上升为整个语篇的信息重点。

下面两种情况不允许提升:宾语小句的主语与主句主语同指,如例(40);宾动词是不可控性的,如例(41):

(40) a. 感谢我遇到你们,跟你们做朋友。

　　 b. *感谢我,遇到你们……

(41) a. 感谢师兄开错路,直接把我送到滨江!

　　 b. *感谢师兄,开错路……

这种宾语小句构成一个统一的信息整体,属于非主题判断(thetic)。

宾语小句的主语不提升也可以焦点化,有形态和句式两种手段。前者是加焦点标记"是":

(42) 我要感谢是他让我懂得了许多。

(43) 韩雨还得感激是她那巴掌打醒了他。

这种焦点化同时也有话题化的作用:通过对主语"他、你们"等的特别关注,就把它从整个宾语小句中隔离出来,即对之造成出位的话题化操作。因此形式上,"是他"后会有轻微停顿。

句式手段是:先用无定形式"一量名"充当感谢的宾语,后面再指出具体事物。这种句式有显著的修辞效果,造成一种"卖关子"式的悬念,通过

引起期待,造成焦点化的作用。如:

> (44) 我还要特别感谢<u>一个人</u>,她的聪明能干及工作效率,让我能放心地往前冲刺,她是我遇过最棒的一位秘书。让我介绍她——石语清。

话主很清楚"一个人"的所指,但故意用"啰唆"、有标记的表达形式,目的就是为了达到强调的表达效果。

3.2　宾语小句的宾语焦点化、话题化

目的事物一般占据宾语小句的宾语位置,指称上采取限定形式,并一般带有表示高程度的强调性修饰语。目的事物是旧信息,但它正是主句主语关注的核心,因此常成为焦点。如:

> (45) 感谢作家在书里为他写出了<u>那个了不起的角色</u>。

> (46) 感谢该中心在短时间内帮助他解决了<u>被拖两年之久的果树赔偿问题</u>。

画线部分指主句主语所要达到的目的(包括促成正面事件和排除负面事件),修饰语"了不起"的功能在于指出动作实现难度之大,现在对方帮助实现了,所以形成感谢的情绪。

一般情况下,双宾语的直接宾语是不定指的,但进入"感谢"宾语小句时,直接宾语经常定指,并成为焦点。如:

> (47) 谢谢你特地提醒我<u>这件事</u>。

> (48) 他感谢这位中国少年给了他<u>这个历史性的机会</u>。

画线部分指主句主语早已期待的已知信息,现在由对方实现,因此感谢。

"把"的功能同时具有话题性、焦点性,"感谢"宾语小句常采取"把"字句的形式。如:

> (49) 感谢你好意<u>将这个字谜</u>留给我看。

> (50) 他十分感激你能帮他<u>把车子</u>开来。

用"把"将目的事物提到动词前面,这体现了对它的专门关注,后面的动词则表示实现手段。

在感谢句中,反而是宾语小句中的旧信息构成焦点。例如,"把"字句一般是允许无定名词的,如"他把<u>一个上着锁的旅行包</u>紧紧抓在手里",但

在感谢句中则不可接受:"感谢他把那/*一个上着锁的旅行包紧紧抓在手里"。目的事物是事先确定的,表现为旧信息,但又最受主句主语关注,因此表现为焦点性。

弱限定性的宾语也可成为目的焦点。这种焦点表现为意外的幸运,宾语小句带有显著的感叹语力。如:

(51)多谢人民日报开辟<u>这样一个有特殊意义的专栏</u>!

(52)外婆感激你给她<u>一个快乐的九十岁寿辰</u>。

这种宾语名词的语义特征包括两方面:一是具有一定的已知性,即"专栏、寿辰"本身是主句主语意料之中的,这构成其限定性的一面;二是具有很大的未知性,即修饰语的性质在其意料之外。相较而言,在前面的普通限定名词中,由于所指事物是正常预期的,所以宾语小句内并无感叹语力。

"感谢"宾语小句的宾语在限定性、话题性、焦点性上表现为平行的句法现象。可对比无定名词的现象。这种宾语是融合性的,整个 VP 相当于一个不及物动词,一起被视为目的。因此在这种句子中,宾语小句中就不存在实体性的目的事物,而是动作本身就是目的。如:

(53)感激你<u>抽空</u>与我共进午餐。

(54)多谢三位施主,<u>远道</u>送信。

动词与宾语在语义上相互解释、相互依赖,双方共同指一个动作,该动作本身就是主句主语希望得到的。在这种句子中,主句主语未对"午餐、信"本身做专门关注。试比较,如果宾语采取限定形式"这顿午餐、这个情报",那么该宾语就同时具有目的性、话题性、焦点性。

3.3 动作/手段焦点

在感谢句中,焦点化体现出明确的语义根据。宾语小句动作焦点化的动因是:主句主语明确意识到,是别人费力实现了自己的目的;这样,通过强调该行为的难度以及结果的显著性,就体现了主句主语对施事本人的理解、感动。

1)强调行为的难度。句法上体现为对动作方式超常性的刻画,"超常"即强调、焦点化。

A. 停顿,这是类似重读的一种焦点化手段:

(55) 感激在我无知的阶段，有你，<u>十几年</u>，对我不离不弃。

(56) 人们还得感激他，<u>在关键时候</u>，那么捧场。

停顿看上去很简单，其实语法价值非常重要，是提示话语信息性质的重要标志。停顿往往伴随重读，把所言内容一板一眼地说出，也就达到了强调的效果。

B. 表示亲力亲为、特地的副词"亲自、特意、专(门)"等：

(57) 谢谢你到这儿来，<u>亲自</u>告诉我这件事。

(58) 谢谢你<u>特意</u>来道别。

(59) 他还特别感谢城楼管理处<u>专</u>为他开电梯登上城楼。

这类副词是一种典型的焦点标记，韵律上总是重读，强调施事本人是专门花费心思精力来执行一种动作的。

C. 表示高程度的副词"这么、那么、如此"之类：

(60) 感谢姐妹们<u>那么多年来</u>一直陪着我。

(61) 感谢你们<u>这么</u>照顾她。

"这么、那么"明显带有夸张的意味。

D. 表示难度的词汇形式：

(62) 特别感谢两位<u>千里迢迢骑着三八式自行车从长椿街赶来东四</u>请我吃饭！

(63) 感谢他<u>在极端艰险的情况下</u>，发回了大量及时、客观、公正的战地报道。

难度刻画也就是对动作进行方式做强殊指化的详述，以强调动作方式的超常性。虽然书面上不一定带逗号，其实这种复杂状语后一般伴随停顿。

一般认为，构成焦点的重要语义参数是"交替项"(Rooth 1992)及"穷尽性"(Zeevat 1994；Crnic 2012)。这是从焦点成分的外部对比关系上讨论的。实际上，着眼于所指内容自身，对其做高颗粒度的殊指化，直接就能实现焦点化的效果。如"<u>仔仔细细一笔一画地写</u>"，画线部分本身指方式，但语用目的的强调才是主要的。上述 B、C、D 三种都是通过语义维度的强殊指化，而达到语用维度的焦点化。焦点范畴贯穿了语义、语用、句法三个维度。

2）强调动作的成就之大。这一般表现为结果补语和宾语：

（64）谢谢你，把我那屋装得<u>挺漂亮的</u>。

（65）谢谢你陪我走了<u>那么多路</u>。

语义上，上述补语和宾语也具有超常性，韵律上则重读。强调对方行为成绩的优秀，这是感谢的直接着眼点，因此构成信息焦点。感谢的强度与所感谢行为内容的强度是直接映照的。

情感这一语法范畴的根本原理就在于情感体验与事因内容之间的映照关系，即以体验的方式把外部事态反映在个人意识中。情绪形容词对外部事态是整体式的把握方式，其宾语是非主题判断句。情感动词对外部世界则是主题判断的认知策略，对施事与其行为分别进行加工，通过对具体行为进行情况的分析，而对其施事从责任者的角度加以价值认定。"感谢"在这一点上的表现非常典型：通过对施事的意向关注，而对其形成焦点化、话题化；通过对其行为特征的分析，而返回对施事本人价值属性的认定。

3.4　对话体感谢句的简省化

在面对面的对话中，感谢句经常对宾语小句做高度简省：只保留宾语小句的动词，而把其主语、宾语一概删除。条件是：A.主句主语是话主"我"，这个主语也要省略；B.宾语小句的主语是受话"你"。根据宾语小句所省略宾语（有时是介词宾语）所指事物的不同，这种简省形式可分为下面三种情况。

宾语小句中所省略的宾语指话主本人：

（66）感谢支持！感谢捧场。

前句的完全形式是"我感谢你支持照顾我"，后句是"我感谢你为我捧场"。

省略的宾语指话主的所有物：

（67）感谢收看。感谢点击。

完整形式分别是："我感谢你收看我们的节目/点击我们的网页"之类。

省略的宾语指受话的所有物：

（68）感谢上传！多谢共享！

完整形式是："我感谢你上传/共享这个文件"之类。

被省略的宾语事物都具有强话题性、语境可及性。上面的简省形式表明了这样的原理：A.话题的信息重要度低于动词，所以前者经常被省略而后者不能；B.在话题属性上，主语和宾语表现相同：一样允许自由省略。

4 宾语事件的名词化

调查发现，在感谢句中，完整主谓小句形式的宾语，出现频率并不高，更多的情况是采取名词化的形式。感谢句是观察汉语名词化规律的一个很好的窗口。

关于"名词化"，对这个问题，学界的早期着眼点是"词性、词类"本身（如黎锦熙 1960；朱德熙等 1961），例如讨论"这本书的出版"中的"出版"是否成为"名词"。这种研究定位并不合适。"名词化"（nominalization）这个提法表面是"词"，实际是"小句"（clause）：如何把一个主谓小句所表述的事件，以指称的方式表达出来（Quirk 1985；Koptjevskaja-Tamm 2005；Malchukov 2006 等）。至于其中所包含的动词在词性上是否改变为名词，则只是这个问题的一小部分。

近年来，学界关于名词化的研究取得了丰硕成果。首先，一个重要的类型学规律是：名词化表现在词汇和句法两个层面。其次，跨语言的名词化往往并无专门的句法形式，而借用该语言系统中的其他手段（如 Comrie 1976；Koptjevskaja-Tamm 1993 等）；汉语的"N 的 V"与"受—动"（垃圾处理）等即如此。名词化现象的核心是对小句的偏离，即"去小句化"，而名词化也总是一个程度的问题。这种去小句化是去除语力、认知情态、时制这些主句层面的语法内涵，对 V 作为动词本身的范畴特征则有不同程度的保留，包括论元结构、动态性、体貌要素、时间副词等。语法意义上，名词化的核心是去动态化：删除事件当下发生的动态信息，而把它概括为一种事物化的指称形式。去动态化是个连续统现象，对应于从句法层面到词汇层面的操作过程。

以英语为例。"动名词"（gerund）属典型句法层面的名词化，可对绝大多数动词进行操作，是一种内部为普通动词、外部执行名词功能的句法形式。因此也有学者把它处理为一种"小句"（small clause, Harley & Noyer 1998）。语法范畴上，"动名词"保留了 V 作为普通动词的特征：直接带宾语、用副词而非形容词修饰、可带助动词 have、带体貌成分-ing 等，语义上指实际进行的动态动作。"派生名词"（derived nominal）代表名词化的中间层次：用屈折词缀，但普遍性不高，大致属于词汇层面，如 destruction、development、death、mixture、distribution；语义上有一定的动态性，但比动名词弱得多。名词化的极端是典型词汇层面，这往往表现为动词的同形名词，如 act、practice 等；语义上全无动态性，指一种纯事物化的事件。

在句法层面，汉语的名词化手段（即"N 的 V"形式）并不发达。这首先表现在：其使用本身就主要限于书面语，在自然口语不大出现（丁声树1961；詹卫东 1998）。其次，从所保留的动词语法内涵看，即便在书面语中，"N 的 V"也不允许指动态性关键信息的"着、了、过"之类体貌要素。同样，形容词方面，"N 的 V"也不能带程度副词"很、非常"，后者则是形容词现实性的重要根据。总体看，现代汉语不大直接从句法层面对强动态、个别的动作、状态做名词化处理，更多是撇开该表述形式，径直去词库拿一个名词去指称它。

模态上，名词化并无现实性的特征，而可采取三种形式：现实（欢迎<u>你的到来</u>）、类指（<u>他的到来</u>总让她开心）、虚拟（期待<u>他的到来</u>）。三者由所出现的句法环境决定。感谢的宾语多采取名词化形式，这些名词具有显著的语篇特征，回指一个现实事件。

4.1　"N 的 V"

这即为句法层面的名词化，是保持动作本来面目最多的名词化策略。汉语"N 的 V"有点像英语的 gerund，但比后者动态性差得多。"N 的 V"一般形式简单，以光杆双音节动词为主，不大出现复杂的状语，也不大带宾语。"N 的 V"做感谢宾语的用例也不多。如：

（69）他并且开始感谢徐小芹的离开。

　　　［他并且开始感谢徐小芹离开］

（70）他应感谢张国焘的故意拖延时间。

　　　［他应感谢张国焘故意拖延时间］

（71）感激她的刚好出现，感激她的始终没有回头。

　　　［感激她刚好出现，感激她始终没有回头］

这种名词化的原式是很好的小句，而名词式却不很自然，书面性很强。规律是：动词部分越复杂，动态性、个别性越强，就越不自然。动态、个别是动作自身实际进行的关键特征。例如"她的刚好出现、始终没有回头"动态性很高，时间状语"刚好、始终"起到这个作用，但它们比不带状语的"徐小芹的离开"接受度低。

4.2 名动词

朱德熙(1982)提出"名动词"的概念，但书中所提词项数量不多，有"影响、研究、演出、工作、调查"等。实际上，符合该书标准的名动词数量极大。李晋霞(2008)发现《动词用法词典》所收的所有双音节动词中，69.8％可直接修饰名词；吴怀成(2012)则发现，该词典全部双音节动词中有50.2％可与"进行"搭配。陆丙甫(2009)指出，形式动词后，动词实现的就是地道的名词性，而吴文的结论则是汉语根本不存在名动词。对此本文并不完全赞同：与普通名词相比，形式动词后的名动词还是有一些动态性的(这在后文关于动作名词的对比中可以体现)；而"名动词"这个提法仍然可以描述实义动词的指称化功能。

"名动词"是词汇层面的名词化，或者说，是以零形式的手段，让"动词"直接执行指称功能。汉语多数双音节动词可直接指称事件，这即前述英语动词的同形名词情况。综合考量，汉语采用这个做法是可以理解的：汉语缺乏英语那样句法及形态层面发达的名词化手段，因此，也就自然会直接让动词去行此功能了。其实英语中这样的动词也不少。

表意方式上，动词是内部、次第扫描的视角，刻画动作自身的实际进行情况；名动词则是外部、整体概括的视角，对动作各方面的存在情况进行高度浓缩。此外，区别于动词，名动词往往具有结果、内容指向性。例如作为动词，"他一路上都在照顾我"直接描述照顾这个动作的实际存在，但照顾本身所包含的具体内容是什么，则并不明确。而作为动名词，"他的照顾让我感动"则预设别处已提到实际照顾的行为，当前是间接引述，语义上指照顾所包含的各方面内容，如说出的某种具体话语、提供的具体物质等。体貌上，名动词不能表示处于进行中的动作。例如无法直接对进行体"你在安慰我"做名词化表达，"你的安慰让我感动"中，"安慰"不指进行性，而指已完成的全部事件，并暗示安慰的具体内容。

数量上,感谢宾语最多就是采取名动词的形式。这与现代汉语句法、形态层面的名词化不发达,而名动词很普通,是一致的。如:

(72)久木十分感谢女人的顺从。

(73)栖巢感谢您的支持和光临。

(74)我感谢边区人民对我的完全信赖!

(75)非常谢谢你关于运输花草的帮助。

形式上,"N+名动词"似乎与前面的"N 的 V"相同,并且不少也能去掉"的"而还原为主谓小句。但两种形式是有实质区别的:前者的名动词是词汇层面的名词,其修饰语是定语、形容词,如"完全信赖";连词用"和"。"N 的 V"中的 V 则是句法层面的动词词组,其修饰语是状语、副词;一般不用连词。语义上,"N+名动词"是强静态性、概括性的,指作为结果、内容的事件;"N 的 V"则是动态性、殊指性的,指动作的实际进行。

介词上,名动词前用"关于、对于"等引入受事,后面加"的";"N 的 V"则不允许这种用法,如*"张国泰对/关于这件事的故意拖延时间"。量词上,名动词用"项、份",如"这份帮助/信赖、这项安排/演出";"N 的 V"用"次、趟、场",如"这次投票"。

由于缺乏形态标记,歧义在所难免。例如"多谢指导员的救济",可读为"N 的 V",指对救济动作的实际实施;也可读为"N+名动词",指救济的具体结果、内容。

4.3　动作名词

名动词是直接对每个具体的动作行为做名词化的指称,动作名词则是把各种具体动作做高度概括。与名动词相比,动作动词的抽象性更强,作为名词的典型性也更强。其语义原理是撇开具体动作及其特定施事,而把大量相似动作概括为一种高度一般性的行为类型。典型的动作名词即"做法、动作、工作、行为、行动、活动、举动"之类,可指各种具体的动作行为;动作名词还可指某种具体类型的行为,如"安排、劳动、体育、武术、舞蹈、瑜伽、训练、技术、手术"等。"做法"这个词集中体现了动作名词的原理:对一个人的任何行为都可用"你这种做法"指称。

与动作名词组合的动词是"做、学习、练习、采取、擅长"等。该组合所表语义内涵是:动作名词指一种概括性的行为方式,特定的施事需要花费努力、智力才能掌握;施事是典型的外部论元,对动作是高位控制关系。"做、练习"等与形式动词"进行"不完全相同:前者实义性强,后者的虚化程度更高。原因是:名动词自身仍然具有一定的动态性,因此其所组合的形式动词就可减少指动态性的负担;而动作动词自身全无动态性,因此需要所组合的动词完全承担动态性的语义内涵。如"学武术/舞蹈"是普通动宾词组,但不说"进行武术/舞蹈";反之,可以说"进行打击",这是个轻动词词组,内部还嵌套着一个动词性的词组;但不说"善于打击"。"进行安排、善于安排"都成立,但在前者,"安排"是名动词,有一定动态性;在后者,"安排"是动作名词,指一般性的动作类型,全无动态性。

另外,"一切、许多"也可用临时指称动作,它们也是语篇回指性的。如:

(76)感谢他所做的<u>努力</u>!

(77)我得谢谢你的<u>操劳</u>。

(78)谢谢你为我做的<u>那许多</u>。

(79)谢谢你所做的<u>一切</u>。

"操劳、努力"前总是暗示"做出、付出"这样的语义要素,以明确施事对动作的执行关系。不用动词"做"而让施事直接充当定语,体现了对动作名词所指行为内容本身的强调。

施事与其所执行的动作结果、内容之间是领有关系。谁拥有,谁就应获取相应的收益,所以可得到感谢。这体现了价值范畴对客观事件的规定、量化关系。因此,"感谢"前往往可加"应该、得(děi)"等道义情态动词。

4.4　事件名词

马庆株(1995)提出"过程名词",指"既有指称义又有过程义的名词",着眼点是这种名词的时间特征。其涵盖面很大,如"战争、事、仪式、汛期、雨、饭",也包括"创作、记录"等名动词,以及"工作、活动"等动作动词。韩蕾(2015)称"事件名词",基本观点与马文接近。

本文区别名动词、动作名词、事件名词三者。事件名词是对动作及其诸参与者及时间信息等所构成的意义整体的统括,如"事、事情、事件、事故、事变、现象、问题、灾难、战争、会议、恩惠、善意"等。"事"这个名词即汉语对世界上一切最小的完整事物活动单元的最高概括,语义上,"施事/

主事"+"活动"构成"事件"(event)。事件名词对应的是存现动词"发生、出现、存在"等,其主语是时、空、机构之类的名词,即构成存现句;而事件名词自身则内在包含施事。如"早上发生/出现了一件事、公司出现这种现象","这个问题的发生、存在","事、现象、问题"指特定施事对具体行为执行而形成的事件整体。动作名词不能出现在这个句式:"*早上/公司发生/出现了一个行为。"

事件名词对应于一个主谓小句。如"关键问题是,应试教育扼杀孩子的兴趣和健康",后小句即对"问题"内涵做具体展开。句法上,主谓小句往往可后加"这件事"或"的事情/问题/现象"进行同位指称。此外,在语篇回指、语境直指中,指示代词"这、那"也常用于指事件,但不指动作。

由于事件名词指称参与者及其行为的整体,因此,在"N 的事件名词"这样的领属结构中,事件名词对 N 在论元角色上没有选择性。例如"你的事/问题马上处理","你"对"事、问题"在施事和受事上没有优选性:可指你做某动作而形成的一件事(如"你打人"),也可指你被某动作所影响而形成的一件事(如"你被打")。"N 的动作名词"则不同:N 默认为施事,如"你的行为/工作/舞蹈"一般理解为执行关系。

动作与事件的区别,关键在于施事的有无,但这种区别很微妙:有时人们也会把施事要素添加到动作名词中,这样它就也指事件。如"警察已掌握你们的活动","活动"用为动作名词,也可换为"行为","你们"是施事;而"我报名参加你们的活动","活动"用为事件名词,"你们"并非施事,而是该活动的外围组织者,活动本身则由他人执行。反过来,"做事要认真"中,"事"的施事要素被切除,侧重于单指某种动作。

对"感谢"而言,其所关涉的事件也常称为"恩惠、恩情、情谊、善意、德"等。"恩惠"指"给予的或受到的好处",这种"好处"体现为一件具体的事。"情谊"指"人与人相互关切、爱护的感情",并不指事,但做"感谢"的宾语时也指现实事件中所体现的感情。如:

(80)谢谢发生在我周围的每一件事儿。

(81)谢此次千里驰援的恩情。

(82)天雄拜谢两位前辈援手之德。

(83)感激他率领反对党推翻现政府的功劳。

名词的语义机制是整体性、外部性,动词则是展开、内部性。对动作、事件做名词化表述的过程,也就是把一个内部展开的事物存在从外面压缩为一个整体的过程。在"感谢"句中,撇开实际进行着的事因,而以概括性的事件名词充当宾语,其语法功能在于强调事因的整体一般价值属性。因此,宾语名词的概括程度越高,感谢的直接性也就越强。例如,"谢谢你一片好意"忽略具体行为,只强调其价值内涵,主观性、评价性显著;"谢过你昨夜援手之事"则着眼于对"你昨夜援手"这件事本身的关注,谢的强度弱;而"感谢你昨夜的援手"更加强调"援手"这个行为本身,客观性显著。

4.5 性格、能力名词

这是很典型的普通名词,不指向具体动作,与前面的四类名词形成根本分野。性格、能力指事物形成具体行为的深层物质根据、素质,双方的语义关系非常疏远、间接,因而这种名词概括程度也很高。一种性格和能力对应于无限的实际行为,前者对后者是[体现为]的关系。例如"善良"性格[体现为]"<u>扶起老人、捐助灾区</u>"等,"干练"能力[体现为]"<u>很快就完成了这项任务</u>"等;上述画线部分才是"现实"的真正样态。反过来,具体行为与性格、能力的关系是[概括]。

"感谢"的宾语采取性格、能力名词的形式出现频率不高,但也时有发现。如:

(84)感谢他们为了这些工作在第一线的人的生命,而甘冒风险的这种<u>精神</u>。

(85)普京说,俄方非常感谢中方作为东道主所表现出的卓越的组织<u>能力</u>。

(86)我很感激丈夫的<u>开明</u>。

(87)我要感谢谢你的<u>慷慨</u>与<u>大方</u>。

"精神、能力"前有小句修饰语,具体指出了其所体现的事件。例(86)其实并不表示对"开明"这种性格本身的直接感谢,实际感谢的是丈夫当时的某种具体行为。

把具体事件概括为性格、能力,感谢的表达功能就更接近评价动词:感谢是以情绪体验形式表现的"表扬",后者即评价动词。"评价"是一种指示性的语法范畴,就是,把具体事件定位于一般价值标准所构成的坐标系。感谢的主语个人性越强,句子的体验性就越强,反之则评价性强。如例(86)主语"我"指妻子,个人性强,例(85)"俄方"指国家,个人性差,因此后者感谢的评价性强。

总体来看,上述5种宾语名词表现了由动态性、个别性向静态性、概括性发展的过程。在这个过程中,主动词"感谢"也由指感性体验的情绪,向理性认识的评价转变。

5. 结论

"感谢"类叙实动词内在关联一个指现实事件的宾语小句,但对现实范畴在阶段性/个体性上表现出很大的浮动范围,这显示其叙实性不很典型。"感谢"是一种强意向性的动作,在小句宾语内部,由于主动词对其不同结构要素的特别关注,就形成显著的话题化、焦点化的句法现象;二者并表现出相互交叉的特征。

"感谢"的宾语既可采取主谓小句,也可用名词形式,而后者数量占优。有五种类型,"N 的 V"可最大程度表示具体事件,个别性、现实性最强,但这种手段在现代汉语口语中发育并不完善,在感谢句中出现也不多。另一极,性格、能力名词完全不能指出具体事件,在感谢句中也不常用。感谢宾语常用的是中间三类:名动词、动作名词、事件名词。后两者是对当时实际执行的某种行为、所发生的具体事件的直接指称。名动词则以动词原形进行指称,显示了双音节动词本身的内在名词性,操作上最为便利,构成感谢动词最常选择的宾语形式。

作为一种内嵌句法现象,由于直接受到上位主动词语义特征的限制、激发,宾语小句身上会非常清晰地表现出某种句法特征,因而可作为认识一些语法规律的有用窗口。在感谢句中,话题、焦点、名词化之类现象的表现就很有启发性。

参考文献

储泽祥　1995 《"谢谢"的原因宾语凝结式及其南北差异》,《世界汉语教学》第4期。

丁声树等　1961　《现代汉语语法讲话》,商务印书馆。

韩　蕾　2015　《汉语事件名词与动词兼类分析》,《语言研究集刊》(第十四辑),上海辞书出版社。

黎锦熙　刘世儒　1960　《语法再研讨》,《中国语文》第 6 期。

李晋霞　2008　《现代汉语动词直接做定语研究》,商务印书馆。

陆丙甫　2009　《基于宾语指称性强弱的及物动词分类》,《外国语》第 6 期。

马庆株　1995　《指称义动词和陈述义名词》,《语法研究和探索》(七),商务印书馆。

聂仁发　2010　《"谢谢"与"感谢"辨异》,《语言研究》第 3 期。

詹卫东　1998　《关于"NP 的 VP"偏正结构》,《汉语学习》第 4 期。

张新华　2008　《"在"的进行体功能再研究》,《复旦学报》第 6 期。

张新华　2015　《感知类叙实动词研究》,《语言教学与研究》第 1 期。

朱德熙　1982　《语法讲义》,商务印书馆。

朱德熙　卢甲文　马真　1961　《关于动词形容词"名物化"的问题》,《北京大学学报》第 6 期。

Comrie, Bernard　1976　The Syntax of Action Nominals. *Lingua*, 40:177—201.

Crnic, Luka　2012　Focus Particles and Embedded Exhaustification. *Journal of Semantics*, 30:533—558.

Givón, Talmy　1983　*Topic Continuity in Discourse*. J.Benjamins Pub. Co.

Gundel, Jeanette K.　1985　Shared Knowledge and Topicality. *Journal of Pragmatics*, 9:83—107.

Harley, Heidi and Rolf Noyer　1998　Mixed Nominalizations, Short Verb Movement and Object Shift in English. In *Proceedings of NELS* 28.

Jackendoff, Ray　1972　*Semantic Interpretation in Generative Grammar*, MIT Press.

Koptjevskaja-Tamm, Maria　1993　*Nominalizations*. London: Routledge.

Lambrecht, Knud　1994　*Information Structure and Sentence Form*. Cambridge University Press.

Li, Charles N. and Thompson, Sandra　1976　Subject and Topic. In Charles N. Li(Ed), *Subject and Topic*. Austin: University of Texas Press.

Malchukov, Andrej　2006　Constraining Nominalization. *Linguistics*, 5:973—1009.

Quirk, Randolph, Sidney Greenbaum, Geoffrey Leech and Jan Svartvik　1985　*A Grammar of Contemporary English*. Longman Group Ltd.

Rooth，Mats 1992 A Theory of Focus Interpretation. *Natural Language Semantics*，1:75—116.

Zeevat，Henk 1994 Questions and Exhaustivity in Update Semantics，In: Bunt et al.(eds.) *Proceedings of the International Workshop on Computational Semantics*，Institute for Language Technology and Artificial Intelligence，Tilburg.

张新华：zhangxinhua@fudan.edu.cn

原载《语言研究集刊》第二十辑。

"感觉"类动词的叙实性及其漂移问题研究 *

李新良

提　要　本文以"感觉"类动词为代表,探索非叙实动词的叙实性漂移问题,旨在找出该类动词叙实性漂移的制约因素和漂移方向,从而找到沟通叙实功能、非叙实功能和反叙实功能的纽带和桥梁。本文先探讨了"感觉"类动词的共同语义特征,并阐述了这种语义特征对其叙实性的影响。接着讨论了主语的不同属性(单复数、权威程度、亲历性、定指性)和某些状语(语气状语、时间状语)对"感觉"类动词叙实性的影响,以及这种影响在肯定句和否定句中的不对称现象。通过讨论,基本做到了对"感觉"类动词的叙实性漂移的制约因素和漂移方向有较为清晰的把握。

关键词　"感觉"类动词　叙实性　漂移　主语属性　状语

1. 引言

本文以"感觉"类动词为代表,探索非叙实动词的叙实性漂移(shift)问题,旨在找出该类动词叙实性漂移的制约因素和漂移方向,从而找到沟通叙实功能、非叙实功能和反叙实功能的纽带和桥梁。同时也希望能就正于方家,引起大家对动词的叙实性问题的关注。

Kiparsky & Kiparsky(1970)首先指出,在英语中存在叙实谓词和非叙实谓词之别,由此开创了叙实性研究的先河。利奇(Leech 1987:427—452)则依据谓词对从属述谓结构(subordinate predication)所规定的性

＊　本文得到国家社科基金青年项目(批准号:15CYY035)的资助,在论文写作及修改过程中得到导师袁毓林、彭利贞两位先生的指导,施春宏、陈振宇、周韧、张秀松、吴义诚几位先生及匿审专家给本文提供了中肯的修改建议,谨此一并致以诚挚的谢意。

质,把谓词分为叙实(factive)谓词、非叙实(non-factive)谓词和反叙实(counter-factive)谓词三类。

研究发现,汉语的动词也同样存在叙实、非叙实和反叙实等语义上的对立。根据动词对其宾语小句真值的不同预设能力,可以把现代汉语的相关动词分为叙实动词、非叙实动词和反叙实动词[1]。由于这三类动词在预设其宾语小句真值的能力(叙实性)上存在差别,相应地,它们在追补不同类型的后续小句时也存在差别。

首先,叙实动词、非叙实动词和反叙实动词对追补与宾语小句真值相同的后续小句的反应不同(可以称为 A 类小句)。例如:

(1) a 我知道/不知道他来了。

→我知道/不知道他来了,<u>事实上他真来了</u>。[2]

b 我认为/不认为他来了。

→我认为/不认为他来了,<u>事实上他真来了</u>。

c 我幻想/没幻想他来了。

→* 我幻想/没幻想他来了,<u>事实上他真来了</u>。

例(1)说明,叙实动词"知道"允许追补与其宾语小句真值相同的后续小句,非叙实动词"认为"也允许同样的操作,而反叙实动词"幻想"不允许这样的操作。

这三类动词对追补与其宾语小句真值相反的后续小句的反应也不尽相同(可以称为 B 类小句)。例如:

(2) a 我知道/不知道他来了。

→* 我知道/不知道他来了,<u>其实他没来</u>。

b 我认为/不认为他来了。

→我认为/不认为他来了,<u>其实他没来</u>。

c 我幻想/没幻想他来了。

→我幻想/没幻想他来了,<u>其实他没来</u>。

例(2)说明,叙实动词"知道"不允许追补与其宾语小句真值相反的后续小句,非叙实动词"认为"允许同样的操作,而反叙实动词"幻想"也允许这样的操作。

这三类动词对追补表明其宾语小句真假不定的后续小句的反应也不

尽相同(可以称为 C 类小句)。例如：

（3）a　我知道/不知道他来了。

　　　→*我知道/不知道他来了，他也许来了，也许没来。

　　b　我认为/不认为他来了。

　　　→我认为/不认为他来了，他也许来了，也许没来。

　　c　我幻想/没幻想他来了。

　　　→*我幻想/没幻想他来了，他也许来了，也许没来。

例(3)说明，叙实动词"知道"不允许追补表明其宾语小句可真可假的后续小句，非叙实动词"认为"允许同样的操作，而反叙实动词"幻想"不允许这样的操作。

　　上面的讨论可以列成如下表格：

表1　三类动词对不同类型后续小句的允准能力

	A类小句	B类小句	C类小句
叙实动词	＋	－	－
非叙实动词	＋	＋	＋
反叙实动词	－	＋	＋

　　如果在某种语法(语义)环境下，一个动词对这三类后续小句的允准能力产生了变化，具有了不属于这类动词而属于他类动词的对这三类小句的允准能力，那么就可以说该动词的叙实性产生了漂移。

　　从理论上来说，叙实动词和反叙实动词的宾语小句的真值是确定的(确定为真或确定为假)，而非叙实动词的宾语小句的真值则是真假不定的，相当于处于真与假的中间状态，这也就为其宾语小句的真值在一定条件下向确定为真和确定为假漂移提供了可能性。而在事实上，经过我们的研究，也的确找到了制约非叙实动词的叙实性漂移的语法条件。

2. "感觉"类动词的语义特点及其非叙实语义功能

　　"感觉"类动词在语义上的共通之处在于，"认知主体对某对象的主观看法或观点"[3]。认知主体并没有提供充分的证据来证明宾语小句的真

值,所以,可以追补对宾语小句的真值没有倾向性的后续小句(C类小句)。例如:

 (4)我觉得您这个动机有问题,您的动机也许有问题,也许没有问题,我也说不准。

 (5)*我知道您这个动机有问题,您的动机也许有问题,也许没有问题,我也说不准。

例(4)可以在句子后面追补C类小句而不会产生语义矛盾,例(5)则不行;这说明,叙实动词"知道"不允许真假不定的小句作宾语,"感觉"类动词可以允许真假不定的小句作宾语。这种差别在否定句中依然存在:

 (6)我没觉得您这个动机有问题,事实上您的动机也许有问题,也许没有问题。

 (7)*我不知道您这个动机有问题,事实上您的动机也许有问题,也许没有问题。

例(6)和例(7)的差别也说明,叙实动词不允许真假不定的小句作宾语,"感觉"类动词可以允许真假不定的小句作宾语。因此,我们可以说:叙实动词有预设其宾语小句为真的能力,而"感觉"类动词不具有预设其宾语小句为真的能力,这也就是说,"感觉"类动词是非常典型的非叙实动词,具有比较突出的非叙实语义功能。

3. 主语的句法语义属性与"感觉"类动词的叙实性漂移

 由于"感觉"类动词在语义上的共通之处是"认知主体对某对象的主观看法或观点",所以,主体(一般在句法上实现为主语)的句法语义属性会对其叙实性产生较大的影响。经过考察发现,作为认知主体,主语的单复数、权威程度、亲历性、定指性等句法语义方面的属性都会对"感觉"类动词的叙实性产生影响。但主语的这些属性对这类动词叙实性的影响只是一种趋势,或者说是一种"大概率事件",并不能从本质上改变它们作为非叙实动词的身份。在这几种因素中,主语是定指的还是不定指的对这类动词的叙实性影响最弱。

3.1 单复数

主语是单数还是复数[4]会对"感觉"类动词的叙实性产生较大的影响,具体来说就是:当主语为单数时,"感觉"类动词的叙实功能会比主语为复数时要低。例如:

(8) a 赵辛楣觉得方鸿渐喜欢苏文纨,其实鸿渐根本不喜欢她。[5]

b ？大家都觉得方鸿渐喜欢苏文纨,其实鸿渐根本不喜欢她。

c ？？所有人都觉得方鸿渐喜欢苏文纨,其实鸿渐根本不喜欢她。

d ＊所有人都知道方鸿渐喜欢苏文纨,其实鸿渐根本不喜欢她。

由于主语经历了从单数到复数的变化,从例(8a)到例(8c)越来越排斥追补与宾语小句的真值相反的后续小句,通过对比例(8d),可以看出,在主语为复数时,"感觉"类动词跟叙实动词对追补这类小句的能力越来越趋于一致,推导出后续小句为真的能力在逐步减弱,而说明宾语小句为真的可能性越来越强。作为说话人摆出自己观点的时候,宾语小句所陈述的命题被大家认可的程度从例(8a)—例(8c)依次递增。所以,古语有云"众口铄金,积毁销骨""千夫所指,无疾而终"。

从言语行为的角度来看,如果作为驳斥对手观点的手段,例(8a)—例(8c)给对方观点的破坏程度依次增强,因为要说所有人的感觉都是错的,远比说一个人的感觉错要困难得多。

虽然在主语为复数时,"感觉"类动词也不能保证后面的宾语小句一定为真,但是相比于单数,该宾语小句更"像"是一个事实。

当句子被否定以后,主语复数与单数的对立,又会使感知类动词和"感觉"类动词的叙实性不同程度向反叙实动词漂移。对于这一效应,我们可以通过追补A类后续小句的方法来证明。[6]例如:

(9) a 赵辛楣**不**觉得方鸿渐喜欢苏文纨,其实鸿渐很喜欢她。

b ？大家都**不**觉得方鸿渐喜欢苏文纨,其实鸿渐很喜欢她。

c ？所有人都**不**觉得方鸿渐喜欢苏文纨,其实鸿渐很喜欢她。

d ＊赵辛楣**没**幻想方鸿渐喜欢苏文纨,其实鸿渐很喜欢她。

例(9a)—例(9c)的主语经历了从单数到复数的变化,追补与宾语小句真值相同的后续小句时,句子前后小句出现语义矛盾的程度越来越大,可接受度越来越低。这说明,从前一小句推导出后一小句为真的可能性在逐步减弱,而推导出其宾语小句为假的可能性在逐步增强。通过跟例(9d)比较,可以看出这类动词在句子被否定以后,复数的主语使它们的叙实性向反叙实动词漂移。

通过上面的对比,我们能够看出,在句子受到否定的情况下,主语的复数会使句子的语义发生从"宾语小句不倾向于真也不倾向于假"到"宾语小句不倾向于真但倾向于假"的变化,从而促使"感觉"类动词的叙实性越来越向反叙实动词靠拢。

3.2　权威程度

作为认知主体的主语,其权威程度也会对"感觉"类动词的叙实性产生一定的影响。具体表现为,主语的权威程度越高,"感觉"类动词的宾语小句为真的程度就越高。我们可以用追补与宾语小句真值相同的 A 类小句的方法予以说明。例如:

(10) a　?? 江湖郎中胡某觉得蔡先生的病回天无力,<u>他的病确实病入膏肓</u>。

　　　b　? 张医生觉得蔡先生的病回天无力,<u>他的病确实病入膏肓</u>。

　　　c　扁鹊觉得蔡先生的病回天无力,<u>他的病确实病入膏肓</u>。

例(10a)的主语为权威程度较低的"江湖郎中胡某",例(10b)的主语为权威程度较高的"张医生",例(10c)为权威程度更高的"扁鹊"。尽管事实上也存在"江湖郎中妙手回春而神医扁鹊无能为力"的可能,但这种可能性远远低于"江湖郎中无能为力而扁鹊妙手回春"。随着例(10a)—例(10c)主语的权威程度的提高,从前一小句推出后续小句为真的可能性越来越高。

当句子被否定以后,主语的权威程度越高,"感觉"类动词的宾语小句为假的可能性越大,该类动词的叙实性越向反叙实动词漂移。可以通过追补与宾语小句真值相反的后续小句(B 类小句)来证明。例如:

(11) a　?? 江湖郎中胡某**不认为**蔡先生的病还有希望,<u>也许真的没有希望了</u>。

　　　b　? 张医生**不认为**蔡先生的病还有希望,<u>也许真的没有希望了</u>。

　　　c　扁鹊**不认为**蔡先生的病还有希望,<u>也许真的没有希望了</u>。

　　　d　扁鹊**不幻想**蔡先生的病还有希望,<u>也许真的没有希望了</u>。

例(11a)—例(11c)的主语权威程度越来越高,从前一小句推演[7]后一小句为真的可能性越来越低，为假的可能性越来越大。通过例(11d)的对比，可以看出，在这种情况下，这类动词跟反叙实动词的表现趋于一致，说明它们的叙实性在向反叙实动词漂移。

3.3　亲历性

作为认知主体的主语，是否亲历某个事件会对"感觉"类动词的叙实性产生直接的影响。例如：

(12) a　听说过西湖的人觉得西湖很美。

　　　b　看过西湖的人觉得西湖很美。

例(12a)的主语为"听说过西湖的人"，例(12b)的主语为"看过西湖的人"，相比之下，"西湖很美"为真的可能性，例(12b)要高于例(12a)。所以，古语有云"如人饮水冷暖自知"，俗话说"鞋子合不合适只有脚知道"。

当追补与宾语小句的真值相同的后续小句时，句子会产生不同的反应。请对比：

(13) a　? 听说过西湖的人觉得西湖很美，西湖一定很美。

　　　b　看过西湖的人觉得西湖很美，西湖一定很美。

例(13a)的前一小句推导出后一小句为真的可能性大大低于例(13b)，这说明，亲历的主语使"感觉"类动词的推演义经历从"宾语小句不倾向于真也不倾向于假"到"宾语小句倾向于真"的变化。

由此可以看出，主语的亲历性会使"感觉"类动词的推演义产生较大的改变，亲历的主语会使这类动词的叙实性向叙实动词漂移。

同时，我们认为，"亲历性"是所有影响动词的叙实性的主语属性中效力最强的一个属性，当其他条件与"亲历性"不冲突的时候，它们的效应能够互相叠加；当其他条件与"亲历性"相矛盾的时候，以"亲历性"为准。例如：

(14) a　所有人都觉得张三的鞋子合他的脚。

　　　b　张三觉得自己的鞋子合他的脚。

(15) a　张三觉得李四的鞋子合脚。

　　　b　有的人觉得自己的鞋子合脚。

(16) a　扁鹊觉得张三的肚子疼。

　　　b　张三觉得自己的肚子疼。

例(14)是复数与单数的对立，例(15)是不定指与定指的对立，例(16)是权威与非权威的对立,本来应该是每组的第一个句子的宾语小句为真的可能性大于第二个,但是,事实恰恰相反。这说明,当复数、定指、权威与亲历性相矛盾的时候,亲历性起决定作用。

　　当句子受到否定以后,亲历的主语同样会使感知类动词和"感觉"类动词的叙实性向反叙实动词靠拢。限于篇幅,兹不赘述。

3.4　定指与不定指

　　主语是定指还是不定指也会对"感觉"类动词的叙实性产生一定的影响,具体来说就是:当主语为不定指时,"感觉"类动词的叙实功能会比主语为定指时要低。我们可以通过追补与宾语小句真值相同的后续小句(A类小句)的方法予以说明,例如:

　(17) a　有的人认为方鸿渐喜欢苏文纨,鸿渐也确实喜欢她。

　　　 b　戴红色帽子的人认为方鸿渐喜欢苏文纨,鸿渐也确实喜欢她。

　　　 c　赵辛楣认为方鸿渐喜欢苏文纨,鸿渐也确实喜欢她。

　　　 d　赵辛楣知道方鸿渐喜欢苏文纨,鸿渐也确实喜欢她。

例(17a)的主语为不定指短语,例(17b)的主语为描述性短语,例(17c)的主语为定指名词。尽管例(17)中各句的宾语小句的真实性都可以在后续小句中被取消,但是随着例(17a)—例(17c)的主语的定指程度越来越高,从前一小句出发推出宾语小句为真的可能性也越来越高。通过跟例(17d)的对比,可以看出,这类动词在定指主语的情形下,跟叙实动词的表现更趋于一致。

　　以上的测试说明,相比于不定指的主语,定指的主语促使"感觉"类动词的叙实性由非叙实向叙实漂移。"指名道姓""说得有鼻子有眼"的可靠程度较高,也反映了主语定指时,动词的宾语小句为真具有较强的心理现实性。

　　当句子被否定以后,主语定指与不定指的对立,又会使"感觉"类动词的叙实性不同程度向反叙实动词漂移。

　　通过上面的讨论,我们可以知道,主语的单复数对立、权威程度高低、亲历与否以及定指不定指差异会影响"感觉"类动词的叙实性,使它们的叙实性向叙实动词和反叙实动词漂移。具体来说就是:在肯定句式中,复数、高权威度、亲历与定指会使"感觉"类动词向叙实动词靠拢;在否定句式中,复数、高权威度、亲历与定指又会使"感觉"类动词向反叙实动词靠拢。

　　我们还可以用一种统一的理论来解释这四个方面对"感觉"类动词的叙实性的影响。

　　Fauconnier(1975a、1975b)提出的"语用量级"(pragmatic scale)认为"对最低点的肯定就是对整个量级的肯定""对最高点的否定就是对整个量级的否定"。主语单复数的对立、定指不定指差异、权威程度高低以及亲历与否会引入一个"主语的数/定指性/权威程度/亲历与否与从句子推导出宾语小句为真"的语用量级。在肯定句中,单数/不定指/权威程度低/非亲历的主语是整个量级的最低点,如果能从单数/不定指/权威程度低/非亲历主语的句子推导出宾语小句为真,那么从复数/定指/权威程度高/亲历的句子推导出宾语小句为真的可能性更大,所以复数/定指/权威程度高/亲历的主语会使"感觉"类动词的叙实性向叙实动词漂移。而在否定句中,这种"语用量级"又会颠倒过来,促使"感觉"类动词的叙实性向反叙实动词漂移。

　　另外,主语的人称以及主语与说话人之间的亲疏程度也会使"感觉"类动词的叙实性产生漂移现象:第一人称主语和与说话人关系亲密的主语会使该类动词的叙实性向叙实动词漂移,而第三人称及与说话人关系疏远的主语会使该类动词的叙实性向反叙实动词漂移;并且这种漂移方向在否定句中也会颠倒过来。限于文章篇幅,我们不作详细论述。

4. 状语与"感觉"类动词叙实性漂移

　　"感觉"类动词受某些状语修饰的时候,也会使其叙实性产生一定的漂移,例如语气副词和时间状语等。本节就以"感觉"类动词受时间状语和语气副词修饰时叙实性的漂移情况为例,说明这类动词叙实性漂移的方向及机制。

4.1　语气状语对"感觉"类动词叙实性漂移的影响

　　"感觉"类动词受语气副词"竟然、居然、偏偏"等修饰的时候,其叙实性会产生一定的漂移现象。由于这类副词表达的都是反预期[8]的意义,所以,为了称说的方便,我们把它们叫作反预期语气副词。

　　"感觉"类动词受反预期语气副词修饰时,叙实性会向反叙实动词漂移。例如：

  （18）a 他居然觉得那是对他人格的侮辱！<u>其实人家只是出于好心</u>
      <u>想帮他一下</u>。

     b *他居然觉得那是对他人格的侮辱！<u>其实人家就是在侮辱他</u>。

例(18a)追补与"觉得"的宾语小句真值相反的后续小句时不会产生语义
矛盾,例(18b)追补与"觉得"的宾语小句真值相同的后续小句时却产生了
语义矛盾,这说明,受反预期语气副词修饰时,"感觉"类动词的宾语小句
倾向于为假,动词的叙实性呈现出向反叙实动词漂移的现象。

  但是,当"感觉"类动词受到否定以后,再受反预期语气副词修饰时,
其叙实性又会向叙实动词漂移。

  （19）a 他居然**不**觉得那是对他人格的侮辱！<u>其实人家就是在侮辱他</u>。

     b *他居然**不**觉得那是对他人格的侮辱！<u>其实人家只是出于</u>
      <u>好心想帮他一下</u>。

例(19a)追补与"觉得"的宾语小句真值相同的后续小句时不会产生语义
矛盾,例(19b)追补与"觉得"的宾语小句真值相反的后续小句时却产生了语
义矛盾,这说明,在否定的情况下,受反预期语气副词修饰时,"感觉"类动词
的宾语小句倾向于为真,动词的叙实性呈现出向叙实动词漂移的现象。

4.2 时间状语对"感觉"类动词叙实性漂移的影响

  "感觉"类动词在受时间副词"原本"等以及时间名词"过去、曾经、从
前、以前、之前、原先、原来、现在、将来、以后、未来"等修饰时,叙实性也会
发生漂移。因为这两类词语的主要语法功能都是在句子里面当状语,所
以我们把它们合称为"时间状语"。

  依据语义特点,我们把这些时间状语分为"过去"义时间状语、"现在"
义时间状语和"将来"义时间状语。"感觉"类动词受这三类时间状语修饰
时,叙实性会向不同的方向漂移。

  "感觉"类动词受"过去"义时间状语"曾经、过去、以前、原来、原本"修
饰时,叙实性会向反叙实动词漂移。例如:

  （20）a 我过去感觉他是好人,<u>现在才知道他是个道貌岸然的家伙</u>。

     b *我过去感觉他是好人,<u>其实他就是好人</u>。

     c *我过去感觉他是好人,<u>其实他也许是好人,也许不是</u>。

例(20a)追补与"感觉"的宾语小句真值矛盾的后续小句以后,句子很自然;例(20b)追补与宾语小句的真值相同的后续小句后,句子的可接受度下降;例(20c)追补上表明宾语小句可真可假的后续小句时,句子不再成立。这表明,受"过去"义时间状语修饰的"感觉"类动词的宾语小句倾向于为假,动词的叙实性向反叙实动词漂移。需要说明的是,这种漂移的方向在"感觉"类动词受到否定的时候会颠倒过来,即动词的叙实性向叙实动词漂移。

"感觉"类动词受"将来"义时间状语"将来、以后、未来"等修饰时,叙实性会向叙实动词漂移。例如:

(21) a 你以后会相信他是好人的,他的确人品极佳,是个不折不扣的好人。

　　 b ＊你以后会相信他是好人的,其实他是个道貌岸然的家伙。

　　 c ＊你以后会相信他是好人的,其实他也许是好人,也许不是。

例(21a)追补与"觉得"的宾语小句真值相同的后续小句以后,句子很自然;例(21b)追补与宾语小句的真值相反的后续小句后,句子的可接受度下降;例(21c)追补上表明宾语小句可真可假的后续小句时,句子不再成立。这表明,受"将来"义时间状语修饰的"感觉"类动词的宾语小句倾向于为真,动词的叙实性向叙实动词漂移。这种向叙实动词漂移的现象在句子受到否定以后同样会颠倒过来,即动词的叙实性向反叙实动词漂移。

说话人在语言编码的时候,默认的时间参照点就是"现在",也正因为"现在"具有默认性,语言编码的时候可以不出现;如果说话人刻意要把"现在"编码到句子中去,必然要表达言外之意:拿现在和过去或未来相对比,以暗示情况的变化。所以,"感觉"类动词受"现在"义时间状语修饰时,叙实性也会产生漂移,不过,漂移的方向要看是与过去对比还是与将来对比。例如:

(22) a 你现在相信他是好人,以后就不会那么想了,他其实是个道貌岸然的家伙。

　　 b 你现在是相信他是好人了,为什么以前不相信? 他是那么好的一个人。

例(22a)说明,"现在"与"将来"对比的时候,宾语小句倾向于为假,动词的叙实性向反叙实动词漂移;例(22b)"现在"与"过去"对比的时候,宾语小句倾向于为真,动词的叙实性向叙实动词漂移。需要指出的是,在否定句中,这种漂移方向同样会发生颠倒,限于篇幅我们不再赘述。

其实,与"将来"对比的时候,"现在 p"就意味着"将来非 p","将来非 p"会使"感觉"类动词的叙实性向反叙实动词漂移;与"过去"对比的时候,"现在 p"就意味着"过去非 p","过去非 p"会使"感觉"类动词的叙实性向叙实动词漂移;由此可见,"感觉"类动词受"现在"义时间状语修饰时的叙实性漂移情况是可以从与"将来"或"过去"的对比中推导出来的,因而,从这个意义上说,也可以认为,这类动词受"现在"义时间状语修饰时,叙实性不会产生漂移。

有了上面的讨论,我们就可以处理"以为"的叙实性问题。沈家煊(1999:140)指出,"以为"有非叙实和反叙实两种语义功能。例如:

(23) a 我以为[他不合适,(你怎么认为)] ＝我[不以为他合适]

    b 我以为[他不合适,(其实他合适)] ≠我[不以为他合适]

例(23a)中的"以为"允许否定提升,具有非叙实的语义功能;例(23b)中的"以为"不允许否定提升,具有反叙实的语义功能。

上面两个句子中的"以为"在语义上没有差别,《现代汉语词典》(第七版)上也没有列成两个词条或义项,这说明它们具有同一性。那么,为什么一个词会有两种不同的语义功能? 我们认为,这一现象可以用"感觉"类动词受时间状语修饰时叙实性的漂移现象来解释,即"以为"的反叙实功能是由"以为"受时间状语影响引起的叙实性漂移造成的:

(24) a 人们以为是食物中毒,后医院检查发现这些是炭疽早期症状。[非叙实功能]

    b 人们原以为是食物中毒,后医院检查发现这些是炭疽早期症状。[非叙实功能]

    c 人们以为是食物中毒,后医院检查发现这些是炭疽早期症状。[反叙实功能]

例(24a)中的"以为"具有非叙实功能,例(24b)中的"以为"由于受时间状语修饰,叙实性向反叙实动词漂移,例(24c)中的"以为"代表的是,经常与时间状语同现以后,这种向反叙实动词漂移的倾向固定下来。我们可以

用下面的方法来验证:

(25) a 人们以为是食物中毒,结果还真是食物中毒/结果不是食物中毒。

　　 b 人们**原**以为是食物中毒,/? 结果还真是食物中毒/结果不是食物中毒。

　　 c 人们以为是食物中毒,/? 结果还真是食物中毒/结果不是食物中毒。

我们可以在所有具有反叙实功能的"以为"前面插入时间状语"原(来)"而句子依然成立,而对具有非叙实功能的"以为"进行同样的操作句子合格性降低。例如:

(26) a 我以为他是个好人,可谁知道那只不过是伪装。[反叙实功能]

　　 b 我**原**以为他是个好人,可谁知道那只不过是伪装。

(27) a 我以为他是个好人,实际上他就是好人。[非叙实功能]

　　 b ?? 我原以为他是个好人,实际上他就是好人。

通过上面的讨论,我们可以看出,"以为"的反叙实功能,是受时间状语修饰叙实性漂移后固化的产物。

5. "感觉"类动词叙实性漂移的不同层次

前面我们探讨了主语的不同属性及某些状语对"感觉"类动词的叙实性的影响,基本摸清了这类动词叙实性漂移的制约因素和漂移方向。但需要指出的是,主语和状语对这类动词的叙实性漂移的影响力度和层次是存在差别的。

我们认为,主语属性对"感觉"类动词叙实性的影响体现在推演层面上,而句子在断言和预设层面上没有差别[9]。我们以主语单复数对立来说明这个问题(其他属性也是如此)。例如:

(28) a 赵辛楣觉得方鸿渐喜欢苏文纨,其实鸿渐根本不喜欢她。

　　 b ? 大家都觉得方鸿渐喜欢苏文纨,其实鸿渐根本不喜欢她。

　　 c ?? 所有人都觉得方鸿渐喜欢苏文纨,其实鸿渐根本不喜欢她。

例(28)这样的测试不是说不能追补与宾语小句真值相反的后续小句,而是随着主语经历了从单数到复数的变化,追补这类小句的能力越来越差,而推导出宾语小句为真的可能性在逐步提高。这说明,句子的断言义并没有变化:主语"赵辛楣"对事件"方鸿渐喜欢苏文纨"有看法;句子的预设义依然是:"方鸿渐喜欢苏文纨"可能为真,也可能为假。

但是句子的推演义会产生较大的变化,即主语为复数时推出宾语小句为真的可能性高于主语为单数时。我们还可以用下面的蕴涵共性来说明这种差别:

(29) 如果主语为单数/不定指/非权威/非亲历时能够推演宾语小句
    为真,那么主语为复数/定指/权威/亲历时也一定能推演宾语小
    句为真。

这说明,主语属性并没有从根本上改变"感觉"类动词的非叙实动词的性质,这种叙实性的漂移只是一种较强的趋势,或者说是一种"大概率事件"。

而状语对"感觉"类动词的叙实性影响似乎更彻底一些。例如:

(30) a 他居然觉得那是对他人格的侮辱!其实人家只是出于好心
      想帮他一下。

    b *他居然觉得那是对他人格的侮辱!其实人家就是在侮
      辱他。

    c *他居然觉得那是对他人格的侮辱!人家或许是出于好心
      想帮他或真是在侮辱他。

例(30)表明,"感觉"类动词受反预期语气副词和时间状语修饰的时候,不允许追补跟宾语小句同真值的后续小句,而允许追补跟宾语小句真值相反的后续小句和表明宾语小句可真可假的后续小句,这与反叙实动词的表现是一致的,这说明:反预期语气副词改变了"感觉"类动词的预设和推演,即这类状语对该类动词的叙实性的影响体现在预设和推演层面。上面我们所讨论的,"认为"由于受"过去"义时间状语修饰而固化为反叙实动词,就是反预期语气副词和时间状语改变这类动词的预设和推演的较好的例证。

由此,我们可以说,反预期语气副词和时间状语对"感觉"类动词的叙实性的影响更加彻底,或者说是一种"必然事件"。下面的例子也能说明这一问题:

（31）a 所有人都认为方鸿渐喜欢苏文纨，其实鸿渐就是喜欢她。

b * 居然所有人都认为方鸿渐喜欢苏文纨，其实鸿渐就是喜欢她。

c * 以前所有人都认为方鸿渐喜欢苏文纨，其实鸿渐就是喜欢她。

例（31a）的主语为复数，"认为"衍推其宾语小句为真的能力较强，所以追补跟宾语小句真值相同的后续小句时，句子没有问题；例（31b）和例（31c）在反预期语气副词"居然"跟"过去"义时间状语"以前"的作用下，此时尽管主语是复数的，也难以追补跟宾语小句真值相同的后续小句，这说明"认为"的叙实性依然向反叙实动词漂移，而非向叙实动词漂移。

对于主语的不同属性及某些状语对"感觉"类动词的叙实性的影响力度和层次我们可以列表表示为：

表 2 主语属性和状语对"感觉"类动词的叙实性的影响异同

	断 言	推 演	预 设	力 度
主语＋V$_{感觉}$＋p	主语对 p 有看法	p 不真不假	p 可真可假	或然事件
主语$_{[复数/定指/权威/亲历]}$＋V$_{感觉}$＋p	主语对 p 有看法	p 倾向于真	p 可真可假	大概率事件
状语$_{[反预期/非"现在"义]}$＋V$_{感觉}$＋p	主语对 p 有看法	p 假	p 假	必然事件

对于主语的不同属性和状语对"感觉"类动词的叙实性的影响力度和层次存在差异的原因，我们目前还不十分清楚，但可以作出一种尝试性的解释：副词具有一定的述谓性，可以看作是更高一层的谓语；它们在修饰动词（或小句）的时候，实质上对其修饰成分进行了一种降级操作[10]，降级操作把之前的动词（或小句）由前景性的、断言的述谓结构，变为一种背景性的、预设的降级述谓结构，而主语的不同属性没有这种功能。所以，语气副词和时间状语对"感觉"类动词的叙实性的影响力度比主语的不同属性要大，层次也更深。

我们还可以对"感觉"类动词的叙实性向反叙实动词漂移给出统一的解释：这类动词向反叙实动词漂移，在深层次上反映了否定与肯定的不对称；在肯定句中它们的叙实性向叙实动词漂移，在否定句中它们的叙实性向反叙实动词漂移。通过讨论我们知道，"感觉"类动词向反叙实动词漂移的情形有：主语为复数/定指/权威/亲历时的否定句，句子受反预期副词或"过去"义和"将来"义时间状语修饰。这几种情形都包含了"否定"：主语为复数/定指/权威/亲历时的否定句自然不必说（句中有明确的否定标记），反预期副词隐含了"不合预期"这样的否定，"过去"义和"将来"义时间状语隐含了"不是现在"这样的否定。我们都知道，非叙实动词允许否定提升。例如：

（32）我**不**[认为他为人诚恳]。≈我认为[他为人不诚恳]。

本来否定的是"认为他为人诚恳"，但由于这类动词允许否定提升，所以可以变换为否定"他为人诚恳"，这就相当于把原先的宾语小句变为一个假命题，如此一来，造成的后果就是"感觉"类动词受到否定以后，叙实性会向反叙实动词漂移。

6. 结论

我们先探讨了"感觉"类动词的共同的语义特征，并阐述了这种共同的语义特征对其叙实性的影响。然后又讨论了主语的不同属性对"感觉"类动词的叙实性的影响，在肯定和否定句中，由于主语的单复数、有定与无定、权威程度以及亲历与否，会使这类动词的叙实性分别向叙实动词和反叙实动词漂移。接着我们还讨论了"感觉"受反预期语气副词和时间状语修饰时叙实性漂移的情况。最后对比了主语和状语对"感觉"类动词的叙实性影响的力度和层次，并做了尝试性的解释。

附　注

[1] 关于叙实性的详细讨论，请参考 Kiparsky & Kiparsky（1970）、利奇（Leech 1987：427—452）及李新良（2014、2015）等。

[2] 直接追补这样的后续小句有时显得较为机械和笨拙，我们也可以换用更为流畅的"我知道他来了，他来的时候还下雨了"这样的形式，但为了凸显后续小句与宾语小句的真值之间的关系，依然保留这种机械和笨拙的追补方式。

[3] "感觉、觉得、觉着"从细微的语义差别来看，有两个义项：客观事物的个别特性在人脑中引起的反应（如：我觉得冷）；人对某事件的看法（他觉得工作还算顺利）。尽管存在这两种差别，但是从更抽象的角度来看，"冷、热、酸、甜、大、小"等也勉强可

以认为是一种"看法",并且这两种语义的细微差别不影响其叙实性,所以,我们在讨论的时候不作详细的区分。对这种义项的解释我们参考了《现代汉语词典》的内容。

[4] 我们在这里使用"单数""复数"这样的说法只是为了称说的方便,并不表明我们确定无疑地赞同和认为汉语中存在"数"的范畴。

[5] 我们在这里用"?"表示从动词的宾语小句推导出其后续小句为真的可能性较低,而不是表示句子的可接受性较低,特此说明。

[6] 我们可以通过追补上述 A、B、C 任一类型的后续小句来测试这类动词叙实性的变化,但限于篇幅,文章只展示其中一种,其余的有兴趣的读者可以自行测试。下同。

[7] 在相关文献里 entail(ment)有"蕴涵、衍推、推演"等多种译法,本文采用袁毓林(2006、2011)的译法。

[8] 关于反预期的讨论,请参考吴福祥(2004)。

[9] 把句子的意义分成断言、预设、推演等不同层次的做法,是受到了袁毓林(2006、2011)的启发。

[10] 对述谓结构、降级述谓结构的详细介绍请参考利奇(Leech 1987:175—212)。

参考文献

方 梅 2005 《认证义谓宾动词的虚化——从谓宾动词到语用标记》,《中国语文》第 6 期。

李新良 2014 《现代汉语动词的叙实性研究》,北京大学博士学位论文。

李新良 2015 《立足于汉语事实的动词叙实性研究》,《世界汉语教学》第 3 期。

彭利贞 2007 《现代汉语情态研究》,中国社会科学出版社。

沈家煊 1999 《不对称和标记论》,江西教育出版社。

徐烈炯 1999 《共性与个性:汉语语言学中的争议》,北京语言文化大学出版社。

袁毓林 2006 《论"连"字句的主观化表达功能——兼析几种相关的"反预期"和"解-反预期"格式》,《中国语学》第 253 号。

袁毓林 2011 《"差点儿"和"差不多"的意义同异之辨》,《语言教学与研究》第 6 期。

Allwood, Andersson & Osten Dahl 1977 *Logic in Linguistics*. Cambridge: Cambridge University Press.《语言学中的逻辑》,詹斯·奥尔伍德等著,王维贤等译,北京大学出版社,2009 年重印。

Fauconnier, Giles 1975a Pragmatic scales and logical structure. *Linguistic Inquiry*, 6.3.

Fauconnier, Giles 1975b Polarity and the scale principle. *Proceedings of Chicago Linguistic Society* 11.

Givón, Talmy 2001 *Syntax*: *An Introduction*, John Benjamins Public Company.

Horn, R. Laurence 1978 Remarks on Neg-raising. In Peter Cole(ed.) *Syntax and Semantics*, *Volume 9*: *Pragmatics*. New York: Academic Press.

Jespersen, Otto 1917 Negation in English and Other Languages, in *Selected Writings of Otto Jespersen*, London: George Allen & Unwin Ltd.

Kiparsky, Paul & Carol Kiporsky 1970 Fact. M. Bierwisch, K. Heidolph (eds.). *Progress in Linguistics*. The Hague: Mouton.

Leech, N. Geoffrey 1981 *Semantics*: *The Study of Meaning*, Second edition—revised and updated, Penguin Books.《语义学》,杰弗里·N.利奇著,李瑞华等译,何兆熊、华钧校订,上海外语教育出版社,1987 年。

李新良:lixinliang02@163.com

原载《语言教学与研究》2018 年第 5 期,此次对文中个别表述做了少量的修改。

"知道"的非叙实与反叙实
——兼论"早知道"的语法化 *

郭　光　陈振宇

提　要　现有研究将"知道"看作典型的叙实动词,但实际语言中,"知道"后的宾语小句并不总是为真的。文章发现,主语与宾语小句没有控制关系的"知道$_1$",无论其宾语小句是自主的还是非自主的,它都倾向于是叙实的;宾语小句是自主的且主语对宾语小句有控制性的"知道$_2$",在肯定的句法环境下,体现出非叙实的特点,在否定的句法环境下,体现出反叙实的特点。作为假设标记的"早知道",其反叙实表现与自身的语法化有关,"早知道"由"知道$_1$"和"知道$_2$"分别通过不同的路径语法化而来。

关键词　知道　叙实　控制性　早知道　语法化

1. 引言

Kiparsky & Kiparsky(1970)最早提出谓词有叙实与非叙实的区别,指出叙实谓词预设其后宾语小句为真,非叙实谓词不预设其后宾语小句为真。利奇(Leech 1981/1987:427—452)把谓词分为叙实、非叙实和反叙实三类。

汉语学界对汉语谓词"叙实性"的研究也取得了一系列的成果,如渡

---

*　本研究得到上海市社科规划基金青年课题"现代汉语否定提升研究"(项目号:2018EYY008)的资助;本文曾在"第二届语言学博士论坛"(湖北师范大学,2017年9月23—24日)、"2018年汉语句法语义理论研究学术讨论会——叙实与事实"(复旦大学,2018年3月31日—4月1日)和"第二十次现代汉语语法学术讨论会"(暨南大学,2018年10月9—12日)上报告过,与会专家提出了宝贵的意见,本文在不同场合得到张伯江、袁毓林、蒋严、彭利贞、唐正大、刘探宙、马国彦、盛益民等学者的指正,《语言教学与研究》编辑部和匿名审稿专家也提出了中肯的修改意见,谨此一并致以诚挚的谢意。文章所有问题概由本文作者负责。

边昭夫（1979）、辛斌（1997）、沈家煊（1999：137—140）、李明（2003）、伊藤大辅（2007）、张家骅（2009）、袁毓林（2014）、李新良（2015、2016、2018）、李新良、袁毓林（2016、2017）、陈振宇、甄成（2017）、陈振宇（2017：9-50）等。这些研究侧重点各有不同，但大多将"知道"当作汉语叙实动词的代表。例如：

（1）我知道/不知道他回家了。⇒他回家了。

正如张家骅（2009）所说，使用"知道"的语义包含"认知状态主体在意识中有命题 P，并且对于言语行为主体来说，P 在现实世界是有的"。

一些研究者已经指出，"知道"的叙实性并不像学者们想象的那么强。陈振宇、甄成（2017）给出了一系列的违反叙实性的"知道"句例子，如："我知道'市场是万能的'，我也知道'市场不是万能的'，究竟如何，我们还得继续研究。"又如："如果我（都）不知道李四喜欢小玉，那么实际上李四肯定是不喜欢小玉的。"又如："爱因斯坦知道蜗牛速度超过光速（那）才怪呢！"又如："我不知道他喜欢谁，也许他谁也不喜欢。"因此他们认为，"'叙实'……既与谓词本身的词汇语义有关，也是一种语用且修辞现象，由多重因素触发。在词汇语义层面，并不存在严格意义上的'叙实谓词'"。不过他们依然承认在一般情况下"知道"句默认为叙实，这些只是特殊情况。

下面一些情况的存在，可能需要我们对"知道"的叙实性进行更为严格的重新审视，例如：

（2）陈叔和池姨可是念叨了一天，说你国庆节也在外面混，也不知道回家来吃吃饭，陪着老人逛逛街。（木士《我的老婆是女警》）

（3）他哪里中饱私囊？他要是知道中饱私囊，也算得上是个人了。（王晋康《新安魂曲》）

（4）我怎么早不想起他？早知道让他来出面，事情就好办了。（断刃天涯《仕途风流》）

例（2）中"知道"的宾语小句是"回家来吃吃饭，陪着老人逛逛街"，现实情况却是"在外面混"，这说明"回家来吃吃饭，陪着老人逛逛街"为假。例（3）、例（4）中"知道"的宾语小句也是反事实的。这就带来了比较麻烦的问题，这类"知道"还是最有代表性的叙实动词吗？在什么条件下为真，什么条件下为假？我们下面来讨论这些问题。

2."知道"的控制性与叙实性

　　一些研究者如陶红印(2003)、陈振宇(2009)等从不同角度对"知道"的相关问题进行了研究。本文研究的汉语"知道"句可以码化为:"认识者＋知道＋认识内容(自主/非自主小句)。""认识内容"是"知道"的宾语小句,按照马庆株(1988)对汉语动词在语义上自主和非自主的区分,根据"知道"的宾语小句核心谓词的差异,可以分为自主小句(核心是自主动词)和非自主小句(核心是非自主的谓词,包括一些动词和形容词等)。

　　当"知道"的宾语小句为非自主小句时,又分为两种情况:

　　(5) 小王知道/不知道小李生病了。

　　(6) 小王$_i$知道/不知道自己$_i$生病了。

例(5)的宾语小句的主语不是认识者小王,所以小王对此当然没有控制性。但是,即使像例(6),宾语小句的主语与认识者小王是同一人,小王对此也没有控制性,因为"生病"是非自主动词。

　　但是如果"知道"的宾语小句为自主小句,那么情况就有所不同。例如:

　　(7) 小王知道/不知道小李回家看父母了。

　　(8) 小王当然知道/居然不知道自己$_i$回家看父母了。

　　(9) 小王$_i$知道/不知道[e$_i$]回家看父母。

例(7)的宾语小句的主语不是认识者小王,所以虽然"回家"和"看(父母)"是自主性的,但小王对此仍然没有控制性。例(8)中宾语小句的主语是小王自己,但是"回家看父母"的事件是业已发生的,当下"知道"的认识者小王并不能控制已经发生的事件。但不同的是,在例(9)中,宾语小句的主语与认识者小王是同一个人,小王成了自主动词"回家""看(父母)"的施事,他对事件有控制性,也就是说认识者小王同时是"回家看父母"的自主性主语。

　　以往之所以把"知道"看作叙实动词,是因为相关研究大多集中在,如上面例(5)—例(8)这样"知道"的宾语小句不受主语控制的情况上。在此基础上,把"知道"定性为叙实动词是没有问题的。

　　但当如例(9)那样,主语对宾语小句有控制性的时候,"知道"的叙实表现就可能会发生根本性的变化。例如:

　　(10) 假期来了,小王知道回家看父母,

　　　　a　可是有其他事情耽误了。　⇒小王没回家看父母。

　　　　b　所以就买了不少的东西。　⇒?? 小王回家看父母了。

　　（11）假期来了,小王不知道回家看父母,就知道出去玩。⇒小王没回
　　　　　家看父母。

例(10)、例(11)的"知道"是指"知道该做什么事",做事的主体是认识者,
事件又是自主性的,所以认识者会对事件的发生具有一定的控制作用。
但是我们要把肯定否定分开讨论。

　　在肯定句中,小王知道应该回家看父母,一般来说他就会把想法付诸
行动,但他未必能做到,因为会有各种条件限制,例如有其他事情耽搁,那
他就不一定会去;但也可能他成功实施了这件事,于是它就发生了。从理
论上讲,我们无法确知他在后来是否做到了这件事。

　　在否定句中,小王不知道应该回家看父母,那他就不会采取行动,而
作为自主事件如果施事不采取行动就不会发生,于是,如果小王的认识内
容没有改变的话,那我们可以相当确定地说"小王假期没回家看父母"。

　　不论如何,在例(10)、例(11)中,动词"知道"的宾语小句的内容不再
默认为真,"知道"叙实性不再是一个优势选择。

　　我们把如例(10)和例(11)这样的句子配置称为"可控制性"认识句,
记为"知道$_2$";其他各种句子配置统称为"知道$_1$"。

　　"知道$_1$"与"知道$_2$"对宾语小句的主语、动词都有不同的限制条件,句
中各成分的关系和类型可看表1。

表1　"知道"句各成分的关系以及类型

	主句主语与宾语从句主语关系	从句谓词	知　道$_1$	知道$_2$
不可控制性	宾语从句主语非指人	非自主	我$_i$知道$_1$这件事$_j$错了。	—
	宾语从句主语指人,但与主句主语不同指	非自主/自主	我$_i$知道$_1$他$_j$错了。 我$_i$知道$_1$他$_j$做过这事。 我$_i$知道$_1$他$_j$要回家看看。	—
	宾语从句主语指人,并与主句主语同指	非自主	我$_i$知道$_1$我$_i$/自己$_i$/∅错了。	—
		自主	我$_i$知道$_1$我$_i$/自己$_i$做过这件事。	—
可控制性		自主		他$_i$知道$_2$∅$_i$回家看看。

与"知道₁"总是叙实的不同,"知道₂"之后宾语小句语义有多样性,这也符合吕叔湘(1999:676—677)对"知道"的观察:"知道"有三个义项并存在句法上的差异,一是"对事实有了解。可带'了',可重叠";二是"掌握问题的答案";三是"懂得该做什么事"。"对事实(或道理)有了解"正是"知道₁"的语义内容,无论是"事实"还是"道理"都是一种客观存在,不受"认识"主体的影响,因此,"知道₁"之后总是不受主语影响和支配的不可控的宾语小句;"懂得该做什么事"是"知道₂"的语义,"懂得"的主体在一般情况下,可以控制其后宾语小句表示的行为。

这也促使我们去思考,动词"知道"的叙实性本质是什么?陈振宇、甄成(2017)认为,在缺省推理的情况下,说话者已经具有了关于事物的知识,并且默认这一知识是事实;而一旦把这个知识背景放在前景中进行考察,就会失去叙实意义。控制性问题进一步告诉我们,只有当认识者对他所认识的对象,没有任何控制可能时,才会达成叙实性。所谓控制性,实际上是指,认识者对于一种社会行为的实施,具有一种可前瞻的、有意识的认识,即他该做还是不该做什么,在什么时候做什么样的事情,做这些事情的社会价值和认同度,做事的正确方法方式,等等。如果宾语小句的事件,是非人主体的性质或状态,那么和控制性无关;如果宾语小句的事件,主体不是认识者,即使它有多么强的自主性,也和控制性无关;如果宾语小句的事件,是已经发生的事件,那么它就不再具有前瞻性,对认识主体来说,已然与控制性无关。叙实性的本质是一种消极的"不可控"功能。

3. "知道₂"的性质

"知道₂"的宾语小句有时候为真有时候为假,这种真假的分布是任意的还是有规律的?下面我们来看"知道₂"宾语小句在不同句法环境中语义真假的具体表现。

3.1 陈述句

中性的陈述句中,"知道₂"的叙实表现与肯定或否定的句法环境有密切的关系。例如:

(12)他也学会用力忍受着困苦。有时还<u>知道</u>去安慰母亲。(冯德英

《苦菜花》)

(13) 我当然<u>知道</u>去找,可我想不到她能去哪呀!(羽扬《有多远走多远》)

(14) 大学生不<u>知道</u>帮助小学生,同学之间不懂谦让。(高正文《调查牛群》)

例(12)中"去安慰母亲"是主语"他"曾经做过的事情,是现实存在的,可以判定为真。例(13)中"想不到她能去哪",这说明并没有"去找","去找"为尚未发生之事,为假。例(14)中"知道$_2$"之后小句"帮助小学生"现实中并未发生,语义上为假。

从上述几例可以看出,当"知道$_2$"出现在肯定的陈述句中,宾语小句的语义可能为真,如例(12);也可能为假,如例(13)。但当"知道$_2$"出现在否定的陈述句中,宾语小句的语义只为假,如例(14)。

3.2 疑问句

不管什么疑问句式,肯定情况的"知道$_2$"只是对某种情况进行提问,不预设其后小句的真假,正反问一般是中性问,也是只提问不预设真假。与之相反,否定情况的"知道$_2$"预设其后宾语尚未发生,为假。例如:

(15) 患了老年痴呆症的人,<u>知道</u>吃饭吗?

(16) 他自己<u>知不知道</u>吃饱? 会不会吃撑了?

(17) 你们少划点拳,不<u>知道</u>陪陪女士们吗?

(18) 她怎么就不<u>知道</u>疼疼母亲? 一个寡妇人家喂饱七张小嘴容易吗?

例(15)为是非问,说话人不清楚提问对象是否知道"吃饭",并不预设该行为存在与否。例(16)是正反问,说话人并不预设"吃饱"的存在,因此才发问。例(17)是反问句,例(18)是特殊疑问句,我们发现"知道$_2$"很少出现在中性的疑问句中,而是出现在反问句中,说的是"不知道陪陪女士""她不知道疼疼母亲"是令人意外的,否定形式的"知道$_2$"后"陪陪女士们""疼疼母亲"的行为是不存在的。

3.3 双重否定

双重否定具有表达肯定,强化语气的功能,"知道$_2$"在不同类型的双重否定句中,其后宾语小句的真假表现有所不同。

在“不＋能愿动词＋否定词”构成的双重否定句中，宾语小句倾向于为真，不过并非已经实现。例如：

(19) 兰若沧也是个有头脑的人，不会不知道利用这些人的。（司徒锦筝《借尸还魂做王妃》）

(20) 他不会不知道来找你，你就等着吧。

例(19)中言者认为“兰若沧有头脑”，“利用这些人”的行为是自然的事情，因此在言者看来是已发生的，为真。例(20)中言者认为“他将要来找你”，虽然“来找你”暂时还没有发生，但是会实现的。

而在“不是＋否定词”构成的双重否定句中，宾语小句的语义则为假。例如：

(21) 当初弟子们不是不知道拿贼，因为当时想救人救火要紧……（白羽《偷拳》）

例(21)中“弟子们知道拿贼”，但实际上却是“救人救火要紧”，贼人逃出掌握，“拿贼”未能实施，这说明说话者知道应该做“拿贼”这一行为，但是因为现实世界中其他原因的阻碍，这一行为未能成真。

3.4　条件句

“知道$_2$”在条件句中的叙实表现因肯定或否定的句法环境而不同。一般情况下，条件句中的前件是言者虚拟的情形，是一种假设，也是一种隐性否定，“知道$_2$”在这种情况下其实是被否定的，其后宾语小句因此为假。例如：

(22) 若是知道珍惜杂粮萝卜青菜，不糟蹋这些东西，也就少遭点儿罪。（林语堂《京华烟云》）

在例(22)中，当言者使用假设句，实际上表示的是“不知道”，可知根本没有“珍惜杂粮萝卜青菜，不糟蹋这些东西”。

“知道$_2$”的否定形式在条件句中的叙实表现稍微复杂一点，我们看下面的例子：

(23) 如果不知道去找领导谈谈，他不会这么快升职。

(24) 如果不知道去找领导谈谈，以后他不会升职。

例(23)中“去找领导谈谈”为真，例(24)“去找领导谈谈”为假。为什么会有这样的差异，关键是要看条件句的后件。例(23)的后件讨论的是一个已经发生的事,所以,条件句的前件也应该是过去的、已经发生的事,对过去事情的假设,往往是说事实与字面意义相反,所以,实际上他是知道去找领导谈谈。给过去事情的假设,是不能够改变事实的。例(24)的后件是讨论未来的事情,所以前件也容易是对未来世界的期待,希望在未来发生的事,也就是现在没有发生的事,由此知道现在"他还不知道"。

　　上面我们分别对"知道₂"的宾语小句在陈述、疑问、双重否定以及条件句等不同的句法环境下的语义进行了考察,其后宾语小句语义真值情况见下表2。

表2　肯定与否定条件下"知道₂"的宾语小句的真假

	肯定[1]			否定		
	真	假	无真假	真	假	无真假
陈述句	✓	✓			✓	
无倾向性疑问句			✓		✓	
不+能愿动词+否定词	✓	✓			✓	
不是+否定词		✓				
条件句	✓	✓			✓	

3.5　小结

　　叙实是一个重要的语义范畴,学界现在一般按照叙实与否把动词分为叙实动词、非叙实动词和反叙实动词。

　　"知道₁"无论在肯定、否定还是疑问、假设的句法环境下,一般会倾向于预设其后小句为真,只有特定情况下不是,"知道₁"确实是汉语中典型的叙实动词。

　　但是"知道₂"宾语小句的事实性具有多样性,我们很难将"知道₂"归入其中任何一类。关于"知道₂"的性质,我们只能说:第一,当"知道₂"用于肯定时,不预设其后小句真假,体现出非叙实的特点;第二,当"知道₂"用于否定时,预设其后小句语义为假,体现出反叙实的特点[2]。

4. "早知道"的语法化与叙实问题

在现代汉语中，还有另外一种情况，"知道"后的宾语小句绝大多数都是为假的。例如：

(25) 她说完有些后悔："早<u>知道</u>明天让他送米好了。"（《新文化报》2010-4-20)

(26) 早<u>知道</u>让他来出面，事情就好办了。（断刃天涯《仕途风流》）

例(25)、例(26)中的宾语小句"明天让他送米好了"和"让他来出面"，从语义上来说都是为假的，是言者虚拟的情况。

强星娜(2011)把"早知道"看作是较为固化的结构，主要功能是"对过去的虚拟表达"，而例(25)中的时间词"明天"，则表示这是对将来时间的虚拟。另外，例(26)中的"早知道"不仅仅是对虚拟的表达，更体现出"假设标记"的功能。

请注意，"早知道"并不总是能够引导虚拟或假设的。例如：

(27) 张大夫，早<u>知道</u>您在厨房，我就交给您了。（陈建功、赵大年《皇城根》）

例(27)"早知道"并不表达虚拟和假设，因为"您在厨房"是现实存在的。因此"早知道"的反叙实性也是倾向，而不是百分之一百。

如果"知道"都是叙实动词，则应该像例(27)这样预设其后宾语为事实。但是为什么在很多情况下我们却得到的是例(25)、例(26)这样的反事实句呢？"早知道"是如何从实义结构演变为表达虚拟或假设的？"早知道"与"知道₁""知道₂"的区分有什么关系？我们下面来讨论这些问题。

4.1 "早知道₁"的语法化路径

通过对历史语料的考察，我们发现"知道₁"与时间词"早"的结合在元朝时期就可以看到。如果把假设句前件小句标记为 P，后件小句标记为 Q，"早知道₁"在句中分布大致如下：

第一类：早知道₁P，Q。例如：

(28) 早<u>知道</u>无明无夜因他害，想当初"不如不遇倾城色"。（《崔莺莺待月西厢记》第四本第一折）

此类"早知道₁"位于假设句前件，其后小句语义为真，上例中"无明无夜因他害"是现实中存在的事实,此时"知道"是叙实动词。

第二类:P,早知道₁, Q。例如:

(29) 嗨! 对着这众人,则管花白我。<u>早知道</u>,不来也罢。(《东堂老劝破家子弟》第四折)

这一类"早知道₁"独立做假设句的前件,位于虚拟的假设句后句之前,"早知道₁"之后有一个为空的宾语,这个空宾语指向句中已经发生的事实,如上例中,"早知道₁"的宾语指向的是"对着这众人,则管花白我"的事实。

"P,早知道₁,Q"是一个复杂句,其中"早知道₁,Q"可以看作是一个偏正复句。由复句整合成为一个简单句,是一个较为普遍的语法化过程。经过语法化,"早知道₁"与假设句后句 Q 之间就不再停顿,直接连在一起。

第三类:P,早知道₁Q。例如:

(30) 我怨那礼案里几简令史,他每都是我掌命司,先将那等不会弹不会唱的除了名字,<u>早知道</u>则做个哑猱儿。(《钱大尹智宠谢天香》第一折)

此类"早知道₁"与假设句的后句直接相连,但是语义上仍指向语句中发生的事实,例(30)中"知道₁"指向的是"先将那等不会弹不会唱的除了名字"的事实。但是在句法位置上,"早知道₁"跳出了"知道₁"必须出现在语义为真成分之前的限制,与语义上为非真的小句连接在一起,但关联词语"则"的使用仍让我们感觉这像是一个偏正复句。

随着语法化程度的加深,清朝时期出现了句中无关联词语的第三类"早知道₁"。如:

(31) 前日刚发二兄弟同柳家的回书,<u>早知道</u>多等一天,只消信上添写一笑,又省得别写。(《红楼复梦》第七十二回)

例(31)中"早知道"与其后"多等一天"本来没有语义上的关系,是说"如果早知道现在的情况,那么我们多等一天回信就了"。但是在演变后,"早知道"后面原来的宾语不再出现了,"早知道"和"多等一天"中间就没有其他词语,以至于融合成一个结构。"多等一天"是言者所虚拟的结果,这就形成了现代汉语中常见的"早知道+虚拟成分"的结构,仿佛"早知道"成了虚拟的标记(其实是"知道"后有一个事实性的空宾语),如"早知道不来了""早知道不上课了"等。现实语言使用中,这一类"早知道+虚拟成分"

不仅用于对过去的虚拟表达,也能对将来的行为进行虚拟,我们经常可以看到"早知道明天再来""早知道以后就不回家了"的用法。

第二类"早知道$_1$"的结构是"P,早知道$_1$,Q",Q 作为假设句的后件,表示言者针对事实 P 进行的推理,一般情况下是与造成事实 P 的行为相反的假设,对 Q 代表的行为进行追加评论,强调如果该行为实现会带来的良好结果,在现实中是较为常见的。例如:

> (32) 你们看,几个生意没有了,早知道,我们先烤锅贴就好了,现在可能就有的卖了。(白卯《城市边缘人的生活》)

在原本的结构中,"早知道"后面也有一个空的成分,它回指前面的 P。但是由于它总不出现,"早知道"就逐渐与后面的虚拟成分融合为一个结构。例(32)中"先烤锅贴"是言者根据生意没有了进行的假设,"就好了"是对这个假设的结果进行强调和说明。无论是单一的假设还是有追加强调的假设,对于"早知道$_1$"来说在语义上并没有什么区别,在复杂句整合为简单句的语法化作用下,"早知道$_1$"与带有追加强调的假设句后件连接在一起。例如:

> (33) 此刻张天涯不禁有些后悔,早知道把这关安排靠后一点就好了。
> (云东流《剑意》)

这种融合如此之深,使得"早知道"起到假设标记的功能。例(33)可以把"早知道"替换为"如果",说成"如果把这关安排靠后一点就好了",并不影响对句子基础语义的理解。

与其他假设标记不同的是,由于"知道$_1$"叙实性的要求,无论是标记虚拟还是假设的"早知道$_1$",都要求语篇中有说话者知道的、感到后悔的、已经成为事实的事件。如果将已出现的事实记作 P,言者据 P 所做假设记作 Q,追加强调的成分记作 R,那么作为假设标记的"早知道$_1$"结构即为"P,早知道$_1$Q,R"。

4.2 "早知道$_2$"的语法化路径

清朝时期,就有了"知道$_2$"位于时间成分"早"之后的用法。例如:

> (34) 孔明枉做那英雄汉,早知道茅庐高卧,省多少六出祁山。(郑燮《道情》)

例(34)中,"早"是时间词,但是在汉语中,它是极强的反事实标记,因此这里"早知道茅庐高卧"实指"不知道茅庐高卧",再推出"茅庐高卧"是未发生的。

由于我们在实际语言使用中,并没有将"知道₁"和"知道₂"分为两个义项,"早知道₁"结构上的固化势必会感染"早知道₂",结构上更为固化的"早知道₂"从句法位置和其后成分语义上来说,完全具备了向假设标记转变的可能。例如:

(35) <u>早知道</u>请周杰伦配乐,这部好莱坞至少多卖 10 亿!

例(35)是"早知道₂"承担假设功能的例子,"早知道₂"位于第一个假设小句"请周杰伦配乐"之前,"请周杰伦配乐"在言者看来是句子空主语可以或应该完成的自主性行为,第二个小句"这部好莱坞至少多卖 10 亿"指的是完成这个假设的自主性行为的结果。句中的"早知道₂"用"如果、要是"等假设连词来替换,基本语义仍保持不变。

4.3 "早知道"语法化的动因

无论是"早知道₁"还是"早知道₂",从实义项到语法词这样功能上的演变正是语法化的具体体现。"早知道₁"从与假设句后句相连开始,其后都是非现实的情况,是说话者根据已经发生的、而且结果并不如意的事件,进行的与实际情况相反的虚拟;"早知道₂"之后的宾语小句是未发生的有自主性的行为,同样也是虚拟的。"早知道₁"和"早知道₂"一开始就都有非常明显的言者视角,二者所在的复句,都有一种因对现实情况不满意而产生的后悔的情绪,其中原本表示假设的"早"对整个语义贡献最大,"早"具有假设的意味,同时也会预设事件的未完成,如"我早来就好了"就预设了说话者并没有早来这样的事实。现实生活中,人们对能够"提早"得到某种消息或者办完某种事情带来的益处有很深的体会,因此就有"早起的鸟儿有虫吃"等熟语;同时人们也为没有能够"提早"得知或完成某事而感到后悔,体现在语言中就有"早知今日,何必当初"等说法。这种由于没能在时间上尽"早"而引发的后悔情绪来源于人们日常生活的经验。因此,"早知道"所蕴含的主观情绪"后悔"就是对人们生活经验的直接反映。

"早知道₁"由实义成分向假设标记的演化过程中,自身语法位置的不断移动给其语法化提供了重要保证,为重新分析的发生提供了可能性,句法位置的移动使其后成分的语义客观上发生了彻底的转变——由现实变为非现实;"早知道₂"语义要求其后必须是虚拟的成分。"早知道₁"和"早知道₂"都高频地与虚拟的语义成分搭配,又导致了进一步的语法化,最终成为假设标记。"早知道₁"和"早知道₂"带有强烈的后悔情绪,也促成了二者向虚拟标记的转变。

4.4　小结

"早知道₁"和"早知道₂"在语法化的过程中尽管有不同的路径,但二者背后的语用动因是大致相同的。"P,早知道₁Q,R"中表示假设的部分"早知道₁Q,R"与"早知道₂P,Q"在结构上也是极为相似的,这种相似性导致在语言使用中,出现了"早知道"可以做两种分析的情况。例如:

(36)　"我把张启德给弄来了,有他在,来捣乱的肯定是要倒霉的。"朱子扬一听这个话,开心地一拍脑门,显得有点懊恼地说:"××,我怎么早不想起他? 早知道让他来出面,事情就好办了。"(断刃天涯《仕途风流》)

例(36)中,如果认为"早知道"的宾语是指向"把张启德弄来"这样的情况,那么就可以分析为"早知道₁";如果认为"早知道"的宾语是指向"让他来出面",就可以分析为"早知道₂"。这是因为作为假设标记的"早知道₁",其后第一个小句是说话者根据实际情况,虚拟出的不会引发现实不如意情况发生的行为,这种虚拟的行为在说话者看来是可以控制的行为,而可控制的行为与"知道₂"对其后宾语小句语义上的要求是相符的,这样就使此例中"早知道"能做两种分析。

5. 结论

本文研究的"知道"句可码化为:认识者+知道+认识内容(自主/非自主小句)。先前的研究将"知道"作为汉语叙实动词代表的前提是,"知道"之后的宾语小句是不受"认识者"控制的,无论宾语小句是自主的还是非自主的,"认识者"都不能影响"认识内容"的存在。但是当"知道"的"认识者"能够控制自主性宾语小句(认识内容)时,宾语小句代表的行为存在与否与言者知道或者不知道有着直接的关系:当知道(懂得)某种行为时,由于阻力的存在,该行为可能是实现的,也可能是未实现的,也可能是将来会实现的;当不知道(懂得)某种行为时,排除偶然情况,该行为都是未实现的。体现在句法上就是,"知道$_1$"是叙实的,而"知道$_2$"在肯定的环境下体现出非叙实的特点,在否定的环境下体现出反叙实的特点。"知道$_1$"的语义是"对于事实或道理有认识","知道$_2$"的语义是"懂得该做什么事"。现代汉语中作为假设标记的"早知道"其后宾语小句同样是为假的,这与"早知道"的语法化有关,作为假设标记的"早知道"由"知道$_1$"和"知道$_2$"分别通过不同的路径语法化而来。

附 注

[1] 肯定、否定指的是句子整体体现出来的语义特征。

[2] "知道$_2$"在否定环境中体现的特点与否定有直接关系,句中否定词直接否定了"懂得(去做)"某种行为,同时间接否定了宾语小句所表示的语义在现实世界的存在。我们很难再将否定情况下的"知道$_2$"看作为叙实动词,因为叙实动词要求所有情况下其后宾语小句都为真;同时我们也很难将否定情况下的"知道$_2$"归为反叙实动词,因为反叙实动词总是预设其后宾语小句语义为假,而"知道$_2$"只有在否定的情况下其后宾语才总为假。我们只好说"知道$_2$"在否定的情况下体现出了反叙实的特点。

参考文献

陈振宇 2009 《"知道""明白"类动词与疑问形式》,《汉语学习》第 4 期。

——— 2017 《汉语的指称与命题》,上海人民出版社。

陈振宇 甄 成 2017 《叙实性的本质——词汇语义还是修辞语用》,《当代修辞学》第 1 期。

渡边昭夫 1979 《关于普通话中的前提》,《中国语研究》第 18 号。

李 明 2003 《试谈言说动词向认知动词的引申》,载吴福祥、洪波主编《语法化与语法研究》(一),商务印书馆。

李新良 2015 《立足于汉语事实的动词叙实性研究》,《世界汉语教学》第 3 期。

——— 2016 《疑问句与汉语动词的叙实性》,《语言教学与研究》第 2 期。

——— 2018 《"感觉"类动词的叙实性及其漂移问题研究》,《语言教学与研究》第 5 期。

李新良 袁毓林 2016 《反叙实动词宾语真假的语法条件及其概念动因》,《当代语言学》第 2 期。

───────　───────　2017　《"知道"的叙实性及其置信度变异的语法环境》,《中国语文》第 1 期。

吕叔湘　1942　《中国文法要略》,收入《吕叔湘文集》第一卷,商务印书馆,1990 年。

吕叔湘　主编　1999　《现代汉语八百词》(增订本),商务印书馆。

马庆株　1988　《自主动词和非自主动词》,《中国语言学报》第 3 期。

强星娜　2011　《上海话过去虚拟标记"蛮好"──兼论汉语方言过去虚拟表达的类型》,《中国语文》第 2 期。

沈家煊　1999　《不对称和标记论》,江西教育出版社。

陶红印　2003　《从语音、语法和话语特征看"知道"格式在谈话中的演化》,《中国语文》第 4 期。

辛　斌　1997　《论叙实谓词和含蓄谓词的前提意义与句法特征》,《山东外语教学》第 2 期。

伊藤大辅　2007　《叙实谓词"高兴"及其虚化》,《世界汉语教学》第 3 期。

袁毓林　2014　《隐性否定动词的叙实性和极项允准功能》,《语言科学》第 6 期。

张家骅　2009　《"知道"与"认为"句法差异的语义、语用解释》,《当代语言学》第 3 期。

Kiparsky, Paul & Carol Kiparsky　1970　Fact. In Manfred Bierwisch & Karl Erich Heidolph(eds.) *Progress in Linguistics*. The Hague: Mouton.

Leech, N. Geoffrey　1981　*Semantics: The Study of Meaning*. (2nd edition) Harmondsworth, Middlesex: Penguin. 杰弗里·N.利奇著,李瑞华、王彤福、杨自俭、穆国豪译《语义学》,何兆熊、华钧校订,上海外语教育出版社,1987 年。

郭光: guoguang1605@163.com
陈振宇: chenzhenyu@fudan.edu.cn

原载《语言教学与研究》2019 年第 2 期。

叙实性的本质
——词汇语义还是修辞语用

陈振宇　甄　成

提　要　叙实性常被认为是某些词语所具有的一种词汇语义特性，是句子的预设意义，但并不能对真实的语例进行很好的解释。实际上，"叙实性"虽与词汇语义有关，但就其根本而言，它是一种语用修辞现象，是由多重因素触发的，词汇的内容往往只提供了一个语义框架，而具体的内容必须在语境中得到推定。这个过程涉及索引性、各种语用规则，还有信息传递的过程，甚至有的时候是一种修辞现象。

关键词　叙实　透明　索引　意向谓词　主题　语用

如果句中没有意向结构，也不隐含任何意向谓词，那么就是在直陈世界中描写事物，这时无所谓透明性。只有当句中存在意向结构，一个意向的虚指论元，从句法语义结构上讲，是不在直陈世界中时，才需要讨论该论元以及该论元中表达的事物的透明问题。

有两种途径可以达成透明：

1）该论元自身有某种特殊的性质，促使它自动投射到直陈世界中来，如体验性的事物，具有很强索引性的对象，便有此倾向。

2）意向谓词本身有某种特殊的性质，使得本来虚指的论元，由于某种语用修辞机制的作用而投射向直陈世界。意向活动的功能是打开新的、更深的认知世界。如果新构建的世界是叙实的或反叙实的，则这种意向活动是透明性的，产生这一意向活动的谓词称为"透明算子"（transparent operator，也译为"显性算子"）；反之，如果新构建的世界是非叙实的，则这种意向活动是晦暗性的，产生这一意向活动的谓词称为"晦暗算子"

（opaque operator，也译为"隐性算子"）。

1. 索引性等级

"索引"（index），又译为"指示""指针"，实际上是源于数据表的一种操作：在说话者的直陈世界中有一个心理词库或知识库，其中的成员都被它当成当前所述世界中的存在（事实），是一种知识背景，不必讨论其不存在的可能性；所以当说话者在使用语词指称它们时，没有存在不存在的问题，而是用语词直接指向该事物的外延，也就是说，语词仅仅起到索引（指针）的功能。

由于个人信念与公共信念、当前论域与以前的论域、认知世界与现实世界的差异，同样的事物或语词不一定在任何时候都能起到索引的功能。有的语词常常需要质疑其存在，它们的索引功能很差，主要起对事物内涵或属性的提示功能；那些表达索引功能的则称为"索引性词语"（indexical expressions），[1]也就是说，它们在语境中几乎或大多数时候都表示索引。

索引性词语很多，它们在索引功能上有强弱程度的差异：

1） 最强的是第一、第二人称代词、表"现在、过去、未来"的时间词、表"近指、远指"的空间词，等等。例如"我"是所有言语活动的背景与出发点，而"你"只要出现则必定是与"我"相对的会话参与者，它们一般都是不可否认的，如"你，你，你，还有你，你们几个出列！"中，可以看到"你"具有很大的现场性和针对性，目标十分明确。同理，"现在"与"这里"也是从说话者出发的规定性，"过去、未来"以及"那里"与其相对立，它们也都是不可否认的。

当然，如果说话者精神错乱，或有意为之，也会出现麻烦，这时它们的索引功能会发生改变。如一个人遇上了倒霉的事，一时气愤不过发出令人丧气的感叹，他可能用第二人称代词指示自己，说："你活该倒霉！"这时虽然仍然是索引功能，但索引偏离，会造成混乱（实际上他的确有一点精神错乱）。再如通指用法"此处不留爷自有留爷处"，"此处（这里）"泛指一切让人不如意的地方，就不再是索引功能。

2） 次强的是第三人称代词、指示词等。因为它们除了索引功能外，还有回指（anaphora）功能，回指前面一个或一些语词的指称，如"小李买了一个苹果,可是把它弄丢了"中"它"指向前面的"苹果",也译为"前指参照"。[2]回指不是索引功能,一般而言,回指的指称性质由被回指的那个语词确定。

让我们从人称的区别来看这一等级的情况。例如:

(1) a　如果当时有<u>你/我</u>在,就不会出现这样的结果。

　　 b　如果当时有<u>他</u>在,就不会出现这样的结果。

　　 c　如果当时有<u>张大明</u>ᵢ在,<u>他</u>ᵢ就不会允许出现这样的结果。

　　 d　如果当时有<u>一位主管官员</u>ᵢ在,<u>他</u>ᵢ就不会让这样的结果发生。

　　 e　如果当时有<u>任何一位主管官员</u>ᵢ在,<u>他</u>就不会让这样的结果发生。

　　 f　<u>每个主管官员</u>ᵢ都会管这事,<u>他们</u>ᵢ应该有条例规定的。

第一、第二人称都是所谓"亲指",因此无须别的什么,"直接知道"它们在世界中实际上是指哪一个对象,[3]甚至它们还是亲指中最明确的,即对说话者和听话者的指称。对言语活动而言,听说双方都只能是实指的,甚至是现实的。因此即使例(1a)是假设条件句,事件"你在/我在"是反事实的,该事件的论元"你/我"也一定是事实性事物。

第三人称则有两面性:例(1b)中是亲知,指称某个我们都知道的确定的人,这时和第一、第二人称一样,必然是事实性的事物。第三人称还可以表示"回指",这又有两种情况:例(1c)中所回指的是实指成分"张大明",张大明是说话者身边的一个事实性的人物,所以"他"也具有事实性。但在例(1d)中,"他"回指那个"主管官员",而主管官员是假设句中的事物,是假定的非直陈虚拟世界中的,因此不一定是事实,这样一来,"他"也就不一定在直陈世界中存在,只是一个虚指的对象。再如例(1e)中,"他"回指"任何一个主管官员",而"任何"必须在一个虚拟世界中,所以也是虚指,这样"他"也不一定是事实。再如例(1f)中,"他们"回指"每个主管官员",虽然两个集合的性质不一样,"他们"是复数,而"每个"是单数,虽然它们处在不同的独立小句,但在意义上它们具有同一性,所以"他们"也继承了"每个主管官员"的虚指性,"他们"也不一定是事实。[4]

那些最强的索引性词语,如第一、第二人称,是否有回指用法还存在争议。例如:"我/你这个人啊,就爱把我/你的观点强加给别人!"其中第二个"我/你"是不是回指第一个"我/你"会有争议:一方面,它们可以用回指性的代词"自己"替代,说成:"我/你这个人啊,就爱把<u>自己</u>的观点强加给别人!"但另一方面,我们又可以说这个替代只不过是正好遇上了,不具有理论上的决定意义,如我们换一句话,则很可能不能替代,如:"他问我,<u>我</u>为什么不去找他?"后一个"我"就不能替换成"自己"。因此,我们的观点是,这一类情况不是回指,后一个"我/你"和前面的一样,都是直接指示的用法,是强大的索引性词语。

除此之外,还可以从"可能的错误"来区分二者。只要一个人没有精神错乱,就不会错误地指认"我",而"我"也是不可删除的存在,可以成为"最后的真实"或"一切真实的基础",因为在言语活动中,其他所有的要素都可能失去,唯一不可失去的是"我"。从这个意义上讲,"我"必须直接投射到真实/现实世界,或者更准确地讲,是投射到说话者所在的那个世界(谁是说话者就在谁的世界),而不仅仅是直陈认知世界。当然这不包括修辞用法,例如在故事中,说话者完全可以虚构一个"我",例如"我"是唐朝的一个书生,显然这根本不是说话者本人,而是一个带着我的面具的角色,或者是从说话者"我"中分离出来的一个分身,是另一个"我",一个脱离了言语活动说话者功能的"我",它当然不可能是在现实世界中。

但是,第三人称或一般指示词,即使它们是索引用法,也具有较强的可删除性。如例(2a)中,说话者先用"这"亲指一个当下场景中的事物,则该事物的事实性应该是可保障的,但实际上,这是他的一个幻觉,因此后面他又自我删除了该事物,事实性自然也就消散了:

(2) a　快看,这是什么?!真漂亮!……哦,我看错了,什么也没有,可能眼花了。

　　b　你……怎么了?……咦,这儿没人?!

　　c　我……已经不存在?!

这一点提醒我们,在极端情况下,亲知的事物也可能只是在说话者心中产生的一个假设的幻象,其事实性仍然需要进一步证实或证伪,它多多少少都带有虚指或非事实性。[5]当然,我们也不能因此走向极端,因为这些例子就完全否认事实性的存在,需要看到,这种非事实性毕竟是偶然而少见的,一般而言,第三人称或一般指示词的索引用法仍然多多少少是事实性的保障。

处于第一人称和第三人称之间的第二人称,在性质上更像第一人称,因为一般说话者不会虚构一个谈话对象,这时"你"是与"我"处于同一世界,即真实世界(或说话者所在的世界)中的;但是它毕竟比第一人称弱一些,比第一人称更可能是虚构(如虚构的一个言谈对象)或错觉。如例(2b):我以为对面有个人,向他发话,后来发现没有,于是也把"第二人称"删除了。不过,第二人称的这一情况是十分罕见的。

至于第一人称,基本上就不能否认了,如例(2c)那样,对自我进行事实性删除,是不能彻底做到的,也许在某个神话故事里,可以删除自我的肉身的事实性,但如果不承认灵魂的事实性,那么连这一问题也无法发出。

3) 在名词即名词性成分的运用上,专名一般而言也有很强的索引功能。不过分为更多的层次:

最强的是我们日常生活中所使用的具体人名与事物名称,如我的父母、子女、同事、领导,以及生活中接触的其他事物的名字,如我生活在其中的中国、上海、杨浦区、邯郸路、复旦大学、光华楼等地点的名称。凡此种种,在我的日常对话中,都是作为公共信念使用,并且不必去讨论它们的属性或内涵。

次强的是在一个扩大的世界中,我们一般将其作为现实世界知识而存在的事物,例如外国名称,世界上各种我所没有接触过的事物(但是我从间接渠道获知其存在)名称,等等。

最弱的则是各种抽象的想象的事物,如宗教概念、学术概念等,它们仅仅在我们把它作为当前论域中的前提与预设时,才会具有索引性。

由此可知,"专有名词"不具有索引性上的同一性,它们分布在索引性等级的很多个层级上,相互相差甚远。例如:

(3) a 如果小张老师没空,我还可以找找其他老师。

b 如果上帝没空,我还可以求求其他大神,真主啊,佛祖啊,妈祖啊什么的!

例(3a)是所谓"临时命名",[6]它并非准确地命名,而是说话者由于言语活动需要,对一个临时交际的对象给予一定的名称,以便称呼,以利于言语活动的进行。如我现在和一个妇女打交道,根据她的年龄、性别、职业等特征,我临时赋予她"小张老师"这个名称,即使她与我没有师生关系,甚至我的年龄比她还大,这都没有关系,因为这不过是为了称呼与表示礼貌而已。这样的概念就是亲指的一种,因此,即使是在条件句中,"小张老师"也是事实性的对象,可以直接投射到直陈世界中来。

例(3b)的"上帝"虽然是专名,但这是一个宗教概念,它并非是现实的存在,其外延不明确,而是由一系列属性汇集而成,当它处于条件句中时,它更倾向于是一个假定的对象,一个虚指的实体,在直陈世界中并不一定存在。因此,即使说话者并不认为上帝是事实对象,他也可以完全合法地说上面的话。

不过,专名都有一个同样的特征,即最强的专名也不会强过最强的索引词,也即,在语言中,这些名词仍然比较容易找到被当成非索引性功能使用的情况。这又分为两种情况:

一方面,在心理词库中,每一个名称的背后,都存在同实化操作,即赋予该名称一段描写或定义,但真正的索引词没有这种操作。专名有这样的操作,因此它的背后也隐含了一大堆的属性。如我的同学"张大明",我就可以给出一堆解释,即"张老实的儿子""益祥公司的经理""复旦大学的在职研究生",等等。[7]

另一方面,从理论上讲,任何一个名称都有可能被当成一种属性描写来使用,在世界语言中,这些框架是普遍存在的,它们称为"属性式",又称为"名词的述谓用法",因为它们的本质都是作为谓语,对其他事物进行说明。

设该名称为 N,则它可用于对另外一个事物 X 进行描写。包括:

构成"X 是 N"判断格式。如:"他是张大明",这和"这是一条狗"中的"狗"起着同样的功能,作为判断项,它是代表某种性质关系等,以此作为判断的依据,对被判断项予以说明。所以"张大明",取的是与张大明有关的某些属性,由于"他"具有这些属性,所以可以被认定为{张大明}这一唯一成员集合的那个成员(如果是否定式,则是说不是该集合的成员,因为不具有某个或某些关键属性)。需要说明的是,正是因为这是一个认知过程,不是自足的存在,所以比较容易出现错误,如把人认错之类的事常常发生。

构成"X 是/如 N"隐喻格式。如:"你像张大明""这人就是个曹操""虽为塞北,胜似江南",作为喻体的"张大明、曹操、江南",都是取其属性,构式说明 X 具有这样的属性。如果是否定式,则是说不具有这种属性,如"塞北不是江南",指塞北不具有江南那生机盎然的性质。

N 转化为形容词或动词,指 N 所具有的某种性质属性或指那些具有这些性质属性的事物,[8] 从而把 N 用于形容词句作为谓语,如"他也太曹操了吧""他比阿 Q 还阿 Q""我最近总不在状态,说话做事都太不王朔了",既然是形容词或动词用法,自然都是取其属性,N 作为属性的标记。

属性式对真正的索引词是无效的。我们一般不会说:"*他是这个""*你像这个""*这人就是这个""*他也太这个了",因为索引词没有属性可供使用,所以它们一般不能作为谓语来使用,它们一般担任被说明的主语或主题,如:"他是张三""这是一支笔""这个是我的",等等。

当然,这一点在极为罕见的情况下是可以有反例的。如:"我就要/是做我(自己),不做别人。"又:"这孩子真像你!"又:"这画里的人是你吧!"又:"你也太那个了吧!"可见,索引词是索引性最强的词语,但并非不能有索引以外的功能,只是十分罕见。这种罕见的情况可以称为特殊的述谓用法。

索引词本身没有任何属性或内涵,但被索引、被指向的事物却是专名或一般事物,它们会有属性内涵。如"我、你"就语词本身而言没有属性,但在一个具体的话语中,说话者和听话者是有属性的,所以"做我自己",必须根据说话人是谁,才能确定说的是什么属性。张三说与李四说,其取值就不相同,同样"像你"或"是你",究竟是什么样的性质也得根据当前言语活动场景才能确定。再如"太那个"的"那个"是回指功能,指向某种前面已经提到,或因为语用原因说话者不好意思说出来的某种属性(因为是消极意义的属性,出于礼貌原则,要避免提及)。因此,与其说是索引词具有述谓功能,毋宁说是索引词在当下场景中确定下来的那个对象具有述谓功能,索引词仅仅在中间充当了一个"二传手"的功能。

上述概念性质可以归纳为"索引性等级":在下面的序列中,越是上边的对象越倾向于直接投射到直陈世界中,即使它受意向谓词或其他意向结构的约束;越是下面的事物越倾向于虚指,除非句中其他方面全都说明现在直陈的对象就是一个想象的世界。

第一、第二人称代词/亲指代词空位或 NP>

具体人名/具体事物名称>

社会习俗确定的地理、组织、纪年等名称>

……>

第三人称代词/指示代词/定指 NP>

可自由任免的职务等>

……>

推理猜测的事物的名称>

抽象名称/学术概念/宗教概念/临时概念/文艺、幻想作品中设定的概念

索引性等级说明,一个词语的功能,根本之处还在于用法,即是用如索引词,还是用如非索引词(摹状词);当然它自身的性质和类别会制约这种用法,即有的语词比其他语词更容易用如索引词,或更容易用如非索引词(摹状词)。

需要特别指出的是,即使是最接近纯粹索引词的第一、第二人称代词,也不是在任何时候都是索引性的。下面就是它们用于虚指的例子:[9]

(4) a 我们不能浪费生命![10]

   b 我思故我在。我心即佛。

      我就是我,你就是你。

   c 你不喜欢一个人,你也不能让他看出来。

      老板要你加班,你能说"我不干"吗!

这分为多种情况:

例(4a)是第一人称的复数,它的功能是"连类而及"。由于说话者一般只有一个人,所以复数肯定是连类到其他人,甚至可以包括所有的人,因此"我们"可以相当于任何一个人的意思,包括不在现场,乃至不知是否存在的人,可以相当于"人不能浪费生命"的意思,不再限定为说话者。

例(4b)的"我、你"可以代指任何一个人,因为从每一个人的角度看,他自己都是因为思维而存在,都具有佛性,或者他自己都与他人不同。

例(4c)则是条件句,条件句本来就有虚拟性质,所以相当于任何一个人,这时将"你"移情入这一角色,让你能够更深刻地体会其处境与感受,

因此是一种非常强烈的修辞用法。

上述例句的存在,说明我们在思维中有一种结构性的倾向:我们总是去操作我们的符号,把它置于各种环境中,从而让它丧失其特性。索引词因此可能在极特殊的环境中发展出非索引的功能。

2. 透明算子

从本质上讲,所有的意向谓词既然是为了打开一个新世界,那么其虚指论元就应该是晦暗的,这有正反两方面的可能性:它们之所以会投射过来,或者之所以无法投射过来,不外乎是出于一些重要的语义和语用原因,使得投射的"闸门"敞开或关闭,这些特殊的原因,都与说话者的主观态度、判断习惯等有关。

1) 这些谓词的语义发生了改变,使一般的虚指论元变为了实指论元,或者变成了不存在的论元。

2) 由于语用上这些论元不被关注,不作为焦点,因此被忽略了,这反而使这些论元"偷偷地溜到了"直陈世界,这是一种"缺省推理"(default reasoning/default inference):背景信息在被挑战之前一般被默认为事实。

缺省推理可能是最重要的语用学规则之一,十分频繁地在交际中起着作用。例如:"他说要把自己的手表送给对方。""他的手表"在这里是作为背景信息而存在,我们的第一反应是他有手表,因为我们不关注他的手表的存在性,而只是关心送不送的问题,这正是缺省推理的结果。然而如果我们去关注了,就会发现这未必可靠,比如:"他说要把自己的手表送给对方,但其实他根本没有手表。"

逻辑中常常使用"必要原则":只有当下研究中需要考虑的论元(也就是担任焦点及与焦点关联成分时)才用变项表达,其他作为背景或没有什么变化的论元就用常项表达。常项意味着此时该成分是被当成索引性成分来使用,被默认为事实。

3) 在缺乏相反的语篇要求时,因为"移情"(empathy),说话者将自己放在了句中某一认识主体的位置,从而将该主体的认识默认为自己的认识。如果这时主体有事实性判断,则说话者也默认这一判断。例如:"他很后悔自己没考及格。"他会后悔,是因为他认为他没考及格,并且认为这是消极的事,这本来与说话者无关,但说话者把自己移入"他"的地位,于是也默认这一知识与道德评价。显然,这也是缺省推理,一旦把有关知识放在关注的前景信息中,就会发现这未必可靠,如:"他很后悔自己没考及格,但其实他是考过了,只不过他不知道而已。"又:"他很后悔自己没考及格,但其实幸好他没过,如果过了的话现在反倒不好办了。"

4) 因为这些论元居于某种特殊的篇章或语境地位,从而在会话中具有了预先存在的事实性与反事实性,这是一种语篇或语境的影响。例如:"我本来应该来的。"作为表示事实与常规预期不相符合的语境,这句话表示"我没有来"。由于这一点需要更多的篇章或语境的要素参与,所以为什么会与常规预期不符就需要一个复杂的理论来解释,这里暂不涉及。

"透明"产生的具体情况已有很多讨论。[11]从本质上讲,每个谓词都有例外,因为主观性是容易在语境和上下文中改变的。我们先不讨论例外,仅看通常的情况,从而做一个分别。请注意下表中的分类都是看主要的倾向,而不是百分之一百的划分:

表 1   汉语常见意向谓词的类型

透明算子	叙实算子	避开(进攻)、知道 1、认识到、清楚、明白、忘记 1、想起 1、后悔、懊悔、遗憾、哀叹、庆幸、高兴、自豪、欣赏、可惜、表扬/不表扬、批评/不批评、感谢/不感谢、抗议/不抗议、责怪/不责备、坦白、交代、揭露、掩饰、抵赖、暴露
	半叙实算子	承认、不否认、找到、证明(证得)、造出、看见、记得 1、不奇怪、不意外[12] 我不怀疑
	反叙实算子	要不是、……就好了 1、误以为
	半反叙实算子	就算、即使、以为 2、没想起 2、不同意、放弃、拒绝、不能、无法、吹嘘
	正反叙实算子	阻止(成功)/没有阻止/没能阻止、避开(伤害)/没有避开(伤害)/没能避开(伤害)、知道 2、忘记 2、记得 2 否定算子(包括否定词和隐性否定词) 我相信/我不相信、我认为/我不认为

续表

透明 算子	兼叙实 算子	假装、捏造、冒充、伪造
晦暗 算子 (非叙实 算子)	肯否双项	以为1、认为、觉得、感到、假定、设使、如果、只要、只有、想、设想、梦见、期望、希望、相信、害怕、怀疑、痛恨、根据……、问、说、告诉、宣称、记载、听说、找、证明(过程)、造、研究、探求、断定、反抗、反对、道歉、支持、求饶、求情、站在……一边(表示主观态度)、避免、躲避 量化词(指"所有、很多、大多数、一些"等表示集合数量的词语)
	单项	不承认、否认、没找到、不能证明、没造出、没看见、不以为、奇怪、意外、(并不)以为、没假装、没捏造、没冒充、没伪造、没吹嘘、想起2、没表扬/不会表扬、没批评/不会批评、没感谢/不会感谢、没抗议/不会抗议、没责怪/不会责备、同意、没放弃、不拒绝、能 我怀疑

下面我们重点考察一些透明算子。

2.1 意向行为及其达成

所谓"意向行为动词",指主体的一类行为,在行为之前,主体必须先构想一个可能世界,其中有某种虚拟的事物(表现为一簇属性或内涵的集合),然后主体才能实施其行为。这些动词又分为:[13]

1)出现动词,主体行为的目的,就是在他所在世界中,找到或创造出这一事物,也就是说,要使该事物从主体虚拟的世界投射到主体自身所在的世界中来,从而证明自己的意识与自己所在的世界是相符合的。因此,当说话者认为主体的行为目标"达成"(fulfilled)时,也就是认为他所构想的事物的确在主体所在的世界里存在。下面用以下几种意向行为动词来展示,为了比较,表中还列出了该类动词的进行意义,以及所达成的否定意义:

表 2 意向达成句的语义结构

类　型	意义结构	可能世界 0（说话者 S 所在的世界）	可能世界 1（说话者直接的意识或话语世界）≠可能世界 0	可能世界 2（说话者假定的意识或话语世界）≠可能世界 1
① "找"类		（S 说/认为）	张三找	XP(一只麒麟)
张三在找一只麒麟。	意义 1	S 认为	张三假设	存在麒麟
	意义 2 *	S 认为	张三寻找	麒麟
	非事实意义 3	S 认为	不清楚是否有一只麒麟存在。	
张三找到了一只麒麟。	意义 1	S 认为	张三假设	存在麒麟
	意义 2	S 认为	张三寻找	麒麟
	意义 3	S 认为	张三找到了一只麒麟。	
	事实意义 4	S 认为	至少有一只麒麟存在	
张三没找到麒麟。	意义 1	S 认为	张三假设	存在麒麟
	意义 2	S 认为	张三寻找	麒麟
	意义 3	S 认为	张三所找到的都不是麒麟，或什么都没找到。	
	非事实意义 4	S 认为	不清楚是否有一只麒麟存在。	
② "证明"类		（S 说/认为）	张三证明	XP(李四偷了他的钱包)
张三在/试图证明李四偷了他的钱包。	意义 1	S 认为	张三认为	李四偷了他的钱包
	意义 2	S 认为	张三在本世界中寻找证据。	
	非事实意义 3	S 认为	不清楚是否存在证据，因此不清楚是否存在李四，张三是否有钱包，是否是李四偷了钱包。	

*　加上方框，表示焦点意义，下同。

续表

类　　型	意义结构	可能世界 0 （说话者 S 所在的世界）	可能世界 1 （说话者直接的 意识或话语世界） ≠可能世界 0	可能世界 2 （说话者假定的 意识或话语世界） ≠可能世界 1
张三成功地证明李四偷了他的钱包。	意义 1	S 认为	张三认为	李四偷了他的钱包
	意义 2	S 认为	张三在本世界中寻找证据。	
	意义 3	S 认为	存在证据，并被张三找到。	
	事实意义 4	S 认为	存在李四,张三有钱包,并是李四偷了钱包。	
张三没能证明李四偷了他的钱包。	意义 1	S 认为	张三认为	李四偷了他的钱包
	意义 2	S 认为	张三在本世界中寻找证据。	
	意义 3	S 认为	张三所找到的都不是证据。	
	非事实意义 4	S 认为	不清楚是否存在证据,因此不清楚是否存在李四,张三是否有钱包,是否是李四偷了钱包。	
③ "制造"类		（S 说/认为）	张三造	XP（一台永动机）
张三在/试图造永动机。	意义 1	S 认为	张三假设	存在永动机
	意义 2	S 认为	张三收集材料并且制造	永动机
	非事实意义 3	S 认为	不清楚永动机是否存在。	
张三造出了永动机。	意义 1	S 认为	张三假设	存在永动机
	意义 2	S 认为	张三收集材料并且制造	永动机

续表

类　　型	意义结构	可能世界 0（说话者 S 所在的世界）	可能世界 1（说话者直接的意识或话语世界）≠可能世界 0	可能世界 2（说话者假定的意识或话语世界）≠可能世界 1
张三造出了永动机。	意义 3	S 认为	张三的确造出了一台机器，并且其性能合乎永动机的设想。	
	事实意义 4	S 认为	至少有一台永动机存在	
张三没造出永动机。	意义 1	S 认为	张三假设	存在永动机
	意义 2	S 认为	张三收集材料并且制造	永动机
	意义 3	S 认为	张三没造出一台机器，其性能合乎永动机的设想。	
	非事实意义 4	S 认为	不清楚永动机是否存在。	

2）阻止动词，主体行为的目的，就是在他所在世界中，不允许这一事物出现，并且如果他不阻止的话，该事物是很可能会自发地出现的。因此，当说话者认为主体的行为目标"达成"时，也就是认为他所构想的事物的确在主体所在的世界里不存在，因为它被成功阻止了。下面用以下几种意向行为动词来展示：

表 3　意向阻止句的语义结构

类　　型	意义结构	可能世界 0（说话者 S 所在的世界）	可能世界 1（说话者直接的意识或话语世界）≠可能世界 0	可能世界 2（说话者假定的意识或话语世界）≠可能世界 1
①"阻止"类		（S 说/认为）	张三阻止	XP（山洪暴发）

类　型	意义结构	可能世界 0（说话者 S 所在的世界）	可能世界 1（说话者直接的意识或话语世界）≠可能世界 0	可能世界 2（说话者假定的意识或话语世界）≠可能世界 1
张三正在/试图阻止山洪暴发。	意义 1	S 认为	张三假设	山洪会暴发
	意义 2	S 认为	张三采取了某种措施	
	非事实意义 3	S 认为	山洪暴发不清楚是否发生。	
张三成功阻止了山洪暴发。	意义 1	S 认为	张三假设	山洪会暴发
	意义 2	S 认为	张三采取了某种措施	
	反事实意义 3	S 认为	山洪暴发没有发生，它不存在。	
张三没有阻止山洪暴发。（"没有阻止"指未做什么事来阻止，而"没能阻止"是做了一些事，但未达到阻止的目的。请注意这二者的微妙区别，下同。）	意义 1	S 认为	张三假设	山洪会暴发
	意义 2	S 认为	张三没采取某种措施	
	事实意义 3	S 认为	山洪暴发可能发生或可能将发生。	
张三没能阻止山洪暴发。	意义 1	S 认为	张三假设	山洪会暴发
	意义 2	S 认为	张三采取了某种措施	
	事实意义 3	S 认为	山洪暴发仍然发生。	
②"躲避 1"类		（S 说/认为）	张三躲避	XP(魔鬼的伤害)
张三试图避开魔鬼的伤害。	意义 1	S 认为	张三假设	魔鬼会伤害自己
	意义 2	S 认为	张三采取了某种措施	
	非事实意义 3	S 认为	魔鬼的伤害不清楚是否会发生。	

类 型	意义结构	可能世界 0（说话者 S 所在的世界）	可能世界 1（说话者直接的意识或话语世界）≠可能世界 0	可能世界 2（说话者假定的意识或话语世界）≠可能世界 1
张三成功避开了魔鬼的伤害。	意义 1	S 认为	张三假设	魔鬼会伤害自己
	意义 2	S 认为	张三采取了某种措施	
	反事实意义 3	S 认为	魔鬼的伤害没有发生，它不存在。	
张三没有躲避魔鬼的伤害。	意义 1	S 认为	张三假设	魔鬼会伤害自己
	意义 2	S 认为	张三没有采取某种措施	
	事实意义 3	S 认为	魔鬼的伤害可能发生或可能将发生。	
张三没能避开魔鬼的伤害。	意义 1	S 认为	张三假设	魔鬼会伤害自己
	意义 2	S 认为	张三采取了某种措施	
	事实意义 3	S 认为	魔鬼的伤害仍然发生了。	
③ "躲避 2"类		（S 说/认为）	张三躲避	XP(对手的进攻)
张三试图避开对手的进攻。	意义 1	S 认为	张三假设	对手会进攻自己，并给自己造成伤害
	意义 2	S 认为	对手的进攻是存在或将存在的。	
	意义 3	S 认为	张三采取了某种措施	
	事实意义 4（因为进攻是发生了的）	S 认为	对手的进攻发生了，但不清楚是否对张三产生影响。	

续表

类　型	意义结构	可能世界 0 （说话者 S 所在的世界）	可能世界 1 （说话者直接的 意识或话语世界） ≠可能世界 0	可能世界 2 （说话者假定的 意识或话语世界） ≠可能世界 1
张三成功避开了对手的进攻。	意义 1	S 认为	张三假设	对手会进攻自己,并给自己造成伤害
	意义 2	S 认为	对手的进攻是存在或将存在的。	
	意义 3	S 认为	张三采取了某种措施	
	事实意义/反事实意义 4	S 认为	对手的进攻发生了,但它未对张三产生影响。	
张三没有躲避对手的进攻。	意义 1	S 认为	张三假设	对手会进攻自己,并给自己造成伤害
	意义 2	S 认为	对手的进攻是存在或将存在的。	
	意义 3	S 认为	张三没有采取某种措施	
	事实意义 4	S 认为	对手的进攻发生了,而且它对张三产生或将产生影响。 (请注意,在特殊的情况下,影响不一定会发生。如:"张三没有躲避对手的进攻,因为对手太弱根本伤不了他。")	
张三没能避开对手的进攻。	意义 1	S 认为	张三假设	对手会进攻自己,并给自己造成伤害

续表

类　型	意义结构	可能世界 0 （说话者 S 所在的世界）	可能世界 1 （说话者直接的 意识或话语世界） ≠可能世界 0	可能世界 2 （说话者假定的 意识或话语世界） ≠可能世界 1
张三没能避开 对手的进攻。	意义 2	S 认为	对手的进攻是存在或 将存在的。	
	意义 3	S 认为	张三采取了某种措施	
	事实 意义 4	S 认为	对手的进攻发生，而且 它对张三产生或将产 生影响。	

表中的"事实意义/反事实意义"是说，该意义中一部分是事实性的，如"对手的进攻发生"，但另一部分是反事实性的，如"对手的进攻没有对张三产生影响"。

2.2　感知、记忆及其证据性

感知动词[14]表明主体对世界的认识结果，其叙实性是源自证据性，也称"传信"（evidential，也译为"实据""证据""言据""可证""施据"等）：人总是将感知作为事物的亲知证据，我们对世界的认识过程都是依赖于我们的视觉、听觉及其他感觉而进行的。一般而言，有所感知则被感知的事物是被感知者看成存在的。与之相反，如果没有感知，就没有证据，但一般而言，没有证据并不意味事物不存在，而是非事实，即事物可能存在可能不存在，需要进一步探究。从这一点看，感知与意向行为的达成很相似，是同一大类。

表 4　感知句的语义结构

类　型	意义结构	可能世界 0 （说话者 S 所在的世界）	可能世界 1 （说话者直接的 意识或话语世界） ≠可能世界 0	可能世界 2 （说话者假定的 意识或话语世界） ≠可能世界 1
①"看见"类		（S 说/认为）	李四看见	XP（小王从她屋 里出来）

续表

类　型	意义结构	可能世界 0（说话者 S 所在的世界）	可能世界 1（说话者直接的意识或话语世界）≠可能世界 0	可能世界 2（说话者假定的意识或话语世界）≠可能世界 1
李四看见小王从她屋里出来。	意义 1	S 认为	李四的视觉经验是	小王从她屋里出来
	意义 2	S 认为	李四的视觉经验如果存在就是强的证据	
	事实意义 3	S 认为	XP 的确或很有可能存在。	
李四没看见小王从她屋里出来。	意义 1	S 认为	李四的视觉经验中，没有	小王从她屋里出来
	意义 2	S 认为	李四的视觉经验如果不存在则不能提供证据	
	非事实意义 3	S 认为	XP 是否存在仍然不确定。	
我看见小王从她屋里出来。	意义 1	S 认为	S 的视觉经验是	小王从她屋里出来
	意义 2	S 认为	S 的视觉经验如果存在就是极强的证据	
	事实意义 3	S 认为	XP 的确存在。	
我没看见小王从她屋里出来。	意义 1	S 认为	S 的视觉经验中，没有	小王从她屋里出来
	意义 2	S 认为	S 的视觉经验如果不存在则不能提供证据，但可以看成一定程度上的反面证据。	
	反事实意义 3	S 认为	XP 是否存在仍然不确定，但倾向于认为是假的。	

类　型	意义结构	可能世界 0（说话者 S 所在的世界）	可能世界 1（说话者直接的意识或话语世界）≠可能世界 0	可能世界 2（说话者假定的意识或话语世界）≠可能世界 1
②"觉得"类		（S 说/认为）	李四觉得	XP（背上有东西在爬）
李四觉得背上有东西在爬。	意义 1	S 认为	李四的触觉经验是	背上有东西在爬
	意义 2	S 认为	李四的触觉经验如果存在就是弱的证据。	
	非事实意义 3	S 认为	XP 有可能存在，但需进一步验证。	
李四没觉得背上有东西在爬。	意义 1	S 认为	李四的触觉经验不是	背上有东西在爬
	意义 2	S 认为	李四的触觉经验如果不存在则不能提供证据。	
	非事实意义 3	S 认为	XP 是否存在仍不清楚。	
③"觉得"类		（S 说/认为）	李四觉得	XP（背上很痒）
李四觉得背上很痒。	意义 1	S 认为	李四的触觉经验是	背上很痒
	意义 2	S 认为	李四的触觉经验如果存在就是触觉感知的证据。	
	事实意义 3	S 认为	XP 存在。	
李四没觉得背上痒。	意义 1	S 认为	李四的触觉经验不是	背上痒
	意义 2	S 认为	李四的触觉经验如果不存在则是触觉感知不存在的证据。	
	反事实意义 3	S 认为	XP 不存在。	

　　感知作为证据，本身是有强度上的差异，包括两个维度：

　　1) 视觉是最强的感知，听觉其次，而其他感知的证据性并不充分，达成事实性的倾向程度各有不同。如"看见"与"感到"的差异：

(5) a　　李四看见[小王从她屋里出来]

　　　　　我看见[小王从她屋里出来]

　　 b　　李四感到[背上有东西在爬]

　　　　　我感到[背上有东西在爬]

　　显然，看见更容易作为证据，因此说话者更容易相信例(5a)中"小王从她屋里出来"为事实，尤其是"我看见"在一般情况下充分显示了说话者的信念，我的感觉是我最相信的。在法庭调查中"亲见"是很容易当成天然的事实证据的。如：

(6) 甲：证人，请陈述你在 3 月 20 日下午回家时看见了什么？

　　 乙：我看见他们(指向嫌疑人)向邻居的院子里扔燃烧瓶。

　　 甲：你看见的燃烧瓶是否在当场证物之中？

　　 乙：是的，我看见的就是这一种(指向一件证物)。

　　"感到、觉得"等一般表示味觉、嗅觉、外触觉和内触觉，如"他觉得汤太咸""他觉得花很香""他感到有东西在他腿上咬了一口""他感到身体不适"等。上表中"感到背上有东西在爬"是触觉。由于触觉本身的模糊性，它是最容易产生误导的，所以证据的有效性大打折扣，需要进一步探究确认。如：我对自己背上的感觉，还不能使我确认背上的确有东西，因为人的皮肤很可能把自身的一些刺激和变化误以为是外物的影响，这时，我就必须进一步去探究，最好的方法就是找个我信任的人，让他赶紧看一看。但如果"感到、觉得"后面的宾语就是对触觉感知的直接描写，那么"他觉得背上很痒"，那就是真的有痒的感觉；"他没觉得背上痒"，那就是没有痒的感觉，这又成了直接的事实或反事实意义。

　　在实际使用中，感知动词可以用来表示说话者或主体的猜测，即说话者或主体对其事实性判断不太高的认识，但具体使用的方式不一样，"看见"类的强证据感知不能直接表示猜测，需要其他语词的帮助，可加上表示猜测的情态词，如例(7a)所示；而弱证据性的"感到、觉得"等就可以直接表示模糊的猜测，如例(7b)所示，"感到背后有人"说话者并不肯定"背后有人"是事实,但有这种可能性,所以本质是非事实,但略微倾向于事实而已。

(7) a 李四好像看见[小王从她屋里出来]

我似乎看见[小王从她屋里出来]

b 李四感到/觉得[背后有人]

我感到/觉得[背后有人]

感知动词在语法化之后,可以表示认识,不同的感知动词表示的认识程度不同,强证据的"看见"类表示确定的认识,如例(8a)所示;而弱证据的"感到、觉得"等就只表示猜测,是较弱的认识,如例(8b)所示。

(8) a 李四看[他是个好人]

我看[他是个好人]

b 李四感到/觉得[他是个好人]

我感到/觉得[他是个好人]

2) 第一人称感知者最强,其他人称则未必充分,因为说话者总是以自己的经验作为证据。如上述例子中"李四"与"我"的对立。另外,让我们看看否定的情况:

(9) a 李四没看见[下面有人]

b 我没看见[下面有人]

在例(9a)中,李四不能提供证据,所以"下面有人"既未证实也未证伪,仍然不清楚,是非事实。但在例(9b)中,当说话者自身担任发现的主体时,有一个基本的立场"我总是对的",因此"我没发现、没看到",就会趋向于认为事物是假的。虽然我的感知也有可能是错的,但在实际对话中,这常常是表明我认为这一事物是反事实的方法,如例(10)中乙的意思是根本没人来过:

(10) 甲:上午老张来找你,你到哪儿去了? 我托他送一封信给你。

乙:我在办公室啊,<u>我没看见有谁来过! 也没看见什么信!</u>

虽然亲见有如此强的证据性,但在传信范畴中,它并不是最强的。因为一个人亲见的事物也可能为假,这需要在上下文中加以表达,否则就会被默认为真。例如:

(11) <u>我看见她向我嫣然一笑</u>,忙举手回应,结果尴尬了……原来她根本没注意到我,是在向我身后的那个男孩打招呼。

<u>我看见杰克家的屋后有一只兔子</u>,心想终于让我逮到你了。我一步步摸过去,瞅准了猛地一扑,结果悲剧了,原来那是一团水泥地上反射的阳光。哎哟我的腰!到现在还没好!

即使是当下的视觉经验,也有出错的时候。例如:

(12)甲:你看,你看,那儿有一个人!

乙:啥都没有,你看错了!

相反,说话者没看见的,反倒可能是真的,这也可以由上下文来确定。如例(13)表明他的确踢了我一脚:

(13)<u>我没看见他暗中踢来的一脚</u>,现在我还在家躺着呢。

除了感知可以作为证据,记忆也可以作为证据,与感知一样,在不同的人称下,有不同的证据强度:

表5 记忆句的语义结构1

类　　型	意义结构	可能世界 0 (说话者 S 所在的世界)	可能世界 1 (说话者直接的 意识或话语世界) ≠可能世界 0	可能世界 2 (说话者假定的 意识或话语世界) ≠可能世界 1
①"记得 1"类 (非自主)		(S 说/认为)	李四记得	XP(小王来过)
李四记得小王 来过。	意义 1	S 认为	李四的记忆是	小王来过
	意义 2	S 认为	李四的记忆如果存在 就是强的证据	
	事实 意义 3	S 认为	XP 很有可能存在。	
李四不记得小 王来过。	意义 1	S 认为	李四的记忆中,没有	小王来过
	意义 2	S 认为	李四的记忆如果不存 在则不能提供证据。	
	非事实 意义 3	S 认为	XP 是否存在仍然不 确定。	

类　型	意义结构	可能世界 0 （说话者 S 所在的世界）	可能世界 1 （说话者直接的 意识或话语世界） ≠可能世界 0	可能世界 2 （说话者假定的 意识或话语世界） ≠可能世界 1
我记得小王 来过。	意义 1	S 认为	S 的记忆是	小王来过
	意义 2	S 认为	S 的记忆如果存在就 是极强的证据。	
	事实 意义 3	S 认为	XP 的确存在。	
我不记得小王 来过。	意义 1	S 认为	S 的记忆中，没有	小王来过
	意义 2	S 认为	S 的记忆如果不存在 则不能提供证据，但可 以看成一定程度上的 反面证据。	
	反事实 意义 3	S 认为	XP 是否存在仍然不 确定，但倾向于认为是 假的。	

　　第一人称的记忆具有更强的证据性，在实际对话中，常常可用来表明我认为这一事物是反事实的。如例(14)中乙的意思是自己根本没去找过他：

　　(14) 甲：去年咱们去找过他，他还挺不乐意的！

　　　　　乙：我不记得我去找过他啊！

　　当然第一人称的记忆也会出错，所以即使记不得，也可能是真的，这时必须由上下文来确定。如例(15)，表明"我"的确去找过他：

　　(15) 我不记得去找过他，结果过了两个星期又去找他，把事儿又说了一遍，弄得人家挺尴尬的。

　　相反，即使记得，也可能是假的，这时也必须由上下文来确定。如例(16)，表明"我"没去找过他：

　　(16) 我记得去找过他，结果过了两个星期他都没动静，一问原来我找错了人，找的是他的邻居。

2.3 知识的获得、拥有与失去——缺省推理

"传信"理论认为:任何认识都有一个来源问题,而信息来源往往决定着信息的可靠程度,如下所示:[15]

知识来源　　知识模式　　可靠程度　　知识匹配

可靠

模糊不可知──→信念

证据　　　──→归纳　　　知　　──→言语手段

语言　　　──→传闻　　　识　　──→预期

假设　　　──→演绎

不可靠

这里的"可靠"也就是被说话者当成事实,而"不可靠"是被他当成非事实,即不知真假,而不是当成反事实。

在"传信"等级中,事实性最强的是说话者的"信念"(belief),所有的证据,包括亲知的证据都是其次的。信念是怎样在我们的知识体系中起作用的? 依据缺省推理[16],当主体面对事物时,他没法在完全确认这些事物的性质与真实性后再来行事,外在环境或心理冲动会逼迫他立刻采取某种立场观念并依此行动起来,去与事物打交道。所以认识,并不总是在行动之先。在不具有完善认识的条件下,主体会自动根据他的历史经验、身体本能甚至可能是随机地树立一个信念,它是一种观念、方针、指南等,在当下的情景中直接影响着主体的行为,换言之,主体先"认定"事实就是如此,然后在行动中去这样做。如果主体在接下来的活动中,接触的每个论据都和这一信念相容,或者虽有差异但尚不会造成严重的矛盾,则这一信仰将得到保持甚至强化;直到某个可以推翻先前相关结论的关键节点(重大的矛盾的新事物或新条件的介入)到来,才会迫使主体回过头来审视信念的事实性问题;在这个关键节点到来之前,该信念是默认为真,无须讨论,从而隐藏在主体更为关注的其他意义的背景信息之中,重新关注将使它前景化,从而取消它作为信念的地位,正所谓"信者不言,言者不信"(《老子》)。

许多"知识"性谓词,它们的背后就隐藏着这样的信念,其事实性由缺省推理保障。

　　"知道"类认识动词,包括"认识到、知道、清楚、晓得、明白"等。其宾语从句是"知识从句",即从句事件是外在于主句认识者经验之外的一个事实(知识),它是自足的;主句事件表示的是认识者对这一知识的认识状态;因此不论他是否认识到这一知识,这一知识本身的特性一般是不变的。

表6　知识句的语义结构

类　型	意义结构	可能世界 0（说话者 S 所在的世界）	可能世界 1（说话者直接的意识或话语世界）≠可能世界 0	可能世界 2（说话者假定的意识或话语世界）≠可能世界 1
①"知道1"类（非自主）		（S 说/认为）	小王知道	XP(李四要走)
小王知道李四要走。	意义 1	S 有知识	李四要走	
	意义 2	S 认为	小王有知识	李四要走
	事实意义 3	S 认为	XP 存在	
小王不知道李四要走。	意义 1	S 有知识	李四要走	
	意义 2	S 认为	小王没有知识	李四要走
	事实意义 3	S 认为	XP 存在	
②"认识到"类		（S 说/认为）	小王认识到	XP(小王的错误)
小王认识到自己的错误。	意义 1	S 有知识	小王的错误	
	意义 2	S 认为	小王有知识	小王的错误
	事实意义 3	S 认为	XP 存在	
小王没认识到自己的错误。	意义 1	S 有知识	小王的错误	
	意义 2	S 认为	小王没有知识	小王的错误
	事实意义 3	S 认为	XP 存在	

在"知道"类动词的语义结构中,说话者已经有了关于"李四要走"的知识,不过这一点是隐藏在背景之中的。句子的焦点是主体"小王"是否具有这一知识。一般而言,不论说话者认为小王是否知道,说话者都认为"李四要走"这件事是事实,[17]其真值是不能否定的。可用否定测试检验:当我说"李四不知道这件事"时,我一般是对意义2"李四有这件事的知识"进行了否定,而没有触及意义3"这件事存在"。

为什么"李四要走"的事实性如此之强?就是因为这是说话者自己已有的知识,它在背景中隐藏,在一般情况下,被默认。也就是说,说话者一般不会去考虑自己知识的来源,除非遇上了冲突或挑战,在缺省的情况下,这是他自然采取的信念,即"一个人总是默认自己已有的知识为事实",因此事实意义3是从意义1推导出来的。说话者一般自己不能去否定自己,我们不能说"＊小王不知道李四要走,因为李四实际上不会走",就是反映了这一强叙实性。

有两类关于记忆的动词:

一类是前面所考察的"记得"等,突显的是记忆的内容,所以它是作为事物存在性的证据。

另一类是"想起来、忘记1"等,突显的不是记忆的内容,而是主体记忆的状态,即记忆的好坏,和突显主题知识状态的"知道1"一样,具有缺省推理,记忆的内容是默认的背景知识。

表7　记忆句的语义结构2

类　　型	意义结构	可能世界0 (说话者S 所在的世界)	可能世界1 (说话者直接的 意识或话语世界) ≠可能世界0	可能世界2 (说话者假定的 意识或话语世界) ≠可能世界1
①"想起来"类		(S说/认为)	小王想起来	XP(李四来过)
小王想起来李四来过。	意义1	S有知识	李四来过	
	意义2	S认为	小王从记忆中提取出	李四来过
	事实 意义3	S认为	XP存在	

续表

类　型	意义结构	可能世界 0 （说话者 S 所在的世界）	可能世界 1 （说话者直接的 意识或话语世界） ≠可能世界 0	可能世界 2 （说话者假定的 意识或话语世界） ≠可能世界 1
小王没想起来 李四来过。	意义 1	S 有知识	李四来过	
	意义 2	S 认为	小王没有从记忆中提 取出	李四来过
	事实 意义 3	S 认为	XP 存在	
②"忘记 1"类 （非自主）		（S 说/认为）	小王忘了	XP（李四来过）
小王忘了李四 来过。	意义 1	S 有知识	李四来过	
	意义 2	S 认为	小王记忆中失去了知识	李四来过
	事实 意义 3	S 认为	XP 存在	
小王没忘李四 来过。	意义 1	S 有知识	李四来过	
	意义 2	S 认为	小王记忆中保留有知识	李四来过
	事实 意义 3	S 认为	XP 存在	

"知道"与"想起来"类的叙实性，常被用来构造"知道陷阱"——一种诱导性的提问。如例(17)中，一名警察问一个嫌疑人：

(17) 你知道自己犯法了吗？

你想起来自己犯了什么法吗？

你忘记自己犯的事儿了吗？

这一陷阱的实质是，问话人（警察）认为 XP 为真，但他故意让对方不去注意这一点，将它隐藏起来，使之默认为真。不论嫌疑人回答"知道"还是"不知道"，"想起来"还是"没想起来"，"忘记"还是"没忘记"，都不能否认背景知识，于是便被迫承认自己犯了法。较公正的提问应该是："你认为自己犯法了吗?"这是在问嫌疑人自己的认识,才是客观的问询。

现在我们来讨论一下缺省推理的失效。当背景知识被拉到前景中来,作为当前省视的对象时,就不再具有超然的地位,不再默认为真,而是可以加以挑战的,说话者也可以否定自己已有的知识。[18]

1) 说话者开始考察自己已有知识的来源,从传信而怀疑其事实性。如:

(18) a 我怎么知道我是男人呢? 是从小由父母亲人教给我的,是上厕所的经历告诉我的……。也许我其实是个披着男人外皮的女人?

b 我知道"市场是万能的",我也知道"市场不是万能的",究竟如何,还得继续研究。

例(18a)是"我"在人生的某个阶段突然怀疑"我是男人"的知识的来源。例(18b)的背景是,两个经济学流派,在它们的世界中,有两个表述相反的命题对各自的世界而言都有效;说话者关于市场经济的知识是从这两个流派学到的,因此可以同时说两个"知道"句,而它们都是对的,并不相互矛盾。

总之,说话者已有的知识,可能来自自我的推理,也可能来自他人的言语,或还有更为复杂的综合性来源。如书本知识,或者科学归纳分析的结果等,在功能上它们相当于"我听说……""我猜测……""你/他/有人告诉我……"等,这些意向谓词的引入使得知识不再是在直陈世界中,而是在虚拟世界中,因此其合理性或事实性是存疑的。

2) 说话者开始考察自己已有知识的证据性,从而怀疑其事实性。如:

(19) 甲:你知道小王喜欢谁?

乙:我不知道我是否知道小王喜欢谁。我倒是看见他和几个朋友经常来往,但是不是达到了那种程度,我不知道。

"知道"就是"有……的知识",无论有知识还是没有知识,怎么会不知道自己是否有知识? 实际上,所有的知识都有一个认证的问题,即对认识者来说,需要存在一个可能世界,称为"参照世界",作为认证的依据或基础;一般而言它是确定的,但有时也会出现问题。如这里到何种程度算是"喜欢",说话者并不明确。因此"我"的确有小王与人交往的知识,但是否算得上"喜欢"就不明确了。如果算得上,那我知道他喜欢谁;如果算不上,那我就不知道他喜欢谁。这一困惑正体现在"我不知道我是否知道小王喜欢谁"一句中。

3) 由感叹引发的特殊情况。如:

(20) 我们有的同志就知道"市场是万能的"!

说话者与"有的同志"都有"市场是万能的"这一知识,也许是某本教科书中学来的。但"就"("只"义副词)却是个隐性否定词,因为"就知道"意味着还应该知道其他来源信息(如在经济活动实践中发现市场机制的局限性)。说话者承认这两种认识都有知识属性,但由于"就"这种"只"义词是"主观小量",所以在可靠等级上,说话者是把"市场是万能的"放在更低的位置上的,由于预期的(也就是合理的)情况应该是了解更多的关于市场的知识,所以可以推导出"就知道"这一点是不合理的,进一步推出"就知道"的内容"市场是万能的"也是不合理的,由此表明说话者的态度是"市场是万能的"是错的。这是一个相当复杂的语用性否定。再如:

(21) a　甲:她还是爱你的。

乙:我可不知道她爱我!我只知道她老来烦我!

b　甲:毕竟市场是公平的。

乙:我晓得什么市场是公平的?! 两个大老板斗法,受伤的都是我们小老百姓!

例(21)中,说话者乙的"她爱我""市场是公平的"这一知识,是从甲那儿获得的,作为间接信源,既可以自由接受,也可以自由挑战,因此乙虽然有这个知识,但完全可以认为它为假,乙实际上是在对甲进行反驳。不过,在一般情况下,我们不用"我不知道"的方式反驳,因为有其他直接反驳的手段,如直接说"她不爱我/市场不是公平的"。这里之所以用"我不知道",实际上是转移到证据性的角度,即把我的知识作为证据,因此连我都不知道的事儿,肯定是假的。再如例(21)中,例(21a)的"我"有很强的证据性,例(21b)中,妈妈在儿子的事情中也有很强的证据性,所以这都是说"我爱她"和"他在家"是反事实的:

(22) a　连我都不知道自己爱她,她就那么肯定!

b　连他妈妈都不知道他在家,他真的在家吗?

"想起来"与"知道"一样,一旦把知识前景化,叙实性就会失去。如:

(23) a　甲:你找他干嘛?

　　　　乙:我想不起来我去找过他。

　　　b　连守门人都想不起来他来过,恐怕他的确是没来过。

然而"忘记",我们没有能找到这样的例子。我们觉得,从汉语语料的使用情况看,叙实性最强的是"忘记",其次是"想起来",而"知道"类比它们要弱一些。

2.4　关于可控性行为的知识

可控性的行为是否会发生,与主体的意愿知识能力紧密相关,且是也负相关为主,即如果没有意愿知识能力,行为基本上不会发生,除非偶然;但有意愿知识能力,也不一定就会发生。

1)"知道"的宾语并不总是表示知识,还可以表示"可控行为",也就是主体应该或知道用何种方式做事。知识与行为最大的区别是"可控性",知识由于与主体没有关系,是自足的,所以没有可控性。如"小王(不)知道李四要走"中,"李四要走"是认识主体"小王"无法控制的事情;再如例(24a)。行为是主体的行为,因此必须有可控性,如例(24b),"他"能够决定三点去不去学校。[19]

(24) a　他知道地球围绕太阳转。

　　　　他知道他应该三点去学校。

　　　b　他知道三点去学校。

　　　　他知道用微信付款。

让我们对比一下这两句:"他知道应该三点去学校"和"他知道三点去学校",它们意义十分相似,但是事实性不同:

表8　可控非可控知识句的语义结构对比

类　型	意义结构	可能世界 0 (说话者 S 所在的世界)	可能世界 1 (说话者直接的 意识或话语世界) ≠可能世界 0	可能世界 2 (说话者假定的 意识或话语世界) ≠可能世界 1
①"知道1"类 (非可控)		(S 说/认为)	小王知道	XP(应该三点去学校)

续表

类　型	意义结构	可能世界 0 （说话者 S 所在的世界）	可能世界 1 （说话者直接的 意识或话语世界） ≠可能世界 0	可能世界 2 （说话者假定的 意识或话语世界） ≠可能世界 1
小王知道应该 三点去学校。	意义 1	S 有知识	应该三点去学校	
	意义 2	S 认为	小王有知识	应该三点去学校
	事实 意义 3	S 认为	XP 为真	
小王不知道应 该三点去学 校。	意义 1	S 有知识	应该三点去学校	
	意义 2	S 认为	小王没有知识	应该三点去学校
	事实 意义 3	S 认为	XP 为真	
②"知道 2"类 （可控）		（S 说/认为）	小王知道	XP(三点去学校)
小王知道三点 去学校。	意义 1	S 认为	小王有知识	他该去做 XP
	意义 2	S 认为	小王倾向于去做 XP， 但在阻力太大的情况 下做不了。	
	事实 意义 3 （就倾向 性而言）	S 认为	XP 倾向于发生或将 发生，但有阻碍时可能 不会存在。	
小王不知道三 点去学校。	意义 1	S 认为	小王没有知识	他该去做 XP
	意义 2	S 认为	小王一般不会做 XP， 仅在极特殊的情况下 可能无心做成了 XP。	
	反事实 意义 3 （就倾向 性而言）	S 认为	XP 极大地倾向于不 存在。	

对类型①而言,是非可控的"知道"句,句中 XP 是"应该三点去学校",这是外在对他的要求,是不以他的意志为转移的,因此不论他知道还是不知道,"他应该三点去学校"这一要求一般都是事实,因此这种"知道"句是叙实句。

对类型②而言,是可控的"知道"句,XP 是"三点去学校",少了"应该",于是不是指道义要求,而是指具体的行为,如果他知道 XP 的话,他就很可能会采取行动,于是"他三点去学校"就很可能会发生,除非有什么外在的因素阻止了他采取这一行动;然而,如果他不知道这件事,那么他当然不会去做这事,也就是说,他不会三点去学校,这事不会发生,除非有偶然的情况,他无意中正好做了此事,如他本来是出来逛街的,无意中在三点走到了学校。因此,对类型②而言,肯定时倾向于事件会发生,也就是事实意义,而否定时事件一般都不会发生,即反事实意义。

进一步考察发现,肯定或否定时,可控"知道"句的透明强度不同:

一个人知道做什么,但在现实中被某些条件所阻碍,结果未能实施,这种情况很常见,因此"他知道来找你!"即可能他来或会来找你,但也难免没来或不会来找你。例如:

(25) a 甲:你怎么没来?

乙:我知道来找你! 可是我没你的地址啊!

b 我也知道矜持,对主考官多多微笑,用成熟稳重又富有礼貌的语调说话,但我就是忍不住,死胖子实在太搞笑了! 哇哈哈哈哈哈……

有时,"知道"的是未来的事,因此更多的是提出一种允诺或保证,即主体会或有可能去做这事。如:

(26) 放心,我知道去找你!

——你还不去学校,都几点了! ——我晓得去!

相反,一个人如果不知道做什么,在现实中他因为偶然的原因,阴差阳错做成了这件事,这种情况真的是非常罕见。因此,我们一般认为,否定时透明度会非常大,几乎可以确认是反事实。如"我(当时)不知道去找人帮忙",那我就不会去做,所以"我去找人帮忙"的事没有发生。

非可控"知道"是叙实动词,可控"知道"虽然透明性也很强,但却是一个事实一个反事实,且称之为"正反叙实"(pros-cons factives)。在实际的语料中,由于非可控的事件十分常见,因此用例要多得多,也是学者们论述的重点,而可控"知道"句却很少有人注意到。

记忆动词也有这种可控性的用例。如:

表9　可控非可控记忆句的语义结构对比

类　型	意义结构	可能世界 0 (说话者 S 所在的世界)	可能世界 1 (说话者直接的 意识或话语世界) ≠可能世界 0	可能世界 2 (说话者假定的 意识或话语世界) ≠可能世界 1
①"记得2"类 (可控)		(S 说/认为)	小王记得	XP(三点去学校)
小王记得三点去学校。	意义1	S 认为	小王的记忆是	他该去做 XP
	意义2	S 认为	小王倾向于去做 XP,但在阻力太大的情况下做不了。	
	事实 意义3 (就倾向性而言)	S 认为	XP 倾向于存在或将存在,但有阻碍时可能不会存在。	
小王不记得三点去学校。	意义1	S 认为	小王的记忆中没有	他该去做 XP
	意义2	S 认为	小王一般不会做 XP,仅在极特殊的情况下可能无心做成了 XP。	
	反事实 意义3 (就倾向性而言)	S 认为	XP 极大地倾向于不存在。	

续表

类　型	意义结构		可能世界 0（说话者 S 所在的世界）	可能世界 1（说话者直接的意识或话语世界）≠可能世界 0	可能世界 2（说话者假定的意识或话语世界）≠可能世界 1
②"忘记 2"类（可控）			（S 说/认为）	小王忘记	XP（三点去学校）
小王忘记三点去学校。		意义 1	S 认为	小王记忆中失去了知识	他该去做 XP
		意义 2	S 认为	小王一般不会做 XP，仅在极特殊的情况下可能无心做成了 XP。	
		反事实意义 3（就倾向性而言）	S 认为	XP 极大地倾向于不存在。	
小王没忘记三点去学校。		意义 1	S 认为	小王记忆中保留了知识	他该去做 XP
		意义 2	S 认为	小王倾向于去做 XP，但在阻力太大的情况下做不了。	
		事实意义 3（就倾向性而言）	S 认为	XP 倾向于发生或将发生，但有阻碍时可能不会存在。	
③"想起 2"类（可控）			（S 说/认为）	小王想起	XP（三点去学校）
小王没想起三点去学校。		意义 1	S 认为	小王没有从记忆中提取出	他该去做 XP
		意义 2	S 认为	小王一般不会做 XP，仅在极特殊的情况下可能无心做成了 XP。	
		反事实意义 3（就倾向性而言）	S 认为	XP 极大地倾向于不存在。	

在语料中,"想起"的可控用法,多用于对未来事件的想象,如"后悔的时候才想起努力""别到分手时才想起珍惜",因此这时的事件一定还没有实施,所以不知道会不会成真。与之不同,"没想起"常用在对以往情况的回忆,这时有很强的反事实倾向,如"走的时候没想起给妈妈打电话,以至于我妈还以为我失踪了呢"。这可能是因为否定时透明度相当大,但肯定时透明度较小的缘故,因此否定式更容易有反事实意义。

2)与主体意愿性有关的"同意、接受、拒绝、放弃"等。

表 10　意愿句的语义结构对比

类　型	意义结构		可能世界 0 (说话者 S 所在的世界)	可能世界 1 (说话者直接的 意识或话语世界) ≠可能世界 0	可能世界 2 (说话者假定的 意识或话语世界) ≠可能世界 1
①"同意"类			(S 说/认为)	小王同意	XP(去学校面试)
小王同意去学校面试。	意义 1		S 认为	小王有知识	小王去学校面试
	意义 2		S 认为	小王同意去做 XP,但在阻力太大的情况下做不了。	
	事实 意义 3 (就弱的倾向性而言)		S 认为	XP 倾向于存在或将存在,但有阻碍时可能不会存在。	
小王不同意去学校面试。	意义 1		S 认为	小王有知识	小王去学校面试
	意义 2		S 认为	小王不同意去做 XP。	
	反事实 意义 3 (就倾向性而言)		S 认为	XP 倾向于不存在。	
②"拒绝"类			(S 说/认为)	小王拒绝	XP(去学校面试)

续表

类　型	意义结构	可能世界 0 （说话者 S 所在的世界）	可能世界 1 （说话者直接的 意识或话语世界） ≠可能世界 0	可能世界 2 （说话者假定的 意识或话语世界） ≠可能世界 1
小王不拒绝去 学校面试。	意义 1	S 认为	小王有知识	小王去学校面试
	意义 2	S 认为	小王同意去做 XP，但在阻力太大的情况下做不了。	
	非事实 意义 3	S 认为	XP 的倾向性不明显。	
小王拒绝去学 校面试。	意义 1	S 认为	小王有知识	小王去学校面试
	意义 2	S 认为	小王不同意去做 XP。	
	反事实 意义 3 （就倾向 性而言）	S 认为	XP 倾向于不存在。	

　　一般而言，小王不同意去或拒绝去，在可控的情况下，就是说他没去。要得到相反的意义，一般需要他丧失可控性，如"小王不同意去学校面试，但胳臂拧不过大腿，在学校的强烈要求下，他只好去了"。

　　3）与主体能力和允许方式等有关的"能够、可以、无法"等。

表 11　能力允许方式句的语义结构对比

类　型	意义结构	可能世界 0 （说话者 S 所在的世界）	可能世界 1 （说话者直接的 意识或话语世界） ≠可能世界 0	可能世界 2 （说话者假定的 意识或话语世界） ≠可能世界 1
①"能"类		（S 说/认为）	小王能	XP（去学校面试）
小王能去学校 面试。	意义 1	S 认为	小王有知识	小王去学校面试

续表

类　型	意义结构	可能世界 0 （说话者 S 所在的世界）	可能世界 1 （说话者直接的 意识或话语世界） ≠可能世界 0	可能世界 2 （说话者假定的 意识或话语世界） ≠可能世界 1
小王能去学校面试。	意义 2	S 认为	小王有能力去做 XP，但在阻力太大的情况下做不了。	
	非事实意义 3	S 认为	XP 的倾向性不明显。	
小王不能去学校面试。	意义 1	S 认为	小王有知识	小王去学校面试
	意义 2	S 认为	小王没有能力去做 XP。	
	反事实意义 3（就倾向性而言）	S 认为	XP 倾向于不存在。	
②"无法"类		（S 说/认为）	小王无法	XP(去学校面试)
小王无法去学校面试。	意义 1	S 认为	小王有知识	小王去学校面试
	意义 2	S 认为	小王没有能力去做 XP。	
	反事实意义 3（就倾向性而言）	S 认为	XP 倾向于不存在。	

同样，在极为特殊的时候，可能有偶然因素促成事件，如："他本来无法通过考试，谁知那道题正好是前两天见过的，一下就把分数拉到了及格线上。"这涉及"和谐"问题，我们将另书讨论。

2.5　过去的认识状态

当说话者对自身的认识进行言说，说"我知道/我不知道"时，会出现不对称的情况：

（27）我知道他是你朋友。

　　　　我不知道他是你朋友。

"我知道"可以表达我现在的认识状态，如"我知道他是你朋友，放心吧，我会照顾他的"；也可以表示过去的认识状态，如"我知道他是你朋友，所以特别给了他一个惊喜"。但是"我不知道"一般却表示过去的认识状态，而不能表示现在的认识状态，如不能说"*我不知道他是你朋友，这次我不会照顾他"，但可以说"我不知道他是你朋友，所以当时没照顾他"。另外，同样是表示过去的认识状态，"我知道"则我会一直知道，现在也知道，过去和现在具有延续性；但"我（当时）不知道"，意味着我现在知道了，过去和现在具有对比性。

所以如此，是因为存在一个"悖论"：如果"我不知道"是表示我现在的认识状态，则因为我已经说出了"他是你朋友"，那么我现在已经有了"他是你朋友"这一知识，怎么又会不知道呢？因此"不知道"的"我"不是现在的"我"，而是过去的"我"，两个"我"不具有同一性。[20]在言语活动中，只有现在说话的那个"我"，才是真正的第一人称，而过去的"我"实际上和其他对象一样，只是说话者认识的一个对象而已。[21]

当然，消解悖论对语句的影响，并不一定必须铲除悖论。悖论就是自相矛盾的话语，因此是说话者认为为假的语句，它单独说是不成立的。如果我们把它放在虚拟小句等句子中，则因为后者可以容纳确定为反事实的命题，于是整个句子就可以成立了。如：

（28）条件：假如我（现在）不知道他是你朋友，那我会说什么呢？

　　　　条件：我会照顾他的，除非我（现在）不知道他是你朋友。

　　　　疑问：我（现在）不知道他是你朋友吗？

　　　　意外：难道我（现在）还不知道他是你朋友！

　　　　否定：我不可能（现在）不知道他是你朋友。

　　　　认识情态句：在特殊的条件下，我（现在）可能不知道他是你朋友。

　　　　引语：你以为/你说我（现在）不知道他是你朋友？/。

过去的认识与现在的认识具有对比性，这一点也充分体现在汉语"认为"与"以为"的差异上。在历史上，它们的命题意义几乎一致，即表达认识主体的认识内容；在有的方言中只有"以为"而没有"认为"，那么它就可以和普通话中的"认为"一样使用。在普通话中，这两个近义词却有一个重大区别，如例(29)所示：

(29) 我认为李四要走。　　小王认为李四要走。

　　　我以为李四要走。　　小王以为李四要走。

"认为"是客观地报道主体当下的认识。[22]当主体是第一人称时，表达说话者的认识，当然说话者一般认为自己的认识是事实。不过当主体是其他人称时，由于不是说话者的认识，而只是说话者引用的别人的认识，按照传信原则，这一认识的事实性并不可靠，是非事实，这合乎晦暗的性质要求。

表 12　认识句的语义结构

类　型	意义结构	可能世界 0（说话者 S 所在的世界）	可能世界 1（说话者直接的意识或话语世界）≠可能世界 0	可能世界 2（说话者假定的意识或话语世界）≠可能世界 1
① "认为"类		(S 说/认为)	小王认为	XP(李四要走)
小王认为李四要走。	意义 1	S 认为	小王有知识	李四要走
	意义 2	S 认为	小王判断 XP 存在	
	意义 3	S 认为	小王的判断不一定正确	
	非事实意义 4	S 认为	XP 是否存在不清楚	
小王不认为李四要走。	意义 1	S 认为	小王有知识	李四要走
	意义 2	S 认为	小王判断 XP 不存在	
	意义 3	S 认为	小王的判断不一定正确	
	非事实意义 4	S 认为	XP 是否存在不清楚	
② "以为"类		(S 说/认为)	小王以为	XP(李四要走)

续表

类　　型	意义结构	可能世界 0 （说话者 S 所在的世界）	可能世界 1 （说话者直接的 意识或话语世界） ≠可能世界 0	可能世界 2 （说话者假定的 意识或话语世界） ≠可能世界 1
小王以为李四要走。	意义 1	S 认为	小王有知识	李四要走
	意义 2	S 认为	小王判断 XP 存在	
	意义 3	S 认为	小王的判断不正确	
	反事实 意义 4	S 认为	XP 不存在	
我以为李四要走。	意义 1	S 认为	我有知识	李四要走
	意义 2	S 认为	我判断 XP 存在	
	意义 3	S 认为	我的判断不正确	
	反事实 意义 4	S 认为	XP 不存在	

　　"以为"有"错误的认识"的含义（被归入"反叙实"），如不管是"我以为李四要走"还是"小王以为李四要走"，在普通话中我们都倾向于把它理解为"李四要走"是反事实的，所以应该说："我/小王以为李四要走，其实他不走。"[23]

　　产生这一差异的原因不是两个词的逻辑意义不同，而是他们的使用环境不同。在普通话中，"认为"是中性的，可用于各种环境；"以为"经常用于"相对过去"的情况，即它是指主体在参照时间以前的某个时间的认识，这就意味着它很可能与现在的认识不同，而一般默认当下的认识更准确，所谓"后出转精"，因此此前的那个认识就被默认是错误的，这样就产生了反叙实性。

　　在句法表现上，"认为"可以自由地否定，如："我不认为你错了。""以为"的否定用法则很受限，可用于一些成语中，如"不以为然、不以为是、不以为意"等;"以为"主要用在表示反驳的"并不以为、根本不以为"等格式中,且即使这样的格式中也显得比较别扭,如很难说"他根本不以为李四要走",这说明了"以为"是高度主观化的。

过去的认识也并不都是错误的,如果我们引入其他维度的对比,会发生新的认识。如:

(30)甲:我昨天来找过你。

　　　乙:我昨天一天都在家——我怎么不知道你来找过我!

这里的"我不知道"是此前的"我"的认识状态,现在"你"告诉"我"你来过,则"我"现在有了"你"来过的知识。然而这一知识是"你"告诉"我"的,按传信原则,其可靠性是要打折扣的;与之相对,此前"我"的认识是"我"自己产生的,作为亲知的知识,更为可靠。两相比较,说话者实际上更倾向于相信自己此前认识的事实性,因此"你来找过我"倾向于反事实。

2.6　以主体的知识为背景

有一些主体行为或心理反应,必须在主体拥有某些知识的情况下才会产生。在缺省推理的情况下,我们默认说话者与主体有同样的认识世界,所以这也就意味着说话者也倾向于拥有这些前提知识,更进一步,说话者会倾向于认为这些已是事实。不过并非总是如此,有时也有反事实,或非事实的情况。

这样的谓词有多种,如下:

1)表示心理反应的"奇怪"类,包括"奇怪、诧异、惊讶、感到意外"等。

"奇怪"是个二价形容词,有两个主要论元:感到奇怪的人(O),以及使人感到奇怪的事物(XP)。"奇怪"至少有以下三种句法格式:

Ⅰ.(O)很奇怪/不奇怪 XP。如,"很奇怪李四居然没考上""他不奇怪李四没考上"。

Ⅱ.O 对 XP(感到)很奇怪/不(感到)奇怪。如,"他对李四没考上感到很奇怪""他对李四没考上一点儿也不感到奇怪"。

Ⅲ.(对 O 而言,)XP 很奇怪/不奇怪。如,"李四没考上很奇怪""对他来说,李四没考上并不奇怪"。

当 O 不出现时,一般默认为说话者,是说话者感到奇怪。

表 13 奇怪句的语义结构

类 型	意义结构	可能世界 0 (说话者 S 所在的世界)	可能世界 1 (说话者直接的 意识或话语世界) ≠可能世界 0	可能世界 2 (说话者假定的 意识或话语世界) ≠可能世界 1
① "奇怪"类		(S 说/认为)	他奇怪	XP(李四没考上)
他很奇怪李四没考上。	意义 1	S 认为	他有知识	李四没考上
	意义 2	S 认为	他认为	XP 是非常规的
	意义 3	S 认为	他产生意外的情绪反应	
	反事实 意义 4 事实 意义 4 非事实 意义 4	S 认为	他认为	XP 不存在 XP 存在 XP 可能存在，但 不确定
他不奇怪李四没考上。	意义 1	S 认为	他有知识	李四要走
	意义 2	S 认为	他认为	XP 是常规的
	意义 3	S 认为	他没产生意外的情绪 反应	
	事实 意义 4	S 认为	他认为	XP 存在
② "奇怪"类		(S 说/认为)	S 奇怪	XP(李四没考上)
李四没考上， 真的很奇怪。	意义 1	S 认为	S 有知识	李四没考上
	意义 2	S 认为	S 认为	XP 是非常规的
	意义 3	S 认为	S 产生意外的情绪反应	
	反事实 意义 4 事实 意义 4 非事 实意义 4	S 认为	S 认为	XP 不存在 XP 存在 XP 可能存在，但 不确定

类　　型	意义结构	可能世界 0 （说话者 S 所在的世界）	可能世界 1 （说话者直接的 意识或话语世界） ≠可能世界 0	可能世界 2 （说话者假定的 意识或话语世界） ≠可能世界 1
李四没考上不奇怪。	意义 1	S 认为	S 有知识	李四要走
	意义 2	S 认为	S 认为	XP 是常规的
	意义 3	S 认为	S 没产生意外的情绪反应	
	事实 意义 4	S 认为	S 认为	XP 存在

在肯定与否定时出现了不对称：

1.1）在肯定时，"奇怪"类意向谓词的共同之处是表达主体的"意外"（mirativity），指主体获得了一个信息，也就是他有知识 XP；但这一知识是非常规的，或与他的预期不符，因此他产生了惊讶的情感。在意外的情况下，主体对这一知识的态度至少有两种：[24]

1.1.1）在自信的情况下，他认为自己的认识是对的，因此如果与自己的预期或常识不相符合，则 XP 应该是假的。也就是说，主体认为 XP 是反事实，此时"他很奇怪李四居然没考上"表示他认为李四其实是考上了，只不过消息传错了罢了。

1.1.2）在不自信的情况下，又有两种情况：

1.1.2.1）他或者认为自己的认识是错的，因此与自己预期和常识不符的 XP 是真的，即主体认为 XP 是事实，此时"他很奇怪李四居然没考上"表示他承认李四的确没考上。意外就意味着他认为 XP 是不合理的，他想不通，因此就隐含着一个意义：他希望有人能告诉他为什么李四没考上，按理李四应该考上的，是不是有特殊的原因。

1.1.2.2）不自信还有另外一个可能，即他觉得可能自己的预期或常识是错误的，也许真的是李四没考上，但一个人要承认自己错了是很不容易的，因此他会挣扎，会犹豫，依然需要对方来证实或证伪，或者告诉他细节,如究竟考了多少分,等等。

1.2) 在否定时,主体不感到奇怪,也就是说他新获得的知识 XP 是与他的预期或常识相符的,一个人很难去怀疑与自己的认识相符的情况,他一般只会把这当成正确性认识的证明或炫耀的资本,所以"他不奇怪李四没考上"表示他相信李四没考上是事实。

由此可知,在肯定时,"奇怪"类意向谓词的实际意义很特殊,会随语境和语气而变化,但在否定时它们倾向于是事实。

当"奇怪"类谓词的主体是第一人称以外的某人时,请注意,句子的语义内容根本与说话者无关,所以说话者应该可以自由挑战,认为这一主体的认识是错误的。如:

(31) 对妈妈来说,李四没考上真的很奇怪! 她不知道的是,其实李四
　　　是考上了。家里穷,上学就意味着一笔新的借债……所以李四
　　　不愿意告诉父母真相罢了。
　　　小云倒不奇怪这厮做出这样的事,可是当别人告诉她王贵根本
　　　没做这事时,她却真的结结实实地吃了一惊。

移情功能会使说话者站在句中主体一边,因此当句中没有相应的成分解释时,主体的认识会被默认为说话者的认识。如:

(32) 中国人民一点儿也不奇怪美国会悍然对华发动贸易战,因为这
　　　一套许多年前已经对日本来过一次了。

当"奇怪"类的主体是第一人称时,是直接反应说话者的态度与认识。当然第一人称的认识可以在后文中再来自我否认。如:

(33) 父亲:儿子(李四)的成绩一向很好,没考上真的很奇怪,也许他
　　　其实是考上了,只不过故意告诉我们没考上罢了。(李四告诉父
　　　母他没考上——基于他人言语的传闻)
　　　如果说李四没考上的话,那就真的很奇怪了,莫非他是考上了,
　　　只是不告诉大家?! (基于假设的演绎)

2) 表示情绪反应的"后悔"类,包括"后悔、懊悔、哀叹、庆幸、高兴、自豪、欣赏、可惜、遗憾"等。

表 14　后悔句的语义结构

类　型	意义结构	可能世界 0（说话者 S 所在的世界）	可能世界 1（说话者直接的意识或话语世界）≠可能世界 0	可能世界 2（说话者假定的意识或话语世界）≠可能世界 1
①"后悔"类		（S 说/认为）	他后悔	XP(他没考上)
他很后悔自己没考上。	意义 1	S 认为	他有知识	他没考上
	意义 2	S 认为	他认为	XP 具有消极价值
	意义 3	S 认为	他产生强烈的消极情绪反应	
	事实意义 4	S 认为	他认为	XP 存在
他不后悔没考上。	意义 1	S 认为	他有知识	他没考上
	意义 2	S 认为	他认为	XP 具有消极价值
	意义 3	S 认为	他没产生强烈的消极情绪反应	
	事实意义 4	S 认为	他认为	XP 存在
②"后悔"类		（S 说/认为）	S 后悔	XP(没听他的话)
（我）很后悔没听他的话。	意义 1	S 认为	S 有知识	S 没听他的话
	意义 2	S 认为	S 认为	XP 具有消极价值
	意义 3	S 认为	S 产生强烈的消极情绪反应	
	事实意义 4	S 认为	S 认为	XP 存在
（我）不后悔没听他的话	意义 1	S 认为	S 有知识	S 没听他的话
	意义 2	S 认为	S 认为	XP 具有消极价值
	意义 3	S 认为	S 没产生强烈的消极情绪反应	
	事实意义 4	S 认为	S 认为	XP 存在

　　"后悔"类意向动词与"奇怪"类很相似,都是主体接收到一个信息XP,这一信息对说话者产生了心理上的影响。不过"奇怪"类的影响是意外,是出乎预料、非常规;而"后悔"类则是社会价值的评判,即 XP 具有积极或消极的价值,由此使主体产生较强的情绪情感反应。这一点导致了一个显著的差异:"后悔"类的肯定句和否定句都有较强的事实性倾向。

　　其根本原因在于"社会价值+情绪"与"意外"不同。基于社会价值的行为或情绪表现,必须在事实的基础上进行,无论这是肯定的事实(发生某事)还是否定的事实(没发生某事),它们必须是确定的信息。如果一件事不确定是否发生,虽然可以在理性上给予它以褒贬评价,如"如果考不过就不好了",但表示褒贬情绪就是不合适的:坏事只有当它发生才值得懊悔,而好事也只有发生才值得高兴。

　　与"奇怪"类一样,当主体为第一人称以外的人物时,说话者完全可以表达他的认识是错误的,这时会破坏句子的事实性。如:[25]

　　(34)甲认为自己没考上,甲很后悔。

　　　　乙:你别后悔了! 我告诉你,你实际上是已经考上了!(反事实)

　　乙没有否定甲后悔的事实,也未否定甲认为自己没考上的事实,乙只不过指出甲的认识是错误的。再如例(35)是指出价值评判的错误:

　　(35)你别后悔了,考不上也没什么大不了的!(不具有消极价值)

　　当主体为第一人称时,"后悔"句一般反映说话者自己的认识,有更强的叙实性。但是传信因素可能破坏这一点:

　　(36)甲:你后悔吗?

　　　　乙:我不后悔! 因为实际上我已经考上了。(反事实)

　　　　　　我不后悔! 因为我从来没认为考不上是什么大不了的事。

　　　　(不具有消极价值)

　　乙所说的"后悔"不是来自自身的亲历或认识过程,而是由甲(对方)传递而来的信息。显然,甲认为乙没考上,并且甲认为这是消极的事,甲希望知道乙是否产生了消极情绪,所以问乙是否后悔。作为"非我"的知识,乙对此进行了完全正当的挑战。再如:

　　(37)a.我真傻,后悔什么?! 原来我已经考上了!(反事实)

    b. 我真傻,后悔什么?! 原来考什么大学真的一点也不重要,重要的是自己的努力!（不具有消极价值）

说话者过去认为自己没考上,并认为这是消极的事,过去为此后悔过;而现在的"我"对过去的"我"进行批驳,也是完全自由的。

虚拟句中对此给出了更为广阔的可能世界,请看例(38),其中事实性都被消解了:

（38）a. 假如我后悔自己没考上,那就真上了她的大当了! 因为我实际上已经考上了,本该快快乐乐地享受美好时光才是!

    b. 假如我不努力一点,将来一定会后悔自己没考上大学的。[26]

3）表示情绪与外在互动行为反应的"责怪"类,如"表扬、批评、赞赏、感谢、抗议、责备、责怪"等。

表 15 批评句的语义结构

类 型	意义结构	可能世界 0（说话者 S 所在的世界）	可能世界 1（说话者直接的意识或话语世界）≠可能世界 0	可能世界 2（说话者假定的意识或话语世界）≠可能世界 1
① "批评"类		（S 说/认为）	领导批评	XP（他上班不穿西装）
领导批评他上班不穿西装。	意义 1	S 认为	领导有知识	他上班不穿西装
	意义 2	S 认为	领导认为	XP 具有消极价值
	意义 3	S 认为	领导给予他消极的言辞反应	
	事实意义 4	S 认为	领导认为	XP 存在
领导没有批评他上班不穿西装。	意义 1	S 认为	领导没有知识	他上班不穿西装
	意义 2	S 认为	领导认为	XP 具有消极价值
	意义 3	S 认为	领导没给予他消极的言辞反应	
	反事实意义 4	S 认为	领导认为	XP 不存在

续表

类　型	意义结构	可能世界 0 （说话者 S 所在的世界）	可能世界 1 （说话者直接的 意识或话语世界） ≠可能世界 0	可能世界 2 （说话者假定的 意识或话语世界） ≠可能世界 1
领导没有批评他上班不穿西装。	意义 1	S 认为	领导有知识	他上班不穿西装
	意义 2	S 认为	领导认为	XP 不具有消极价值
	意义 3	S 认为	领导没给予他消极的言辞反应	
	事实意义 4	S 认为	领导认为	XP 存在
领导没有批评他上班不穿西装。	意义 1	S 认为	领导有知识	他上班不穿西装
	意义 2	S 认为	领导认为	XP 具有消极价值
	意义 3	S 认为	领导没给予他消极的言辞反应	
	事实意义 4	S 认为	领导认为	XP 存在
领导不批评他上班不穿西装。	意义 1	S 认为	领导有知识	他上班不穿西装
	意义 2	S 认为	领导认为	XP 不具有消极价值
	意义 3	S 认为	领导没给予他消极的言辞反应	
	事实意义 4	S 认为	领导认为	XP 存在
领导不批评他上班不穿西装。	意义 1	S 认为	领导有知识	他上班不穿西装
	意义 2	S 认为	领导认为	XP 具有消极价值
	意义 3	S 认为	领导没给予他消极的言辞反应	
	事实意义 4	S 认为	领导认为	XP 存在

"批评"类与"后悔"类一样都是表明主体对 XP 的看法具有消极的社会价值。不同的是,"后悔"类是主体自己的心理及情绪反应,即使外化也只是自我表现;而"批评"类则是主体对他人的评价,是人际互动的行为。

3.1) 当行为发生的时候,这一行为内外各方面的条件都需要具备。因此主体(领导)一定知道有事件 XP,即"他上班不穿西装",并且认为这是消极的(也许是因为西装是该单位的工作服,或是因为西装作为正装,代表了员工认真负责的工作态度,等等),所以给予他以消极的互动。

3.2) 用于否定时,情况就比较复杂了。"批评"类作为行为,说话者可以从两个视角去看个体:

3.2.1) 从外部去看,说话者用"没有、不会"等表示行为没有发生或不会发生。为什么不发生? 可以有各种原因:

3.2.1.1) 领导不知道他上班不穿西装,因此这时对主体而言,XP 是反事实。包括:

3.2.1.1.1) 他上班穿了西装。

3.2.1.1.2) 他上班没穿西装,只是领导不知道而已。

3.2.1.2) 领导知道他上班不穿西装,又包括:

3.2.1.2.1) 领导知道他上班不穿西装,但不认为不穿西装有什么不好,所以不批评他。这时对主体而言,XP 是事实。

3.2.1.2.2) 领导知道他上班不穿西装,也认为不穿西装是不好的,只不过是克制了自己的情绪,没有表现出来罢了。这时对主体而言,XP 也是事实。

由于从外部看,我们很难推知主体的认识,事实和反事实都可能,所以总的来讲,这时是非事实的。

3.2.2) 从内部看,说话者用"不"来表示主体的否定意愿,即主体(领导)主动地不去批评他。当主体根本不知道有 XP 这回事时,主体没有什么主动性可言,因此要说主动性,必然是主体已经知道了这件事,可以自我进行选择的时候。因此,从内部看,主体的认识只能是 XP 是事实。

3.2.2.1) 领导知道他上班不穿西装,但不认为不穿西装有什么不好,所以不批评他。这时对主体而言,XP 是事实。

3.2.2.2) 领导知道他上班不穿西装,也认为不穿西装是不好的,但克制了自己的情绪，没有表现出来。这时对主体而言，XP 也是事实。

　　积极的互动行为也是如此，例如"感谢"类。

表 16　感谢句的语义结构

类　型	意义结构	可能世界 0 （说话者 S 所在的世界）	可能世界 1 （说话者直接的 意识或话语世界） ≠可能世界 0	可能世界 2 （说话者假定的 意识或话语世界） ≠可能世界 1
① "感谢"类		（S 说/认为）	小王感谢	XP（他的无私帮助）
小王感谢他的 无私帮助。	意义 1	S 认为	小王有知识	他的无私帮助
	意义 2	S 认为	小王认为	XP 具有积极价值
	意义 3	S 认为	小王给予他积极的言辞反应	
	事实 意义 4	S 认为	小王认为	XP 存在
小王没有感谢 他 的 无 私 帮 助。	意义 1	S 认为	小王没有知识	他的无私帮助
	意义 2	S 认为	小王认为	XP 具有积极价值
	意义 3	S 认为	小王没给予他积极的 言辞反应	
	反事实 意义 4	S 认为	小王认为	XP 不存在
小王没有感谢 他 的 无 私 帮 助。	意义 1	S 认为	小王有知识	他的无私帮助
	意义 2	S 认为	小王认为	XP 不具有积极价值
	意义 3	S 认为	小王没给予他积极的 言辞反应	
	事实 意义 4	S 认为	小王认为	XP 存在
小王没有感谢 他的无私帮助。	意义 1	S 认为	小王有知识	他的无私帮助
	意义 2	S 认为	小王认为	XP 具有积极价值

续表

类　型	意义结构	可能世界 0 （说话者 S 所在的世界）	可能世界 1 （说话者直接的 意识或话语世界） ≠可能世界 0	可能世界 2 （说话者假定的 意识或话语世界） ≠可能世界 1
小王没有感谢他的无私帮助。	意义 3	S 认为	小王没给予他积极的言辞反应	
	事实意义 4	S 认为	小王认为	XP 存在
小王不感谢他的无私帮助。	意义 1	S 认为	小王有知识	他的无私帮助
	意义 2	S 认为	小王认为	XP 不具有积极价值
	意义 3	S 认为	小王没给予他积极的言辞反应	
	事实意义 4	S 认为	小王认为	XP 存在
小王不感谢他的无私帮助。	意义 1	S 认为	小王有知识	他的无私帮助
	意义 2	S 认为	小王认为	XP 具有积极价值
	意义 3	S 认为	小王没给予他积极的言辞反应	
	事实意义 4	S 认为	小王认为	XP 存在

请注意，有的事本身在公共信念中就是普遍地被认为是消极或积极的事，因此就会少一种选择。如"领导批评他不认真做事"，一般领导不可能会认为"不认真做事"不具有消极价值。所以"领导没有/不批评他不认真做事"倾向于理解为领导虽然认为 XP 有消极价值，但因为种种原因不进行批评。

与"后悔"类一样，主体的知识也是可以否定的，这时就会取消句子的事实性。如：

（39）a. 领导批评小王没来上班。小王说："我来了，在仓库里整理材

料,您没看见吧。"(反事实)

　　b. 您别感谢了,这是我应该做的,没什么可说的!(正常行为不
　　　　具有积极价值)

再如:

(40) 甲:你会感谢她帮忙吗?

　　乙:a. 我感谢她干嘛!她又没有帮到我!(反事实)

　　　　b. 我感谢她干嘛!她是我老婆,这是她该做的!(正常行为
　　　　　不具有积极价值)

2.7　以主体的事实性判断为背景

　　有一些主体行为,必须在主体对事物的事实性具有判断的基础上才会
产生。缺省推理默认说话者与主体有同样的认识世界,所以这也就意味着
说话者也倾向于做出了相同的判断。不过在具体实施中还是有例外。

　　这样的谓词有多种,如下:

　　1) 说话者认为事物为真,或者告诉别人,或者加以隐藏,如"承认、否
认"等。

表 17　承认句的语义结构

类　型	意义结构	可能世界 0 (说话者 S 所在的世界)	可能世界 1 (说话者直接的 意识或话语世界) ≠可能世界 0	可能世界 2 (说话者假定的 意识或话语世界) ≠可能世界 1
① "承认"类		(S 说/认为)	小王承认	XP(他拿了李四的 东西)
小王承认他拿了李四的东西。	意义 1	S 认为	需要讨论知识 XP 的 事实性	小王拿了李四的 东西
	意义 2	S 认为	小王给予肯定的回答	
	意义 3	S 认为	小王的同意在事实性 上是有效的	
	事实 意义 4	S 认为	XP 很可能存在	

类　型	意义结构	可能世界 0（说话者 S 所在的世界）	可能世界 1（说话者直接的意识或话语世界）≠可能世界 0	可能世界 2（说话者假定的意识或话语世界）≠可能世界 1
小王没承认他拿了李四的东西。	意义 1	S 认为	需要讨论知识 XP 的事实性	小王拿了李四的东西
	意义 2	S 认为	小王给予否定的回答	
	意义 3	S 认为	小王的否定在事实性上是无效的	
	非事实意义 4	S 认为	XP 不清楚是否存在	
小王没承认他拿了李四的东西。	意义 1	S 认为	需要讨论知识 XP 的事实性	小王拿了李四的东西
	意义 2	S 认为	小王给予否定的回答	
	意义 3	S 认为	小王在撒谎	
	事实意义 4	S 认为	XP 仍然很可能存在	
小王不承认他拿了李四的东西。	意义 1	S 认为	需要讨论知识 XP 的事实性	小王拿了李四的东西
	意义 2	S 认为	小王给予否定的回答	
	意义 3	S 认为	小王在撒谎	
	事实意义 4	S 认为	XP 仍然很可能存在	

"承认"作为自主性的行为,也有内外两个视角,于是肯定与否定也不对称:

1.1) 当行为发生的时候,这一行为内外各方面的条件都需要具备,主体(小王)给予了肯定的回答:由于移情的作用,且说话者认为行为当事人的肯定证词是可靠的,因此说话者自然也认为 XP 是事实。

1.2) 回答是否定时,不同视角结论不一样:

1.2.1) 从外部去看,说话者用"没有、不会"等表示行为没有发生或不会发生。之所以如此,可以有各种原因:

1.2.1.1) 小王给予否定的回答,但他的否定却难以消除说话者的怀疑,说话者仍然认为 XP 是有可能的,认为只不过是现在还缺乏证据罢了,所以他依然是非事实的判断。

1.2.1.2) 小王给予否定的回答,但由于说话者从动机角度揣测小王的行为(小王在撒谎),所以说话者也认为这是事实。

由于从外部看,我们很难推知主体的认识,事实和反事实都有可能,总的来讲,是倾向于非事实的。

1.2.2) 从内部看,说话者用"不"来表示主体的否定意愿,即"小王主动地不去承认"。当主体根本认为没有 XP 这回事时,主体没有主动性可言,因此要说主动性,必然是主体已经知道这件事为真,但自我选择给予否定回答。因此,从内部看,主体的认识只能是"XP 是事实"。由于说话者从动机角度揣测小王的行为,所以也认为这是事实。

"否认"与"承认"是镜像关系,"否认"就是"没有承认"或"不承认",而"不否认、没有否认"就是"承认"。请看表 18:

表 18　否认句的语义结构

类　型	意义结构	可能世界 0 (说话者 S 所在的世界)	可能世界 1 (说话者直接的 意识或话语世界) ≠可能世界 0	可能世界 2 (说话者假定的 意识或话语世界) ≠可能世界 1
① "否认"类		(S 说/认为)	小王否认	XP(他拿了李四的东西)
小王不/没有否认他拿了李四的东西。	意义 1	S 认为	需要讨论知识 XP 的事实性	小王拿了李四的东西
	意义 2	S 认为	小王给予肯定的回答	
	意义 3	S 认为	小王的同意在事实性上是有效的	
	事实意义 4	S 认为	XP 很可能存在	

续表

类　型	意义结构	可能世界 0 （说话者 S 所在的世界）	可能世界 1 （说话者直接的 意识或话语世界） ≠可能世界 0	可能世界 2 （说话者假定的 意识或话语世界） ≠可能世界 1
小王否认他拿了李四的东西。	意义 1	S 认为	需要讨论知识 XP 的事实性	小王拿了李四的东西
	意义 2	S 认为	小王给予否定的回答	
	意义 3	S 认为	小王的否定在事实性上是无效的	
	非事实意义 4	S 认为	XP 不清楚是否存在	
小王否认他拿了李四的东西。	意义 1	S 认为	需要讨论知识 XP 的事实性	小王拿了李四的东西
	意义 2	S 认为	小王给予否定的回答	
	意义 3	S 认为	小王在撒谎	
	事实意义 4	S 认为	XP 仍然很可能存在	

　　应该说，不论承认或不承认，都是由他人询问小王，小王做出回答。所以询问者（很多时候就是说话者）只是把小王的话作为证据之一来辅助判断，而证据的本质是晦暗性，只不过我们一般把小王的肯定回答看成比较强的证据性，或者说是证实了我们（询问者）的观点。一般而言，说话者总是希望肯定自己的认识，所以小王不过是提供了一定的证据，但在说话者心中却被放大为事实性的保证，从而使句子具有较强的透明性。也就是说，之所以倾向于认为它为真，只不过是因为"承认"或"不否认"的是提问者（说话者）事先的猜测罢了，是对后者的认识确定性的增强；而"否认"或"不承认"则是对提问者（说话者）事先猜测的确定性加以削弱，所以真假不定。

　　但有一般就有特殊，在以下情况下，即使嫌犯承认，也不是事实：

　　(41)甲：嫌犯已经承认自己杀死了受害人。

乙：虽然我的当事人承认有关指控,但当时他的精神上发生了障碍,神志不清,因此很可能是产生了幻觉,以为是自己做的。我们认为,并不能排除他人作案的可能。

2) 说话者认为事物为真,或者告诉别人,或者加以隐藏,如"坦白、交代、揭露、掩饰、抵赖"等。

表 19　主体认识句的语义结构

类　　型	意义结构	可能世界 0（说话者 S 所在的世界）	可能世界 1（说话者直接的意识或话语世界）≠可能世界 0	可能世界 2（说话者假定的意识或话语世界）≠可能世界 1
① "坦白"类		（S 说/认为）	小王坦白	XP(是他拿了李四的东西)
小王坦白是他拿了李四的东西。	意义 1	S 认为	小王有知识	小王拿了李四的东西
	意义 2	S 认为	小王认为	XP 存在
	意义 3	S 认为	小王给予肯定的回答	
	意义 4	S 认为	小王的同意在事实性上是有效的	
	事实意义 5	S 认为	XP 很可能存在	
小王不/没有坦白是他拿了李四的东西。	意义 1	S 认为	小王有知识	小王拿了李四的东西
	意义 2	S 认为	小王认为	XP 存在
	意义 3	S 认为	小王给予否定的回答	
	意义 4	S 认为	小王的否定在事实性上是无效的	
	事实意义 5	S 认为	XP 仍然很可能存在	

续表

类　　型	意义结构	可能世界 0 （说话者 S 所在的世界）	可能世界 1 （说话者直接的 意识或话语世界） ≠可能世界 0	可能世界 2 （说话者假定的 意识或话语世界） ≠可能世界 1
②"揭露"类		（S 说/认为）	记者揭露	XP（美军的暴行）
记者揭露了美军的暴行。	意义 1	S 认为	记者有知识	美军的暴行
	意义 2	S 认为	记者认为	XP 存在
	意义 3	S 认为	记者把 XP 告诉大众	
	意义 4	S 认为	记者的言说在事实性上是有效的	
	事实 意义 5	S 认为	XP 很可能存在	
记者没有揭露美军的暴行。	意义 1	S 认为	记者有知识	美军的暴行
	意义 2	S 认为	记者认为	XP 存在
	意义 3	S 认为	记者没把 XP 告诉大众	
	意义 4	S 认为	记者的不言说在事实性上是无效的	
	事实 意义 5	S 认为	XP 仍然很可能存在	
③"掩饰"类		（S 说/认为）	小王掩饰	XP（小王的错误）
小王竭力掩饰自己的错误。	意义 1	S 认为	小王有知识	小王的错误
	意义 2	S 认为	小王认为	XP 存在
	意义 3	S 认为	小王不让别人知道 XP	
	意义 4	S 认为	小王的否定在事实性上是无效的	
	事实 意义 5	S 认为	XP 仍然很可能存在	

续表

类　　型	意义结构	可能世界 0 （说话者 S 所在的世界）	可能世界 1 （说话者直接的 意识或话语世界） ≠可能世界 0	可能世界 2 （说话者假定的 意识或话语世界） ≠可能世界 1
	意义 1	S 认为	小王有知识	小王的错误
	意义 2	S 认为	小王认为	XP 存在
小王没有/不 掩饰自己的 错误。	意义 3	S 认为	小王没有不让别人知 道 XP	
	意义 4	S 认为	小王的袒露在事实性 上是有效的	
	事实 意义 5	S 认为	XP 很可能存在	

在肯定时,这些谓词与"承认、否认"一样,都是要各方面条件具备,所以都是事实性的。但在否定时,与"承认、否认"不同的是,这些意向谓词都强调了主体的主观态度,而主观态度的突显必然是内部的,因此它们只允许从内部来看,不允许外部视角,这导致它们解读为事实的倾向性更强。

同理,有一般就有特殊,在以下情况下,会破坏事实性:

(42)甲:证人揭露了他们侵吞国有资产的犯罪行为!

　　乙:揭露什么!揭露什么!人家没拿一分多余的钱,有什么好揭露的!

3)说话者认为事物为真,加以隐藏,但没有能够成功,如"暴露"等。它与"掩饰"类很相似,仅仅是多了一个掩饰成功与否的问题。

表 20　暴露句的语义结构

类　　型	意义结构	可能世界 0 （说话者 S 所在的世界）	可能世界 1 （说话者直接的 意识或话语世界） ≠可能世界 0	可能世界 2 （说话者假定的 意识或话语世界） ≠可能世界 1
①"暴露"类		（S 说/认为）	汪精卫暴露	XP(汪精卫的汉奸 嘴脸)

类　型	意义结构	可能世界 0 （说话者 S 所在的世界）	可能世界 1 （说话者直接的 意识或话语世界） ≠可能世界 0	可能世界 2 （说话者假定的 意识或话语世界） ≠可能世界 1
（在这篇文章中,）汪精卫暴露了他的汉奸嘴脸。	意义 1	S 认为	汪精卫有知识	汪精卫是汉奸
	意义 2	S 认为	汪精卫认为	XP 存在
	意义 3	S 认为	汪精卫不让别人知道 XP 存在	
	意义 4	S 认为	汪精卫失败了	
	事实 意义 5	S 认为	XP 存在	
（在这篇文章中,）汪精卫还没有暴露他的汉奸嘴脸。	意义 1	S 认为	汪精卫有知识	汪精卫是汉奸
	意义 2	S 认为	汪精卫认为	XP 存在
	意义 3	S 认为	汪精卫不让别人知道 XP 存在	
	意义 4	S 认为	汪精卫成功了	
	事实 意义 5	S 认为	XP 存在	

4) 说话者认为事物为假,故意装成真的,如"假装、捏造、冒充、伪造、欺骗1、骗1"等。

表 21　假装句的语义结构

类　型	意义结构	可能世界 0 （说话者 S 所在的世界）	可能世界 1 （说话者直接的 意识或话语世界） ≠可能世界 0	可能世界 2 （说话者假定的 意识或话语世界） ≠可能世界 1
①"假装"类		（S 说/认为）	小王假装	XP(生病)

续表

类　型	意义结构	可能世界 0（说话者 S 所在的世界）	可能世界 1（说话者直接的意识或话语世界）≠可能世界 0	可能世界 2（说话者假定的意识或话语世界）≠可能世界 1
小王假装生病。（同时具有两面性，既有事实的一面，也有反事实的一面）	意义 1	S 认为	小王有知识	生病有外部属性与内部属性
	意义 2	S 认为	小王认为	小王不具有 XP 的内部属性
	意义 3	S 认为	小王表现出 XP 的外部属性	
	反事实意义 4 事实意义 4	S 认为	小王不具有 XP 的内部属性 小王具有 XP 的外部属性	
小王没有/不是假装生病。	意义 1	S 认为	小王表现出生病的外部属性	
	意义 2	S 认为	小王的表现是正常的反应	
	事实意义 3 事实意义 3	S 认为	小王具有生病的外部属性 小王很可能也具有生病的内部属性	
小王没有假装生病。	意义 1	S 认为	小王有知识	生病有外部属性与内部属性
	意义 2	S 认为	小王认为	小王不具有 XP 的内部属性
	意义 3	S 认为	小王不表现出 XP 的外部属性	
	反事实意义 4 反事实意义 4	S 认为	小王不具有 XP 的内部属性 小王不具有 XP 的外部属性	

续表

类　型	意义结构	可能世界 0（说话者 S 所在的世界）	可能世界 1（说话者直接的意识或话语世界）≠可能世界 0	可能世界 2（说话者假定的意识或话语世界）≠可能世界 1
小王不假装生病。	意义 1	S 认为	小王有知识	生病有外部属性与内部属性
	意义 2	S 认为	小王认为	小王不具有 XP 的内部属性
	意义 3	S 认为	小王不表现出 XP 的外部属性	
	反事实意义 4反事实意义 4	S 认为	小王不具有 XP 的内部属性小王不具有 XP 的外部属性	

"假装"在肯定和否定上也是不对称的：[27]

4.1）肯定时,事物有内部属性和外部属性,前者是决定事物本质的东西,并不能简单地观察到,而后者则是直接呈现在观察者之前的那些表现。例如一个人的内部属性是他的智力、思维、动机、情绪情感、心理状态、内部生理状态,等等,而他的外部属性是他的相貌、声音、气味、动作乃至面部表情,等等。所谓"假人",是具有人的外部属性,而不具有内部属性的事物,它的形状、声音、表情等都可以非常像一个人,甚至可以有外在的应答反应,但不具有人的思维与情感。所有"假"的东西都具有这种两面性:外部属性中必然有事实的一面,但内部属性中却必然是反事实的。所谓"假象"就是外部属性上的事实,所以"假象是真实存在的表象"。

是不是所有假的东西都有一个必然的假装者,是"他"制造出了假象?不然,大自然的鬼斧神工也会造出一些偶然的相似。例如一个石钟乳可以在外表上很像一个人,但这是假人。不过由于这仅仅是罕见的情况,所以在语言系统中可以作为特例处理。实际上,世界上大多数假的东西都是人或动物制造出来的。

假装者具有特殊的知识,他知道事物的内外属性之别,并且知道假的事物不具有内部属性,他的努力主要在于制造出外部属性上的相似之处,这也是表 21 中焦点意义所在。"小王假装生病"是表现出面色不好、呻吟、出汗、神情迟缓等,而实际上他是知道自己没有受到侵害、没有身体机能上的破坏的。所以我们说,他同时具有事实与反事实的一面。不过内部属性才是事物的本质内涵,所以从本质上讲,我们说"他生病"是反事实。

学者们曾经讨论过"他假装摔倒"是事实还是反事实的问题。"摔倒"和"生病"同时都存在有两面属性。对"摔倒"而言:事实是一定有摔倒的外在表现,反事实是一定没有内部的属性,如没受伤、没有非自主性(实际上是自己有意倒下的)等。相较而言,"生病"的词义更注重于内部属性,所以假装生病是没病;但"摔倒"这个词,更注重外部表现,即使部分内部属性不符也没有关系。例如我们可以说"他有意摔倒在门前",这样,他假装摔倒就可能被看成真的摔倒,"假装"仅仅是表示没有摔倒的受伤后果,以及是有意为之(一般的摔倒是无意的)。

很显然,有一般就有特殊,在以下情况下,会破坏这种事实性与反事实性:

(43)他试图假装摔倒,结果一下拉了那么大个口子,鲜血直流,这是弄假成真了!

例(43)这是真摔倒还是假摔倒,就很令人纠结了,因为除了是有意为之之外,摔倒的所有内外属性都满足,那恐怕就很难再说是假的摔倒了。

一些特殊的社会认知也会对内外属性进行重新定义。如一般而言,"假药"具有药品的外部标签、生产厂家、颜色气味形状等要素,但不具有内部的疗效、无害性等要素。据报道,在印度生产的非专利药品,却具有原药品的疗效和无害性;只是不具有原药品的生产厂家、专利许可等。那么它是"假药"还是"真药"就两可了。如果坚持内部属性中的疗效和无毒性才是决定事物真假的标准,那它就是真药;如果认为得到合法的批准才是内部属性的最重要的一点,那它是假药。我们同意前一种观点,因为疗效和无毒性才是药品最恒定的属性,而是否得到批准是可以改变的,如我们法律专门为非专利药品制定一个合法的渠道。恒定性是检验本质属性即内涵的重要条件之一。

4.2）否定可以从两方面讲：

4.2.1）从外部去看，说话者用"没有"等表示行为没有发生。之所以不发生，可以有各种原因：

4.2.1.1）小王根本没有内外属性的知识，也没有故意去表示什么，他的确是有生病的内外属性，因此对主体而言，XP 是事实。

4.2.1.2）小王知道内外属性的区别，他也知道自己不具有生病的内部属性，他不故意去做出外部属性上的相似性，所以 XP 是反事实。

由于从外部看我们很难推知主体的认识，事实和反事实都可能，所以总的来讲，这时是非事实的。

4.2.2）从内部看，说话者用"不"来表示主体的否定意愿，即小王主动地不去假装。当主体根本不知道内外区别，不知道自己不具有生病的内部属性时，主体没有什么主动性可言，因此要说主动性，必然是主体已经知道这些信息。因此，从内部看，主体的认识只能是 XP 是反事实。

除此以外，"假装"类还可能遇上不同可能世界的问题。如：

（44）张三假装不认识她

主体"张三"认为"自己认识她"，但却表现出与陌生人打交道的样子，如不理睬或者过分礼貌等外在的表现。如果说话者与张三的认识是不一致的，就会出现移情的失败，例如张三认识一个女人，知道她是自己的同事；可是说话者却比张三知道得更多，知道这个女人其实是其他公司派来的工业间谍，装成张三的同事来套取情报。在一次聚会上，张三假装不知道这个女人是谁（也许是为了情趣，也许是为了不让人知道他们之间的关系），这时说话者会怎么说？他也许会说："张三假装不知道这个女人是谁，其实他真的不知道这个女人是谁！"这时"假装"的反事实性就失去了。

"冒充"是类似的，他冒充了三班学生的一些外部属性，如拿着三班的号牌，或坐在三班的学生之中，但不具有其内部属性，即在三班的名单中没有他。详见表 22。

表 22　冒充句的语义结构

类　　型	意义结构	可能世界 0（说话者 S 所在的世界）	可能世界 1（说话者直接的意识或话语世界）≠可能世界 0	可能世界 2（说话者假定的意识或话语世界）≠可能世界 1
①"冒充"类		（S 说/认为）	小王冒充	XP(三班的学生)
小王冒充三班的学生。	意义 1	S 认为	小王有知识	三班学生有外部属性与内部属性
	意义 2	S 认为	小王认为	小王不具有 XP 的内部属性
	意义 3	S 认为	小王表现出 XP 的外部属性	
	反事实意义 4 事实意义 4	S 认为	小王不具有 XP 的内部属性 小王具有 XP 的外部属性	
小王没有/不是冒充三班的学生。	意义 3	S 认为	小王表现出三班学生的外部属性	
	意义 2	S 认为	小王的表现是正常的反应	
	事实意义 3 事实意义 3	S 认为	小王具有三班学生的外部属性 小王很可能具有三班学生的内部属性	
小王没有冒充三班的学生。	意义 1	S 认为	小王有知识	三班学生有外部属性与内部属性
	意义 2	S 认为	小王认为	小王不具有 XP 的内部属性
	意义 3	S 认为	小王不表现出 XP 的外部属性	
	反事实意义 4 反事实意义 4	S 认为	小王不具有 XP 的内部属性 小王不具有 XP 的外部属性	

续表

类　型	意义结构	可能世界 0 （说话者 S 所在的世界）	可能世界 1 （说话者直接的 意识或话语世界） ≠可能世界 0	可能世界 2 （说话者假定的 意识或话语世界） ≠可能世界 1
小王不冒充三班的学生。	意义 1	S 认为	小王有知识	三班学生有外部属性与内部属性
	意义 2	S 认为	小王认为	小王不具有 XP 的内部属性
	意义 3	S 认为	小王不表现出 XP 的外部属性	
	反事实意义 4 反事实意义 4	S 认为	小王不具有 XP 的内部属性 小王不具有 XP 的外部属性	

　　"冒充"的模糊性也来自具有多少属性。例如一个警察冒充黑社会成员，为了掩盖身份，各种犯罪活动他都参与了，他也在黑社会中成了一个重要的成员，这时他还是"冒充"吗？

　　5）说话者认为事物为假，但告诉别人是真的，如"吹嘘、吹牛（说）、欺骗 2、骗 2"等。"吹嘘"类只是在口头上言说，并没有什么装成外表如此的样子。因此我们分出"骗 1（假装义）"和"骗 2（说假话）"。

表 23　假话句的语义结构

类　型	意义结构	可能世界 0 （说话者 S 所在的世界）	可能世界 1 （说话者直接的 意识或话语世界） ≠可能世界 0	可能世界 2 （说话者假定的 意识或话语世界） ≠可能世界 1
①"骗 2"类		（S 说/认为）	他骗大家	XP（他是校长的朋友）
他骗大家他是校长的朋友。	意义 1	S 认为	他有知识	他是校长的朋友
	意义 2	S 认为	他认为	XP 不存在

续表

类　型	意义结构	可能世界 0 （说话者 S 所在的世界）	可能世界 1 （说话者直接的 意识或话语世界） ≠可能世界 0	可能世界 2 （说话者假定的 意识或话语世界） ≠可能世界 1
他骗大家他是 校长的朋友。	意义 3	S 认为	他对我们说 XP	
	反事实 意义 4	S 认为	XP 不存在	
他没/不是骗 大家他是校长 的朋友。	意义 1	S 认为	他有知识	他是校长的朋友
	意义 2	S 认为	他认为	XP 存在
	意义 3	S 认为	他对我们说 XP	
	事实 意义 4	S 认为	XP 很可能存在	
他没骗大家 （说）他是校长 的朋友。	意义 1	S 认为	他有知识	他是校长的朋友
	意义 2	S 认为	他认为	XP 不存在
	意义 3	S 认为	他没对我们说 XP	
	反事实 意义 4	S 认为	XP 不存在	

本类谓词不同之处在于，加"不"不自由。如"我不骗大家，我是校长的朋友"是在表达我的确是校长的朋友。这是因为"不骗"主要表达说话者将讲真话，因此后面的"我是校长的朋友"不是"骗"的宾语，而是篇章中的另一个独立的小句。整个篇章的安排是，说话者在讲述事实前，先声明自己将要讲的不是虚假的东西。

2.8　言者的认识

前面已经讨论过认识问题，但第一人称的认识有不少特别的地方，因此这里再单独考察一下。

如果语句中有第一人称担任主语的认识或言说动词，表明有关内容是言者自己的认识的话，则语句内容的事实性就和直接表达差不多的。如"小王来过"与"我认为小王来过"在信息价值上是完全一样的，都是表明"小王来过"是事实;其差异主要是语用上的,前一句是直接讲述事实,而后一句还表达了信息来源,是我的认识,由此可以表示与他人认识的对立,如"你以为他没来,我认为小王来过";或者表示礼貌,因为一个人的意见(个人信念)不一定正确,从而为对方反对提供了可能的空间;或者用来打断对方的话轮,因为发现对方可能没说对,等等。

这一类的意向谓词至少又分为:

1)"我认为"类,包括"我认为、我觉得、我相信"等,肯定时表示说话者所认为的事实,而否定时则直接表示这是假的,这是反事实。如:

(45) a. 肯定——事实:

我认为小王来过。

我觉得他是好人。

我相信他们没有做这件事。

b. 否定——反事实:

我不认为小王喜欢他。

我不觉得他能够帮她。

我不相信他们没有做这件事。

"我知道、我晓得"也是这一类,肯定时也表示说话者所说的事实,如"我知道他没有空来"。至于否定的情况,前面说过,"我不知道"如果表示的是现在的"我"的认识,就是表示说话者不认为有关内容为事实。如:[28]

(46) 我才不知道他爱谁呢! 他谁也不爱!

我不知道什么神爱世人! 反正我不信!

2)"我断定"类,包括"我断定、我说、(我)告诉你"等,肯定时表示说话者所认为的事实,而否定时并不是直接表示这是假的,而是没有肯定或有所怀疑,因此在本质上是难以确定,只不过倾向丁做反事实解读而已。如:

(47) a. 肯定——事实:

我断定小王是来过的。

我说已经到时间了。

我告诉你他们没有做这件事。

b. 否定——非事实/反事实:

我不能断定小王是来过的。

我没说已经到时间了。

我可没告诉你他们没有做这件事。

3)"我怀疑"类,这是非常特殊的一类。[29]

一般而言,"我不怀疑、我没怀疑"后面是 NP,或者是积极性的 VP 或小句的话,都表明所说的是事实,如例(48a);"我不会怀疑、我没有怀疑(过)"后是消极性的 VP 或小句的话,则表明我没有猜测有 XP 的可能性,所以 XP 是反事实,如例(48b)。"我怀疑"也有多个解读:如果后面的 XP 是 VP 或小句,则倾向于表示说话者猜测如此,但这一猜测的确定性还很差,所以是非事实,如例(48c)所示;如果后面的 XP 是 NP,则也表示猜测,但猜测的是 XP 倾向于反事实,但这一猜测的确定性也很差,所以从本质上讲已然是非事实,如例(48d)所示。

(48) a. 否定——事实:

我不/没怀疑他是好人。(我认为他是好人)

我不/没怀疑他的忠诚/邪恶。(我认为他是忠诚/邪恶的)

b. 否定——反事实:

我不会/没怀疑过他是坏人。(我认为他不是坏人)

c. 肯定——非事实/事实:

我怀疑他是坏人。(我猜测他是坏人)

d. 肯定——非事实/反事实:

我怀疑他的诚意。(我认为他的诚意可能不真实)

3. 主题与信息顺逆结构

从信息结构看,所谓"主题"(topic),是言说的出发点,那么是否主题就是语篇中已经承认的事实? 我们认为不一定,因为有两种不同的信息结构:

1)顺向递增,即给予或索取信息,它的目的是为了让信息更为共享,以填平信息差。语篇中的信息从无到有、从少到多、从不确定到确定、从抽象到具体,信息一步步增加。此时,每个语句的内容都为形成总体的语篇信息产生新的贡献,语句中比前文多出的信息部分称为信息增量,也称为新信息,其核心就是所谓"信息焦点"(information focus),以疑问代词以及对它的回答为代表。

2) 逆向纠正(correction),即对已有的信息进行调整,而不是传递更多的信息。"对比焦点"(contrastive focus)就是信息调整的一种方式,它用来指明修正后的正确信息;除此之外,还有"对比主题"(contrastive topic),指对该主题所反映的信息进行修正。把两者结合起来,就有:

(49) 张三是她的朋友? 我很怀疑! 张三根本不是她的朋友。
　　　对比主题　　　　　　　　　　　　对比焦点

显然,当语篇中的主题是一般的主题时,它仅仅是已经呈现的信息,说话者已经默认了它的事实性,因为顺向递增是无标记的信息操作。但一旦主题是对比主题,那说话者不再对它抱有预先的事实态度,而需要根据语句来重新判断说话者的态度,说话者有可能会认为这是反事实或非事实。

怎样判断对比主题? 从理论上讲,与主题自身关系不大,而是要看其后面的语句。

1) 后面的语句中必须存在意向谓词,该主题实际上是这一意向谓词的虚指论元。

2) 这一意向谓词必须是那些具有反叙实或非叙实功能的意向谓词,才能改变;如果是叙实性的谓词,则说话者对命题的事实性态度将得以保留。

试比较以下例子:

(50) a　事实:

张三是她的朋友,我从来不怀疑。

张三是她的朋友,小王知道/不知道。

他是日本间谍,大家怎么也没想到。

他还欠她一百块钱呢,小玉都忘记了。

没有考过,他很遗憾。

儿子考上了北京大学,老张十分自豪。

小王上课打瞌睡,老师把他狠狠批了一通。

小王偷的东西,他承认了。

　　小王偷的东西,他还**抵赖**来着。

　　这是太阳系的一颗小行星,科学家最近刚刚**证实**。

　　小王偷的东西,老张**看见**的。

　　小王没考上大学,一点儿也**不奇怪**。

b　反事实:

　　这场史无前例的巨大灾难,我们已经**成功避免**。

　　张三是她的朋友,**我不相信**。

　　张三是她的朋友,**假装**的吧。

　　去找人帮忙,他**不知道**啊!

　　下午去参加例会,我**忘记**了!

　　去参加例会,他**拒绝**了。

　　张三是她的朋友,你**以为**的吧。

c　非事实:

　　张三是她的朋友,她这么**认为**。

　　张三是她的朋友,你**相信**吗?

　　张三是她的朋友,**如果**是的话,张三会帮她的。

　　他是日本间谍,你**证明**一下。

　　小王偷的东西,**没人看见**啊。

　　小王偷的东西,他**没承认**,也**没有人能证明**。

　　杀人犯还**没找到**!

　　这是太阳系的一颗小行星,科学家还**没有证实**。

　　去找人帮忙,他**知道**,可他会去吗?

d　复杂类:

　　小王没去,真的很**奇怪**。(可以是事实、非事实、反事实中任意一种主观态度,但反事实更常见)

　3) 也存在例外,如"没假装、没捏造、没冒充、没伪造、没吹嘘、没表扬/不会表扬、没批评/不会批评、没感谢/不会感谢、没抗议/不会抗议、没责怪/不会责备"等,在我们的分析中都是非事实性的,详见前面的分析。但在其宾语主题化之后,一般更加倾向于叙实解读。如:

　(51) 他生病了,他**没假装**。

他得了第一名，他**没吹嘘**。

小王上课说话，老师**没批评**他。

他帮了大家，大家**没感谢**他。

物价飞涨，工人们却**没有抗议**。

这是因为焦点分布的问题，在"他没假装生病"的两种解读中，否定词"没"的约束对象是：

（52）反事实：他没[假装生病]。

事实：他没[**假装**]生病（他是真的生病了）。

如果要得到事实解读，需要让否定词"没"约束"假装"，而不约束"生病"，这意味否定了"假装"而没否定"生病"，因此才能得到他真的生病的意思。现在将"他生病"主题化到句首，就完全脱离了"没"的辖域范围，不再否定，由此进一步保证了它的事实性。

附　注

[1] 皮尔士提出了"索引词语"的观点。这是指它们常常用于说话者与言说对象及内容面对面的情景，即罗素所谓通过亲知来获得的知识。另外，它们除了起指示功能外，即表达会话中的角色概念外，没有什么具体的语义内容，完全要根据会话活动去获得临时的取值。

[2] 与之相反的还有"后指参照"（cataphora），此时参照对象在后文，如在"如果他向我认错的话，我会原谅张大明的"中，"他"指向后面的"张大明"。

[3] 陈振宇（2017：70）。

[4] 奥拉夫·阿斯海姆（Olav 2014：59—60）把索引用法称为"纯索引词"，而把回指用法称为"指代词"，并认为指代词不是直接的指称。

在形式语义学中（Bhat 2004），回指性的代词如果回指的先行语是具体语境中的实指对象，则称为"实指代词"（referential pronoun），如例（1b）、例（1c）；如果所回指的是量化成分等虚指性成分，则称为"受约变量代词"（bound-variable pronoun），如例（1d）、例（1e）；如果是跨句子的回指，并且更注重语义而不是句法上的一致性的话，如例（1f）所示，则称为"E类代词"（E-type pronoun）。

[5] 奥拉夫·阿斯海姆（Olav 2014：63—64，67）认为，被直接感知的事物仍然可能是从言的，也就是本文所说的，假设的世界中的事物。当说话者说他看见一个人在

吃三明治时,可以有两种解释:一是有一个人在吃三明治,说话者看见了,这时是从物的,即这是事实;二是说话者看见一个人在吃三明治,这是从言的,即这只是他在自己头脑中构想的场景,说话者还是有可能搞错的。因此他主张亲指的"她"也等同于摹状词"(现在我们)所指示的那个妇人"。

[6] 陈振宇(2017:73—74)。

[7] 塞尔(Searle 1958)说,一个名称的含义不是与一个限定摹状词相一致,而是有一簇摹状词,它们对名称的识别有着或多或少的相对重要性。

[8] 蒯因(Quine 1960;1981:1—19)就建议,用"专门动词"代替专名,即将"苏格拉底"看成动词"苏格拉底化"的动词,然后用"苏格拉底化的人"来代替专名"苏格拉底"。

[9] 参看陈振宇(2017:439)关于人称代词通指用法的论述。

[10] 第一人称包括用法,有一个特殊功能,即指对方,而不是说话者自己,如:"小新乖!我们不哭!"(是要求小新不哭,而说话者自己根本没哭。)又:"咱爸近来身体还好吧!"(是问候对方的爸爸。)不过,这种用法并非虚指,而必须实指(对方),所以还是索引词,只不过所索引的对象与正常的第一人称代词不同罢了。

[11] 陈振宇(2017:15—37)。

[12] 表中单项的叙实算子,是利奇(Leech 1981:431—432)所区分的"有条件的叙实谓词",Hooper(1975)把这种情况列入半叙实。沈家煊(1999:137—140)也称之为"半叙实"。

[13] 蒙塔古(Montague 1973)的内涵逻辑提出,动词可以分为两类,:一类动词所带宾语只有内涵没有外延或具体所指,如下例 a;另一类动词所带宾语既有内涵又有外延和所指,如下例 b:

a. Peter seeks a unicorn.(彼得寻找一只独角兽。)

b. Peter finds a unicorn.(彼得找到一只独角兽。)

[14] 李新良(2014)选取感知类动词作为半叙实动词的代表性类别,进行了详细的研究,他认为感知动词具有"非自主性"与"静态性"。包括两类,其中:"瞅见、感觉到、看出、看见、看到、看着、目睹、碰到、碰见、碰着、瞥见、瞧见、听出、听见、听到、听着、望见、遇见、遇着、坐视"等是半叙实的,只有肯定式预设其宾语小句为一事实,而否定式并不预设其宾语小句为一事实。张新华(2015)认为,感知动词核心特征是"当下性、亲证性",据所依感受器官分为 5 组:①视觉:眼瞅着、看着、看见、见、看到 1、看出(来)1;②听觉:听着、听见、听到、听出;③味觉:闻着、闻见、闻到、闻出;④一般感受:觉着、感到、觉得、感觉;⑤一般察觉:注意到、觉察(到)、察觉、发觉、觉出、看到 2、发现、看出(来)。他认为,感知动词的当下性直接表现在词尾多带"着、到、见、出"。

[15] 下面的等级引自 Chafe(1986)。美国人类学家博厄斯(Boas 1911)在《美洲印第安语调查手册》一书中,指出夸扣特尔语(Kwakiutl)其话语的信息来源必须通过动词后添加不同的词缀表现出来。后来"传信"进入了语法学的研究视野。

[16] 缺省逻辑由 Reiter(1980)提出,参看熊学亮(2007)。

[17] Kiparsky & Kiparsky(1970)先发现了英语中的相关现象,命名了"叙实动词",并详细讨论了它们在英语中的句法语义特征。卡图南等(Karttunen & Peters 1977)、列文森(Levinson 1983/2001)都把叙实动词列为预设触发语(presupposition trigger)的类型之一。利奇(Leech 1981/1987:427—452)专设"叙实性"一章讨论它的真实性类型。袁毓林(2014a)、李新良(2014)对此做了一个总结,他们认为"知道"是最强的一类叙实动词。关于"知道"的更为详尽的讨论,包括它是如何被拉入前景之中从而失去叙实性的,请参看陈振宇(2017:15—36)。

[18] 参看陈振宇、甄成(2017)的论述。按照辛提卡(Hintikka 1962)等人的"信念(belief)——知识(knowledge)"逻辑:$\forall s \forall p(\text{Know}(s, p) \rightarrow p)$,即对任何一个说话者 s 任何一个命题 p 而言,只要 s 知道 p,p 就为真。这是非常滑稽的一个定义,因为它只考虑叙实的情况,而不考虑缺省推理失效的情况,也就是不叙实的"知道"句,因此在推导中必然会造成错误的结果。另外,该逻辑还有:$\forall s \forall p(\text{Know}(s, p) \rightarrow \text{Blieve}(s, p))$,即 s 知道 p,则 s 相信 p,这也是很滑稽的,因为只有说话者不考虑其知识来源时,他才默认相信自己的知识,而一旦知识来源是显性的问题,他完全可能认为自己的知识未必为真,甚至是假的。

[19] "知道2"句中对行为的关注,参看郭光、陈振宇(2019)的详细论述。

[20] 奥拉夫·阿斯海姆(Olav 2014:70)把这种关系记为"某人正在说 dithis,那个人……",dithis 是他设想的一个表示我的限定摹状词,因此他和说话者是可以加以区分的。

[21] 参看陈振宇、甄成(2017)的详细论述。

[22] "认为"类包括"认为、相信、怀疑、理解"等,也被称为"命题态度"(propositional attitudes)谓词。

[23] 引自李明(2003)。

[24] 参看陈振宇、杜克华(2015)的论述。

[25] 渡边昭夫(1979)把"后悔"视为非叙实,这与其他研究者很不一样。我们认为,从其来源看,叙实性本来就存在等级高低,并不是一刀切的。

[26] 季安锋(2009)说,"后悔"前面的分句如果表示假设、可能性条件,"后悔"不会触发事实性预设。

[27] 袁毓林(2014a)、李新良(2014)把"假装、吹嘘"类称为"反叙实",我们认为是

"兼叙实",这是观点上的重要差异,请读者留意。

　　[28]另参看陈振宇(2017:27—28)的论述。

　　[29]有关论述另参看刘彬、袁毓林(2018),以及前人的诸多论述。

参考文献

陈振宇　2017　《汉语的指称与命题》,上海人民出版社。

陈振宇　杜克华　2015　《意外范畴:关于感叹、疑问、否定之间的语用迁移的研究》,《当代修辞学》第 5 期。

陈振宇　甄　成　2017　《叙实性的本质——词汇语义还是修辞语用》,《当代修辞学》第 1 期。

渡边昭夫　1979　《关于普通话中的前提》,《中国语研究》第 18 号。

郭　光　陈振宇　2019　《"知道"的非叙实和反叙实——兼论"早知道"的语法化》,《语言教学与研究》第 2 期。

季安锋　2009　《汉语预设触发语研究》,南开大学博士学位论文。

李　明　2003　《试谈言说动词向认知动词的引申》,《语法化与语法研究》(一),商务印书馆。

李新良　2014　《现代汉语动词的叙实性研究》,北京大学博士学位论文。

刘　彬　袁毓林　2018　《"怀疑"的词汇歧义和意义识解策略》,《外语教学与研究》第 1 期。

沈家煊　1999　《不对称和标记论》,江西教育出版社。

熊学亮　2007　《语言使用中的推理》,上海外语教育出版社。

袁毓林　2014　《隐性否定动词的叙实性和极项允准功能》,《语言科学》第 6 期。

张新华　2015　《感知类叙实动词研究》,《语言教学与研究》第 1 期。

Bhat D N S.　2004　*Pronouns*. Oxford University Press on Demand.

Boas, F.(ed.).　1911　*Handbook of American Indian Languages 1*. Washington: Government Printing Office.

Chafe, Wallace.　1986　Evidentiality in English conversation and academic writing. In Wallace Chafe & Johanna Nichols(eds.) *Evidentiality: The Linguistic Coding of Epistemology*. Norwood, New Jersey: Ablex, 261—272.

Hintikka, J.　1962　*Knowledge and belief: an introduction to the two notion*. Ithaca, NY: Cornell University Press.

Hooper, J. B.　1975　On Assertive Predicates. In Kimball, J.(eds.) *Syntax &*

Semantics，2：91—124. NY：Seminar Press.

Karttunen，Lauri & Peters，Stanley　1977　Requiem for presupposition. *Paper presented at the annual meeting of the Berkeley Linguistics Society*，3rd，Berkeley，CA.

Kiparsky，P. & C. Kiparsky　1970　Fact. In M. Bierwisch & K. Heidolph，eds.，*Progress in Linguistics*，Mouon，th Hagu，143—173.

Leech，N.Geoffrey　1981　*Semantics：The Study of Meaning*.（2nd edition）Harmonsdsworth，Middlesex：Penguin.《语义学》，杰弗里·N.利奇著，李瑞华、王彤福、杨自俭、穆国豪译，何兆熊、华钧校订，上海外语教育出版社，1987 年。

——1983　*Principle of Pragmatics*. Longdon：Longman.

Levinson，S.　1983　*Pragmatics*. Cambridge：Cambridge University Press.

Montague，Richard　1973　The proper treatment of quantification in ordinary English. In Jaakko Hintikka；Julius Matthew Emil Moravcisk；and Patrick Suppes，eds.，*Approaches to Natural Language*，221—242. Dordrecht：D. Reidel. Reprinted in Montague，1974，247—270.

Olav，Asheim　2014　*Reference and Intentionality*《指称与意向性》，奥拉夫·阿斯海姆著，张建军、王林译，南京大学出版社。

Quine，W. V. O.　1960　*Word and Object*. CAM：MIT Press，2001.

——1981　*From a Logical Point of View*. Cambridge Mass：Harvard University Press.

Reiter. Raymond　1980　A logic for default reasoning. *Artificial Intelligence* 13(1—2)：81—132.

Sesrle，J.　1958　Proper Names. *Mind*，Vol.67.

陈振宇：chenzhenyu@fudan.edu.cn

同题文章发表于《当代修辞学》2017 年第 1 期。收录在本论文集时，由第一作者做了新的重新分析，内容较之发表版大为扩充，与发表版有较大的差异，可视为一篇新的文章。

叙实、指称与视点

赖蔚晨　张和友

提　要　叙实性是叙实动词、命题态度和视点等的函项,知识来源与知识结构影响语言的叙实性;"叙"是个体的心理表征,"叙实"的内容不完全等于事实。"视点"是指一句话的句内与句外同时包含的显性或隐性的参与者的观察角度:(1)视点与指称及晦暗语境相关,"涉名"和"涉实"两种解读反映不同的信念和立场;(2)指称的同一替换操作与多重叙实结构表明,指称表达参照不同视点时句子真值会受视点知识结构的影响而游移;(3)"第一人称权威性"影响叙实性的认定;(4)视点的影响等级为:旁观者视点>言者视点≈听者视点>句内视点。叙实性的本质不完全是词汇的概念结构,各个视点的知识结构使从事实到叙实的映射过程不完全一一对应。自然语言是复杂的,对视点的深入研究有助于正确认识叙实性。

关键词　叙实性　指称　视点　晦暗语境　知识结构　涉名与涉实第一人称权威性

1. 引言

　　语言的一个基本功能,是让我们能够谈论周围的世界。与他人交流或进行自我推理时,我们用语言来描述或建构那些事实与情景。找出个体心智、语言意义和现实世界之间的互动方式是我们的目标,对此有心灵论(mentalistic)和指称论(referential)两种范式;[1]在真值条件语义学的理论框架下,一句话的意义及其真值取决于它所指称的现实(Tarski 1944)。例如,"桌子上有一杯水"为真,当且仅当桌子上有一杯水。我们不禁追问:什么是事实? 事实的性质和特点是什么? 事实是客观的还是主观的(参见:陈波 2006)? 诚然,语言对事实的描述不一定真实地反映客观事实,但这种不完备性体现在哪些方面是十分值得研究的。

因此,逻辑学上从"真值"到"事实"的探索,使语言研究者进一步关注叙实性(factivity)问题,如 Kiparsky P. & Kiparsky C.(1970)开创了英语叙实性研究的新视角,利奇(Leech 1981)进一步细分英语叙实谓词的次类。若将叙实性看作是动词的一种语法范畴,则可以说某些动词具有叙实功能。李新良(2015)将动词"叙实性"界定为"动词预设其宾语小句真值的能力",其来源是词汇的概念结构(conceptual structure);陈振宇、甄成(2017)则认为是语用修辞的本质造成了叙实性的种种表征;袁毓林、寇鑫(2018)还研究了影响名词叙实性的语义特征。基于上述研究,本文首先关注两个问题:叙实性的本质是什么? 叙实性本质的决定因素除了词的句法语义特点,还有哪些?

同时,语言事实的现实表达具有晦暗性(opacity),使事实与叙实的区分更为复杂。当我们将同一句子中的一个名词短语指称表达替换为另一个与之同指的表达时,可能会改变整个句子的真值。蒯因(Quine 1956、1960)曾指出,模态词(modality)与命题态度词(propositional attitude)具有晦暗性。蒯因(Quine 1956:185)举例说明了"相信"(*believes that*)的晦暗性:假定"戴着棕色帽子的男子"和"(拉尔夫)在沙滩上所见到的男子"指称同一对象,但拉尔夫只知道戴着棕色帽子的男子是间谍,而不知道他就是在沙滩上所见到的那个人;因此拉尔夫并不相信他在沙滩上所见到的那个人是一名间谍。基于真值条件语义学理论,例(1a)与例(1b)受命题态度词的影响而真值不同:

(1) a. 拉尔夫相信那个<u>戴着棕色帽子的男人</u>是一名间谍。(真)

　　 b. 拉尔夫相信那个<u>他在沙滩上所见到的男人</u>是一名间谍。(假)

这类涉及指称表达与命题态度词的晦暗性问题由来已久。例(1a)与例(1b)指称表达的不同及主语"拉尔夫"的知识结构(knowledge structure),造成了两句话的真值差异,下文第2.2节将进一步辨析为涉实(*de re*)解读与涉名(*de dicto*)解读。实际上,"拉尔夫"是句内主体认识事物的一个角度,但是还存在其他可判定真假的主体。在下文中,我们通过引入"视点"(viewpoint)来解释这一类现象,其中把句内主语称为"句内视点"(intra-sentential viewpoint),上文中的"拉尔夫"就是例(1)的句内视点,而且可以有多个句内视点;同时,将"视点"界定为,句内与句外同时都包含显性或隐性参与者的认识角度,通常就是"言者"(speaker)、"听者"(hearer)和"句内视点"。

视点与句中名词短语指称表达之间的关系,对句子真值的影响是个值得探究的问题。但以往对指称问题的研究多是从功能语法角度出发,探究指称的篇章功能和形态对它的影响,或是从语法性质和所指的可识别性出发(参看:陈平 1987;Chen 2004、2009),对句内指称对象的叙述策略关注不多。指称实际上也与叙实性有关,如 Givón(2001:437—474)对指称性的逻辑语义基础做了简要阐述,认为指称性与说话人的交际意图相关,有时影响了句子真值的判定。[2]

基于上述讨论,我们进一步展开叙实与指称的关系,引入"视点"这一概念,探究指称的同一替换与叙实性之间的关系,并观察视点如何影响叙实性。本文关注的第三个问题是:指称表达如何影响叙实结构的真值?

2. 指称的同一替换与叙实视点

2.1 指称表达与命题态度

如前所述,当同一指称对象在命题态度词中出现时,真值可能会发生改变。弗雷格(Frege 1892/1960)认为,在命题态度动词构成的范畴中,指称表达式是命题态度主体表征某一个体的方式,而非表达式的通常指称;莱布尼兹法则(Leibniz's Law)"$a=b \wedge F(a) \rightarrow F(b)$"在内涵语境(intensional context)失效,如厄勒克特拉悖论(Electra Paradox)。[3]鉴乎此,命题态度主体的表征方式就成了重要的研究课题。像"法国国王""我昨天见到的那个人"这样的名词短语指称表达,罗素(Russell 1905)称之为有定摹状词(definite description)。

命题态度词是造成指称晦暗性(opacity)的重要原因。蒙塔古语法(Montague grammar)模型认为:命题态度词的宾语是命题;命题是从可能世界到真值的函项,即句子的内涵;词语具有内涵,是从可能世界到外延的函项。不过,Partee(1980)指出,蒙塔古语法仍不能很好地解决命题态度问题,因为在处理这类逻辑问题时,我们割裂了理想事物(idealization)与心智瓶颈(psychological limitations)的联系;而且,在命题态度语境中,心理表征(psychological representation)的属性是主要因素。命题态度与叙实性息息相关,叙实之"叙"是个体的心理表征,因此"叙实"的内容不完全等于事实;于是,研究叙实性的"视点"问题才更具必要性,"视点"可看作心理表征的体现。

2.2　涉名与涉实

涉及有定摹状词时,常有"涉名"与"涉实"两种解读(Quine 1956)。"涉名"是指"所说之事物"(what is said/of the word);"涉实"是指"事物本身"(about the thing/of the thing),是独立于言者或信者(believer)的个性化表达(Kneale 1962;Allwood et al. 1977)。以例(2)来说:

(2) 王五相信所有获得了诺贝尔奖的人都是傻瓜。

涉名:$B_a(\forall xF(x){\to}G(x))$

涉实:$\forall x(F(x){\to}B_a(G(x)))$

对于句内主语"王五"而言,"相信"的后接指称短语"所有获得了诺贝尔奖的人"只有所谓的涉名解读。如果摹状词有两种"涉名"和"涉实"两种解读,那么,涉实解读从哪里来? 涉名与涉实对立的根源在哪里?

我们认为,涉实解读是"旁观者"(bystander)的解读。"旁观者"可理解为不参与对话的"局外人",是相对全知全能的视点,区别于说话人与听话人及例(2)的"王五"。假定王五认为张三是诺贝尔奖获得者,而"旁观者"(可看作抽象的"我们")知道李四才是获奖者,那么王五的认识就是错误的,因为与王五相涉的对象与"旁观者"认定的指称对象有偏差:

(2′) 王五相信所有获得了诺贝尔奖的人都是傻瓜。

＝王五相信张三是傻瓜。

≠王五相信李四是傻瓜。

这里不能对"获得了诺贝尔奖的人"进行同一替换,而且王五和旁观者之间存在信息不对称;就言者视点而言,他说出例(2)这句话时,也不一定知道李四才是诺贝尔奖获得者。单从例(2′)来看,涉名与涉实的对立是主语(王五)及其知识结构中的指称对象(张三)和旁观者及其知识结构中的指称对象(李四)的区分。因此涉实与涉名的解读,可用视点的概念来解释:涉名是句内视点的信念和立场,涉实是句外视点尤其是旁观者视点的信念和立场;句内视点通常显化(explicit),而句外视点常不显现,除非我们要强调句内视点的知识结构错误;同时,依据不同的视点则得到不同的结果,但通常涉实解读反映了事实。Linsky(1967:74)也曾指出,例(3)可以有两种解读:

(3) 俄狄浦斯ᵢ想要娶他ᵢ母亲。(Oedipus wanted to marry his mother.)

　　a. 俄狄浦斯ᵢ想要让他ᵢ的母亲成为他ᵢ的妻子。

　　　Oedipus wanted $[\exists x \forall y [[\text{Oed's mother}(y) \leftrightarrow y = x] \&$ $\text{marry}(\text{Oed}, x)]]$

　　b. 俄狄浦斯ᵢ要娶一个特定的女子,该女子恰好是他ᵢ母亲。

　　　$\exists x \forall y [[\text{Oed's mother}(y) \leftrightarrow y = x] \& \text{Oedipus wanted}$ $[\text{marry}(\text{Oed}, x)]]$

其中例(3a)是涉名解读,例(3b)是涉实解读。但根据《俄狄浦斯王》,俄狄浦斯并不知道将娶的女子就是他母亲。因此例(3a)实际上为假。若要想使例(3)为真,我们必须依据未显化的旁观者视点而非句内视点"俄狄浦斯"。请注意,在这里我们需要借助旁观者视点和句内视点"俄狄浦斯",来判定两种解读的强弱之分、真假之别。

　　总之,"涉实"本身是超越"王五"和"俄狄浦斯"所代表的句内视点而从旁观者视点来进行界定的;"涉实"解读之所以存在,是因为我们掌握了更多的信息,或说是拥有更为丰富的知识结构。假使我们也不知道例(2′)中张三不是获奖者,那么我们也肯定得不到真正的"涉实"解读。根据Kratzer(2002)对事实与知识归属(knowledge ascription)的探讨,对于所涉及的主体知识而言,他所理解的指称对象就是他信念世界中的涉实解读;也就是说,王五所知道的"获得诺贝尔奖的人"实际上是王五信念里的涉实解读(关于这一点,下文"4.事实与叙实"一节将具体讨论)。可见,我们所讨论的事实其实具有相对性——可将客观事实与涉实对应,而将主观事实与涉名对应。

3. 叙实结构与指称表达

3.1　叙实性的准定理系统

　　叙实性与"事实"息息相关,它具有一系列的句法语义表现(辛斌1997;伊藤大辅2007;方清明2013、2015;张新华2015、2017等)。根据李新良(2014、2015、2016)和李新良、袁毓林(2017)，我们可以总结出叙实性的若干性质。为行文方便，不妨将下列性质称作"准定理"(quasi-theorem)，简称 QT。

QT1　叙实性是指叙实动词预设其宾语小句真值的能力。

QT2　叙实性面向说话人(speaker-oriented)且只面向说话人，不需要听话人的认同。

QT3　影响置信度(degree of belief)[4]的因素包括：主语与宾语小句主语的同指性、宾语小句主语的有定性、主句主语的有定性和主句主语的数等。

QT4　叙实性的来源是词汇的概念结构。

若采纳上述观点，我们可以进一步将叙实结构刻画为如下形式，记为 QT5：

QT5　$[_{CP1}S[_{VP}A[_{CP2}(that)P]]] \rightarrow P$

例：$[_{CP1}$张三$[_{VP}$知道$[_{CP2}$王五昨晚抵达上海了$]]] \rightarrow$王五昨晚抵达上海了

其中，S 是主语，A 是断言(assert)动词，这里指叙实动词，P 是一个命题。

本文对叙实性的理解基于 QT1～QT4；但我们对叙实与指称互动关系的考察表明，这些观点还可再完善。若只以 QT4 为纲来研究叙实性，上述准定理系统是内部自洽的：将词汇的概念结构看作叙实性的来源，则主要考虑的是在不同的语法环境下所浮现的叙实特征；一些语法手段也是围绕动词而展开的[5]，于是，QT1 成为 QT4 框架下对叙实性的界定结果。

3.2　指称、多重叙实与真值表现

事实与叙实之间的关系不仅仅是动词的选用问题，从客观事实到叙述事实的语言这一映射过程还涉及说话人、听话人、"旁观者"和句内视点的知识来源与知识结构的问题；也就是说，知识来源与知识结构也影响了语言的叙实性。QT2 与 QT3 在这方面有所涉及，但似乎还是从孤零零的一句话出发，未关涉更大的语境。下文我们则以指称表达与叙实性的互动为对象，探究上述准定理的适用性。

　　若只考虑单个动词及其句式,我们可以得到叙实性表达式是 QT5;但 QT5 并非万能公式。我们用内嵌递归规则(embedded recursion)来考察多重叙实结构的情况,QT5 的适用性将受影响。假定张三、李四和王五相互认识,但李四不知道王五是张三的邻居。这里同样出现了"同实异名"的情况,即"王五"这一专名与"张三的邻居"指称同一对象。有一次,王五对张三和李四说,自己昨晚到了上海,且张三和李四都知道对方了解这件事。因为李四不知道王五是张三的邻居,所以例(4a)和例(4c)可说,例(4b)和例(4d)在一定语境下不可说。(?? 表示该句的解读不太符合实际情况)[6]

　　(4) a. 李四知道王五昨晚回来了。

　　　　b. ?? 李四知道张三的邻居昨晚回来了。

　　　　c. 李四很清楚张三知道王五回来了。[7]

　　　　d. ?? 李四很清楚张三$_i$知道他$_i$的邻居昨晚回来了。

但张三知道王五的身份,所以例(5a)和例(5b)都可说。

　　(5) a. 张三很清楚李四知道王五昨晚回来了。

　　　　b. 张三$_i$很清楚李四知道他$_i$的邻居昨晚回来了。

但是,例(5b)"张三很清楚李四知道他的邻居昨晚回来了"不能推出例(4b)"李四知道张三的邻居昨晚回来了",这与 QT1、QT5 产生了矛盾,因为 QT1、QT5 认为宾语小句的真值是由叙实动词决定的,形式上就表现为由叙实结构推出宾语小句为真。这一指称错配(mismatch)的矛盾似乎表明,指称表达是动态的,并不完全服从于叙实结构;其次,在李四不知道王五是张三的邻居的情况下,"王五"与"张三的邻居"的同一替换也在例(5)中得以实现,这两个指称表达的交替所依据的是张三的知识结构而与李四无关。

　　那么,这是指称本身的问题而与叙实性无关吗? 我们认为,这一特性在叙实结构中尤为突出:例(4b)与例(5b)的合格性差异似乎表明,当一个处于更高句法层级的主语与叙实动词结合时,高层主语的知识结构削弱了较低层级的主语对叙实性的影响,尽管低层主语也与叙实动词结合了;也就是说,处于较高层级的张三知道王五是他邻居,可以影响低层句子的叙实表达而形成例(5b),而当李四成为高层主语时,李四的知识结构消解了张三的知识结构,于是例(4b)不合格。总之,对于例(5b)而言,视点"张三"已经显化,因此,李四的知识结构已不影响语句间的蕴涵关系,视点已转移至张三。

　　回到例(4b)和例(4d),如果我们不考虑李四的知识结构,句子其实也可以成立。实际上,对话环境中的言者与听者有时也会说出例(4b)和例(4d)这样的句子,这取决于言者和听者的知识结构:"张三的邻居即王五"。此时句子可补足为:

　　(4′) b. (说话人说)李四知道(说话人、听话人共同知道的)张三的邻居昨晚回来了。

　　　　 d. (说话人说)李四很清楚张三$_i$知道(说话人、听话人共同知道的)他$_i$的邻居昨晚回来了。

例(4′)也反映了缺省推理(default inference)。缺省是语言交际中信息传递的一种约定(袁毓林 1994;陈振宇、甄成 2017)。在言者与听者都知道王五是张三的邻居时,不需要再在对话中确认李四是否知情,除非他们必须要认定李四是否知情——例如,例(6)用伪分裂结构"知道……的是……"将句子焦点转移至李四是否知道王五是张三的邻居,即视点回到李四身上,因此句子的语义解读有问题。[8]

　　(6) ?? 张三$_i$很清楚李四知道昨晚回来的是他$_i$的邻居。

由此可见,同实异名的指称表达可否替换,依据的不是叙实结构的特点,而是高层视点的知识结构与语言策略。

　　当然,例(5b)有些特殊。"张三"正好和内嵌句定语位置的"他"同指,这在很大程度上有助于例(5b)获得"张三"主语视点的解读。[9]我们可以继续假定一个情境:张三、李四、韦恩三个人互相认识,张三知道韦恩是蝙蝠侠,而李四并不知情;张三、李四得知,韦恩昨晚从美国回来了。假设王五和赵六对上述情境都很熟悉,换言之,上述场景存在于王五和赵六的知识结构里;下述例(7)的对话是成立的:

　　(7) 王五:蝙蝠侠昨晚从美国回来了,你是知道的。

　　　　 赵六:没错,张三也知道蝙蝠侠回来了。

　　　　 王五:李四也得知了这件事,张三和李四认识,所以张三也很清楚李四知道蝙蝠侠回来了。

在例(7)中,尽管李四并不知道韦恩即蝙蝠侠,因为这里动用的是王五和赵六的知识结构,但王五照样可以说"张三也很清楚李四知道蝙蝠侠回来了"。我们在日常对话中也常会说出类似的句子,而且王五和赵六也可一见面就以"张三很清楚李四知道蝙蝠侠回来了"为始发句,他们的知识结构允许如此。但此时若有一个对"李四并不知道韦恩是蝙蝠侠"这件事不了解的路人,听到了王五和赵六的对话,根据 QT5,他的推断也就变成了"李四知道蝙蝠侠回来了",隐含"李四知道蝙蝠侠的身份"这一实际为假的命题。[10]

在实际的语言运用中,类似的例子也十分普遍。如例(8):

(8) a. 侍臣知道**宋理宗**宠着贾似道,就凑趣说:"别看他年纪轻轻,喜欢玩乐,他的才能大着呢。"(《中华上下五千年》)

b. 内侍知道**汉光武帝**并不想把董宣治罪,可又得给汉光武帝下个台阶。(同上)

(8′) a. 张三很清楚侍臣知道**宋理宗**宠着贾似道。

b. 张三很清楚内侍知道**汉光武帝**并不想把董宣治罪。

诸如"宋理宗"或"汉光武帝"之类的称号,是后世的说法,当时的侍臣或内侍实际上并不清楚。但是,基于跟例(7)相同的道理,可将例(8a)和例(8b)的前半句进行内嵌,造成例(8′)的多重叙实结构。很显然,这些称号是言者与听者共同的知识结构,与句内视点无关。

3.3 视点与叙实性的互动

如前所述,若不考虑视点,我们很容易推出在叙述中被曲解的事实,比如,在李四不知道实情时,例(5b)和例(7)仍可说。每个句子都有默认的视点;所谓"视点",是指一句话的句内与句外同时包含的显性或隐性的参与者的观察角度。张新华(2004、2007)把语句中含有的主体或观察角度称作"支点"(pivot),主要用这一概念考察指示语(dexis)问题。张新华(2007)指出,在直述句中,"我—你"关系与"我—他"关系消失,话主赋予言说对象完全的主体地位;而语言同时有对话性,也就是隐含了言者与听者。我们主要从指称的名实归属角度讨论叙实性问题,因此称为"视点",与"支点"的理念殊途同归;这也表明,语言的主体间性(intersubjectivity)是普遍存在的,不仅仅表现在指称问题上。

我们在 QT5 中刻画了单一叙实结构的表达式,进一步考察发现它不是普适的;就句法结构而言,我们进一步将涉及多重叙实结构的句子刻画为例(9)。

(9) $\left[_{CP1} x \cdots \left[_{CP2} y \cdots \left[_{CP3} (that) \cdots z \cdots \right]\right]\right]$

其中 x、y 分别是高层视点与低层视点,z 是与 x、y 知识结构相关的指称对象。z 既位于 $[CP_2]$ 的辖域之内,也处于 $[CP_1]$ 的辖域之内,但由于 $[CP_1]$ 位置更高,从而造成偏向高层视点的解读。当 x、y、z 共现时,z 的指称解读受更高层的 x 制约,形成"高层视点>低层视点"的视点等级。根据语言递归性,视点可以继续扩展。此外还存在一种情况,请看例(10)。

(10) a. 中世纪的人们知道地球是方的。

b. 中世纪的人们相信地球是方的。

若根据 QT5,我们从例(10a)可推出"地球是方的"为真,因为"知道"是叙实动词,预设其宾语小句为真,但这一推出形式依据的是"中世纪的人们"的知识结构;若按旁观者视点,由于我们已经知道地球不是方的,因此例(10a)的推出形式同时又是假的。这一真值差异也是由视点的不同造成的。其中,旁观者视点是所有视点中影响力最大的。例(10b)同理。

由上文的讨论,我们可以得出影响指称表达的视点等级序列:

(11) 旁观者视点>言者视点≈听者视点[11]>句内视点

由上可知,叙实性与指称表达互动时,不可避免地需要引入多重视点,需要我们去发掘指称表达背后的可能视点。若只考虑词汇的概念结构,则只能得到字面意义(literal meaning),对于超越字面的其他因素则无法顾及。QT4 所主张的叙实性本质仅仅来源于词汇的概念结构的观点,显然是不够的,还需要关注视点对叙实结构真值的影响。

3.4 第一人称权威性

由上文可知,在更广阔的视点影响下,句子的真值会游移不定。我们发现,当主语为第一人称时,句子的真值更难被其他视点所否定。

陈振宇、甄成(2017)也指出,基于证据和他人言语的"归纳、传闻"具有两面性:当其来源未被提及时,说话者默认它们适用于缺省推理,其真值不能被否定。请看例(12)(引自陈振宇、甄成 2017)。

(12) a. 甲：我知道李四喜欢小玉。

　　乙：*你不知道！因为实际上李四不喜欢小玉。

　b. 甲：张三知道李四喜欢小玉。

　　乙：张三哪里知道！因为实际上李四不喜欢小玉。

句子例(12a)的对话说明了第一人称的效力，非第一人称的听话人乙并不能对说话人甲的第一人称说辞进行命题意义的否定；也就是，乙不能否定甲自身的断定"我知道"而说"你不知道"。但如果在例(12b)中将权威的"我"换作第三人称的"张三"，话轮则得以继续，因为甲和乙的讨论对象不是对话的参与者，因此权威性得到削弱。[12]

　　上述现象在哲学上称为"第一人称权威性"（first person authority）：当一个人声称他具有一个信念、希望、欲求或意向时，则他所做的假定并非是错误的，此时其他人的内心意向状态并不适用于这个人（Davidson 1984；唐热风 2001；田平 2001），如例(13)。

　　(13) a. 天在下雨，不过我不相信天在下雨。

　　　　 b. 天在下雨，不过他不相信天在下雨。（转引自：唐热风 2001）

例(13a)被称为"摩尔佯谬"（Moore's paradox），这个句子本身可说，但听起来别扭。天在下雨，不过"我"不相信天在下雨，这完全是有可能的，但我们会觉得"我"否定"我"是奇怪的。相对而言，当我们将例(13a)的"我"换为例(13b)的"他"时，句子就正常了。

　　上文的案例再次显示了视点对于叙实性的重要性。视点有强弱之分，因此可以探讨人们在说出或读到一句话时，其所依据的强视点会使句子的解读有侧重；句子的视点和"第一人称权威性"之间是相互联系的。

4. 事实与叙实

4.1　事实的叙述分类

　　根据前文的讨论，各类视点影响了语句之间的蕴涵关系。依照不同视点，命题真值就会有相应变化，从而造成了事实的歧解性。

　　自然语言在叙述事实尤其是有命题态度词和指称表达共现时，情况更为复杂。因此，我们进一步提出事实的叙述分类，即根据视点来讨论事实的认定。

真理符合论是实证性的(empirical/contigent),我们需要通过现实世界中的事实来知道一个陈述是否为真。李新良(2015)和李新良、袁毓林(2017)已经指出,只能依据说话人的言语来判断什么是说话人心目中认定的事实与非事实,叙实性是"面向说话人"的语法范畴。不过,他们考察的是动词的叙实性,并未从句法层级方面去探讨"面向说话人"的整体表现。尽管我们认同"面向说话人"体现的视点问题,而且确实可根据动词的配价情况来寻找参与者,但动词本身并不能还原所有参与者,"面向说话人"应进一步发展为"面向视点"。

根据视点的不同,我们可以得到"言者/听者事实""句内视点事实"和"旁观者事实"等。我们对事实做出叙述分类,是因为在不同视角的观照下,命题的真值有所游移。

诚然,叙实不等于完全反映事实,因此,语言中会有许多命题态度词。我们可以用认识情态词(epistemic modal)来表明我们对于事件可能性的态度。李命定、袁毓林(2018)指出,认识情态词"会"表明说话人相信命题为真的态度,是信念算子;而"应该/可能/一定"等则表示说话人的确信程度,是概率算子。这样,对于未发生的事情,我们也有能力去说明我们对该事情的真值推测。比如,对于像例(14)这样的句子,我们不能推定其真值:

(14)我知道他明天会来。　⇒　他明天来。

例(14)中"知道"是典型的叙实动词,"会"也表达了说话人的确信态度,但仍不能说"知道"的后接宾语小句为真。对于尚未发生之事,无论是什么视点都不能断定该事情的真值情况,但我们可通过"会"这一信念算子来肯定言者视点对事件的认定和现实世界的认知。

4.2　叙实性的本质

现在,我们来尝试回答"叙实性的本质"这一问题。

就语言意义与现实世界的对应关系而言,我们秉持指称论,而符号与实体的对应或许是人类语言的起点(Chierchia & McConnell-Ginet 2000)。Dowty et al.(1981:5)指出,真值条件语义学的职责是明确语言与世界的连接方式,亦即阐释语言的内在关涉性(aboutness)。叙实与事实之间、指称(refer)与指示(denote)[13]之间的关系应当是平行的:事实是所指示的实体,而叙实则与指称方式相关,指称方式又可看作视点与指称对象之间的二元关系。所以,语言符号与实体的对应可能会有偏差,因为不同认识主体(即视点)对实体的指称编码情况可以存在差异。

　　若仅从动词本身出发,语言的叙实性基本上就与动词的概念结构相关,因为我们要判定语句的真值条件,就要去分析语句的组成部分,会发现其首先跟动词相关。

　　但自然语言并非一个孤零零的语句。一句话为何要这样说,为何不选择其他的词语,并不是单靠考察动词本身就能回答的,还要基于说话者的语言组织策略。同时,说话者本人往往也不能完全决定一句话到底说对了没有,还需要与他所在的社会环境及谈话的语境相联系,而且说话人自身习得的知识结构也对他所说的话的真实性有影响。因此,听话人有时可以对说话人进行纠错,旁观者有时掌握了说话人未意识到的真相而发展出"涉实"解读。鉴乎此,本文尝试以指称表达为切入点,讨论叙实性的视点问题。

　　基于以上讨论,我们认为,叙实性的"实"不仅仅是"面向说话人"的,还与其他视点如句内视点、听者视点和旁观者视点等相关,是"面向视点"(viewpoint-oriented)的。之所以认为叙实性是"面向说话人"的,是因为研究者关注的是一个独立的语句与和该语句有变换关系的其他几个语句之间的关系。

　　但是,在现实中,我们对事实的获取过程是复杂的。例如,我们是如何"知道"一个我们眼中的"事实"的呢? Kratzer(2002)曾给出"S 知道(knows)p"的条件:

　　(15) S 知道 p,当且仅当:

　　　　(i) 存在一个事实 f 可以将 p 实例化(exemplifies);

　　　　(ii) S 相信 p 是 f 的涉实信念;

　　　　(iii) S 可以排除与 f 相关但不能将 p 实例化的、可能的对应替换物(relevant possible alternatives of f that do not exemplify p)

以例(2)"王五相信所有获得了诺贝尔奖的人都是傻瓜"为例,王五所掌握的事实,即张三是诺贝尔奖获得者,张三对于他而言就是获奖者的"实例"

之一。王五之所以得出这样的认识,可能是因为他自己通过一些判定依据将张三归入获奖者的队列中。

因此,叙实性的本质不应当局限于动词自身的概念结构,我们应从更广阔的视点角度看待事实与叙实的关系,这是由复杂的语言输出的背景条件所决定的。我们所说的话与我们的知识结构相关。

叙实性实际上体现了从事实到语言的映射关系,是叙实动词、命题态度和视点等的函项;在映射过程中,事实因受到视点影响而有不同的叙实表征。

5. 结语

当一句话被印在纸上时,它就不再是立体的,而被剥离了说话时的各种背景条件,这是自然口语与书面上的一句话的不同之处。对于叙实性的探索不能仅以(书面或口头上的)一句话为出发点。说话人所说的每一句话,所选的每一个词语,都有其动因。如"我知道桌子上有一个水杯"这句话,复杂点来讲,言者必须要习得"桌子"和"水杯"的概念,也需确定水杯在桌子上,以及说话人为何要对听话人说出这句话等,这些都是一句话背后的信息。

同理,事实本身是确凿的,但叙述事实的主体则因为语言输出的各种动因影响,尤其是自身视点的影响,而有不同的语言输出策略,因此在映射过程中会有侧重;同时,这一策略也反映出说话人的知识结构,等等。事实是立体的,我们所说的每一句话也是立体的,因此,在考察从事实到语言的映射关系即叙实性时,我们不能不考虑超越句子层面的视点及其知识结构的问题。

本文的主题是叙实性,旨在阐明叙实性是叙实动词、命题态度和视点等的函项。我们选择从"视点"这一概念出发,着重探讨了指称表达与命题态度、多重叙实结构与视点的关系等问题,并由对视点的讨论延伸至"事实"与"叙实性"的概念界定与本质归属。本文的讨论表明:语言中的概念关系与语义关系,要远比有限的句法结构关系丰富和复杂得多。语法形式中有语义原则,在讨论叙实性时,我们需要考虑视点的重要性,因为语言的输出是一个复杂的过程。

附　注

[1] 参看 de Swart(1998:5—8)对这两种范式的简要介绍。

[2] 在逻辑、语义和语用层面对指称问题的全面介绍,可参看 Abbott(2010)。

[3] Allwood et. al(1977:125—126)的例子:俄瑞斯透斯回到了家里,但厄勒克特拉没认出他来——尽管厄勒克特拉知道俄瑞斯透斯是她弟弟。由前提"厄勒克特拉不知道站在她面前的这名男子是她的弟弟"和条件"厄勒克特拉知道俄瑞斯透斯是她弟弟"和"站在她面前的这名男子与俄瑞斯透斯是同一个人",我们却得到悖论"厄勒克特拉既知道又不知道这同一个人是她的弟弟"。

[4] "置信度"是指特定个体对某个特定命题真实性的相信程度。

[5] 这些语法手段包括话题化、降级操作、否定提升、疑问提升和追补测试等,请参见李新良(2014、2015)。

[6] 在这里,例(4b)和例(4d)这两个句子解读的合格性暂不考虑言者视点、听者视点与旁观者视点,以便说明叙实结构与指称表达的互动问题,下文将说明以上三个视点的作用。

[7] 这里的"很清楚"意思与"知道"相同,不采用"A 知道 B 知道 C"的形式是为了避免拗口。

[8] Donnellan(1966:285)指出,有定摹状词有两种用法:一是属性用法(attributive use),此时言者用有定摹状词来表明所指对象的属性以方便听者找出特定个体;二是指称用法(referential use),此时有定摹状词只是用来锚定所指对象,即使是换一个同指表达也是合理的。若按这种区分,上文例(4)需要让听者确认所指个体的属性特征,因而"张三的邻居"是属性用法,不能随意替换;而例(5b)的"张三的邻居"则是指称用法,允许同一替换。

[9] 承蒙审稿专家指出这一点,对例(7)的讨论也受益于此。

[10] 生活中很多关乎语言模糊性的误解大概也源于此,可见语言叙实性的重要性。

[11] 言者视点与听者视点基本处于同一层级,这是因为言者与听者在对话中处于"一致场"(common ground),参看 Stalnaker(1999、2002);但根据下文对第一人称权威性的讨论,两个视点不能画等号。

[12] "第一人称权威性"被削弱还包括其他情况,如例(i)。

　　(i)甲:我知道你喜欢那个姑娘。

　　　　乙:你不知道! 我压根儿看不上她!

这是因为此时听者视点与言者视点同时显化,处于同一对话场景,听者视点可转化为言者视点即第一人称视点,从而影响原有的第一人称权威性,并削弱叙实性。

　　[13] 参看 Lyons(1977)对指称与指示的辨析。

参考文献

　　陈　波　2006　《逻辑学导论》,中国人民大学出版社。

　　陈　平　1987　《释汉语中与名词性成分相关的四组概念》,《中国语文》第 2 期。

　　陈振宇　甄　成　2017　《叙实性的本质——词汇语义还是修辞语用》,《当代修辞学》第 1 期。

　　方清明　2013　《论汉语叙实性语用标记"实际上"——兼与"事实上""其实"比较》,《语言教学与研究》第 4 期。

　　——　2015　《英汉叙实性标记的对比研究》,《北京第二外国语学院学报》第 2 期。

　　李命定　袁毓林　2018　《信念与概率:认识情态动词的语义差异及其功能分化》,《世界汉语教学》第 1 期。

　　李新良　2014　《现代汉语动词的叙实性研究》,北京大学博士学位论文。

　　——　2015　《立足于汉语事实的动词叙实性研究》,《世界汉语教学》第 3 期。

　　——　2016　《疑问句与汉语动词的叙实性》,《语言教学与研究》第 2 期。

　　李新良　袁毓林　2016　《反叙实动词宾语真假的语法条件及其概念动因》,《当代语言学》第 2 期。

　　——　——　2017　《"知道"的叙实性及其置信度变异的语法环境》,《中国语文》第 1 期。

　　唐热风　2001　《第一人称权威的本质》,《哲学研究》第 3 期。

　　田　平　2001　《关于 *first person authority* 中文译法的一点思考》,《世界哲学》第 2 期。

　　辛　斌　1997　《论叙实谓词和含蓄谓词的前提意义与句法特征》,《山东外语教学》第 2 期。

　　伊藤大辅　2007　《叙实谓词"高兴"及其虚化》,《世界汉语教学》第 3 期。

　　袁毓林　1994　《一价名词的认知研究》,《中国语文》第 4 期。

　　——　2014　《隐性否定动词的叙实性和极项允准功能》,《语言科学》第 6 期。

　　袁毓林　寇　鑫　2018　《现代汉语名词的叙实性研究》,《语言研究》第 2 期。

张新华　2004　《时空域、支点和句子》,《语言学论丛》第二十九辑,商务印书馆。

———　2007　《汉语语篇句的指示结构研究》,学林出版社。

———　2015　《感知类叙实动词研究》,《语言教学与研究》第 1 期。

———　2017　《短时副词"顿时"的叙实特征研究》,《语文研究》第 2 期。

Allwood, Jens, Lars-Gunnar Andersson and östen Dahl　1977　*Logic in Linguistics*. Cambridge: Cambridge University Press.

Abbott, Barara　2010　*Reference*. Oxford: Oxford University Press.

Chen, Ping　2004　Identifiability and Definiteness in Chinese. *Linguistics* 42: 1129—1184.

———　2009　Aspects of Referentiality. *Journal of Pragmatics* 41(8): 1657—1674.

Chierchia, Gennaro and Sally McConnell-Ginet　2000　*Meaning and Grammar: An Introduction to Semantics*. Cambridge: The MIT Press.

Davidson, Donald　1984　First Person Authority. *Dialectica* 38:101—111.

de Swart, H Henriëtte　1998　*Introduction to Natural Language Semantics*. Stanford: CSLI Publications.

Donnellan, Keith S.　1966　Reference and definite descriptions. *Philosophical Review* 75(3):281—304.

Dowty, David R., Robert E. Wall and Stanley Peters　1981　*Introduction to Montague Semantics*. Dordrecht: Reidel.

Frege, Gottlob　1892/1960　On Sense and Reference. In Peter Geach and Max Black(eds.), *Translations from the Philosophical Writings of Gottlob Frege*, 56—78. Oxford: Basil Blackwell.

Givón, Talmy　2001　*Syntax: An Introduction*. Vol. I. Amsterdam/Philadelphia: John Benjamins Publishing Company.

Kiparsky, Paul & Kiparsky, Carol　1970　Fact. In Manfred Bierwisch and Karl Erich Heidolph(eds.) *Progress in Linguistics*, 143—173. The Hague: Mouton.

Kneale, William　1962　Modality *de dicto* and *de re*. In Ernest Nagel, Patrick Suppes and Alfred Tarski(eds.) *Logic, Methodology and the Philosophy of Science: Proceedings of the 1960 International Congress*, 622—633. Stanford: Stanford University Press.

Kratzer, Angelika　2002　Facts: Particulars or Information Units. *Linguistics and Philosophy* 25(5—6):655—670.

Leech, Geoffrey 1981 *Semantics: The Study of Meaning*. London: Penguin Books.

Linsky, Leonard 1967 *Referring*. New York: Humanities Press.

Lyons, John 1977 *Semantics*. Cambridge: Cambridge University Press.

Partee, Barbara 1980 Semantics-mathematics or psychology. In Rainer Bäuerle, Urs Egli, Arnim von Stechow (eds.) *Semantics from Different Points of View*, 1—14. Berlin: Springer-Verlag.

Quine, W. V. O. 1956 Quantifiers and Propositional Attitudes. *Journal of Philosophy* 53:177—186.

———— 1960 *Word and Object*. MA: The MIT Press.

Russell, Bernard 1905 On denoting. *Mind* 14:479—493.

Stanalker, Robert 1999 *Context and Content: Essays on Intentionality in Speech and Thought*. Oxford: Oxford University Press.

———— 2002 Common ground. *Linguistics and Philosophy* 25(5—6):701—721.

Tarski, Alfred 1944 The Semantic Conception of Truth and the Foundations of Semantics. *Philosophy and Phenomenological Research* 4:341—376.

赖蔚晨:hyhm@bnu.edu.cn

原载《语言研究集刊》第二十二辑,此次收录时有所改动。

Ways of expressing counterfactual conditionals in Mandarin Chinese

Jiang Yan

Abstract This paper discusses the ways in which Mandarin Chinese expresses counterfactual conditionals, and endeavours to motivate and theorize the use of such strategies. I aim to give an overall picture of Mandarin Chinese counterfactual conditionals, a topic which has hitherto not been covered in the Chinese linguistic literature. The strategies identified are the use of special lexicalized chunks to directly encode counterfactual meaning; the creation of tense mismatch and the accompanying counterfactual meaning, either through the use of relative tense pointing toward a hypothetical past event, or through the use of some special time adverbs; and the use of pure inference over conditionals with impossible or absurd antecedents. Overlaying these strategies is the presence of context-dependent simplifications, which may prompt the language user to omit the defining features of a given strategy.

Key words counterfactual conditional Mandarin Chinese inference

1. Introduction

Counterfactual conditionals (henceforth CF) are conditional sentences whose antecedents express meaning that is known to be contrary to fact or impossible to be true. In Indo-European languages, CFs have been treated as a predominantly grammatical, not lexical, phenomenon. How they are expressed in isolating languages such as Chinese is a less explored topic. Are CFs expressed more by lexical terms in Chinese? Can some lexical terms be taken as the outcome of grammaticalization, hence having grammatical functions as well? Is it even possible to define the boundary between grammatical and lexical phenomena in an isolating language? Our study on Chinese CFs to be reported here shows that lexical terms do have grammatical functions, or at least their roles can be explained in grammatical terms.

Studies on Chinese CF began with the controversial claim by Bloom (1981) that Mandarin Chinese lacks linguistic schemata for encoding CF with the result that Chinese CFs are comprehended as such purely with reference to contextual and contingent information. However, Chen (1988) identifies a cluster of lexical and grammatical features that often accompany conditionals with CF interpretations. Since his study is mainly descriptive, no principled explanations are offered as to when some features occur and when they do not. Jiang(2000, 2019), Wang and Jiang(2011), and Wang(2013) build on Chen(1988) in sharpening and enriching the data and give more systematic semantic descriptions on the nature of the contributing weak features to CF meaning as well as providing pragmatic accounts of the context-dependent factors that affect the reach of CF. Jiang and Wang(2016) and Jiang(2019) also discuss the use of special linguistic schemata for the expression of CF in Chinese dialects other than Mandarin, with special reference to Shanghainese. Yong (2016) and Jing-Schmidt (2017) provide statistical and corpus-based studies on the co-occurrence of some identified features with CF meaning, which lend support to the major claims of Chen(1988), Jiang (2000), Wang and Jiang(2011) and Wang(2013) that there do exist several linguistic strategies in expressing CF reasoning in Chinese.

This paper aims at motivating and theorizing the use of such strategies with the goal of depicting an overall picture of CF conditionals for Mandarin Chinese within the typological framework of CFs for all languages proposed in Karawani(2014). Building mainly on my previous studies, I present four strategies of CF structures. I then present further cases involving context-dependent simplifications, which can be viewed as variants of the first four.

2. CF chunks

As observed in Karawani(2014), any language can express unequivocal CF meaning by using some lexicalized chunks that directly encode such a meaning. This is the case in many Chinese languages. In Mandarin, two special chunks, i.e. fixed phrasal expressions, can be used to lead a CF antecedent, one is *yàobúshì*(要不是)'if-not-be' and the other is *zǎozhīdào*(早知道)'early-know'.

(1) 要不是他捣鬼,这件事早就办完了。

　　yàobúshì　tā　dǎoguǐ,　　zhè-jiàn　shì　zǎo　jiù　bàn　wán　le.
　　if.not.be　he　play.tricks,　this-CL　thing　early　then　deal　finish　SFM
　　'If it had not been the case that he played tricks behind the back, this matter would have been dealt with already.'
　　(CL = classifier; SFM = sentence-final marker used at the end of a statement to report a happening)

(2) 要不是听你说,我还不知老邓的工厂关门的前因后果呢!

　　yàobúshì　tīng　nǐ　　shuō,　wǒ　hái　bù　zhī　　Lǎo　Dèng　de
　　If.not.be　hear　you　say,　　I　　still　not　know　Old　Deng　MOD
　　gōngchǎng　guānmén　　de　　　qiányīnhòuguǒ　ne !
　　factory　　close.down　MOD　reason　　　　　SFM
　　'If it had not been the case that I learnt it from you, I would not have known the reason for Old Deng's factory to close down.'
　　(MOD = modifying marker)

（3）早知道会迷路，老子就不来这荒山野岭了！

zǎozhīdào huì mílù,　　lǎozi jiù　bù lái　　zhè huāngshānyělǐng le!

know.early will lose.way I　　then not come　this wild.place　　SFM

'Had I known I would lose my way, I would not have come to this wild place!'

（4）早知道你这样不负责，根本就不能让你担任这项工作！

zǎozhīdào　nǐ　zhèyàng　bú fùzé,

know.early　you　so　　　not responsible

gēnběn　jiù　bù néng　ràng nǐ　dānrèn zhè xiàng gōngzuò!

certainly then not can　let　you assume this-CL　role

'Had I known you were so irresponsible, I certainly wouldn't have let you take up this work!'

As lexicalized chunks, *yàobúshì* and *zǎozhīdào*, when leading the antecedent of a conditional, most often express CF meaning, with some exceptional cases carrying their compositional meaning of 'If that is not the case' and 'I know it early', which contexts easily disambiguate. Similar lexicalized chunks can be found in many other Chinese languages, although each single language may only have a handful. Examples in other Chinese languages are discussed in Jiang and Wang (2016) and Jiang(2019). Chunks provide the most direct means for expressing CF conditionals or optatives with CF meaning, the latter being statements expressing desire or regret. *Yàobúshì* is an exemplary case of *negative conditionals* in the sense of Ippolito and Su(2014), with a negative element in the COMP domain and obligatorily CF. The nature of *zǎozhīdào* will be discussed in Section 4. But the meanings that can be expressed by *yàobúshì* and *zǎozhīdào* are somewhat limited. In the *yàobúshì* case, what follows the *yaobushi* chunk has to be a veridical proposition, that is, a proposition that is true, and the whole antecedent forms a negative context: a clause in the negation scope of *yàobúshì* . This makes it difficult to embed some abstract proposition into the schema, even harder if the proposition following *yàobúshì* is itself an explicitly negated or doubly negated proposition. In the case of *zǎozhīdào* , the antecedent has to be a first-person perspective, again imposing constraints on what can enter into this schema. Therefore, what is available as the very few possible deterministic CF markers in Mandarin cannot serve as all-purpose encoders of CF meaning. Surprisingly, Bloom (1981) makes no mention of such constructions, even though he rightly points out that conditionals containing *yàobùrán* 'if not so' are indicative conditionals. More discussions can be found in Jiang(2019).

3. Relative tense

Chinese is sometimes described as a tenseless language in that it has no obligatory inflection marking overt absolute tense(Lin 2012). However, as proposed by Comrie(1985), a language may not have absolute tense to indicate past, present and future, but it may have relative tense to indicate prior or posterior temporal relationships, and relative tense can be realized by aspect markers. This is the case for Mandarin, which uses two optional verb suffixes, *le* and *guo* , as aspect markers to encode [+completion] and [+experienced] respectively. In conditionals, *le* and *guo* function as grammatical features that have a role in expressing the CF meaning. If we take conditionals without such verb suffixes as indicative conditionals by default, such conditionals are typically irrealis, being hypothetical in nature. But when *le* and *guo* as realis aspectual markers are used in conditionals contextually anchored to the present time, they can point toward a hypothetical past event. A tense mismatch occurs, leading to the exclusion of actual world, in the sense of Karawani(2014), which is the hallmark of CF meaning, as shown in(5) and(6).

（5）如果有了电，灯就会亮了。

Rúguǒ   yǒule   diàn,   dēng   jiù   huì   liàng   le.

If   have-ASP   electricity,   light   hence   will   be.on   SFM.

'If there were electricity, light(s) would be on.'

（ASP = aspectual suffix）

（6）要是你去过他家，就不会不注意他那漂亮的太太的。

yàoshì   nǐ   qùguò   tā   jiā

if   you   go-ASP   his   home,

jiù   bú   huì   bú   zhùyì   tā   nà   piàoliàng   de   tàitài   de.

hence   not   will   not   notice   he   that   pretty   MOD   wife   AM.

'If you have been to his home, you would not fail to notice his pretty wife.'

（AM = assertion marker）

But the contribution to CF made by such aspect markers is at best subtle and is by no means deterministic in expressing CF meaning. Hence their role has not been well identified. Adding to the complexity is the observation that when a conditional refers to a past eventuality yet omits to use *le* and *guo*, which often co-occur with past eventuality, a CF reading can also be perceived because there is again a tense mismatch and the accompanying actual-world-exclusion effect. An example is given as(7).[14]

（7）如果有电，灯就会亮。

rúguǒ   yǒu   diàn,   dēng   jiù   huì   liàng.

If   have   electricity,   light   hence   will   be.on.

'If there were electricity, light(s) would be on.'

This is also a subtle effect and is not deterministic either, since the presence of aspectual markers is after all non-obligatory. But it is inter-

esting to note that on such an occasion, the omission of an aspectual
marker from a past eventuality also creates CF meaning. What is crucial
here is the irrealis to realis shift, that is, a change from non-factual to
factual statement , as in(5)—(6), and vice verse, as in(7). Either shift
can create a mismatch, bringing about a CF meaning. In this respect, al-
though Chinese lacks regular grammatical inflection, it still contains
grammaticalized suffixes that contribute to the attainment of CF
meaning through relative tense.[15]

4. Lexicalized features

Relative tense can also be achieved through lexical means, by using
time adverbs. But in the case of the CF construction, the presence of
such adverbs may not anchor to the right time, again creating a tense
mismatch and the accompanying CF meaning. What has been singularly
identified in Mandarin is the use of the time adverb *zǎo* 'early'. *Zǎo*'s u-
sual sense is to deictically identify a time interval t_2 containing temporal
points prior to the specific moment t_1 under discussion. However, when
a conditional sentence contains *zao* in its antecedent, *zao* cannot identify
a t_2 prior to t_1 and the eventuality it modifies does not form a time se-
quence with t_1.Instead, it points toward some fake space which does not
really reside on the time axis containing t_1. That is, it does not really
point to an earlier happening. In the terms of *possible world semantics*,
zao points to some eventuality not in the actual world, but in some other
possible worlds, thereby effecting a CF meaning. When *zao* appears in
the consequent, it acquires a modal sense, similar to the use of *would* in
English, which also effects a CF interpretation. But the *zao* in the chunk
zaozhidao as shown in(3) and (4) is still different. There, *zao* simply
carries its denotational meaning of 'early', and *zaozhidao* as a chunk
creates a CF context for the antecedent. The relevant examples involving
the single use of *zao* are given here as(8) and (9).

(8) 要是早罚进那个任意球，比赛就结束了，还踢什么加时赛！

yàoshì   zǎo   fájìn   nàgè   rènyìqiú ，

if   early shoot.in that-CL freekick

bǐsài jiù   jiéshù   le ，

match hence end   SFM

hái   tī   shíme jiāshísài !

and kick what   extra-time-match

'If that free-kick were in in good time, the match would be over. What extra time match needs to be played!'

(9) 要是那个任意球真的罚进去了，比赛早就结束了，还踢什么加时赛！

yàoshì nà-gè   rènyìqiú zhēnde fájìnqù   le,

if   that-CL free.kick really   shoot.in SFM

bǐsài zǎo   jiù   jiéshù le,

match early hence end   SFM

hái tī   shénme jiāshísài !

and kick what   extra.time.match

'If that free-kick were really in, the match would be over already. What extra time match needs to be played!'

There are some other lexicalized expressions to make the CF meaning more explicit. One of these is the adverb *zhende* 'really'. When applied to a predicate in a statement sentence, *zhende* really means 'really', expressing a high degree of confirmation. But when used in a conditional antecedent, the proposition containing *zhende* gives the implicature that at the time of speaking, the eventuality described has not had its truth established. That is to say, *zhende* implicates it is not yet the case that P or it has not yet been established that it is the case that P. So the use of *zhende* adds weight to the reach of CF interpretation, even though it does not deterministically encode CF meaning. (10) and (11) are relevant cases, showing the contribution that *zhende* makes to the attainment of CF meaning is at best an implicature, not an entailment meaning.

(10) 如果他真的想娶你,不会这样对你(counterfactual)

rúguǒ	tā	zhēnde	xiǎng	qǔ	nǐ,	bú	huì	zhèyàng	duì	nǐ
if	he	really	want	marry	you,	not	will	so	treat	you

'If he really wanted to marry you, he wouldn't treat you like that.'

(11) 不要试图改变一个人,如果他真的爱你,他会按你说的去做的 (open conditional)

bú	yào	shìtú	gǎibiàn	yī-gè	rén,	rúguǒ	tā	zhēnde	ài	nǐ
not	will	try	change	one-CL	person	if	he	really	love	you

tā	huì	àn	nǐ	shuō	de	qù	zuò	de
he	will	according.to	you	say	MOD	go	do	AM

'Don't try to change a person. If he really loves you, he will do what you say.'

Lexicalized features are used to enhance the CF meaning, as described in Karawani(2014). As they are usually optional, they are also called weak features by Wang and Jiang(2011) and Wang(2013).

5. Pure inference

In addition to the above three types of CF-production strategies, a special type of marker-free CF conditionals can be found in Mandarin: those with impossible or absurd antecedents, as shown in(12)—(14).

(12) 要是换了我的话,就不会对他这么客气了

yàoshì	huàn-le	wǒ	dehuà,
if	change-ASP I		CDM

jiù	bú	huì	duì	tā	zhème	kèqì	le
hence	not	will	to	him	so	polite	SFM

'If I were to deal with the case instead of you, I would not be
so nice to him.'

(CDM = conditional marker)

(13) 如果太阳从西边出来,我一定嫁给你。

rúguǒ	tàiyáng	cóng	xībiān	chūlái,	wǒ	yīdìng	jià	gěi	nǐ
if	sun	from	west	come.out,	I	certainly	marry	to	you

'If the sun came out from the west, I would certainly marry
you.'

In the two example sentences above, the contradictory nature of the
meaning in the antecedents makes the CF reading clear. There can even
be conditionals in Mandarin that yield the CF readings in context without
carrying contradictory antecedents. Given salient contextual information,
a conditional can contain an antecedent that is known to be contrary to
fact, with no use of any special strategies introduced above. Such a con-
ditional can be indistinguishable from open conditionals, but is meant to
be comprehended as CF.(14) is a case in point.

(14) 要是这个任意球罚进了,就会踢加时赛了。

yàoshì	zhè-gè	rènyìqiú	fájìn	le,
if	this-CL	free.kick	kick.in	SFM

jiù	huì	tī	jiāshísài	le
hence	will	kick	extra.time.match	SFM

a. 'If this free-kick is in, the match will go into extra time.'
(indicative conditional, uttered before the freekick)
b. 'If this free-kick were in, the match would go into extra
time.'(counterfactual conditional, uttered when the free-
kick did not score a goal)

Another relevant example from Mandarin is given here as(15), in which the existential construction in the antecedent can have a tenseless interpretation, and the CF meaning is inferred on the basis of knowledge of history, which resolves the apparent ambiguity between a CF reading and an open conditional reading.

(15) 没有共产党就没有新中国。
  méi yǒu gòngchǎndǎng jiù méi yǒu xīn zhōngguó
  not have communist.party then not have new China
  'Without the Communist Party, then there will be no new China.'

Such examples seem to lend support to the view that CFs in Mandarin are often perceived through context-based inference. Indeed, of the four strategies discussed so far, all the markers, chunks, suffixes and words, can be omitted, and the sentence could still be a CF. If contextual information is salient, CF meaning can be expressed and comprehended by means of open conditionals. But Mandarin CFs are solely context-reliant only when contextual information suffices to point to an unequivocal CF reading. If contextual information is felt to be insufficient in establishing the mutually manifest falsehood of the antecedent, the language user has other means to express CFs, in ways explicit or subtle.

  For Chinese language users, context indeed most often suffices to help them determine if CF meaning is intended. This relates to one peculiar feature of Chinese CF conditionals. Bloom rightly observes that the Chinese usually make use of counterfactual speech and thought in concrete situations, "in which the negation facts are known or can be inferred"(Bloom 1981:19ff.)."Within a concrete situational context which negates its premise," argues Bloom, "[a sentence] can be used to express a CF thought, even though there is no explicit linguistic marking in the sentence to signal that it is to be understood in that way". This explains why many Chinese CF conditionals are not felt to carry CF features or markers.

Acknowledgements: My thanks go to Dr. Mingya Liu for her great efforts in organizing the workshop on conditionals where this paper was presented in its initial form and for her work in editing this volume. Thanks also go to the two anonymous reviewers whose comments led to substantive revisions and improvements. Finally, great thanks go to Angela Terrill, the copy-editor, for her expert comments on the content and for her skilful work in improving on the English language.

Notes:

[1] Examples (5) and (7) are first discussed in Chen(1988), who noted that they can receive CF readings but does not provide theoretical explanation. Cf. also Jiang (2000), Wang(2013) and Jiang(2019) for some initial theoretical accounts.

[2] Chinese data does not reveal the use of plus que parfect (pluperfect) nor imperfect, which can accompany CF structures in many Indo-European languages, as detailed in Karawani(2014).

References:

Bloom, Alfred H. 1981. *The linguistic shaping of thought: A study in the impact of language on thinking in China and the West.* Hillsdale, NJ: Lawrence Erlbaum Associates. New print by NY, NY &· East Sussex, UK: Psychology Press, 2014.

Chen, Guohua. 1988. Yīng hàn jiǎshè tiáojiàn jù bǐjiào [A comparison between English and Chinese hypothetical conditionals]. *Foreign Language Teaching and Research* 73. 10—19.

Comrie, Bernard. 1985. *Tense.* Cambridge, UK: Cambridge University Press.

Ippolito, Michela &. Julia Su. 2014. Counterfactuals, negation and polarity. In Luka Crnič &. Uli Sauerland(eds.), *The art and craft of semantics: A festschrift for Irene Heim*, Vol. 1, *MIT working papers in linguistics*, 70. 225—243.

Jiang, Yan. 2000. Hànyǔ tiáojiàn jù de wéishí jiěshì [On the counterfactual reading of Chinese conditionals]. In Bojiang Zhang (ed.), *Studies and investigations on Chinese grammar*, 257—279. Beijing: The Commercial Press.

Jiang, Yan. 2019. Chinese and counterfactual reasoning. In Chu-Ren Huang, Zhuo Jing-Schmidt &. Barbara Meiserernst(eds.), *The Routledge handbook of Chinese applied linguistics*, 276—293. Abingdon, Oxford &. New York: Routledge.

Jiang, Yan &. Yuying Wang 2016. Counterfactual subjunctive assertions in Shanghai dialect. In Andy C.-O. Chin, Bit-chee Kwok &. Benjamin K. Tsou(eds.) *Commemorative essays for professor Yuen Ren Chao: Father of modern Chinese linguistics*, 193—201. Taipei: The Crane Publishing.

Jing-Schmidt, Zhuo. 2017. What are they good for? A constructionist account of counterfactuals in ordinary Chinese. *Journal of Pragmatics* 113. 30—52.

Karawani, Hadil. 2014. *The real, the fake, and the fake fake: In counterfactual conditionals, crosslinguistically*. Utrecht: LOT.

Lin, Jo-wang. 2012. Tenselessness. In Robert I. Binnick(ed.) *The Oxford handbook of tense and aspect*, 669—695. Oxford University Press.

Wang, Yuying. 2013. *The ingredients of counterfactuality in Mandarin Chinese*. Beijing: China Social Science Press.

Wang, Yuying &.Yan Jiang. 2011. Hànyǔ wéishí yì de gòuchéng yīnsù [The ingredients of counterfactuality in Chinese]. In Yan Jiang(ed.) *Approaching formal pragmatics*, 366—412. Shanghai Educational Publishing House.

Yong, Qian. 2016. A corpus-based study of counterfactuals in Mandarin. *Language and Linguistics* 17(6). 891—915.

蒋严: yjq@soas.ac.uk

原载 Linguistics Vanguard, A Multimodal Journal for the Language Sciences, Editor-in-Chief: Bergs, Alexander/Cohn, Abigail C./Good, Jeff, DE GRUYTER MOUTON.

汉语反事实条件句的表达方式

蒋 严

提 要 本文讨论汉语表达反事实条件句的手段,尝试揭示这些策略的使用动因。目标是给出汉语反事实条件句的整体情况,这在汉语语言学文献中迄今尚未得到揭示。已经确认的策略有:使用特殊的已经词汇化的语块来直接编码反事实意义;创立时态上的错配,它伴随着反事实意义,不管是通过使用指向一个假设的过去事件的相对时态,还是使用特殊的时间副词;针对不可能或荒谬的前因进行纯粹的推理。依赖于语境的简化操作叠加在上述策略之上,它会促使语言使用者忽略一个策略的定义性特征。

关键词 反事实 条件句 汉语 推理

（王梦颖译）

汉语违实句的触发因子与表征模式*

雍 茜

提 要 汉语中违实范畴显赫度较低,没有固定的语法词汇形式,主要借助其他的语言范畴如体标记,或者依靠多种语言特征的词义贡献,且部分依赖于语用。汉语之所以没有发展形成成熟的违实标记,是因为汉语缺乏形态变化,没有专门的语素承载影响力较高的违实特征(如过去时)。而世界其他语言中的违实标记大多源于时体形态,这些时体形态最初以违实特征的身份出现,通过贡献自身的词汇义增强违实表达的概率,最后受到语用规约的影响,语用义—违实义融合成词汇义的一部分。当违实义进一步加强,则会超越原来时体词汇义的限制,时体形态由此虚化成违实标记。由此可见,汉语并非缺乏违实句,而是缺乏成熟的违实标记,但这种表达上的特性并不影响违实句的使用和理解。根据特定的表征模式,听者可以通过分析违实特征的使用情况,准确地判断和理解违实句,这也符合汉语作为分析性语言的根本特征。

关键词 违实 类型学 显赫度 事实

1. 引言

"违实",顾名思义,就是与事实相违背。违实命题是逻辑学、心理学和语言学共同的研究热点,逻辑学研究关注的是违实命题的真假值推理,心理学关注的则是语言使用者在反事实推理时的心理机制和神经控制机制,而语言学则关注违实在语义、句法层面的具体表现。有意思的是,逻

---

* 文章为国家社科基金项目"类型学视角下汉语违实范畴研究"17CYY037 系列成果之一。本文§2、§3对 Yong, Q. (2016)进行部分翻译,并对主要内容进行较大改动。

辑学、心理学与语言学在研究违实命题时的关注对象不尽相同，然而研究结果却可互相借鉴，相辅相成。逻辑学里界定的违实命题与非违实命题，在部分语言中并没有得到严格形式上的区分。所谓语言形式区分可以是语音手段、形态手段、句法手段（包括句法位置、虚词等）。如果一个语义概念没有在语言中得到某种形式的固化，也就未形成范畴化，这往往也是语言学家不关心的领域。但心理学家却需要根据逻辑学中界定的违实命题与语言中是否存在相关的形式标记，借以探索人类不同的思维机制。他们认为如果语言中某个语义通过某种形式固化，语言使用者便能惯例性地去表达某种概念，于是形成了习惯性思维模式（habitual thinking mode）。相反如果语言使用者没有明确的标记去表达某种概念，那么他们需要通过各种曲折的方式，如词汇、语用等去详细地说明一个概念，于是形成了说明性的思维模式（specialized thinking mode）。部分心理学家推进论述，并认为具有习惯性思维模式的语言使用者，比说明性思维模式的语言使用者能更加熟练地掌握某种概念，并设计各种实验加以证明，于是产生了 20 世纪 80 年代著名的 Bloom & Au 关于汉语使用者是否具有违实思维的争辩。其实问题远非如此简单。人类语言对语义范畴化差异性很大，一些语言能够明确地区分出与事实相反的"违实"概念，一些语言则借助于词汇和语用的方式曲折地表达"违实"概念，其实这两者都是比较理想化的状态。人类语言中还存在大量"中间地带"，在这些语言中，逻辑上界定的"违实"一部分已经范畴化，一部分没有范畴化，一部分处于范畴化与未范畴化之间。心理学很难解释为什么同一语义概念会出现习惯性思维与说明性思维相交叉的现象。比如汉语中存在标记违实的句首关联词"要不是"，但对于大多数汉语使用者而言，也可以选择避开所谓的标记来表达违实句。过去关于这类争论很多，多聚焦在汉语是否有违实标记，如果有，存在何种形式的违实标记。其实汉语是一个处于违实"中间地带"的语言，对于"中间地带"语言的研究需要量化和质化同时进行，由于缺少稳定形式标记，量化研究有助于确定形式标记的大致范围和形式标记的作用限度，而质化研究则有助于发现形式标记的使用特征和相关理据，从而为语言学习者提供理解线索。在汉语研究的基础上，我们将进一步扩充语料至世界语言，从而将汉语个例纳入到世界语言类型学的连续统中。

2. 违实句触发因子的相关性分析

本文对汉语违实句的统计分析是基于兰开斯特汉语语料库(LCMC)、UCLA汉语书面语语料库(UCLA)和最新汉语文本语料库(TORCH)等进行的。这三个语料提供类似的网络用户界面,方便进行语体之间的对比分析。

汉语违实句最早被作为条件句的一个特殊子类进行研究,其他语言也同样如此处理。违实句通常被称作为虚拟条件句(subjunctive conditional),与陈述条件句(indicative conditional)相对。虽然之后的一些研究否定了这种看法,并认为违实义可以不必由条件句产生(Angeliki Athanasiadou & René Dirven 1997),但这并不能否认违实句与条件句的密切关联,跨语言的语料记载显示违实大多发生在条件框架内。因此,为了便于语料检索,我们将研究范围缩小到违实条件句,通过以假设连词为关键词,筛选出违实条件句,并总结出这些句子的语法、词汇特征。首先在语料库搜索栏中键入'c_'(连词的标注),再从所有检索出的连词中选出假设连词,共13个,分别为:如果、如若、如、倘使、倘若、若、假如、假使、假若、假设、要是、要不是、若非等。接着,在语料库中分别检索出含有这些假设连词的条件句。最后,对这些检索出的条件句一一甄别,选出245个违实条件句。通过进一步的统计分析,如卡方检验、Phi 相关性检验等,对甄选出的违实句进行分析。

2.1　否定

Wierzbicka(1997)意识到否定在增加违实度上的作用,甚至将前后件双否定式违实条件句作为违实范畴的核心。这是因为人们更愿意接受一个肯定的事实,肯定比否定更接近人们的共识范畴(Shared Knowledge)。在汉语中,否定词"不""没""不是"以及表达否定功效的反问句,均在一定程度上增加了违实理解的概率。语料检索验证了这一观点,汉语违实句大多伴有否定词。或是前句否定,如:如果**不是**这个非常时期,我们一定会很轻松地聊上会儿天(UCLA);或是后句否定,如:如果真如你所说的……你断然**不会**像今天这样(TORCH);或是前后句均有否定,如:如果**不是**女儿嫌那里的工作太辛苦,也许**不会**就有现在的悲剧发生(UCLA)。

语料检索显示不同的否定词具有不同程度的违实生成能力,多数违实句的前句中都出现了"不是"。本文将运用卡方检验进一步验证这一结果。通过统计条件句框架下出现某个否定词时违实句和非违实句各自的出现频次,可以计算出这些否定标记是否具有一致的违实生成能力。

表 1 否定词及其对应的违实/非违实句频次

否定	违实句频次	非违实句频次
不是	75	6
没有	45	94
不	93	415
反问句	25	23

表 2 卡方检测表明不同否定词的违实生成能力具有显著性差异

卡方值	192.274
自由度	3
显著性	0.000

以表 1 的数据为基础,SPSS 生成的卡方值(如表 2)显示这些否定标记在违实生成能力上具有显著性的差异,p=0.000。因此,为了进一步证实这些否定词是否与违实关联,需要对每个否定词分开进行 Phi 相关性检验。

2.2 语气副词:真(是/的)

语气副词"真(是/的)"常常出现在违实条件句的前句中,"真的"的使用增加了句子的假设度。观察下句:

(1) A1:他昨天在研讨会上发言了吗?

  B1:发了。

  A2:如果他昨天发了言,今天也就会发言。

  或者

A2′:如果他昨天**真的**发了言,今天也就会发言了。

(1)句中,A2′添加了"真的",强调了 A 对 B 答复的可疑性。比较 A2 与 A2′,后者更倾向于违实理解。但是"真的"并不能保证句子的违实解。如:

(2) 如果金满堂**真的**丢了硬盘,里面有见不得人的秘密,他应该也不 会报案。(TORCH)

根据上下文,说话者并不清楚"金满堂"是否丢了硬盘,该句只能理解为一般假设条件句。尽管"真的"在标记违实句时显现出诸多不稳定性,但统计分析显示在条件句框架内,"真的"与违实仍有一定的正关联:

表 3　出现/缺失"真(是/的)"对应的违实/非违实句频次

语气副词	非违实句频次	违实句频次
出现"真(是/的)"	82	28
缺失"真(是/的)"	2 702	217

经过计算,φ 值为 0.124(p＝0.01),因此"真的"与违实呈显著性正关联。

2.3　祈愿语气:……就好了/(该)多好

很多语言都有专门的方式标记实现可能性较小的愿望,比如在英语中,wish 区别于 hope,常与虚拟语气连用表示具有违实性的愿望。在汉语中,违实句也可以用来表示实现可能性较小的愿望,但是由于缺乏形态变化,汉语只能依靠词汇特征。如用"好"来表达,如:如果能把阳光下的诺马罗夫送到白垩纪去**该多好**啊!(UCLA)

与"真的"一样,"……就好了/(该)多好"并不能保证句子的违实解,语料检索显示大量例句在脱离上下文时,很难判断是否为违实句,如:如果有一颗红豆送给可欣那**该多好**啊!(UCLA)

由于这类祈愿语气在标记违实句时显示出诸多不彻底性,很难简单地将其归为违实标记。但是这并不能否认"……就好了/(该)多好"与违实的关联性:

表 4　出现/缺失"……就好了/(该)多好"对应的违实/非违实句频次

祈愿语气	非违实句频次	违实句频次
出现"就好了/(该)多好"	5	12
缺失"就好了/(该)多好"	2 779	233

经过计算，ϕ 值为 0.172(p＝0.01)，因此"……就好了/(该)多好"与违实呈显著性正相关。

2.4　过去时指示词

违实与过去时的关联有两种情况：一些语言中，过去时已经虚化为违实标记并能保证句子的违实解，过去时可以出现在非过去时制的违实句中。如日语：

（3）Mosi　　**asita**　　ame-ga　　fut-**ta ra**，　　sanpo-ni-wa

　　如果　　**明天**　　雨—主格　　下—**过去时**　　散步—到—主题

　　ika-na-i

　　去—否定—现在时

　　如果明天下雨，就不去散步。

在另一些语言中，过去时仍然保留了自身的时制义只能出现在过去时制的违实句中，由于过去的事情多为已然事实，违实是对已然事实的假设，因而违实句中会较为频繁地出现过去时。但对于这些语言来说，过去时并不能保证违实理解，因为过去的事情也可不必为已然。如汉语：

（4）如果*之前*凶手来过现场，那应该会留下遗迹。（凶手是否来过，未知。）

在汉语中，过去时可以通过副词"之前""刚才""早"或时间词"昨天""去年"或体标记"了""过"等体现。由于缺乏专门标记过去时的语素，过去时很难虚化为违实标记。因此，汉语中的过去指向词只能看作为与违实相关的特征，为了验证这一相关性，本文分别统计了出现或缺失过去指向词时对应的违实句和非违实句的频次，并在此基础上计算出 ϕ 值的显著性：

表5 出现/缺失过去时标记对应的非违实/违实句频次

过去指向词	非违实句频次	违实句频次
出现过去指向词	5	72
缺失过去指向词	2 779	173

经过计算 φ 值为 0.506(p＝0.01)，过去时与违实有显著性的正相关。此外过去时的 φ 值明显高于其他特征，与"不是"相当，可见过去时是汉语违实句的重要特征之一。

2.5 假设连词

赵元任(Chao 1968)将汉语假设连词按照违实生成能力排成连续统，虽然这一结论受到了诸多质疑，但不可否认汉中假设连词所蕴含的假设度各有不同。为了进一步比较这些假设连词的违实生成能力，本文对这三个语料库中每个假设连词引导的违实句所占百分比分别做统计分析：

表6 假设连词对应的违实百分比

假设连词	违实句百分比（%）		
	LCMC	UCLA	TORCH
如果	5.3	4.8	6.4
如若	0.0	75.0	20.0
如	0.0	0.0	0.0
倘使	0.0	NA	NA
倘若	9.1	31.2	0.0
若	13.1	1.6	10.5
假如	25.0	23.5	23.5
假使	100.0	NA	NA
假若	100.0	0.0	0.0
假设	33.3	10.0	14.3
要是	21.1	32.3	15.4
若非	75.0	100.0	66.7
要不是	100.0	100.0	100.0

　　由于每个假设连词引导的句子数量各不相同,为了使比较更有意义,这里采用的是违实句的百分比形式,即:违实百分比＝含有该假设连词的违实句数量/含有该假设连词的所有条件句数量。基于以上数据,可以计算出违实百分比的秩均值(mean ranks),如下:

表7　假设连词的违实秩均值

	秩均值		秩均值
要不是	10.67	假若	4.67
若非	9.83	若	4.33
假如	7.33	倘若	4.33
要是	7.00	如果	3.67
假设	6.33	如	1.67
如若	6.17		

　　假设连词违实秩均值的排序与上文的语体分析大体一致,但是值得注意的是,表7的排序并非严格——对应于假设连词的违实生成能力。因为在汉语中,违实句的理解与语用密切相关,有一定的不稳定性和不确定性,不能完全取决于假设连词。但是这种排序至少可以提供一个大体的等级序列,即"要不是""若非""假如"和"要是"比"如果""如"更常用来指示违实句。

2.6　临近指称词

　　Ziegeler(2000)认为违实解是说话者与听话者互动的结果,听话者通过对说话者发出的句子进行分析,获取足够多的事实信息(factually based information),才能确定句子的违实义。因此临近指称词如第一人称代词,指示代词"这"由于指代说话者较为熟悉的事物,能够提供接近事实的信息,便于听话者对违实义的判断。

　　Ziegeler(2000:38)注意到第一人称代词常常出现在违实句中,并且比第二人称和第三人称代词更容易引发违实解。她进一步解释这是因为第一人称代词是说话者最为临近的指称范围。如:

(5) a. If I had been there at the time, I would have seen the thief.

　　b. If he had been there at the time, he would have seen the thief.

以上两句虽都为违实句,但例(5b)中的违实义可以被后附小句取消,如"so let's go and ask him if he was there";例(5a)由于出现第一人称代词,违实义很难被取消。同样在汉语中,出现第一人称代词的假设条件句比其他人称代词更易引发违实解。通过统计检索出的违实句中各类人称代词的出现频率,得到如下数据:

表8 各类人称代词在违实句中的出现频次

人称代词类型	第一人称代词	第二人称代词	第三人称代词
出现频次	52	19	17

为了进一步检测第一人称代词与违实是否关联,本文分别统计了在条件句框架内,出现或缺失第一人称代词时,违实句和非违实句的频次:

表9 出现/缺失第一人称代词对应的非违实/违实句频次

	非违实句频次	违实句频次
出现第一人称代词	180	40
缺失第一人称代词	2 604	205

经计算,ϕ 值为 0.096(p=0.01),因此第一人称代词与违实显著性相关。

同样,近指代词"这"和远指代词"那"也易于引发违实解:

(6) a. 要是拿不到这/那张票,我就不能去看演出了。(票可能已经拿到,违实)

由于"这"和"那"接近于说话者的指称范围,更易于提供事实信息。听话者更容易通过例(6a)推测出说话者预设的事实。即:我已经拿到了票。这种差异在无指称的情况下则更为明显。如:

b. 要是拿不到票,我就不能去看演出了。(票可能没拿到,非违实)

如果没有上下文的暗示,例(6b)句很难理解为违实句。这是因为无定宾语不在说话者的指称范围内,很难传递出供听话者判断的事实信息,听话者也就无法推测出说话者的预设,因而无法完成违实交流。违实的生成能力与指称临近度呈正相关,可以表述为:有定>无定。

为了进一步计算指代词"这/那"与违实之间的相关性,下表统计了出现或缺失指代词"这/那"时,违实句和非违实句的频次:

表 10　出现/缺失近指代词对应的非违实/违实句频次

	非违实句频次	违实句频次
出现指代词	178	48
缺失指代词	2 606	197

经计算，ϕ 值为 0.137(p＝0.01)，因此近指代词"这"与违实显著性相关。

2.7　语境推理和百科知识

Ziegeler(2000)认为语境指示词(contextual indicators)是决定句子能否理解为违实的重要因素。特别是对于汉语而言，由于缺失专门的违实标记，语境推理是违实句的重要特征。如：如果电影院的观众都不认识我倒也罢了，关键是我的身边还坐着两位最熟悉我的人——我的妻子和女儿。(TORCH)"罢了"常常暗示了后接的转折句，而此处转折句提供了与前句相反的事实，从而决定了前句的违实身份。

违实句对语境的依赖性还表现在句子的违实性可以被语境取消。如：

(7) 如果你刚才没叫住他，他现在就已经在现场了。

例(7)使用了过去时制标记"刚才"，是典型的汉语违实句。但如果在句前加上"我不知道你刚才有没有叫住他，但是……"，那么例(7)则变成了一般假设句。

蒋严(2000)认为汉语违实句中有很多可以通过语用捷径(pragmatic shortcut)对公认的事实进行假设，从而完成违实意义的传达，这类句子可以不必使用任何违实特征。如：

(8) 假如有条侏罗纪的蛇颈龙爬行到了现代，大概也是这样子。
　　(LCMC)

还有一类语用违实句，是通过假想性地交换时空或角色完成违实义的传达。如：

(9) 如果在平时，罗飞会一步步地引导周平往下分析。(TORCH)

(10) 我要是你，我会高兴的。(UCLA)

例(9)是将"现在这种特殊时期"与"平时"进行交换，例(10)则是将"我"与"你"进行交换。这种交换式的违实句，在一些语言中屡见不鲜，被称作静态违实句(static counterfactual)。比如在西班牙语中，这种角色交换的违实句仍然保留了古老的语言形式:*Yo que tú/usted*(If I were you)。

通过对检索出的 245 个违实句进行分析,统计出语用违实句所占比例,如下表所示:

表 11　语用违实句的出现频次和百分比

语境推理	百科知识	总　计
20(8.2%)	54(22.0%)	74(30.2%)

3. 汉语违实句的表征模式

通过上文对违实特征的分析可以看到,汉语违实句由于缺乏专门的违实标记,违实义的传达主要依靠与违实义关联的违实特征。很多违实特征虽然与违实有显著性的正关联,但 φ 值大多低于 0.5,即便具有高关联度的"不是"与"过去时"也有可能出现在非违实句中。那么汉语使用者是如何在缺乏稳定违实标记的基础上准确无误地交流违实思想呢? Wang(2012)认为汉语违实句是在违实特征与语用共同作用的基础上生成的,因此在特定的语用环境下,可以准确地传递违实义。但汉语仍存在很多能独立于语用的违实句,一些违实特征也能在组合出现的状况下独立地标记违实。如:

(11) 如果**我们当时真的没有**爱过**就好了**。

该句使用了 5 个违实特征,分别为:第一人称代词、过去时制、"真的"、否定和"就好了"。由于违实特征的共同作用,例(11)的违实性很难被语境取消,具有很强的语用独立性。通过分析检索出的违实句,我们发现在大多数情况下,两到三个违实特征就可以保证句子的违实性。为了更准确地估算违实性与违实特征的关系,我们对检索出的违实句所运用的违实特征进行统计分析:

表 12　违实特征数目与违实句的频次

违实特征数目	1	2	3	4	5	总计
违实句频次	61	88	89	6	1	245

只有 2.9% 的违实句出现了 3 个以上的违实特征。如:

(12) 如果**不是这枚戒指**,也许**我不会这么快就**怀疑你。(TORCH)

大多数违实句都只出现了 3 个或 3 个以下的违实特征。如：

(13) **我**如果**不是**晕倒在天桥上，**真的**有想跳天桥的想法。(TORCH)

此外数据显示，违实特征使用的平均数目为 2.17，众数为 3，变异系数为 39，说明不同违实句在违实特征数目的使用上差别较大。此外，随着违实特征数目的增加，语用的影响也越来越少。

单个的违实特征不能彻底将违实句区分于一般假设句，语用因素包括语境推理和百科知识在一定程度上能决定句子的违实解。通过增加违实特征的数量减少语用的干扰，违实特征出现数目越多，语用干扰越小，句子的违实性也就越稳定，Ziegeler(2000)称之为违实蕴含原则——CFI原则(counterfactual implicature)。这个原则尤其适用于像汉语这类缺乏成熟的违实标记的语言，违实义的表达是各种违实特征和语用共同作用的结果，而不是简单地由某个语素决定的。

通过进一步的观察发现，与其说违实性的强弱与违实特征的数目相关，不如说与违实特征的搭配相关。Givón(1990)认为跨语言的语料可以证明违实需要借助两种算子进行标记，即：现实算子(realis operator)，如过去时、完成体、完成时等；非现实算子(irrealis operator)，如将来时、虚拟语气、条件语气等语气范畴。Wang(2012)认为除此以外应该加上否定算子。否定算子虽然不是违实句的必有成分，但可以作为催化剂，有助于增强违实性。Wierzbicka(1997)意识到否定在增强违实性上的作用，甚至将前后件双否定式违实条件句作为违实范畴的核心。根据这种分类，上文分析的违实特征可以归纳为：

表 13　汉语中违实特征的分类

非现实算子	现实算子
祈愿语气——……就好了/(该)多好 语气副词——真(是/的) 假设连词 "不"	过去时 第一人称代词 近指代词 语境推理和百科知识 "没有、不是"
要不是，若非，假设连词＋不是/没有	

否定词"没有"在表示对过去事件否定时,同时兼备现实算子和否定算子。而蕴含在"不是"中的现实算子则不易被发觉,比较下面两个句子:

(14) a. 如果你有任何问题,你都可以来问我。

b. 如果不是你有任何问题,你都不可以来问我。(*)

NPI-"任何"在例(14a)中获得允准,但在例(14b)中则没有获得允准。Zwart(1995)和Giannakidou(1998)认为现实算子会阻碍NPI极项的允准。Su(2008)认为汉语"要不是"中含有现实算子,以至于句子中NPI没有获得允准。其实真正含有现实算子的成分是否定标记"不是",除了"要不是","不是"在与其他假设连词连用时都会出现阻碍NPI允准的现象。由于假设连词蕴含非现实算子,因此当假设连词和蕴含现实算子的否定词"没有""不是"连用时,句子中则同时出现两种算子,违实性最强。通过观察筛选出的245个违实句,其中有83个句子同时使用了假设连词和蕴含现实算子的否定词。如:

(15) 如果不是戴着一副近视眼镜,倒像个真正的店员。(LCMC)

(16) 若不是做了父母,你就不能成为一个完全的人。(LCMC)

如果没有出现否定算子,仅仅凭借着非现实算子和现实算子,虽然能够保证句子的违实解,但需要遵循CFI-原则,提供足够多的信息量。比较下面两个句子:

(17) a. **如果他昨天来了1香港**,就会去看望你。(违实/非违实)

b. **如果他昨天来了1香港**,就会去看望你了2。(违实)

a句中虽然同时出现现实算子(昨天,了1)与非现实算子(如果),但是句子仍然会出现两解的可能性。b句中通过现实算子"了2"的配合使用,增加了现实信息量,从而增强了句子的违实性。

如果缺少非现实算子和现实算子两者之一,则不能产生违实句。如:

(18) **如果你不来**,请告诉我一声。(一般假设句)——假设算子+否定算子

(19) **他昨天没有到**。(陈述句)——现实算子+否定算子

那么对于通过语用捷径即可判断的违实句而言,是否意味着可以不蕴含违实算子呢? 其实不然,语用捷径本身就是提供了现实算子,如例

(8)中,百科知识"侏罗纪的蛇颈龙不能爬行到现在"为违实假设提供了现实信息。

4. 汉语中的违实范畴的显赫性研究

古代汉语中也不乏各种违实表达。如:向吾不为斯役,则久已病矣(事实是:吾为斯役)(唐·柳宗元《捕蛇者说》)。这一阶段的违实范畴通常使用词汇标记。如:假设连词(若、设使、假令、假设、设使、当试、若非)、动词(怪、知)、时间副词(向、乡、早)和否定词(微、弗)等。古代汉语中违实句多用于条件框架中,多借用假设连词表达违实义。

现代汉语中违实义则不限于条件句框架内。如例(21)模态违实句和例(22)违实意向句等:

(20) 你应该去参加考试的。(事实是:你没有参加考试)

(21) 我以为你今天会来。(事实是:你今天没来)

现代汉语中违实范畴的形式特征具有多样性、不稳定性和非强制性等特征。见下表:

表 14　汉语违实范畴的形式特征

语音及韵律要素	词　　库	句法手段		
		虚词	位置	特征
假设连词重读	早知道、真的、当时、本来、不是、没有、不、要不是、幸亏/好……否则/要不/不然、要是……就好了、第一人称代词、近指代词、以为、应该……	句尾"了""呢""的"	左向性	时体脱离

有意思的是汉语虽没有虚拟语气,但违实句在形式上呈现出很多语言间的共性,值得深入研究。如句法手段中的左向性,世界语言中的违实标记往往出现在句子靠左的位置上,如英语中的违实句:If I had known,可以转换为 Had I known。同时我们也发现在罗马尼亚语、吉拉特语等18种语言中出现类似的左移现象。汉语亦如此,语料显示当否定词出现

在条件句的句首时,句子多作违实解。如:没有共产党就没有新中国。"不是"常常出现在紧邻假设连词的位置,句法共现提供了词汇化的可能性,于是出现了彻底的违实标记——复合连词"要不是"。在波兰语、豪萨语等5种语言中也出现了类似的左向否定词与相邻成分词汇化成违实标记的现象。

另一个有意思的语言共性是时体脱离。比如英语中,过去时可以用来标记表示未来的违实事件"If it rained tomorrow ..."。这种现象也可能与违实标记的左向性相关,因为违实标记的句法位置高于 T^0 和 ASP^0。如:我们不可以说"(*)我昨天不去那儿",但是违实句中却可以说"如果我昨天不去那儿……"。

此外汉语违实范畴具有独特的表义特征,袁毓林(2015)认为汉语违实句多具有明显的情感倾向,或表示庆幸,或表示遗憾,只有少数是中性的。相较于古代汉语,现代汉语违实句在表义上也丰富不少,古汉语中违实义多限于条件假设义,违实意向义和违实模态义较少出现。比较"我本将心向明月……(元·高明《琵琶记》)"和"我本来是会去的",以及"始皇自以为功过五帝(《史记·秦始皇本纪》)"和"我以为今天下雨了"等。这种差异或许暗示着汉语违实范畴逐渐显赫的演变趋势。

5. 余论

综上所述,汉语中违实句的表达没有固定的语法词汇形式,主要借助于其他的语言范畴,如体标记,或者依靠多种语言特征的词义贡献,且部分依赖于语用。汉语之所以没有形成成熟的违实标记,是因为汉语缺乏形态变化,没有专门的语素承载影响力较高的违实特征(如过去时)。而世界其他语言中的违实标记大多源于时体形态,这些时体形态最初以违实特征的身份出现,通过贡献自身的词汇义增强违实表达的概率,最后受到语用规约的影响,语用义—违实义融合成词汇义的一部分。当违实义进一步加强,则会超越原来时体词汇义的限制,时体形态由此虚化成违实标记。由此可见,汉语并非缺乏违实句,而是缺乏成熟的违实标记,但这种表达上的特性并不影响违实句的使用和理解。根据特定的表征模式,听者可以通过分析违实特征的使用情况,准确地判断和理解违实句,这也符合了汉语作为分析性语言的根本特征。汉藏语系违实范畴在形式要素和显赫度上都有一定的区域共性。目前我们搜集到一些有趣的违实语料，如扬州话中"还说的[so?⁵ ti]穷死了，一个月拿五六千（事实是：不穷）"；上海话中"我蛮好脱侬一道去白相（要是我跟你一起去玩儿就好了；事实是：没有跟你去玩）"；陕北晋语、宁夏同心方言则用语气词叠加在条件句上标记违实，如"价""嗲""些"等。藏语中，只有间接语气（如：-yodred，据说）才可以出现在违实句中；尼泊尔境内的当夏尔巴语出现了类似的违实标记 hín-si（系动词—说）等。汉藏语系中的违实范畴显赫度较低，通常需要借用其他范畴的库藏手段予以标记，汉语违实范畴的研究将会对该区域类型学的研究注入新的活力。

参考文献

陈国华　1988　《英汉假设条件句比较》，《外语教学与研究》第 3 期。

蒋　严　2000　《汉语条件句的违实解释》，《语法研究与探索(10)》，北京：商务印书馆。

刘丹青　2011　《语言库藏类型学构想》，《当代语言学》第 4 期。

——　2014　《论语言库藏的物尽其用原则》，《中国语文》第 5 期。

强星娜　2011　《上海话过去虚拟标记"蛮好"——兼论汉语方言过去虚拟表达的类型》，《中国语文》第 2 期。

雍　茜　2017　《违实标记与违实义的生成——基于大规模语种库的类型学研究》，《外语教学与研究》第 2 期。

袁毓林　2015　《汉语违实表达及其思维特点》，《中国社会科学》第 8 期。

Bhatt，R. 1998 Counterfactuality in Indo-Aryan [OL]. http://people.umass.edu/bhatt/papers/sjv.pdf(accessed 30/08/2015).

Bloom，A. H. 1981 *The Linguistic Shaping of Thought：A Study in the Impact of Language on Thinking in China and the West*. Mahwah：Lawrence Erlbaum Associates.

Chao，YuenRen 1968 A Grammar of Spoken Chinese. Berkeley & Los Angeles：University of California Press.

Comrie，B.1986 Conditionals：A Typology. In Traugott，E. C.，Meulen，A. T.，Reilly，J. S. & Ferg，C. A.(eds.)，*On Conditionals*，77—79. New York：Cambridge

University Press.

Dryer, M. S. 1992 The greenberg world order correlations. *Language* 68(1): 81—138.

Giannakidou, Anastasia. 1998 Polarity Sensitivity as(Non) Veridical Dependency. Amsterdam: John Benjamins.

Haspelmath, M. 1993 *A Grammar of Lezgian*. Berlin, New York: Mouton de Gruyter.

Iatridou, S. 2000 The grammatical ingredients of counterfactuality. *Linguistic Inquiry* 31(2): 231—270.

Karawani, H. 2014 The Real, the Fake, and the Fake Fake in Counterfactual Conditionals, Crosslinguistically [OL]. www. uva. nl/binaries/content/assets/uva/en/.../summary-karawani.pdf(accessed 30/08/2015).

Nevins, A. I. 2002 Counterfactuality without past tense. *Proceedings of North East Linguistic Society(NELS) 32*, Massachusetts. 441—450.

Perkins, R. 1980 *The Covariation of Grammar and Culture*. Ph.D. Dissertation of State University of New York at Buffalo.

Su, Julia Yu-Ying. 2008. Deriving Counterfactuality in Mandarin Chinese yaobushi Conditionals. Paper Presented at the Tom Semantic Workshop 1, March 29—30, Toronto: University of Toronto.

Tomlin, R.S. 1986 *Basic Word Order: Functional Principles*. London: Croom Helm.

Van linden, A. & Verstraete, J. C. 2008 The nature and origins of counterfactuality in simple clauses: cross-linguistic evidence. *Journal of Pragmatics* 40: 1865—1895.

Vydrin, A. 2011 Counterfactual Mood in Iranian. In Paul, Ludwig(eds.), *Handbuch Der Iranistik (Topics in Iranian Linguistics)*. Germany: Ludwig Reichert Dr. 72—86.

Wang, Y. Y. 2012 *The Ingredients of Counterfactuality in Mandarin Chinese*. PhD. Dissertation of Hong Kong Polytechnic University. Hong Kong.

Wu, Z. Y. 1989 *Exploring Counterfactuals in English and Chinese*. Ph.D. Dissertation of University of Massachusetts, Amherst.

Yong, Q. 2016 A Corpus-based Study of Counterfactuals in Mandarin. *Language and Linguistics* 7.891—915.

Ziegeler，Debra. 2000 Hypothetical Modality：Grammaticalisation in an Lz Dialect (studies in Language Companion Series). Philadelphia：John Benjamins.

Zwarts，Frans. 1995 Nonveridical Contexts. Linguistic Analysis 25：268—312.

雍茜：181538346@qq.com

违实标记与违实义的生成
——基于大规模语种库的类型学研究[*]

雍　茜

提　要　本文在大规模语种库的基础上归纳出零违实标记和有违实标记两种不同类型的语言,其中有违实标记又可分为特定违实标记和非特定违实标记。前者根据语法功能可以分为连词、动词、副词、小品词、附着词、词缀;后者则可以分为词汇动词、过去时、未完成体、完成体、非现实语气及时-体-语气合成形式。不同的违实标记对应不同的违实义生成模式:零违实标记语言中的违实义通过语用推理形成,只限于过去时间框架,且可通过后句被取消或加强;非特定违实标记的形成经历了一个语法化的过程,其传递的违实义不易被取消或加强;特定违实标记传递的违实义则不可被取消和加强。

关键词　违实　类型学　语言库藏

1. 引言

违实句(counterfactual)是表示与事实相反的句子。印欧语常常用虚拟语气(subjunctive mood)来标记违实句,因而很多英语学习者将两者等同。其实,违实标记还可以是过去时(Iatridou 2000、2009)、未完成体(Bhatt 1998;Vydrin 2011)、完成体(Karawani 2014)、时体态的综合形式(Van linden & Verstraete 2008)或者某个特定形式(Nevins 2002;Lazard 2006;Van linden & Verstraete 2008)。这些研究的对象往往是集中于某一个特定区域的语言,如印度语族(Bhatt 1998),伊朗语族(Vydrin 2011),或者是部分跨语言语料。过往的跨语言违实研究将为本文提供语

＊　文章为国家社科基金项目"类型学视角下汉语违实范畴研究"17CYY037系列成果之一。

料支撑,本文在这些数据基础上进行统计归纳和规律总结,并首次尝试在大规模语种库基础上对违实句的标记形式进行类型学研究。

2. 语种库的选择

为了反映语言的多样性特征,理想的语种库应当:(1)根据语系规模成比例选择(Tomlin 1986);(2)保证语源(genetic relationship)上的多样性(Perkins 1980);(3)根据六大宏观区域(非洲、澳洲、亚欧、北美洲、巴布亚、南美洲)所含语言数目成比例选择(Dryer 1992)。然而由于语料记载的有限性,这种理想化模型很难达到。本着多样性的要求,本文选择的语种库包括153种语言,涉及50个语系[1]。本文语种库在世界六大区域上的分布如下所示:

表 1　样本语言的理想化数目与实际数目

区　　域	语言数目	理想化数目	实际数目
非　　洲	607	35	28
澳　　洲	177	10	9
亚　　欧	660	38	59
北美洲	397	23	15
巴布亚	558	32	20
南美洲	257	15	22
总　　计	2 656	153	153

表 1 中显示了每个地区所含语言总数,按比例分配的理想化数目[2]及实际选择的数目。亚欧历史悠久,且区域广阔,语言差异较大,又有着较为丰富的记载,因而实际选择数目多于理想数目。非洲和北美洲语言虽然有较为丰富的记载,但是关于违实句的记载不多,因而实际所选数目略少于理想数目。巴布亚区域的语言正在研究中,数据有限,实际所选数目也未能达到理想化数目。但总体而言,语系、语源及地理位置上的多样性与均衡性在语种库中得到了体现。

3. 违实标记的词汇形态特征

3.1　零标记

萨丕尔和沃尔夫[3]认为语言是思维的前提,特定的语言能形成特定的思维。为了验证这一设想,沃尔夫提供了很多案例,比如爱斯基摩语有很多描写大雪的词汇,如"下降中的雪""地上的雪""风吹过的雪"等,而这些概念在英语中却没有形成特定的词汇。由此可见爱斯基摩语在"雪"这个概念上的区分度(diffferentiation)要高于英语。如果将区分度这一概念引进到可能性事件中,则会发现不同语言对可能性的区分度不尽相同。有些语言不能用语言手段区分出可能性较低的违实句与可能性适中的条件句,比如傈僳语中"í-phwì xǔ-a nya ŋwa nya ámù vwù-a",既可以表示非违实义"If/When the price is right,I will sell my horse",也可以表示违实义"If the price had been/was right,I would sell my horse"。汉藏语系中有很多语言都出现了类似的情况。这些语言虽然没有语言手段来区分违实句,但仍然可以借助词汇或语用手段进行违实义的传达。

3.2　特定标记

特定违实标记如出现在违实句中,就是生成违实义的充分条件。特定违实标记根据语法功能可以分为连词、动词、副词、小品词(particle)、附着成分(clitic)及词缀。违实句通常以复杂句的形式出现,作为点明复杂句逻辑特征的连词常常成为特定的违实标记,如伊顿语中的 bén,塞尔维亚语中的 kada/da,希伯来语中的 ilu,海地语中的 eko,塔马奇克语中的 ənéedr/enéekk,马耳他语中的 kieku 等。动词与违实义有密切的关联,在英语中不同动词能指示不同等级的可能事件,如英语中的 hope 和 wish,前者用来指示可能性较高的事件,后者则用来指示可能性极低的事件,因而wish 常用在违实句中。Beheydt(2005:27)指出在荷兰语中,zich *inbeelden*('imagine')/*verkeerdelijk denken*('fancy')应当看作违实动词。在 Mavea 语言中,动词 Imte 只能用于引导与事实相悖的愿望,因而可以看成是特定违实标记。在特索特希尔语中,动词 k'án('差不多快实现')和 táka('假设')也可以看作是违实标记。具有特定意义的副词在一些语言中也可以成为违实标记。例如在玛雅语中表示时间概念"之前"的

副词 kuchij 可以准确无误地指示违实句。汉语也有类似的用法，陈国华
(1988)指出汉语违实句中常常会出现表示先前时间概念的'早'，但与玛
雅语 kuchij 不同，'早'不能充分地标记违实句。一些表示'几乎'意义的
副词可以用来标记违实句，比如 Ngizim 语中的 gaza ap，豪萨语中的 saura
kadan 等。小品词本身不能单独充当句子成分，往往与动词形成修饰和补
充说明的语义关系。在一些语言中，小品词可以成为违实标记，如 Paumarí
语中的 vaha，拉尔地尔语中的 mara(ka)，Kayardild 语中的 maraka(ca)，
祖鲁语中的 ngabe 等。附着成分与小品词类似，需要依附于其他成分存
在，但与小品词不同，附着成分不能独立成词。在本文的语种库中，只有
"亚施宁加-河和佩雷内语"与"沃尔伦勾语"使用附着成分作违实标记。
在一些语言中，违实标记是以语法程度更高的词缀形式出现：或是前缀，
如萨巴特克语中的 ny-；或是后缀，如 Maipure 语中的-a³，这 6 种违实标记
在本文语种库中的分布如表 2 所示。

表 2　特定违实标记的语种库分布

特定违实标记	连词	动词	副词	小品词	附着成分	词缀	兼类标记	总计
语言数目	28	2	5	11	2	16	3	61

　　以往的研究认为只有少数语言中的违实句出现特定违实标记，然而
表 2 显示在 153 种语言中，有 61 种语言使用了特定违实标记(其中豪萨语
的违实标记可以是副词或连词，沃尔伦勾语中违实标记可以是副词或附
着成分，"亚施宁加-河和佩雷内语"的违实标记可以是连词或附着成分)，
约占总数的 40%。其中，违实标记最常见的表现形式是连词，在 61 种语
言中，有 28 种语言使用连词作为特定违实标记，占总数约 46%。甚至在
一些缺乏语言形态变化的孤立语中也出现了连词做违实标记的用法，如
汉语、印度尼西亚语、塔加拉语等。从语系分布上看，特定违实标记多聚
集在亚非语系、澳大利亚语系、米塞索克语系、奥托-曼格语系、玛雅语系、
跨几内亚语系等。其中在跨几内亚语系中，违实标记的语法化程度较高，
没有出现连词用法，多实现为词缀形式。澳大利亚语系的违实标记也没
有出现连词用法，大多以小品词或词缀形式出现。从地理位置上看，北美
区域有近 60%的语言使用特定违实标记，巴布亚地区也有约 50%的语言

使用特定违实标记。从表现形式上看,非洲和亚欧区域的违实标记多为连词:在 11 种有特定违实标记的语言中,7 种语言使用违实连词,占总数约 64%;在 20 种有违实标记的语言中,12 种使用违实连词,占总数 60%。

3.3 非特定标记

非特定违实标记可以出现在违实句中,也可以出现在非违实句中。非特定标记可以与其他特征,如虚拟语气、条件语气等共同作用为生成违实义的充分条件。如在罗马尼亚语、德语、亚美尼亚语、西班牙语、俄语、芬兰语、匈牙利语、威尔士语等语言中,在同时出现过去时和虚拟语气的情况下,句子只能做违实解。非特定违实标记可以是具有特定词汇意义的动词,如在西达摩语中,表示'存在'意义的动词 hee'r-ø-i(**存在**—第三人称单数—主语·完成体·第三人称单数·阳性)可以在条件句中指示违实句,这种静态动词在很多语言中如巴尔干语、巴斯克语等,会更容易进入到违实句。

非特定违实标记还可以是某个时体态特征,最常见的是过去时。很多语言都是通过对过去已知的事实进行假设来表达违实义,过去时在一些语言中甚至可以出现在表示非过去意义的违实句中。如:

(1) 列兹金语 　　　　　　　　　　　　　　　　(Haspelmath 1993:395)

ger	am	**paka**	ata-**na-j-t'a**
如果	她.通格	**明天**	来—**先过去时—过去时**—条件语气
za	vokzal.d-a	gürüšmiš	
第一人称.作格	车站—处所	见面	

'如果她明天能来,我就在车站见。(事实不能来)'

过去时有时出现在潜在层面,比如在体显著(aspect prominent)型语言中,完成体常用来指示过去时。因而违实句表层结构中的完成体实际可以看成是过去时,如荷兰克里奥尔语:aʃu krikt-ø(拿到—**完成体**)krikit-o …(如果你今天拿到了……事实是:没拿到。)。在语气显著(mood prominent)型语言中,现实语气(real)常用来指称过去时。如:

(2) 达语 　　　　　　　　　　　　　　　　　　(Watters 2006:138)

taŋ	g-iw-ən-da		tsi
水	第三人称—去—现实语气—非现实语气		第一人称
sowa-t-n-da			
洗澡—第一人称—现实语气—非现实语气			

'如果下雨了,我就洗澡。(事实上没下雨)'

一些语言将地理位置上的遥远(distal modality)隐喻成过去时间概念(Ritter & Wiltschko 2010)。在 Dakkie 语中,违实句需要借助地理位置词来标记,如:ko-t(第二人称—遥远)idi popat?(你应该有哪个猪? 事实是:没有猪。)(与 Krifka 教授交流数据。)类似的还有缅甸语言中遥远标记 khé 常用来指示违实句。

此外,体范畴中的未完成体常被用来指示违实句,如印度语中的习惯体:

(3) 印度语　　　　　　　　　　　　　　　　　　　(Bhatt 1998:(6))

agar　　Ram-ne　　phal　　khaa-yaa　　ho-**taa** ...

如果　　Ram—作格　水果　　吃—完成体　系动词—**习惯体**

'如果 Ram 吃了那个水果……(事实上没吃)'

在语气显著型语言中,非现实语气(irrealis)常用来指称未完成体。在这类语言中,违实句表层的非现实语气实际上是未完成体。如:

(4) 马纳姆语　　　　　　　　　　　　　　　(Lichtenberk 1983:533)

nóra　　gó-ra-ya

昨天　　第二人称.非现实语气—说—第一人称.宾格

bo?aná-ɸ-na-ra

同时性—第三人称—法语借词—假设

n-duma-í?o.

第一人称.非现实语气—帮助—第二人称.宾格

'如果你昨天告诉我,我就会帮你。(事实上没告诉)'

此外,一些语言需要同时借助时体范畴标记违实句,如马尔瓦尔语需同时借助过去时和未完成体标记违实句。有意思的是,还有很多语言中的违实句并未出现任何时体范畴,而是借助语气范畴进行标记。如:

(5) 埃维语:疑问语气＋条件语气＋非现实语气 (Ameka 2008:158)

dě　　　　　me-nyɛ　　　　　　bé

疑问语气　第一人称—知道.第三人称　引证

á-ɔn　　　　　　　　　　　　áléá　　　　**né**

第三人称.**非现实语气**—在.非现在时　因此　　　**条件语气**

me-gbugbɔ   ɖé   megbé.

第一人称—回来   全部   回

'如果我知道这样,我会收回。(事实上不知道)'

  中国境内西北地区方言语气系统比较发达,愿望类虚拟语气词叠加到条件句之后可以传递违实义,如关中方言:我也来再没去**些**(我昨天没去就好了)(强星娜 2011)。类似的语气词还有:时价(陕北神木)、价(陕北佳县)、嘇价(陕北绥德、清涧)、吵(宁夏同心)等。

  非特定违实标记在语种库中的分布如下:

表3   非特定违实标记在语种库中的分布

非特定违实标记	特定词汇义动词	时	体	时+体	语气	兼类	总计
语言数目	8	41	10	17	27	12	91

  表3显示,在153种语言中,有91种语言使用非特定违实标记,占总数约59%。其中,多数语言使用过去时作为非特定违实标记。关于过去时作违实标记的用法,以往诸多文献都有提及,但对于位居其次的语气范畴,则鲜有论述。非现实语气、虚拟语气、条件语气是标记违实句的常用语气范畴。很多语言的违实句都出现了语气范畴的叠加使用,如马普切语(非现实语气+条件语气+阻碍[impeditive]语气)、宽扎语(非现实语气+条件语气)、阿留申语(虚拟语气+条件语气)等。在借用体范畴标记违实句时,多数语言需要借助时范畴,比如祖鲁语(未完成体+过去时)。在印欧语系的罗曼语族和伊朗语族中,"过去时+完成体"标记指向过去的违实句,"过去时+未完成体"标记非过去时制的违实句。从地理位置和语系分布上看,非特定违实标记多聚集在亚欧大陆和印欧语系。

4. 违实义的生成

4.1   语用推理

  Givón(1990)认为违实义的生成需要借助:1)现实算子(过去时、完成体、完成时等);2)非现实算子(未来时、虚拟语气、条件语气或其他情态成分)。在符号层面,情态成分(写作 potential p)由于具有某种不确定性,在量的层面上低于非情态的肯定成分（写作 p）。根据格莱斯量的准则（Grice 1975），量级高可以包含量级低，由此可以得出：potential p$<$ p。量级低的成分在使用时，量级高的成分不成立，由此可以得出：potential p $\rightarrow$ ┐ p。同样的，如果 p 更换成┐ p，则可以得出：potential ┐ p$<$┐ p，potential┐ p $\rightarrow$（┐ p）$\rightarrow$p。由 p 到┐ p 的这种反转义的产生既需要非现实算子点明情态成分，也需要现实算子点明 p 的真实性。若没有现实算子点明 p 的真实性，则没法进行量级推理。如在下句中，虚拟语气和未来时的使用，不能进行反转推理：

(6) Gooniyandi 语　　　　　　　　　　　　　(McGregor 1990：547)

Jack-ngga　　　　　milar-**ya-wingga**

杰克—作格　　　看见—**虚拟语气—未来时**.第二人称

"杰克想见你"≠"杰克不会见你。"

情态成分和过去时的同时使用则会出现反转推理，如"I wanted to help you"可推理出'现实中我没有提供帮助'。这种反转推理在以色列手语(Israeli sign language)中也得到显现，违实句的反转义在该语言中需要借助皱眉（非现实算子）和斜视（现实算子）同时进行。正是借助这种语用推理，很多语言在缺乏违实标记时，通过添加现实算子和非现实算子准确地传达违实义，如上文所述的零标记语言。汉语违实句常用的现实算子有第一人称代词、近指代词、过去时制、完成体等；非现实算子有"就好了、真的、假设连词"等。除此以外，很多语言使用未完成体标记违实句。跨语言的语料显示，在使用未完成体时，往往能推理出反转义。如：

(7) A：Did John go to the party last night?

　　B：He was going to ...(语用推理：他没有去。)

(8) A：昨天晚上德国和巴西的足球比赛，哪个队赢了？

　　B：巴西队往往会赢……(语用推理：巴西队这次没有赢。)

另一个例证来自俄语中未完成体的使用，如：

(9) 俄语　　　　　　　　　　　　　　　　(Grønn 2013：148)

　　a. Vanja priekhal　(完成体＋过去时)'Vanja 已经到了。'(现在的结果：Vanja 正在现场。)

　　b. Vanja priezzhal　(未完成体＋过去时)'Vanja 已经到了。'(结

果取消：Vanja 已经离开了，且现在不在现场。)

在零标记语言和部分非特定违实标记的语言中，违实句仍然保留了语用推理的痕迹。通过语用推理形成的违实句 1)只能在过去的时间框架内传递违实义；2)可以通过后句取消违实义；3)可以通过后句增强违实义。英语中的违实义最初是借助时体范畴语用生成的，但是随着语用规约和语言类推，过去时逐渐语法化成违实标记(见§3.2)。但即便已经语法化，我们仍然能找到违实标记形成之初语用推理的痕迹，如：

(10) **违实取消** If the patient had measles, he would have exactly the symptoms he has now. We conclude, therefore, that the patient has the measles.

(11) **违实加强** If the butler had done it, the knife would be bloody. The knife was clean; therefore, the butler must be innocent.

语用推理出的违实义可以通过增加语用线索的方式得到加强。Ziegeler(2000)指出违实推理的力度与出现在语境中的违实特征数目呈正比(CFI 原则)。比如在汉语中通过叠加第一人称代词、过去时、语气副词、否定等可以强化违实义，如"如果我们当时真的没有爱过就好了"。巴勒斯坦-阿拉伯语可以通过叠加祈愿语气、完成体的方式加强违实义。

4.2　语言形式标记

4.2.1　语法化

上文提到，违实义最初可以通过语用推理形成，在一些语言中，语用义逐渐规约化(conventionalization)，附着于某个特定的语言形式上。与之前提到的语用义不同，经过规约化后的语义无须依据合作原则，也可独立于语境存在，且不易被取消和加强[4]。同时，承载着违实义的语言形式发生语法化，成为非特定违实标记(见§2.3)。常见的非特定违实标记有过去时、未完成体、完成体、虚拟语气等，这些时体特征在语法化的过程中，本身的时体指示功能虚化，因而出现了假时体用法，如例(1)和例(3)。有意思的是，这些时体语气(TAM)特征在作为违实标记进入违实句时，都遵循着类似的发展轨迹，即：从过去违实句到非过去违实句，从现在违实句到将来违实句(类推)；从选择性羡余成分到强制性违实标记(重新分析)，如图1：

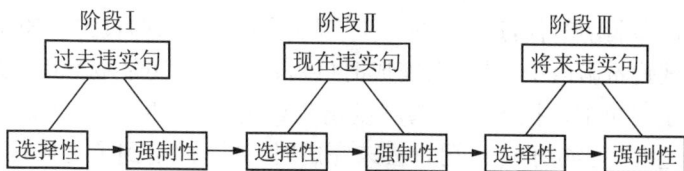

图1　违实标记的发展特征

不同语言会选用不同的时体态特征作为非特定违实标记,如日耳曼语族用过去时和完成体,罗曼语族、伊朗语族用过去未完成时(体)(imperfect)和过去完成时(体)(aorist),印度语族用未完成体,斯拉夫语族用过去时等。即便选择相同的时体态特征作为违实标记,这些违实标记的语法化程度也不尽相同。比如在法语中,完成体只能作为强制性成分进入到过去违实句(阶段Ⅰ),现在违实句则不可以使用过去时;在挪威语中,完成体则可以作为选择性成分进入到现在违实句中(阶段Ⅱ);在巴勒斯坦-阿拉伯语中,kaan(过去时、完成体)在过去和现在违实句中皆具有使用强制性,甚至可作为选择性成分进入将来违实句中(阶段Ⅲ)。一些历时的语料也证明了违实标记从过去时向非过去时的类推过程。如:

(12)希腊语(Homeric Greek)　　　　　　(Beck et al., 2012:60)

ταῦτα δὲ　 οὐκ　 ἄν　　　 ἐδύναντο

这些　但是　不　虚拟语气　能第三人称复数过去未完成时(体)

ποιεῖν,　　　　　εἰ　 μὴ　 καὶ　 διαίτῃ　 μετρία

做.**过去未完成时（体）** 如果　不　也　节食　测量

ἐχρῶντο.

用.第三人称复数.**过去未完成时（体）**

'但是他们没有能力做这些事情,如果他们也适度节食的话。'

(13)现代希腊语(Modern Greek)　　　　　(Iatridou 2009:(6))

An　 **eperne**　　　　　　　to　 farmako,　 tha

如果　拿.过去未完成时(体)　定指　药　　　未来时

ginotan　　　　 kalitera.

变成.**过去完成时（体）**　更好

'如果他吃了这个药,会变得更好。'

在古希腊语时代,过去未完成时(体)只能用于指向过去的违实句中。然而在现代希腊语中,过去未完成时(体)却作为强制性成分出现在指向未来的违实句中。拉丁语作为罗曼语族的前身,也出现了类似的情况。最初非过去违实句不可使用过去未完成时(体),但是到了古典拉丁语时期,过去未完成(时)体则出现在了非过去违实句中。

有意思的是,图 2 显示的发展阶段在一些语言中出现了循环反复性。当某个时体态特征完成阶段Ⅲ后,违实句需要选择一个新的特征作为违实标记用以加强类推导致的违实义弱化,这个新的特征仍然遵循着图 2 描绘的发展轨迹。哥特语是一种已灭亡的日耳曼语,在早期的哥特语记载中,我们发现了违实句需要借助过去虚拟语气来标记,该标记仅限于指示过去违实句,如 Frauja, iþ *veseis*(过去虚拟语气)her ...('主啊,如果它之前在这儿……')早期日耳曼语中的过去虚拟语气只能用在过去违实句中(阶段Ⅰ)。然而到了 11 世纪,过去虚拟语气可以出现在现在违实句中,如 Gif þu wistest hwœt þe toweard is þonne *weope*(过去虚拟语气)þu mid me('如果你知道会发生什么,你现在会和我一起哭')(阶段Ⅱ)。虚拟语气随后在印欧语中出现了不同程度的脱落,现代英语的违实句中,仅有 were 保留了唯一的过去虚拟语气的用法。因此过去时取代过去虚拟语气进一步发展,并作为强制性成分延伸到未来违实句中,完成图 2 中的阶段Ⅲ,因此现代英语中,出现了过去时标记未来违实句的用法,如:If I had a car tomorrow...。但是英语并没有就此停止,大约在 13 世纪,完成体作为新的违实标记介入到过去违实句中,如 Ich mihte *habbe*(完成时)bet i-don, hefde *ich* þen i-selðe'('如果我意识到,我会做得更好')。同样在荷兰语、保加利亚语等语言中,我们也发现了完成体作为附加成分进入过去违实句的痕迹。在英语中,完成体甚至可以作为选择性成分进入到非过去违实句中(阶段Ⅱ),如 If I had had money enough now...。同样在瑞典语、威尔士语中也找到了类似的用法。

另一个有趣的现象是,一些语言用语法化的言语行为动词来标记违实义。如:扬州话中"还说的[so⁵ ti]穷死了,一个月拿五六千(事实是:不穷)"(张其昀 2015);藏语中,只有间接语气(如-yodred'据说')才可以出现在违实句中;尼泊尔境内的当夏尔巴语出现了类似的违实标记 hín-si

（系动词—说）。北京话中出现"知道"与"早"搭配具有一定的违实生成能力，如：**早知道**他是这样的人，我就不嫁了。"知道"语法化为违实标记也出现在了其他语言中，如：博科语中的 dɔ̌，Mavea 语中的 ontavse。与"知道"相反，浙江龙游话用"忘记"来标记违实句（强星娜 2011）。"忘记"标记的违实句常常表示想要忘记已经不可能发生的事情。袁毓林（2015）认为汉语普通话和相关方言常通过表示主观情绪的词汇来标记违实，从而固化了反事实思维背后的情绪功能。

4.2.2　词汇化

在一些语言中，违实标记语义透明度较强，可以分解成几个有意义的组成部分。比如在 Movima 语中，违实小品词 disoy 可以分解成祈愿语气（optative）dis 和推测语气（speculative）joy。摩梭语中的违实小品词 $zə^{31}$ $dʐɿ^{33}$ 可以分解成完成体 $zε^{33}/zɔ^{33}$ 和存在义静态动词 $dʐɿ^{33}$。Mavea 语中的违实动词 imte 可以分解成非现实语气 i、条件语气 mo 和不定数量词 te。古德语中的 maci 可以看成是 ma（条件假设义）＋ci（未知来源？）。一些违实句中的连词常常和随后成分发生词汇化，重新分析形成特定违实标记。常见的有普通连词＋否定词，如汉语中的"要不是"、"亚施宁加-河和佩雷内语"中的 airorika、豪萨语中的 baicin 及塔加拉语中的 kundi 等；或者是普通连词＋虚拟语气，如波兰语中的 gby，俄罗斯语中的 kaby，豪萨语中的 da-ace 等。以汉语中的"要不是"为例，共时平面上还存在与之同形异构的"要＋不是"：

（14）他[**要不是**[这样的人]]，怎能会落到这步田地？《老舍短篇》

（15）那他[**要**[**不是**消防队呢]]？你不得挨揍哇。《中国传统相声大全》

"要不是"在例（14）中是一个词汇化后的违实指示词，而在例（15）中则保留了词汇化前的痕迹，不具有违实指示义。例（15）中，说话者不确定"他是不是消防队员"，"要"相当于"如果"，连接一个普通的否定假设。从例（14）到例（15）经历了一个跨层结构的重新分析。

上海话中"蛮好"相当于普通话"挺好"，是由程度副词"蛮"加形容词"好"构成的形容词短语。随着语言的发展，"蛮好"经历了一个词汇化过程，《上海话大辞典》（辞海版）已将其归入到程度副词。词汇化后的"蛮好"具有违实标记作用。如：

（16）我蛮好脱侬一道去白相。（我要是跟你一起去玩就好了。）（强星
娜 2011）

4.2.3 其他标记

语法化和词汇化后形成的违实标记可以追溯到最初语用推理的痕
迹，然后在一些语言中仍然存在一些特定违实标记，具有不可分析性、不
透明性。McGregor（2008）设想违实义除了由语用推理产生外，还可能直
接作为一个语法范畴被标记。这种标记化的违实义不是推理产生的，而
是语言形式强制赋予的。特定违实标记传递的违实义很难被取消或加
强。这类违实义往往独立性较强，可不受时间制约，甚至可以自由地指示
未来事件。如：

（17）奥赛特语   （Vydrin 2011：75）

waždžə-tæ	næm	abon	næ,
客人—复数.主格	第一人称复数.向格	今天	否定
fælæ	**rajšom**	kʷə	rba-səd-**aikkoj**
但是	明天	如果	前缀—去.过去时	**违实标记**
wæd	cən	fər	argævšt-**aikkam**
就	第三人称.与格	绵阳	屠杀.过去时-**违实标记**

'如果客人们今天没到，而是**明天**到，我们就会有时间宰羊了。'

违实义的独立性还可以表现在违实句与条件句的分离。违实句最常
见的句式结构是附属条件句，并不是所有语言中的违实句都能脱离条件
句，比如在 Mangaaba-Mubla 语中，违实句只能实现为条件句。通常出现
特定违实标记的违实句可以独立于条件句。在祖鲁语中，有两种违实标
记，一种是过去未完成体（时），一种是特定违实标记 Ngabe。有意思的
是，在标记非条件违实句时，只能出现后者。

5. 余论：语言库藏的差异性

刘丹青（2011、2014）倡导建立语言类型学分支——语言库藏类型学
（Linguistic inventory typology）。同一种语义范畴在不同的语言中，或进
入库藏成为显赫范畴，或不进入库藏，需要借助其他范畴手段来表达。值
得注意的是：语义范畴是否入库并不等同于是否具有语法手段进行标记。

非入库的语义范畴也可以用语法手段进行标记,只是通过核心范畴的扩展用法来实现。比如在大多数语言如印欧语系中,违实作为非入库范畴存在,过去时、完成体、未完成体、非现实语气等扩展成为违实标记。然而在跨几内亚语系中违实则作为入库核心范畴存在,用特有的动词词缀标记;在汉藏语系中,违实范畴显赫度较低,虽出现时—体—情态扩展标记,但不具有强制性,成为较边缘范畴;在澳大利亚语系中,违实则未形成范畴,通过迂曲说法(periphrastic expressions),以牺牲语言经济性为代价,靠实词或其组合提供的临时语境义传递违实义。不同语种中违实范畴的显赫度差异较大。违实可以是显赫范畴,库藏手段的核心功能是标记违实义,如§2.2中的特定标记,库藏手段可以是连词、动词、副词、小品词、附着成分和词缀。语言中仍存在为非显赫的违实范畴,如§2.3,通常表现为以时、体、语气为原型的表达手段。非显赫的违实范畴在不同的语言中以迥异的范畴归属表示,形—义关系十分复杂。对于非显赫违实范畴,我们进一步考察其原型范畴,将不同的语义语用内容排出等级序列,总结特征间的蕴含关系。违实范畴在借用其他范畴时,大致有以下几种路径:

(Ⅰ)一级扩张

时制显著型语言:过去时→违实,先过去时(pluperfect)→违实(如:英语)

体貌显著型语言:未完成体→违实(如:印地语)

时体显著型语言:时体混合词(portmanteau)过去未完成时(imperfect)→违实(如:法语)

其他类型扩张:空间远指词→违实(如:缅甸语)。

(Ⅱ)二级扩张

体貌显著型语言:完成体→过去时→违实(如:汉语)

语气显著型语言:现实语气→过去时→违实(如:达语);非现实语气→未完成体→违实(如:马纳姆语);非现实语气→过去时→违实(如:Gooniyandi语)

据此,我们提出以下两点假设:1)当违实范畴非显赫时,时—体—语气范畴或成为显赫范畴;当违实范畴显赫时,时—体—语气范畴则倾向于非显赫。2)过去时和未完成体与违实直接关联,完成体通过过去时与违实间接关联。汉语中的体标记"了"同时向时制范畴(过去时)和语气范畴扩张,违实范畴借用的是扩张至时制范畴而非语气范畴的体标记"了",比较"如果他愿意去,刚刚就走了(事实是:他不愿意去,他也没走)"和"如果明天下雨,我就不去了(事实未知)"。再如:汉语句尾语气词"的"扩展至过去时制,如"我是从来不抽烟的",再扩张至违实范畴,如"你应该去参加考试的(事实是:你没有去参加考试)"。

附 注

[1] 数据来源:(1)Matthias Gerner 自建数据库(更新于 2016 年 8 月);(2)香港城市大学图书馆;(3)交流数据包括邮件交流、讲座交流、口头询问等。笔者在此一并致谢。本文所涉语言样本主要依据 ISO639-3 进行语系与地理位置划分。部分语言由于尚缺中文译名,在文中保留原始名称。

[2] 理想化数目=(地理区域语言数目/总计语言数目)*语种库语言数目。比如:非洲的理想化语言数目=(607/2656)*153 = 35。

[3] 萨丕尔(Sapir 1921)最早提出语言影响思维,沃尔夫(Whorf 1956)进一步验证与发展该设想,详见 *Language*,*Thought and Reality*。

[4] 在一些语言中,规约化后的违实义仍有可能保留了部分语用推理的残留(persistence)。比如在§3.1中,我们曾谈及英语中违实义的可取消性和可强化性。

参考文献

陈国华 1988 《英汉假设条件句比较》,《外语教学与研究》第 3 期。

刘丹青 2011 《语言库藏类型学构想》,《当代语言学》(4):289—303。

—— 2014 《论语言库藏的物尽其用原则》,《中国语文》(5):387—401。

强星娜 2011 《上海话过去虚拟标记"蛮好"——兼论汉语方言过去虚拟表达的类型》,《中国语文》第 2 期。

袁毓林 2015 《汉语违实表达及其思维特点》,《中国社会科学》第 8 期。

张其昀 2015 《扬州方言含有违实意向的凝固结构"说的"》,《中国语文》第 2 期。

Ameka, F. K. & Kropp Darkubu, M. E. 2008 *Aspect and Modality in Kwa Languages.* Amsterdam & Philadelphia: John Benjamins Publishing Company.

Beck, J. E, Malamud, S. A & Osadcha, I. 2012 A semantics for the particle än in and outside conditionals in classical Greek. *Journal of Greek Linguistics*, 12:51—83.

Beheydt, G. 2005 Noun phrases and temporal information in Dutch [A]. In B. Hollebrandse, A. van Hout & C. Vet(eds.). *Crosslinguistic Views on Tense, Aspect and Modality*[C]. Amsterdam: Rodopi.15—32.

Bhatt, R. 1998 Counterfactuality in Indo-Aryan. http://people.umass.edu/bhatt/papers/sjv.pdf(accessed 30/08/2015).

Dryer, M. S. 1992 The greenberg world order correlations. *Language*, 68(1): 81—138.

Givón. T. 1990 *Syntax: A Functional-Typological Introduction (Vol.1)*. Amsterdam & Philadelphia: John Bejamins Publishing Company.

Grice, H. 1975 Logic and conversation. In P.Cole & J.Morgan(eds.) Speech Acts. New York: Academic Press. 41—58.

Grønn, A. 2013 Aspect and tense in counterfactual main clauses: fake or real. In Josephson, F. & Söhrman, I.(eds.). *Diachronic and Typological Perspectives on Verbs*. Amsterdam & Philadelphia: John Benjamins Publishing Company. 133—158.

Haspelmath, M. 1993 *A Grammar of Lezgian*. Berlin, New York: Mouton de Gruyter.

Iatridou, S. 2000 The grammatical ingredients of counterfactuality. *Linguistic Inquiry*, 31(2): 231—270.

—— 2009 Some thoughts about the imperfective in counterfactuals. http://users.uoa.gr/~wlechner/Iatridou%202010.pdf(accessed 30/08/2015).

Karawani, H. 2014 *The Real, the Fake, and the Fake Fake in Counterfactual Conditionals, Crosslinguistically*. www.uva.nl/binaries/content/assets/uva/en/.../summary-karawani.pdf(accessed 30/08/2015).

Lazard, G. 2006 *La Quête Des Invariants Interlangues*. Paris: Honoré Champion.

McGregor, W. 1990 *A Functional Grammar of Gooniyandi*. Amsterdam & Philadelphia: John Benjamins Publishing Company.

—— 2008 Another view of the Gooniyandi "counterfactual" and its implications to the Van linden Verstraete typology. *Journal of Pragmatics*, 41:157—162.

Nevins, A. I. 2002 Counterfactuality without past tense. *Proceedings of North East Linguistic Society*(NELS) 32. Massachusetts. 441—450.

Perkins, R. 1980 The Covariation of Grammar and Culture. Ph.D. Dissertation of State University of New York at Buffalo.

Tomlin, R. S. 1986 *Basic Word Order: Functional Principles*. London:

Croom Helm.

Van linden, A. & Verstraete, J. C. 2008 The nature and origins of counterfactuality in simple clauses: cross-linguistic evidence. *Journal of Pragmatics*, 40: 1865—1895.

Vydrin, A. 2011 Counterfactual Mood in Iranian. In Paul, Ludwig(eds.), *Handbuch Der Iranistik (Topics in Iranian Linguistics)*. Germany: Ludwig Reichert Dr. 72—86.

Watters, D. 2006 Notes on Kusunda grammar: A language isolate of Nepal. *Himalayan Linguistics Arehive* 3:1—182.

Whorf, B. 1956 *Language, Thought and Reality*. Cambridge, MA.: The MIT Press.

Ziegeler, D. 2000 *Hypothetical Modality: Grammaticalisation in an L2 Dialect*. Amsterdam: John Benjamins.

雍茜:181538346@qq.com

原载《外语教学与研究》2017 年第 2 期,收入论文集时对其略作细节调整和修改。

"要不是"违实句探析 *

李晋霞　　徐爱改

提　要　现代汉语中,"要＋不是"格局的"要不是"主要有四种用法:直陈条件句、选择关系句、假转关系句、违实条件句。违实条件句占绝对优势。从违实解读的实现路径看,违实条件句"要不是"有三种:正推式、倒推式、评价式。正推式占绝对优势。就时制和时体而言,违实句"要不是"通常用于过去时和现在时,少量也可用于"近现在的将来";同时,后件句末"了"表示已然,对于"要不是"实现违实解读十分重要。违实句"要不是"的前、后件均为假命题,文章重点分析了后件为假对后件语言形式的影响,主要有四种:1.否定标记;2.反问句;3.心理动词;4.含否定义的词汇成分。违实"要不是"与直陈"要不是"在韵律上也有所不同,主要表现在停顿和重音两个方面。

关键词　"要不是"　违实　"了"　否定　韵律

1. 引言

　　人类具有反事实思维的能力,因而语言中就形成了各种违实表达。违实愿望句和违实条件句是违实表达的两种典型结构(蒋严 2000;Latridou 2000),某些估测性结构和修辞性结构也具有违实表达的性质(罗晓英 2006;王春辉 2010)。由近来的研究可知,叙实性是汉语动词研究重要的新维度(袁毓林 2014;李新良 2014、2015、2016;李新良、袁毓林

---

　　* 本文得到 2015 年度教育部人文社会科学研究规划基金项目"篇章视野下的汉语复句研究"(项目编号:15YJA740029)、2016 年度教育部人文社会科学重点研究基地重大项目"基于小句中枢理论的有标复句层次关系自动识别研究"(项目编号:16JJD740013)资助。

2016、2017;张新华 2015;陈振宇、甄成 2017),也是虚词与语用标记研究的重要的新视角(林若望 2016;张新华 2017;方清明 2013、2015)。

违实条件句是前件和后件皆为假的条件句(蒋严 2000)。在世界不少语言中,违实条件句因与非违实条件句具有明显的形式差别而受到关注(王春辉 2010;雍茜 2015、2017),但在汉语的复句研究传统中,条件句是以逻辑为标准进行分类与分析,如充分条件、必要条件、无条件等;同时,违实条件与非违实条件共用相同关系词语予以表达是优势和常态,所以,违实条件句在较长时间内未受到足够关注,且成果较少(Eifring 1988;陈国华 1988;王维贤等 1994)。[1]

随着 Alfred F.Bloom 关于汉语违实表达与违实思维的研究及所引发的论争,[2]汉语违实表达越来越受到关注;研究者发现其与英语等语言的虚拟条件句的明显不同,学界也开始自觉探讨汉语的违实条件句。在上述两方面的作用下,汉语违实条件句研究获得重要进展(蒋严 2000;邢向东 2005;罗晓英 2006;Su 2008;王晓凌 2009;李晋霞 2010;王春辉 2010、2016;王宇婴、蒋严 2011;王宇婴 2013;Jiang 2014;张雪平 2014、2017;雍茜 2014、2015;袁毓林 2015;袁毓林、张弛 2016;Jiang and Wang 2016;Yong 2016;章敏 2016a、b;Zhuo 2017;Jiang 2018)。

关于汉语的违实条件句,学界大致形成这样一些认识:汉语条件句在表达违实语义时,常需多种形式配合使用,甚至需要借助语境,"违实"常常是词汇、句法、语用综合作用的结果;违实范畴在汉藏语系中显赫度较低,汉语能独立表达违实的专职标志不多,在为数不多的专职标志中,"要不是"的认可度普遍较高,并得到心理语言学上的实验证明(Hsu 2014)。

本文拟在已有研究的基础上,对现代汉语层面的"要不是",特别是违实用法的"要不是"予以考察。所考察的"要不是",内部格局为"要＋不是","要不＋是"格局的则不予讨论,后者如:

(1) 总是两件事,<u>要不是</u>他喝醉了,<u>要不是</u>他没有喝醉。(《悲惨世界》)

2. "要不是"的类型

笔者在北京大学 CCL 语料库中获得"要不是"有效用例 2 296 例。就用法而言,可分为四类:1.直陈条件句,即前件和后件都可以为真的条件句;2.选择关系句,即表示选择关系;3.假转关系句,即表示假言否定性转折(邢福义 2001),相当于"否则";4.违实条件句,即前件和后件都为假的条件句。就数量而言,直陈条件句 64 例,约占 2.8%;选择关系句 83 例,约占 3.6%;假转关系句 4 例,约占 0.2%;违实条件句 2 145 例,约占 93.4%。可见,违实条件句是"要不是"最具优势的用法,与已有研究结论相同。

2.1 直陈条件句

直陈条件句"要不是 P, Q",由前件"不是 P"推出后件 Q。如:

(2) 张普景说:"好好好,不跟你吵。但是,我的女儿不能叫张原则,这简直是对我的进一步挖苦。你<u>要不是</u>来捣蛋的,就动动脑筋取个像样的。"(《历史的天空》)

例(2)表示的推理关系为:不是来捣蛋的→动动脑筋取个像样的。

多数情况下,直陈条件句"要不是 P, Q"中的 P 是虚拟的,如例(2)中的"来捣蛋"。也有个别用例,P 是叙实,如:

(3) 今晚她又得输掉一笔钱。她不禁想,<u>要不是</u>她必须输,她能赢吗?(《交换星夜的女孩》)

例(3)"要不是"为直陈条件句,P 为"她必须输",由前文可知,这个 P 是叙实。可见,直陈条件句多数是由虚拟的"不是 P"推出虚拟的"Q",但也有个别情况是由违实的"不是 P"推出虚拟的"Q"。即:直陈条件句的前件"不是 P"也有可能是违实的,但后件"Q"不能违实。

就关联格局而言,直陈条件句"要不是 P, Q"主要有两种:a)后件没有明显的关联成分,即表现为:要不是 P, Q,共 35 例;b)后件有明显的关联成分,主要为"就""便",有时是"那(么)",即:要不是 P,那(么)/就/便/Q,共 29 例。此外,直陈条件句的前件"要不是 P"还偶与"的话"共现,有 2 例,数量不多。

从前、后件的语法性质看,直陈条件句"要不是 P, Q"可分为四类:a)P、Q 均由谓词性成分充当,共 24 例;b)P 由名词性成分充当,Q 由谓词性成分充当,共 22 例;c)P 或 Q 由包含显性关系词语的逻辑小句充当,共 5 例;d)P 或 Q 为零形式,共 13 例。前三种比较常见,这里仅举 d)的用例：

(4) 他要不是个师长呢？（《理发师》）

(5) 他真诚地说：“你们看我到底是不是干事的，是不是干正事的，要不是，你们就狠点整我！”（《1994年报刊精选》）

例(4)后件Q为零形式，例(5)前件中的P也为零形式，回指上文的“干正事的”。

由上可知，直陈条件句“要不是”的前、后件以均由谓词性成分充当为常。不过，因“要不是”虚化程度不高，前件由名词性成分充当的情况也常见。直陈条件句“要不是”的前、后件内嵌逻辑小句的用法少见，说明其包孕复句形式的能力不强。同时，前、后件为零形式的情况相对常见。

2.2　选择关系句

表示选择关系的“要不是”共83例，在关联格局上有明显特点：后件Q前通常有“是”共现，表现为“要不是P，是Q”。“是Q”前还可出现“就”“便”“即”“那”等关联成分。如：

(6) 这要不是大悲剧就是大笑话。（《爱，是不能忘记的》）

就前、后件的句法性质而言，选择关系的“要不是P，Q”可分为两类：a)前、后件的句法性质相同，即前、后件均由名词性成分充当，或均由谓词性成分充当，或均由包含显性关系词语的逻辑小句充当；共74例，以前、后件均由谓词性成分充当最常见；b)前、后件的句法性质不同，共9例。可见，选择关系“要不是”虽不强制前、后件的句法性质一致，但以一致为优势用法。

2.3　假转关系句

表示假转关系的“要不是”，相当于“否则”，形式格局为“P，要不是Q”。如：

(7) 再说这里的活儿，真比拔麦子脱土坯，也不是太累。但一定得心善，要不是做不长这活儿的。（《预约死亡》）

“要不是”很少表示假转，本文仅得4例。就这4例而言，P通常是虚拟的，如例(7)中的“一定得心善”。[3]

2.4　违实条件句

否定是实现违实的重要手段之一（Eifring 1988；罗晓英 2006；Su

2008；王宇婴 2013；Jiang 2014；Jiang and Wang 2016；Yong 2016；雍茜 2017）。蒋严（2000）指出，违实可通过否定来达成，基本方式有两种：前件取否命题以收违实之效，或否定后件进而否定前件。Su（2008）指出，违实解读是通过否定一个被预设为真的命题得到的。王宇婴、蒋严（2011）将"否定"与"违实"的关系用公式加以明示：否定＋事实→违实。由此可见，违实之所以成为"要不是"的优势用法，与其构成上的否定标志"不是"和真命题 P 密切相关。

从违实解读的实现路径看，"要不是 P，Q"可分为三种：1）正推式违实句，即由虚假命题"不是 P"推出虚假结果 Q；2）倒推式违实句，即由虚假结果 Q 推出虚假命题"不是 P"；3）评价式违实句，即后件 Q 是对前件"不是 P"的评价，通过这个评价可得出前件"不是 P"为虚假命题。就数量而言，违实条件句共 2 145 例，其中正推式 2 132 例，约占 99％，居绝对优势；倒推式 6 例，评价式 7 例。

2.4.1　正推式违实句

2.4.1.1　关联格局

正推式违实句的推理方向是由前件"不是 P"到后件 Q，如：

（8）当初<u>要不是</u>他帮助我，我很可能没有今天的成功。（《中国北漂艺人生存实录》）

就关联格局而言，笔者未经特意选择地考察了 355 例。关联格局主要有三种：a）后件没有显性关联标记，即表现为：要不是 P，Q。数量最多，共 236 例；b）后件出现关联副词"就""便"等，即表现为：要不是 P，就/便 Q，共 71 例；c）后件出现关联副词"还"，即表现为：要不是 P，还 Q，共 48 例。

由上述格局可知，除了"就""便"等承接副词常见于"要不是"违实句外，"还"也相对较多地出现在违实句中。这并不是说后件有"还"一定作违实解读，而是说"还"与违实句有较明显的共现倾向。如：

（9）山妹子说，<u>要不是</u>"进城留学"长了本事，现今还不是照旧守在家里，对着大山纳鞋底儿！（《1994 年报刊精选》）

上例即使去掉"还"，仍作违实解读。

"还"与违实句有较明显的共现倾向，说明"还"在语义上有吻合违实解读的地方。"还"在语义上相当于"仍然",表示动作或状态的持续不变(吕叔湘1999)。在"要不是"违实句中,"还"可表达"过去状态的持续",而"过去状态的持续"正是反事实思维的一种常见情形,即:在真实世界中,过去状态已经过去;但在违实世界中,过去状态可延续至今。试将例(9)改得简洁一些,并对有"还"无"还"进行对比:

(9a) 要不是"进城留学"长了本事,现今在家纳鞋底儿呢!

(9b) 要不是"进城留学"长了本事,现今还在家纳鞋底儿呢!

例(9a)后件"在家纳鞋底儿"是现在的状态。例(9b)中,后件"在家纳鞋底儿"不只是现在的状态,而且是从过去某个时点开始延续到现在的。具体来说,在例(9b)中,是从过去"进城"那个时点开始:如当时"没有进城",那么当时就"在家里纳鞋底儿",在这个违实世界中,"在家纳鞋底儿"由过去一直延续到"现今"。简言之,"还"所具有的"仍然"义,使其在"要不是"违实句中可以表达"过去状态的持续",由此与违实解读有了契合之处。

就关联格局而言,正推式违实句"要不是"还可与"的话"共现。在本调查的2132例正推式违实句中,有88例与"的话"共现,约占4.13%。这88例中,有30例为本土作品,58例为翻译作品。可见,翻译作品中违实句"要不是"与"的话"的共现相对多见,分别如例(10)(翻译作品)、例(11)(本土作品):

(10) 过去的三年中,要不是为了你和路迪的话,我早就疯了。(《荆棘鸟》)

(11) 我想,要不是受伤的话,那个赛季结束前我就会进大鲨鱼队了。(《我的世界我的梦》)

正推式违实句"要不是"偶有后置用法,主要出现在口语对话和翻译作品中。如:

(12) "你,比小时候变得多了,我差点没有把你认出来,要不是他们提起你的名字……"(《弄雪》)

(13) 本来我们明天就可能到巴黎去了,要不是这位好心的福尔摩斯先生今天晚上来找我们的话。(《福尔摩斯探案集》)

有1例"要不是P"内嵌于Q之中,即:

(14) 小棒槌似的手指几乎——要不是石队长躲得快——戳在客人的右眼上。(《火葬》)

正推式违实句"要不是"的前件偶有后置、内嵌于后件中的用法,说明该类违实句在内部语序上具有一定的灵活性。

2.4.1.2　前、后件的语法性质

就前、后件的语法性质而言,笔者未经特意选择地调查了 392 例。其中,前、后件均由谓词性成分充当的最多,有 284 例;前件为名词性成分,后件为谓词性成分的其次,有 80 例;前、后件由带有显性关系词语的逻辑小句充当的,有 28 例:其中,"逻辑小句+谓词性成分"19 例,"谓词性成分+逻辑小句"8 例,"逻辑小句+逻辑小句"1 例。

可见,前、后件均为谓词性成分是正推式违实句"要不是"的优势形式;不过,前件为名词性成分也相对常见,这仍体现了"要不是"虚化程度较低的特点。就前、后件由逻辑小句充当的情况看,前件出现逻辑小句比后件出现逻辑小句更为多见。

邢福义(1984)指出,"要不是 P,Q"在内容上表达了事物之间事实上或推论上的因果联系。这一点由正推式违实句"要不是"的前件的逻辑类型上也可看出。本调查中,前件由逻辑小句充当的正推式违实句共 20 例:前件为目的小句的 12 例,为原因小句的 5 例,前件为并列、递进小句的 3 例。可见,目的小句和原因小句构成前件的情况相对较多。目的和原因具有相通性(吕叔湘 1982),这两种逻辑小句较常见于"要不是"违实句的前件,正体现了"要不是"违实句内部所具有的因果关系。前件为目的、原因小句的"要不是"分别如:

(15) 要不是为了打官司,我们也不知道还有这么个规定。(《1994 年报刊精选》)

(16) 要不是因为他在成为世界头号选手后对网球失去了兴趣,现在他至少仍在世界顶尖选手之列。("新华社 2003 年 12 月份新闻报道")

2.4.2　倒推式违实句

倒推式违实句"要不是 P,Q",后件 Q 明显荒谬,从而倒推出前件"不是 P"为假命题,前、后件因而都具有违实特征。如:

（17）他要不是武工队，你把我的头割了！（《吕梁英雄传》）

就关联格局而言，倒推式违实句的后件可以没有显性的关联标记，也可出现"那""就"等关联标记。就前、后件的语法性质而言，前、后件可均由谓词性成分充当，也可前件由名词性成分充当、后件由谓词性成分充当；未见由逻辑小句充当前、后件的用例，说明倒推式违实句的前、后件容纳复句形式的能力不强。即：倒推式违实句的前件通常是个形式简洁的违实命题，后件通常是个形式简洁的荒谬命题，整体而言形式比较简单。

2.4.3　评价式违实句

评价与违实也有比较密切的关系（强星娜 2011；雍茜 2015、2017）。评价式违实句"要不是"，后件是个评价小句。不过，后件为评价小句并不必然导致违实解读。张雪平（2015）考察了"要是 P 就好了"，P 可以是违实的，如例（18）；也可以是有可能实现的，如例（19）：

（18）当初要是听爱社的话就好了。（摘自：张雪平 2015）

（19）今天要是能送来煤油就好了。（摘自：张雪平 2015）

评价式违实句"要不是"的用例不多，本调查仅得 7 例，均为违实解读，[4]其中 5 例是与客观事实违背，2 例是与主观认定的事实违背，分别如：

（20）他要不是个贼就好了！（《飘》）

（21）现在，王少奶奶又有了喜，肚子大得惊人，看着颇像轧马路的石碾。看着这个肚子，王老太太心里仿佛长出两只小手，成天抓弄得自己怪要发笑的。这么丰满体面的肚子，要不是双胎才怪呢！（《抱孙》）

3. 违实条件句"要不是"的构成

正推式违实句是违实条件句"要不是"的优势用法，下面以正推式为考察对象，分析违实条件句"要不是"的构成。

3.1　时制与时体

除了与主观认定的事实违背外，"违实"最典型的表现就是与"客观事实"违背。而客观事实，从时制上讲，通常只隶属于过去和现在；将来的事还未发生,无法成为客观事实,因而也无法进行违实思维和违实表达。王宇婴、蒋严(2011)穷尽式列举了违实条件句在绝对时间上的所有组合,从中可以看出:将来时虽不是绝对不能构成违实句,但显然将来时所受的限制最大。也有学者明确指出,涉及将来的条件句只能传递不确定的推测,无法形成违实句,因而倾向于从时制出发将违实条件句分为两种:现在违实条件句、过去违实条件句(Latridou 2000;王春辉 2010;雍茜 2015)。

正因为如此,违实条件句"要不是 P, Q"在构成上或上下文中往往有表征其时制为过去或现在的标志。如由例(22)—(26)的加点部分可看出它们所表达的是过去时制:

(22) 当初要不是他帮助我,我很可能没有今天的成功。(《中国北漂艺人生存实录》)

(23) 开庭那天人多,要不是武警拦着,法庭就装不下了。("1994 年报刊精选")

(24) 要不是后来发生的那件事,让我过早地离开了这家骗子公司,我差点就存下了一笔去电影学院读书的费用。(《中国北漂艺人生存实录》)

(25) 曾有一位能力极强的谈判人员,要不是因为他身上的气味令周围的人无法忍受,他应该可以成为一位出色的谈判家。(《哈佛经理谈判能力与技巧》)

(26) 要不是考虑到这样一些问题:谁来当我的代理、CBA 和大鲨鱼会不会放我,本来我是可以去的。(《我的世界我的梦》)

将来时很少用于违实表达,是客观事实。不过已有研究及本文语料中还是零星存在与将来相关的违实用例。如:

(27) 我们要不是愿意先去看脱尼有名的瀑布,明天便安安逸逸地在罗马了。(《欧洲 200 年名人情书》)

(28) 要不是明天检查卫生,我们就不打扫这间空屋子了。(摘自:陈国华 1988)

(29) Yaobushi mama mingtian hui lai, ta ye bu hui zai jia.(要不是妈妈明天会来,他也不会在家。摘自:Su 2008)

(30) 要不是你明天请假的话,今晚就不用加班了。(摘自:雍茜 2015)

就前件、后件的时制组合看,例(27)为"现在＋将来(明天)",例(28)为"将来(明天)＋现在",例(29)为"将来(明天)＋现在/将来(明天)",例(30)为"将来(明天)＋将来(今晚)"。

上述与将来相关的违实句,其中的"将来"都有一个特点,即:是近现在的将来,如"明天""今晚"。由生活常识可知,人们虽然无法预知将来会发生什么,但对诸如"今晚""明天"等近现在的将来所要发生的事却有一定的把控能力,特别是人为计划的事。上述四例均与近现在的人为计划有关,这些计划虽未发生,但却有定,接近客观事实,因而可进行反事实思维。如例(28),"因为明天检查卫生,所以现在打扫这间空屋子"是确定的事,因而可进行与这种确定性相悖的违实思维和违实表达。

当然,具有违实表达的可能并不意味着违实表达一定实现。试将例(28)的句尾"了"删除,并与例(28)(重抄如下)作对比:

(28) <u>要不是</u>明天检查卫生,我们就不打扫这间空屋子了。(违实解读)

(28a) <u>要不是</u>明天检查卫生,我们就不打扫这间空屋子。(直陈解读)

有"了"的例(28),后件中的行为"打扫房间"是已然事件,"不"是对已然事件的否定;没有"了"的例(28a),后件中的行为"打扫房间"是未然事件,"不"是对未然事件的否定。前者才能形成违实解读。

已然事件常常发生于过去和现在,但也可发生于将来,如例(27)(重抄如下)与去掉句尾"了"的例(27a):

(27) 我们<u>要不是</u>愿意先去看脱尼有名的瀑布,明天便安安逸逸地在罗马了。(违实解读)

(27a) 我们<u>要不是</u>愿意先去看脱尼有名的瀑布,明天便安安逸逸地在罗马。(直陈解读)

例(27)句末有"了",后件中的行为"在罗马"是已然行为,虽然句中没有显性的否定标记,但句义对该已然行为予以了否定,因此作违实解读。例(27a)句末无"了",后件中的行为"在罗马"是未然行为,因此作直陈解读。由此可见,后件中包含"已然"事件,对于违实解读的达成至关重要:"已然"意味着是客观事实,在此基础上,才能进一步实现对已然行为的否定,即对事实的否定,这是违实条件句后件的语义所要求的。而"了"的作用就在于明确行为的已然特征。

当然，"了"的用法是复杂的。根据吕叔湘（1999），"了"的用法主要有两个：了₁用在动词后，主要表示动作的完成；了₂用在句末，主要肯定事态出现了变化或即将出现变化。不过，句末"了"是单纯的了₂还是了$_{1+2}$，情况比较复杂。

陈国华（1988）对比了条件句中"了"的一些重要事实（以下四句均摘自：陈国华 1988）：

（31）要是有电，灯就亮了。

（32）我要是想当教师，就报考师范院校了。

（33）他要是去，我就不去了。

（34）下次你照我说的去做，就能查出故障在哪儿了。

以上四例都有句末"了"，但例（31）、例（32）作违实解读，例（33）、例（34）作直陈解读。

陈国华（1988）认为例（31）、例（32）中的"了"是违实标记；[5]例（33）、例（34）中的"了"表示新旧事态的对照，并不能否定从句所给条件的真实性，所以不是违实标记。蒋严（2000）认为，新旧事态的说法并不能解释违实解读与非违实解读的"了"的不同，认为"了"其实从来就不是违实义的语法标记。雍茜（2015）认为"了"虽不能彻底地标记违实，但可以辅助表达违实。雍茜（2017）认为，体标记"了"同时向时制范畴（过去时）和语气范畴扩张，违实范畴借用的是扩张至时制范畴而非语气范畴的体标记"了"。

若删除例（31）、例（32）的句末"了"，则这两例就由"违实解读"变为"直陈解读"；若删除例（33）、例（34）的句末"了"，这两例的解读方式未变，仍为"直陈解读"。可见，"了"的共现有助于实现违实解读并不是绝对的。正如已有研究所揭示的，汉语违实解读的达成是多种因素综合的结果。上述例（34）虽有句末"了"，但由前件"下次你照我说的去做"中的"下次"可知，例（34）是未然时制，通常只能构成直陈条件句。

上述例（31）、例（32）与例（33）在解读上的差异，有可能是由"了"的用法差异造成的。例（31）、例（32）中的句末"了"是表完成义的"了₁"，例（33）中的句末"了"是表事态变化的"了₂"。试将例（33）的后件单独拿出来如下：

（35）我不去了。

例(35)，主语为第一人称"我"，命题为否定形式，"我不去了"是言者告诉听话者将要发生的事，其中的"了"不是"了$_1$"而是"了$_2$"。

例(33)"他要是去，我就不去了"之所以只能解读为直陈条件句，原因就在于后件"我就不去了"是描述未来的事，而将来时一般无法实现违实解读。

由上可知，违实条件句"要不是"多与过去、现在的事实违背，极少的情况下涉及近现在的将来。除此之外，个别用例显示"要不是"还可与"泛时态"的事实相悖。如：

（36）制作精良的巧克力食品人见人爱，<u>要不是</u>怕胖，它可能是人们开心解馋的首选食品。（1997 年《读者(合订本)》）

上例"要不是"句与"因为怕胖，巧克力不是人们开心解馋的首选食品"这一事实相悖，后者具有泛时性。

3.2　否定

违实条件句"要不是 P，Q"的前件与后件均为假命题。前件是假命题，由否定标记"不是"体现。后件为假命题，当然可借助语义和语境表达，同时也可借助一些形式手段。借助语义和语境表达的，如：

（37）我苦笑着说，"你想象中的画家是什么样的，开着奔驰、宝马，住着别墅？我又不傻，有钱还会去公园给人画肖像？不瞒你说，我都三个月没钱付房租了，<u>要不是</u>遇到你这样的观音菩萨，说不定我现在已经饿得没力气说话了呢!"（《中国北漂艺人生存实录》）

上例"要不是"句后件为假，这一点可由言语场景中"我正在说话"这一事实得出。

违实条件句"要不是"后件所出现的表达否定的形式手段，主要有：否定标记、反问句、心理动词、含否定义的词汇成分。

3.2.1　否定标记

在真命题的谓词部分添加否定标记，真命题就变成了假命题。因此，否定标记是表达假命题的一种常见手段，这在违实条件句"要不是"的后件上有明显表现。笔者未经特意选择地考察了 395 例违实条件句，后件有否定标记的有 166 例,约占 42%。可见,违实条件句后件为假的特点对其语言形式的影响。这些否定标记以"不"为主,还可以是"没""甭""无"等。如:

(38)我要不是有你们帮助,也不会有现在这个地位。(《中华上下五千年》)

(39)要不是我,她的小命早就没了。(《携手人生六十年》)

"要不是"后件中"不"比"没"多,可能与"要不是"后件的情态特征有关。章敏(2016b)的研究表明,违实条件句"要不是"的后件具有一种情态黏附性,能强烈吸引同为非现实范畴下的情态范畴。而"不"多用于非现实情态范畴的否定,"没"多用于现实情态范畴的否定(唐正大 2013)。

3.2.2 反问句

后件由反问句充当,是违实条件句"要不是"表达后件为假的另一种常见手段。如:

(40)咱厂长要不是全国劳模,咱厂子要不是抓安全生产、经济效益抓出了点名堂,谁有眼看你?(《1994 年报刊精选》)

3.2.3 心理动词

违实条件句"要不是"的后件可由"心理动词+命题"构成,由违实愿望句和动词叙实性研究可知,"心理动词+命题"中命题的真假会受心理动词的制约。因此,当违实条件句的后件由"心理动词+命题"构成时,有可能从语言形式上明确获知违实条件句后件的真假。如:

(41)要不是看看四周的中国顾客我还以为又回到了法国。(1998 年《人民日报》)

(42)要不是那些穿筒裙的傣家少女,从我们面前悠然而过,很难相信,我们已经来到了边境的傣族坝子。(1996 年《人民日报》)

例(41)"要不是"的后件为"我还以为又回到了法国",心理动词"以为"是反叙实动词,其后宾语为假命题(李新良、袁毓林 2016),由此可知例(41)后件中的"又回到了法国"为假。例(42)的后件为"很难相信,我们已经来到了边境的傣族坝子",心理动词"相信"是非叙实动词,但更接近叙实动词(李新良 2015),即其后宾语更接近真命题,例(42)后件为假的性质由"相信"前的词汇成分"很难"辅助完成。

3.2.4　含否定义的词汇成分

含否定义的词汇成分也是表现违实条件句"要不是"后件为假的一种语言手段,如下例中的"鬼""差点":

(43) <u>要不是</u>当初太看重洋教练的名气,鬼才会来看这样的比赛。
(1994 年《人民日报》)

(44) <u>要不是</u>童进提醒我,我差点忘记哪。(周而复《上海的早晨》)

4. 直陈"要不是"与违实"要不是"的韵律差异

"要不是"有直陈和违实两种用法,二者在韵律上也有一些<u>不同</u>。

第一,二者的语音停顿不同。

直陈条件句"要不是 P, Q"表达"不是 P→Q"这种推理关系,"不是"与"P"在语义和句法上更为紧密,若添加停顿,可在"要"和"不是"之间。违实条件句"要不是 P, Q"表达"P"与"非 Q"之间的内在因果关系,"要不是"倾向是一个不宜有内部停顿的韵律整体。上述差异可通过歧义句中"要不是"的语音停顿看出:

(45) 邓肯号<u>要不是</u>装着有力的汽轮机,就会滞留在这无边无际的洋面上。(《格兰特船长的女儿》)

上例是歧义句。在阅读时,若在"要"与"不是"之间添加停顿,句子倾向作直陈解读;若在"要不是"与"装着有力的汽轮机"之间添加停顿,即把"要不是"处理为一个韵律整体,则句子可作违实解读。

第二,二者在重音上不同。

Eifring(1988)指出,"如果"句中的"不是"可作对比标记,这时句子就不能理解为违实。如:

(46) Ruguo ta bu shi dao Taibei lai nian shu, wo jiu bu neng qu zhao ta le.(如果他不是到台北来念书,我就不能去找他了。)

(46a) If he has not come to Taipei(but has gone to some other place) to study, then I will not be able to contact him.

(46b) If he had not come to Taipei to study, I would not have been able to contact him.

例(46)可作(46a)理解,这时"不是"是对比标记:"台北"与"some

other place"作对比,这时例(46)不能理解为违实。Eifring(1988)同时指出,例(46)也可作例(46b)理解,这时"不是"不是对比标记,句子作违实解读。

Eifring(1988)认为:作对比理解时,小句中有一个重读的焦点成分,即对比焦点,如作例(46a)理解时的"台北";作违实理解时,小句中没有成分需要焦点化,因而也没有重读成分;当"不是"前移时,上述差异更为明显。即:

(47) Ruguo bu shi ta dao Taibei lai nian shu, wo jiu bu neng qu zhao ta le.(如果不是他到台北来念书,我就不能去找他了。)

(47a) If it is not him who has come to Taipei to study, I will not be able to contact him.(contrastive)

(47b) If he had not come to Taipei to study, I would not have been able to contact him.(counterfactual)

例(47)若理解为例(47a),即作对比理解,此时主语"他"是焦点,需重读;例(47)若理解为例(47b),即作违实解读,前件中没有重读成分。

与 Eifring(1988)不太相同,Zhuo(2017)分析了"要不是 P,Q"在能否作违实理解时韵律焦点的不同。他认为,当韵律焦点落在 P 的范围内时,作违实理解;当韵律焦点落在否定标记上时,作直陈条件句理解。如:

(48) a. 要不是**工作**的事,我就休息了。

　　　 If it were not for WORK, I would have rested.

　　 b. 要**不是**工作的事,我就休息了。

　　　 If it's NOT about work, I would like to rest.

例(48a)中"工作"重读,作违实解读;(48b)中"不是"重读,作直陈解读。可见,Zhuo(2017)认为,作违实解读时也有韵律焦点和重读成分,只不过与作直陈解读时的位置不同。

前件是否包含对比,的确影响条件句的理解。不过,Eifring(1988)所举的例子是成分对比,条件句前件所包含的对比也可以是命题对比。如:

(49) 难道你的心灵没有被这个照片所震撼? 难道真相不重要? <u>如果是被谋杀的</u>,你不为钱云会的命运感到悲哀、不为凶手的暴行感到愤怒吗? 难道不应该将凶手绳之以法? <u>如果不是谋杀</u>,

难道网民未经任何调查就认定的"谋杀"结论不会使无辜的人遭遇不幸？就不会出现另一个被冤判死刑的聂树斌？(《分裂的真相》)

例(49)"如果不是"中的"不是"也具有对比功能,不过是命题与命题的对比,即"如果不是谋杀"与前文的"如果是被谋杀的"作对比。当属于命题对比时,"如果不是"的韵律焦点就不是前件内的某个成分,而是落在了否定标记"不是"上。即:对于直陈条件句"如果不是 P, Q"而言,前件若包含成分对比,则重音落在该成分上,即重音在 P 内;前件若表达命题对比,则重音落在"不是"上。

那么,违实条件句的前件是不是不能有焦点成分和重音呢？试看下面两例:

(50) 要不是你,我能落到今天这地步? (2005 年《故事会》)

(51) 你老向着她说话,要不是你惯纵着她,她还做不出这种丑事呢!
(《二马》)

上两例均为违实句。例(50)"要不是"后为名词性成分,例(51)"要不是"引出一个小句。就语感而言,例(50)中的"你"可以赋予焦点和重音,例(51)则有两种情况:a)没有某个成分被赋予焦点和重音,即 Eifring (1988)所说的,作违实解读时,前件没有重读成分;b)赋予前件"你惯纵着她"中的"你"以焦点和重音,这在语感上也通得过。

违实条件句有反证释因、突出原因的作用(邢福义 1984;王维贤等 1994;李晋霞 2010),所以上述例(50)、例(51)均可在"要不是"后添加"因为"。如:

(50a) 要不是因为你,我能落到今天这地步?

(51a) 你老向着她说话,要不是因为你惯纵着她,她还做不出这种丑事呢!

可以看出,当这个"原因"由名词性成分充当时,赋予其焦点和重音与句子的表达功能一致。而当这个"原因"由小句充当时,违实条件句突出的是整个原因小句,所以就不宜单独赋予句中某个成分以焦点和重音,即表现为:作违实解读时,前件没有重读成分。不过,如果原因小句中有个主导的原因成分,那么也不排除该成分被赋予焦点和重音的可能,如例

(51)“你惯纵着她”中的“你”也可重读。

5. 结语

　　本文考察格局为“要＋不是”的“要不是”。“要不是”有四种用法：直陈条件句、选择关系句、假转关系句、违实条件句。违实条件句最具优势。文章主要讨论了以下问题：

　　第一，上述四种用法时，“要不是 P，Q”的关联格局及前、后件的语法性质。

　　第二，违实条件句“要不是”的类型。从违实解读的实现路径看，可分为三种：正推式、倒推式、评价式。正推式占绝对优势。文章着重分析了正推式违实句的关联格局和前、后件的语法性质。

　　就关联格局而言，正推式违实句主要有三种：“要不是 P，Q”“要不是 P，就/便 Q”“要不是 P，还 Q”。“还”与“要不是”违实句有相对明显的共现倾向，源于“还”的“仍然”义。“要不是”违实句的前件还可与“的话”共现，且于翻译作品中相对多见。此外，正推式违实句“要不是 P，Q”在内部语序上存在一定的灵活性。

　　就前、后件的语法性质而言，前、后件均为谓词性成分是正推式违实句“要不是”的优势形式，前件为名词性成分也比较常见，这体现了“要不是”虚化程度较低的特点。前件还可由目的小句、原因小句充当，这体现了“要不是”违实句内部的因果机制。

　　第三，违实条件句“要不是 P，Q”的构成。文章主要考察了两个问题：时制与时体、否定。就时制与时体而言，违实句“要不是”通常用于过去和现在，少量可用于近现在的将来，特别是近现在的将来所计划发生的事，因具有确定性而可进行违实思维和违实表达。同时，后件 Q 表达“已然”行为对于违实解读的达成很重要：已然意味着事实，在此基础上才有可能进行违实表达。已然特征可由句末“了”来实现，但句末“了”并不都表示已然，因此，后件句末出现“了”的“要不是”句并非都是违实句。此外，个别用例显示，违实句“要不是”还可表达与“泛时态”的事实相悖。

　　就否定而言，违实条件句“要不是”的前件和后件均为假命题，这对前、后件的语言形式有比较明显的影响。前件为假，由否定标记“不是”体现。表现后件为假的形式手段主要有四种：否定标记、反问句、心理动词、含否定义的词汇成分。

第四，直陈"要不是"与违实"要不是"的韵律差异。直陈与违实同为条件句，两种用法的"要不是"在韵律上有所不同，主要表现在停顿和重音两个方面。直陈"要不是"可在"要"与"不是"之间添加短暂的语音停顿，违实"要不是"不宜出现内部语音停顿，后者在语音维度上的词化程度更高一些。就重音而言，直陈"要不是"，当前件包含对比成分时，该对比成分重读，当前件表示命题对比时，"不是"重读；违实"要不是"，当前件为小句时，除句内主导原因成分可重读外，一般没有哪个成分单独重读；当前件为名词性成分时，这个名词性成分可重读。

附 注

[1] 参见陈国华(1988)、王宇婴与蒋严(2011)、王宇婴(2013)、袁毓林(2015)等对汉语条件句(包括违实条件句)研究历史的梳理。违实条件句之所以被忽视，深层原因详见陈保亚(2002)、袁毓林(2015)的分析。

[2] 参见邵京(1988)、李敏(2006:41)、袁毓林(2015)、Jiang(2018)等的介绍。

[3] 例(7)有歧义，"要不是"也可理解为"要不＋是"。特此说明。有1例假转关系"P，要不是Q"，P可处理为言者主观认定的事实。与主观认定的事实违背，也属于违实表达(蒋严2000)，所以，不排除假转关系"P，要不是Q"具有违实解读的可能。

[4] "要是P，评价小句Q"与"要不是P，评价小句Q"都有违实用法，不过，后者会因前件包含有否定标记而违实解读的倾向更大。

[5] 陈国华(1988)称作"假设标记"。

参考文献

陈保亚 2002 《语言哲学的文本解释与结构解释——从虚拟语态看中西方哲学思维取向》，《北京大学学报》(哲社版)第6期。

陈国华 1988 《英汉假设条件句比较》，《外语教学与研究》第1期。

陈振宇 甄 成 2017 《叙实性的本质——词汇语义还是修辞语用》，《当代修辞学》第1期。

方清明　2013　《论汉语叙实性语用标记"实际上"——兼与"事实上、其实"比较》,《语言教学与研究》第 4 期。

———　2015　《英汉叙实性标记的对比研究》,《北京第二外国语学院学报》第 2 期。

蒋　严　2000　《汉语条件句的违实解释》,《语法研究和探索》(十),北京:商务印书馆。

李晋霞　2010　《反事实"如果"句》,《语文研究》第 1 期。

李　敏　2006　《现代汉语非现实范畴的句法实现》,华东师范大学博士学位论文。

李新良　2014　《现代汉语动词的叙实性研究》,北京大学博士学位论文。

———　2015　《立足于汉语事实的动词叙实性研究》,《世界汉语教学》第 3 期。

———　2016　《疑问句与汉语动词的叙实性》,《语言教学与研究》第 2 期。

李新良　袁毓林　2016　《反叙实动词宾语真假的语法条件及其概念动因》,《当代语言学》第 2 期。

———　———　2017　《"知道"的叙实性及其置信度变异的语法环境》,《中国语文》第 1 期。

李宏亮　2009　《英汉语言、思维的共性和个性考辨》,《电子科技大学学报(社科版)》第 5 期。

林若望　2016　《"的"字结构、模态与违实推理》,《中国语文》第 2 期。

罗晓英　2006　《现代汉语假设性虚拟范畴研究》,暨南大学博士学位论文。

吕叔湘　1982/1944　《中国文法要略》,商务印书馆。

吕叔湘　主编　1999　《现代汉语八百词》(增订本),商务印书馆。

孟思训　编　1983　《英语语法》,商务印书馆。

彭利贞　2009　《论一种对情态敏感的"了₂"》,《中国语文》第 6 期。

强星娜　2011　《上海话过去虚拟标记"蛮好"——兼论汉语方言过去虚拟表达的类型》,《中国语文》第 2 期。

邵　京　1988　《语言差别与思维差异——汉英反事实假设研究综述》,《外语教学与研究》第 1 期。

唐正大　2013　《关中方言否定结构——兼谈西北方言中否定与状语的辖域》,《语言研究集刊》第十一辑。

王春辉　2010　《"假设性等级"与汉语条件句》,《汉语学报》第 4 期。

———　2016　《汉语条件句违实义的可及因素——一套复合系统》,《汉语学习》第 1 期。

王维贤　张学成　卢曼云　程怀友　1994　《现代汉语复句新解》，华东师范大学出版社。

王晓凌　2009　《非现实语义研究》，学林出版社。

王宇婴　2013　《汉语违实成分研究》，中国社会科学出版社。

王宇婴　蒋严　2011　《汉语违实语义的构成因素》，蒋严主编《走近形式语用学》，第 9 章，上海教育出版社。

邢福义　1984　《"要不是 p 就 q"句式及其修辞作用》，《语言教学与研究》第 1 期。

———　2001　《汉语复句研究》，商务印书馆。

邢向东　2005　《陕北晋语沿河方言愿望类虚拟语气的表达手段》，《语文研究》第 2 期。

雍茜　2014　《违实条件句的类型学研究》，《外国语》第 3 期。

———　2015　《违实句的形态类型及汉语违实句》，《外国语》第 1 期。

———　2017　《违实标记与违实义的生成——基于大规模语种库的类型学研究》，《外语教学与研究》第 2 期。

袁毓林　2014　《隐性否定动词的叙实性和极项允准功能》，《语言科学》第 6 期。

———　2015　《汉语反事实表达及其思维持点》，《中国社会科学》第 8 期。

———　张弛　2016　《中国大学生反事实思维及其表达的乐观主义倾向》，《汉语学报》第 4 期。

章敏　2016a　《现代汉语中情态指向的反事实句研究》，浙江大学博士学位论文。

———　2016b　《"要不是"反事实条件句的情态问题研究》，《中南大学学报（社科版）》第 2 期。

张新华　2015　《感知类叙实动词研究》，《语言教学与研究》第 1 期。

———　2017　《短时副词"顿时"的叙实特征研究》，《语文研究》第 2 期。

张新华　张和友　2013　《否定词的实质与汉语否定词的演变》，《中国人民大学学报》第 4 期。

张雪平　2014　《"如果"类假设连词的语义功能与语用分布》，《汉语学习》第 1 期。

———　2015　《"要是 P 就好了"句式的情态表达功能》，《语文研究》第 4 期。

———　2017　《现代汉语假设句的分类系统》，《渤海大学学报》第 5 期。

Eifring, Halvor　1988　The Chinese counterfactual. *Journal of Chinese* Linguistics 16：193—218.

Feng, Gary, and Yi, Li　2006　What if Chinese had linguistic markers for coun-terfactual conditionals? Language and thought revisited. *Conference paper of the 28th Annual Conference of the Cognitive Science Society*, 1281—1286.

Hsu, Ching-Fen　2014　Semantic-based mental representation of Chinese coun-terfactuals:evidence from a psycholinguistic study of *Yaobushi*. *Language and Lin-guistics*, 15(3), 391—410.

Jiang, Yan　2014　On the lexical meaning of conditional connectives in Chinese. In *Chinese Lexical Semantics: 15th Workshop CLSW, Macao 2014, China, June 9—12, 2014, Revised Selected Papers*, ed. Xinchun Su and Tingting He, 43—54. Cham: Springer International Publishing AG.

——　2018　Chinese and counterfactual reasoning, to appear in *The Routledge Handbook of Chinese Applied Linguistics*, eds. Chu-Ren HUANG and Zhuo JING-SCHMIDT, Barbara MEISTERERNST.

Jiang, Yan, and Wang Yuying　2016　Counterfactual subjunctive assertions in Shanghai dialect, In *Commemorative essays for Professor Yuen Ren Chao: Father of Modern Chinese Linguistics*, ed. Andy C.-O. Chin, Kwok Bit-chee, and Benjamin K. Tsou, 193—201. Taipei: The Crane Publishing.

Latridou, Sabine　2000　The grammatical ingredients of counterfactuality, *Lin-guistic Inquiry*, Vol.(31):231—270.

Su, Julia Yu-Ying　2008　Deriving counterfactuality in Mandarin Chinese *yao-bushi* conditionals. *Paper presented at the TOM(Toronto-Ottawa-Montreal) Semantic Workshop 1*, March 29—30, 2008. Toronto: University of Toronto.

Yong, Qian　2016　A corpus-based study of counterfactuals in Mandarin. *Lan-guage and Linguistics*, 17(6): 891—915.

Zhuo Jing-Schmidt　2017　What are they good for? A constructionist account of counterfactuals in ordinary Chinese, *Journal of Pragmatics*, 113: 30—52.

李晋霞:lijx666@126.com

徐爱改:xuaigai511@126.com

原载《励耘语言学刊》2018 年第 2 期,此次收录时做了少许修改。

"以为"句的反事实语义与情态同现问题考察

章　敏

提　要　文章旨在探讨"以为"句的反事实语义与情态同现问题。首先区分了非叙实谓词"以为₁"与反叙实谓词"以为₂",明确了"以为"的反事实语义。其次我们发现情态词位于反事实辖域是其无标记位置,且不同情态子类型在"以为"反事实句中的表现也不均衡,道义情态的使用最为受限,动力情态的使用用例较少,而认识情态的使用最为自由。另外,与"以为"反事实语义最容易共现的认识情态动词,也可能由于其内部可能性高低的差别对"以为"句的反事实语义解读造成影响。

关键词　"以为"　反事实语义　情态

1. "以为"句的反事实语义

吕叔湘(1999:619)对"以为"的解释为"对人或事物做出某种论断;认为"。其中总解释下与分条解释 a)、b)中的例句相当于"认为",二者互换没有语义上的差别。如:

(1) 我以为/认为水的温度很合适。

(2) 他以为/认为,人的资质固然有差别,但主要的还是靠勤奋。

(3) 这都是天经地义的,他以为/认为。

他在分条解说的 c)中又指出,"用以为作出的论断往往不符合事实"。我们认为此时"以为"往往不能用"认为"代替,或者不符合语法,或者合格度较低。

(4) 我以为/? 我认为有人敲门,其实不是。

(5) 原来是你,我还以为/*认为是老王呢。

可以看到,"以为"除了同"认为"一样具有对某人或某事做出论断的意思(记为“以为₁”)外；还有表示与事实不符或者相反的判断的意思(记为“以为₂”)，此时，大多数情况不能用“认为”来替换。

Eifring(1988：195)认为，汉语中利用动词表达反事实语义的方式，一般可以降低说话人个人意见的重要性，符合中国人一贯的谦虚理念。比如“以为”位于第一人称代词后时，常常具有表达非反事实的用法。例如：

(6) 我个人以为这一条路应该加宽。

这里“以为”可以被“认为”替换，用以表现礼貌。但这并不能否认动词“以为”是现代汉语中典型的反事实语义标记的语言事实。

沈家煊(1999：140)认为“以为”是中项语词，另有逆叙实词的用法[1]。并以下例说明：

a. 我以为他不合适，(你怎么认为?)＝我不以为他合适

b. 我以为他不合适，(其实他合适。)≠我不以为他合适

其中 a 例中用作中项判断词，跟“认为”相似，b 例中用作“逆叙实词”。

这里我们对“以为”的看法稍有不同。我们认为，“以为”是典型的反叙实动词，兼具有中项判断词用法。我们进行了小范围的语料调查，母语使用者在中性语境下，90％以上得到的都是它的反叙实动词用法。然而正如李明(2003)所说，“‘以为’由非叙实动词完全转为反叙实动词，是很晚的事情”，因此现代汉语中有一些残留语义并不奇怪。

另外，我们认为能否用“认为”代替并不能作为区分“以为₁”和“以为₂”的标准。我们将“认为”视为非叙实谓词，在不受语境的影响下，其后的宾语小句为说话人认定的论断，并不预设相关事实。然而，在一定的语境下，它可以有反叙实动词的用法，所在句子也可能具有反事实语义解读。例如：

(7) 同学见她穿男装，剪了发，憔悴怪状无语，都奚落她，冷笑她，认为是被家庭遗弃不足挂齿的败类。

此时，如果语境告诉我们说话人预设了相关事实，如“她并不是败类”时，例(7)就具有反事实解读。这时，这里的“认为”可以与“以为₂”替换。换句话说，只要“认为”或“以为”同为非叙实动词用法或同为反叙实动词用法，二者就可互换，反之不可。如上文中的例(1)—例(3)，二者表达说话人所认定的事实，可以互换。再如：

(8) 时下有人认为有钱就是幸福,有人以为幸福在于享乐。

在例(8)中,"认为"和"以为"相互替换均不受影响。依据常识,不管是"有钱就是幸福",还是"幸福在于享乐",都与大众认定的价值观不相符,此时可以说,这里的"认为"和"以为"都预设了相反事实,即"有钱不一定是幸福","幸福不一定在于享乐",因此二者可以相互替换。

然而有的时候尽管二者可以相互替换,但是"认为"或"以为"小句后的论断,究竟是否预设相反事实似乎很难判断。例如:

(9) 这个结论如果成立,当经理的人(有做学问出身的,也有没学问的)必会几多开心,几多愤怒,或认为是褒扬他们,或以为是贬损他们。

例(9)"认为"和"以为"尽管可以相互替换,表达说话人的主观判断,但是其后的宾语小句究竟"褒扬他们"是真实情况,还是"贬损他们"是真实情况似乎并不好确认。这里的"以为"同"认为"一样只能理解为非叙实谓词。

张邱林(1999)从共时上对"以为1"和"以为2"进行了细致的观察和讨论。他认为,"以为2"在表达一个判断的同时,总预设另一个相反的判断。并将其归纳为三类:判断 p,事实上非 p[2];彼时判断 p,此时非 p;他人的判断 p,说话人的判断非 p。他的研究不仅对"以为1"和"以为2"的不同进行了探讨,同时深入考查了"以为2"的预设情况并进行分类,对本文有很大的启发。但我们认为还有值得商讨的地方。他把"以为1"视为表示确定的判断。"确定的判断"是一种事实还是说话人主观认定的,他并没有进一步阐释。从他的分析来看,确定的判断,似乎就是表示与事实相符的判断。我们认为这里的"以为1"为非叙实谓词,只能表达说话人主观认定的事实,而判断该事实究竟是否与事实相符,则需要更多的语境支持。

李明(2003:353)主要从历时上分析"以为2"意义的来源。他认为,"以为"最初是非叙实动词,说话人主要是客观叙述主语的想法。后来在特殊语境中,受话人可以推理出"以为"后的命题为假,这时"以为"带有说话人的预设,因此也可以被理解为反叙实的。随着反叙实意义的使用越来越频繁,语用义逐渐凝固为"以为"的词汇意义。到了现代汉语普通话中,"以为"已经成为反叙实动词。他认为"以为"从非叙实动词转变为反

叙实动词是一个主观化的过程,即:

以为₁(非叙实) $\xrightarrow{\text{主观化}}$ 以为₂(反叙实)

他的分析明晰了"以为"反叙实意义的来源,并总结归纳了人称、时态、否定对其反叙实意义的影响,给反叙实动词的研究奠定了坚实的基础。

许光灿(2014)主要观察了"以为₂"的用法。他并不认同张邱林与李明的观点。他认为预设是句子非断言部分的意义,而"以为₂"在句子中的"非 p"含义并非"以为₂"句的预设,而是其本身的意义。同理,尽管"以为"在历时演变中由于主观化产生了体现说话人否定态度的意义,然而这种明显的主观性也不是说话人的预设。他将"以为₂"的意义概括为,"说话人陈述并否定某人的观点想法"。如:

(10) 当大赤包得了所长的时候,他以为大家一定要巴结他了。可是
　　　他们依旧很冷淡,连个来道喜的也没有。(转自:许光灿2014)

根据他的解读,这里的"以为"有两层意思,一是"他有大家一定要巴结他的想法",一是说话人认为"他的这个想法"是不对的。在该句话中,确实可以得到说话人对"他的想法"的否定态度,然而我们认为这是通过语用推理得到的,而并非"以为₂"本身的意义。如果我们将主语换成第一人称,使说话人和主语一致,就可以清晰地看到区别。如:

(11) 马先生,我不知道你要吃饭,我以为你出去吃饭呢!

在例(11)中,"我"并不是为了表达"我"对"自己对你出去吃饭的想法"的否定,而主要是为了表达"我的这个想法"与事实不符。当主语为第三人称时,从说话人的角度看,主语的想法与事实不符时,听话人很容易推理得到说话人对于主语想法的否定。因此我们还是认为,"以为₂"的反叙实语义是指对某人或某事做出与事实不符或者相反的推断。另外,叙实、非叙实和反叙实意义多数情况下本来就是由相关的动词或形容词的词义决定的,反叙实性可以被视为谓词的一种语义特征(Lyons 1977:794—795)。自然,非 p 的预设也是与相关动词或形容词有关。因此,对于事实的预设尽管是句子非断言部分的意义,但这并不意味着句中谓词与预设没有任何联系。例(9)中对"以为"的解读从本质上来看就是张邱

林归纳的"以为"的第三类预设情况。

综上所述,我们认为"以为"为反叙实动词,具有非叙实谓词用法。我们以下句为例进一步说明:

(12)我以为白天会下雨。

对于这句话可以有不同的理解。第一种解释为说话人发话时刻在晚上,并且在已经知道白天没有下雨的情况下。例如:

(13)我以为白天会下雨,谁知道又出太阳了。

此时,说话人预设了没下雨的事实。整句话具有反事实解读,并且反事实解读不能消除,其后宾语小句往往对事实进行说明,突显这种反事实语义,此时"以为"为"以为$_2$"。

第二种解释为,说话人发话时刻在早上,他根据天气预报或者天气常识做出某种判断,说话时刻并不能确定白天究竟是否下雨。此时"以为"为"以为$_1$",表达说话人主观认定的某种事实。而该事实可能实现,也可能不实现。例如:

(14)(乌云这么厚,)我以为白天会下雨。你觉得呢?

尽管此时说话人可能非常自信自己的判断,但是今天究竟会不会下雨,其实还需要进一步的验证。如果到了晚上发现白天其实并没有下雨,说话人早上的判断为假时,那么就是第一种反事实的情况。也就是说,当"以为"为"以为$_1$"时,如果要得到反事实的语义,我们还需要更多的语境或者相关句法成分来支持。如果我们假设白天确实下雨了,即说话人的判断为真时,例如:

(15)?我早上以为今天白天会下雨,就拿了把雨伞,现在果然派上用场了。

此时,反事实语义被消除。但是这样的句子总体来说合格度较低。当人们在看到"以为"时,最自然的反应是它的反叙实动词用法。根据现有研究,"以为"句在语义表达上确实具有较高精度的指示反事实语义的功能和作用。因此在本文讨论中将其认定为汉语当中的反事实标记。下文以"以为"的反叙实动词用法为研究对象,如果没有特殊说明,"以为"均为"以为$_2$"。

2. "以为"反事实句中的情态动词

从语言直觉出发,反事实句与情态动词的共现频率远远高于句子中的其他相关句法范畴。从本质上看,反事实范畴和情态范畴均是非现实范畴的下位范畴,并且同为非现实范畴下的典型成员,因此二者有着天然的紧密联系。因此我们大胆推测,反事实句本身具有一种情态黏附性(modal colligations),它能够强烈吸引同为非现实范畴下的情态范畴,并且在此过程中对情态动词内不同情态类型进行选择。"以为"反事实句作为反事实语义范畴的典型成员应该也不例外。本文选取典型的情态动词[3],观察它们在"以为"反事实句中的情态语义表达。我们在老舍作品中筛选了含有情态动词的"以为"反事实句,共计 201 例[4]。根据我们的考察,情态动词既可以出现在"以为"前,又可以出现在"以为"后。出现在其前的只有少数几个情态动词,如"会""要""定(一定、必定)",一般情况下情态动词位于其后宾语小句中。统计如表 1:

表 1

	会	能	要	定	敢	可以	应该	合计
"以为"前	1	0	6	2	0	0	0	9
"以为"后	48	27	30	46	4	33	3	192
合　计	49	27	36	48	4	33	3	201

进一步考察可得,情态动词内部不同语义类型,在"以为"反事实句中的分布也并不平衡。见表 2:

表 2

	动力情态	道义情态	认识情态	合计
"以为"前	0	6	3	9
"以为"后	52	0	140	192
合　计	52	6	143	201

结合以上数据统计以及实例分析,我们发现,初步来看,"以为"前后情态动词分布并不一致。当情态动词位于"以为"前时,动力情态不能出

现,道义情态只能是"不要",认识情态出现数量较少。情态动词多数位于"以为"后,并且认识情态用法较多,其次是动力情态,道义情态则不被允许出现。

为了消除作家用语习惯的影响,同时为了更细致的观察情态动词在"以为"反事实句中的普遍规律以及特殊用法背后的原因,我们扩大语料范围进一步考察了情态动词在"以为"句中的表现。

2.1 "以为"前的情态表现

1) 认识情态

我们发现,除了老舍作品当中出现的"会""定"以外,其他能够表示认识情态的多义情态动词如"能""要""准""应该",单义认识情态动词"可能"均能出现在"以为"前。例如:

(16) 这么明白清楚的事,她却能以为是巧合?

(17) 你老这样干,人家真要以为你是精神病了。

(18) 你陪我去恐怕更糟,他准以为我被一个花花公子骗了!

(19) 他应该以为我们是疯了。

(20) 我一想,哎,别人可能以为我不来了替我签了。

"得"出现在"以为"前时,可以是表达认识情态的[必然],"得以为"表现说话人对事件的主观感受或判断。例如:

(21) 那还不得以为他们有了两个美国亲戚。

其中的"以为"为"以为₂"。然而我们发现还有一些用例,尽管可以得到反事实解读,然而这里的"以为"为"以为₁"。例如:

(22) 两只汗手巴掌搭我肩上干吗? 这要在熊山我得以为熊爬树出来了。

可以看到,当"以为"处在更复杂的情态环境中时,比如上例的虚拟条件句时,"以为₂"的反事实语义消除。我们认为这是由于当说话人在说出虚拟条件句时,后件是在前件的虚拟空间内得出结论。这里的反事实语义,应是在以虚拟与事实不符的反事实前提下得到的推论,因此自然与事实不符。而例(21)是"如果是在熊山的情况下,我才得出这是熊爬树出来了"。而实际上,"我也没有在熊山",因此这里的"以为"为"以为₁"。

2）动力情态

动力情态出现在"以为"前时,我们只发现单义动力情态动词"敢"的用例,且只与"以为₁"结合。例如:

（23）你还敢以为中成药百无禁忌吗?

"敢以为"表达说话人认为主语有勇气认定某事件,常常表达说话人的一种讽刺或者嘲笑。

3）道义情态

"以为"句前道义情态的用法比较复杂,肯定道义情态与否定道义情态的表现并不一致。

A. 肯定道义情态

具有动力情态和道义情态两种情态意义的"可以"在位于"以为"前时,能够表达道义情态的［许可］,且只能与"以为₁"结合。例如:

（24）我可以以为你是想我的嘛?

B. 否定道义情态

前文对老舍作品的考察中,我们只发现"不要/别"可以位于"以为"前的用法。这也是反事实句中最容易出现的否定情态。这里的"不要/别"比较特殊,它从对道义情态的否定渐渐语法化为一个禁止词。李明(2003:361)曾指出,反叙实的"以为"义不能前加否定词"不",但可以前加"勿""莫""别"等禁止词。在现代汉语中,我们常常使用的是对道义情态"要"的否定——"不要/别"来对"以为"进行否定。原因正如吕叔湘(1990:306)所说,我们在"对于某一事否定他的可能(允许性的),即以此为禁止之词"时,"近代的通例是在表示必要的词语上加不字,这当然比直接禁止要委婉些"。在"以为"句中时,是说话人对句子主语进行反事实推理的行为的禁止。

除此之外,道义情态"不能""不能不"也有少数用例出现。

可以出现在"以为"前的"能"的否定有"不能"和"不能不"。在"以为"前时,"不能"完全被解读为道义情态。例如:

（25）不能以为有了电视,就可让电影自生自灭。

"不能以为"是说话人认为听话人的想法有误,表达自己的否定意见。其中的"以为"为"以为₁"。"不能不"在"以为"前时,也为道义情态,表达说话人出于情理或环境的原因必须认定某事件。其后的"以为"为"以为₁"。例如：

(26) 她征服了这个人，虽然总有一点瞧不上眼的意味，可是却不能不以为这是自己一点意外的权利。

这里值得特别注意的是，同是道义情态为什么"不能""不能不"倾向于与"以为₁"结合，而"不要"倾向于与"以为₂"结合？我们认为，这主要是因为相较于"不要"，"不能""不能不"更加具有客观性。从道义来源上看，"不能""不能不"往往是客观环境或者客观条件，因此事件不被允许；而"不要"则出于说话人的个人权威，即从说话人的主观情态出发，表明某件事不被说话人允许。这也可以说明，在"以为"反事实句中的情态动词倾向于更为主观化的表达，客观化的表达很难出现。

综上所述，当情态动词出现在"以为"前时，绝大多数情态动词均可出现。其中除情态动词"得"有一部分在复杂情态环境下可以与"以为₁"结合外，认识情态动词只能与"以为₂"相结合；动力情态必须与"以为₁"结合；道义情态在肯定情态时只能与"以为₁"相结合，否定情态除了"不要以为"可以与"以为₂"结合外，其他情态动词只能与"以为₁"相结合。

我们将上文的现象归纳起来可以得出，当情态动词位于"以为"前时，情态动词不同类型的表现很不均衡，见下表：

表 3

认识情态	动力情态	道义情态	
		肯　定	否　定
以为₂/以为₁（得）	以为₁	以为₁	以为₁（不能/不能不）/以为₂（不要）

如果把"以为₁"的影响因素去掉，我们可以说，在肯定环境下，除了"得"受其他情态环境影响有少数例外之外，"以为"反事实句前的情态动词全部为认识情态；另外"以为"反事实句只能用道义情态"不要"来否定。可以看到，当反事实语义位于情态辖域内时，在肯定情况下一般只能与认识情态共现，在否定情况下只能与道义情态共现。

2.2 "以为"后的情态表现

相比于情态动词出现于"以为"前，出现于"以为"后更为自然和常见。

根据上文对老舍作品中"以为"的统计,我们发现"以为"后,认识情态出现频率最高,其次是动力情态,而道义情态最受限制。下文将扩大语料考察其他情态动词在"以为"后的表现。

1) 认识情态

认识情态出现在"以为"后时,说话人对自己所判断的事物又进行了二次主观的情态处理。在"以为"的基础上对事件的可能性进行推断。除了老舍作品中出现的多义情态动词外,我们发现其中没有出现的"准",以及单义认识情态动词"可能"也能出现在"以为"后。例如:

(27) 在江西一些农村,部分学生及其家长不知道高校有"民办"与"公办"之分,以为来了张大学通知书准是天上掉馅饼的好事。

(28) 在接到她的电话以前,我还以为她可能会像PMF项目以前的大多数毕业生一样把进入华尔街作为首选。但是,我错了。女儿比我想象得务实。

然而,这里"可能"有例外,它还可能与"以为₁"共现,表示说话人主观认定的判断。例如:

(29) 有人考证它可能始自南宋的梁楷,我却以为,可能始自唐朝的王洽和张。

同上文中"以为₂"与其前的认识情态动词有着较为分明的匹配规律不同,当认识情态动词出现在"以为"后时,二者只呈现出一些倾向性规律。从数据和表现上看,"以为"在同表[盖然]义的认识情态动词结合时,倾向于表达"以为₂";在同表[必然]和[可能]义的认识情态动词结合时,倾向于表达"以为₁"。如图:

反事实强度	弱 以为₁	强 以为₂	弱 以为₁
可能性	必然 强 定、准、得、要	盖然 弱 会、应该	可能 强 能、可能

我们认为这主要是受"以为"和认识情态叠加处理的影响。在"以为+认识情态动词+命题"的结构中,人们首先对事件进行可能性的主观

判断,其次用"以为"对其进行主观性表达的进一步处理,预设事实的存在,从而表达与事实不符的含义。在对事件进行可能性判断时,如果说话人对事件具有较高可能性和较低可能性的推理时,往往需要一定的证据支持这种判断,因此在用"以为"进行二次主观处理时,会更加倾向于表现出说话人对于其后命题的主观确定性判断,倾向于"以为₁"。此时,即便所在句可推理出反事实语义,此时的"以为"做非叙实动词或反叙实动词解读均可。而如果说话人对事件的可能性推理趋于中性强度,当用"以为"进行二次主观处理时,说话人更加倾向于表现出自己对于其后命题相对客观的判断,表达自己依据客观事实所得判断与事实相反,倾向于"以为₂"。这也是"以为"反事实句常常具有特定语用作用的原因。例如:

（30）a. 我以为他这次一定回家。

　　　 b. 我以为他这次可能回家。

　　　 c. 我以为他这次会回家。

在例（30）中,我们认为 a 句和 b 句的反事实语义没有 c 句强,在没有语境的情况下,a 句和 b 句中的"以为"更倾向于"以为₁",c 句中的"以为"更倾向于"以为₂",得到反事实解读。

综上所述我们认为,当认识情态处于"以为"后的反事实辖域内时,认识情态的强度会对"以为"的反事实语义造成干扰。当说话人对其后可能性的推断处于极值,即高可能性或低可能性时,"以为"的反事实解读被削弱;当说话人对其后可能性的推断处于中间可能性时,"以为"的反事实解读被突显。

2）动力情态

根据我们的分析,当动力情态动词出现在"以为"后时,单义动力情态动词"肯""敢"只能与"以为₂"结合。例如:

（31）原先我以为只有中国人肯如此吃苦,生活在工作中。

（32）他以为没人敢揣测他受伤的原因,而带着伤走来走去似乎更足以使人们怕他。

需要注意的是,"不要以为/别以为"之后的"要"可以在第一人称的情况下,解读为动力情态。例如:

（33）千万不要误解,别以为我要抨击"公益背后有收益"这一现象。

以下可以看到,"要"在"不要以为/别以为"后的解读,会受其他因素比如人称的影响。例如:

(34) 不要以为他是要表现潜意识,博尔赫斯对潜意识说是深恶痛绝的,他认为那是"当代的迷信";也不要以为那荒诞的情节是要表现什么神怪魔幻,博尔赫斯在自己的作品中也是杜绝这类东西的。

当主语人称具有【一生命】的语义特征时,它只能被解读为认识情态;当主语具有【＋生命】的语义特征且为第一人称时,常被解读为动力情态,当主语为第三人称时,则常被解读为认识情态。

3) 道义情态

道义情态出现在"以为"后时,一般不能自由出现。除"应该"有少部分用例可出现外,"得"在"以为"后的用例较少。先来看"应该":

(35) 你以为一个人应该把自己的快乐建筑在别人的痛苦上面吗?

实际上,在"以为"反事实句中要得到"应该"道义情态的解读,必须是在反问句的句法环境下。一般句法环境中道义情态前的"以为"为"以为$_1$",并非"以为$_2$"。例如:

(36) 笔者以为应该在启蒙时期的英国文学部分以一定的篇幅来叙述它,不应湮没。

因此,道义情态"应该"只能出现于"以为$_1$"后。

道义情态动词"得"出现在"以为"后,用来推翻说话人预先主观认定的某种必要性,常用在感叹句中表达一种出乎意料的语用色彩。例如:

(37) 我还以为得等到七老八十你才会想娶我呢!

与其他表道义意义的情态动词不同,"得"的道义意义带有更多的客观性,道义来源上也更倾向于环境。因此,当它出现于"以为$_2$"后时,可以表达说话人对于客观环境要求的某种认识。

综上,当情态位于反事实语义辖域中时,多义认识情态动词基本上倾向于表达它们的认识情态义,同时认识情态的强度会对"以为"的反事实语义造成干扰;动力情态的出现频率较低,同时动力情态的解读还受到其他句子成分的影响;道义情态的出现则极为特殊,只发现"得"的少部分用例。也就是说,当情态处于反事实语义的辖域内时,认识情态最为自由,

动力情态用例较少,而道义情态受约束程度较高。归纳如下:

表 4

	认识情态	动力情态	道义情态
"以为"反事实句	＋	（＋）	－

3. 总结

至此,我们可以看到,当反叙实谓词"以为"与情态共现时,大致可分为两种情况:第一,反事实语义位于情态辖域内。在肯定情态环境内,反事实语义只能出现在认识情态后,动力情态和道义情态的出现较为困难;在否定情态环境内,反事实语义只能出现在道义情态"不要"后。第二,情态动词位于反事实辖域内,这也是其无标记位置。其中,道义情态仅有极少数特殊用例,最为受限;动力情态用例较少;认识情态较为常见,最为自由,且认识情态的强度居中时,反事实语义更容易被突显。

附　注

[1] 沈家煊(1999)对"中项语词"的描述为"无论是肯定式还是否定式,都不衍推相关命题的语词",即为 Kiparsky & Kiparsky(1970)所说的非叙实词;对逆叙实词(counterfactives)的描述为"F(p)衍推~p 的语词……意味着相关的命题不符合事实……",即为本文所说的反叙实词。

[2] 这里的 p 是"以为"的宾语小句所表达的命题。

[3] 本文对情态动词的选取主要依据彭利贞《现代汉语情态研究》一书中的研究成果。

[4] 本文的语料均源自:北京大学中国语言学研究中心的 CCL 语料库,例句不再一一标明出处。

参考文献

[1] 李明　2003　《试谈言说动词向认知动词的引申》,《语法化与语法研究(一)》,商务印书馆。

［2］吕叔湘　1999　《现代汉语八百词(增订版)》,商务印书馆。

［3］——　1990　《吕叔湘文集(第一卷)》,商务印书馆。

［4］彭利贞　2007　《现代汉语情态研究》,中国社会科学出版社。

［5］沈家煊　1999　《不对称和标记论》,江西教育出版社。

［6］许光灿　2014　《也谈“认为”和“以为”》,《汉语学习》第 1 期。

［7］张邱林　1999　《动词“以为”的考察》,《语言研究》第 1 期。

［8］Eifring Halvor.　1998　*The Chinese Counterfactual*. *Journal of Chinese Linguistics*, 16(2).

［9］Lyons, John　1977　*Semantics* (Vol. 2). Cambridge: Cambridge University Press.

［10］Kiparsky, Paul and Carol Kiparsky　1970　Fact. In M. Bierwisch and K. Heidolph(eds.), Progress in Linguistics, The Hague: Mouton.

章敏：liuyuexinchan@163.com

反预期与事实性[*]
——以"合理性"语句为例

陈振宇　姜毅宁

提　要　大量的语料调查证明,"应该/该/必须 XP"类句子的事实性是语用上的倾向性。当条件和结果之间具有较大条件概率时,存在语义和谐关系。在回溯时,说话者倾向于按照不和谐的方向进行自反预期的解读,以获得高的信息价值,此时肯定情态下句子会得到反事实解读,否定情态下句子会得到事实解读。不过,在特殊的"双重反预期"语篇中,说话者会按照和谐的方向进行回溯,其目的是为了纠正前面的一个意外,从而表示强调(他反预期)。

关键词　合理性　事实性　自反预期　强调(他反预期)　语义和谐　双重反预期

1. 相关问题的提出

反事实句(counter-factual),也译为"违实句",汉语方面的研究大多集中在反事实条件句研究上(陈国华 1988;蒋严 2000 等),对一般反事实陈述句研究较少。这是因为普遍认为汉语缺乏反事实标记(Bloom 1981),在不同条件标记中还有倾向性上的差异(赵元任 1968),而在一般陈述句中就更加难以捉摸。

林若望(2016)一文指出,"应该 ø 的"是违实句,如果指过去事件的

---

* 本文初稿曾在"2018 年句法语义理论研讨会——叙实与事实"(复旦大学)上报告,袁毓林、蒋严、彭利贞、朱庆祥等提供了宝贵的建议,《中国语文》编辑部和匿名审稿专家也提出了大量宝贵而精到的修改意见,谨致诚挚的谢意。文中错谬之处,均由作者本人负责。

话,则当说话者说"他应该帮忙的"时,说话者是把"他帮了/过忙"作为虚假(反事实)的内容来说的。雍茜(2017)也提到,情态成分和过去时的同时使用常会出现反转推理,这成了语言中一种通用的手段。但是这类句式中,反事实义只是一种较强的倾向,不具有强制性。例如:

(1)反事实句:乙认为"他来帮忙"为假

甲:怎么没看见你家孩子?　　乙:哎、哎,不好意思,他应该来帮忙的!

(2)事实句:乙认为"他来帮忙"为真

甲:你家孩子真好!　　乙:哪里、哪里! 他应该来帮忙的!

(3)事实句:乙认为"他来帮忙"为真

甲:老王会在单位厨房吗?　　乙:放心吧,他应该来帮忙的!

乙用"应该"表明"他来帮忙"是合理的;从孤立的语句看,不知道乙究竟是否认为他来帮忙了,但具体语境会解歧。在例(1)中,叹词"哎、哎"表示负面情绪,乙感到事情不在自己预料或常理中(称为"自反预期"),此时说话者(乙)认为事件"他来帮忙"为假,事实是"他没来帮忙"。而在例(2)中,表示谦逊的"哪里、哪里"表示语用否定,即乙认为对方的认识有不妥当的地方——对方认为他来帮忙是值得赞赏的——而乙表明这是正常的行为(称为"强调/他反预期"),此时双方都承认"他来帮忙"为真。在例(3)中,表示打消对方顾虑的"放心吧"也表示语用否定,即乙认为对方的担心(老王没来厨房)是不必要的,强调老王来帮忙是合理的事,符合他的正常行为,所以肯定会来帮忙,也就肯定是在厨房(这也是"强调/他反预期")。这些配置不能乱用,如例(1)就不能说"哪里、哪里,他应该来帮忙的",其他各句也是一样。

"情态+过去时"的言语活动价值是什么? 为什么会造成反事实意义? 又是怎么被取消的? 林若望认为"应该ø的"句违实义的关键是"的",朱庆祥(2019)进行了反驳。我们基本同意朱的观点,限于篇幅,就不多说了。不但有"的"没"的"不是一个决定性的影响,而且过去时与情态词对反事实意义而言,也非必要。

本文将进行汉语语料调查,为了简化问题,仅对"应该、该、必须"和"不应该、不该、不必"这一组情态词进行考察("应该"只考察其道义意义),姑且称为"合理性"(reasonable)语句,以呈现这一现象语用倾向性的真实面貌。最后做出理论解释,说明其认知本质。在理论解释时,为说明原理,我们会适当扩大考察范围,不再局限于合理性语句。

2. 研究回顾

事实(factivity/reality),也译为"叙实",从字面上讲,是讨论事件是否为真的问题,国内外有不少相关研究(参看:Kiparsky & Kiparsky 1970;Lewis 1970;Leech 1981;渡边昭夫 1979;袁毓林 2014;李新良 2015 等)。在直陈句中,当说话者说一个语句(记为"XP")时,如果没有特别的标记,就意味着说话人认为 XP 为事实。如说话者说"小李来了",那么在正常的交流语境中,他在向听话者表示他认为"小李来了"为真。

但有时说话者在 XP 的外围套了一个成分 YP,形成"YP(XP)"语义结构,这样就会出现复杂的情况(参看:陈振宇、姜毅宁 2018):1)事实句(叙实),当说话者说"YP(XP)"时,他是在表现他认为 XP 为真,如"[YP 老张(不)知道[XP 小李来了]]",说话者一般都认为"小李来了"是真的。2)反事实句(反叙实),他是在表现他认为 XP 为假,如"[YP 要是[XP 小李来了]就(不)好了]",说话者一般都认为"小李来了"是假的。3)非事实句(非叙实),他表明自己无法认定 XP 的真假,如"[YP 老张(没)说[XP 小李来了]]",说话者不知道"小李来了"的真假,因为这只是一个来自老张的间接知识。还有更为复杂的情况,如"半叙实"等,因与本文无关,不再赘述。

陈振宇、甄成(2017)认为,这些语句的事实性既与词汇语义有关,也与语用修辞相关,由多重因素触发,很多推理还是倾向性的,在特殊条件下将得到不同的推理结果。陈振宇(2017:326—333)则进一步提出反预期对句子的事实性有重大影响。

Heine 和 Hünnemeyer(1991)提出反预期概念,有关研究十分丰富(参看:Schiffrin 1987;Traugott 1999;Dahl 2000 等),国内也有不少研究(参看:吴福祥 2004 等)。袁毓林(2008)根据预期与语句命题的字面意义(焦点意义)的关系,将预期分为正预期、反预期与解反预期。其中反预期是预期研究中最突出的一个方面,信息与预期相反时信息价值最大(Dahl

2000）。根据预期产生的源头，还可将预期分为：句内主体预期、前文预期、自预期、他预期和常规预期。其中，本文所涉及的主要是自反预期（包括与常理预期相反的情况）与他反预期。

自反预期即说话者认为事实与自己对事物的预先知识或设想（我们通常说"预期"就是指自预期）不符或相反。常规反预期，即事实与社会对事物的普遍看法、社会道义情理等推出的有关知识不符或相反。不过由于言语活动是说话者控制的，所以一般情况下，说话者认为自己是一个正常的社会人，自己所拥有的就是常理，故自预期一般包括常规预期。他反预期，即说话者认为事实与其他参与会话活动的人（一般是听话者）的预先知识或设想不符或相反，这种意义又归入"强调"（emphatic）范畴，表现为类型学的强调句，如"他真的来过！"（"真的"有重音）。表示对方原来的预期或怀疑（他没有来）是不对的。

陈振宇（2017:328）给出了反预期与事实性的关系推导图（有所简化，实线箭头为自反预期，虚线箭头为他反预期）：

强调事件X是合理的 ⟶ 言者的预期是X，事实是～X（反事实句）
　　　　　　　　　⟶ 他人的预期是～X，事实是X（事实句）
强调事件X是不合理的 ⟶ 言者的预期是～X，事实是X（事实句）
　　　　　　　　　⟶ 他人的预期是X，事实是～X（反事实句）

图1 "合理"在预期条件下的事实性推导

一个人总是默认自己的预期（包括常规预期）是合理的，因此说话者既然强调X是合理的，那么X就是他的预期；但是在自反预期时，他发现事实与自己的预期相反，也就是说事实是～X，这就得到了反事实意义。如前面例（1）所示。

一个人总是默认对方的预期是不合理的，因此在他反预期时，说话者既然强调X是合理的，那么X就是事实，而对方的预期是～X，从而得到事实意义。如前面例（2）所示。

请注意，人称对事实性的影响是语用倾向性，例如汉语中表示对方意见的"你觉得XP"陈述句，如"你觉得他是你朋友"，在陈述时，基本都是表示我认为你的看法未必是对的，或者根本就是错的，如"你觉得他是你朋友,其实不是。""你觉得他是你朋友,但世上有这样的朋友吗?"只有在十分特殊的情况下,说话者才会认为你是对的,如"你觉得他是你朋友,我原来不以为然,没想到你还真找了个这么好的朋友!"另外,如果强调 X 是不合理的,那么事实与反事实的分布正好颠倒,不再赘述。

但是上述研究依然没有解决一个关键问题,即:一个句子在什么时候是自反预期,什么时候是他反预期?陈振宇(2017:332)说:"自反预期是更为优势的,更容易在默认时获得的,因为说话者总是对自我的感受更为敏感,这也是说话者中心主义的产物。"但语言的情况是复杂的,大部分情况下未必有自反预期意义,为什么在本文研究的领域内自反预期就占了优势?

我们发现,在调查的格式中,常有"本来、本、原来、原本"等副词,如"他本来应该来的""他原本不必去"。关于"本来"类的研究较多(参看:马真、陆俭明 1985;张谊生 2000;李科第 2001 等)。"本"意为"根本"。"本来"有两个基本意义:1)时间名词,从过去的某一时间算起,又分为指过去的某一时间,有"原来"之义;指一开始,有"开始"之义;指过去一段时间,有"一向"之义。2)名词或副词,从根本上说,又分为从道理上说(包括事理及事物的发展倾向),有"理所当然"之义;从人心人性上说。"本来"意指从根本上讲应该如何,或者在过去如何如何。但是,从这些词汇的使用上看,它们都反映了说话者对自己认识正确性的强调,为什么却突显了事实与自己的预期相反?

从汉语研究实践看,他反预期是研究者比较忽视的一种,例如谷峰(2014)、陆方喆(2014)列举的汉语反预期标记就缺少了这一类,虽然其中有的标记,如"实际上、其实"等既可以表示他人预期不对,也可以表示自己预期不对,前者如"其实他不傻,你别自作聪明",后者如"其实他不傻,我误会他了"。

本文的合理性语句很多是与"根本、早、就、就是、真的、的确"等语气副词同现的,这些语气副词有的具有时间意义(如"早"的过去时间意义),有的只用于否定结构上(如"根本不应该来"),但共同点是它们在陈述句中主要表达强调(他反预期)功能。[1]但强调标记并不总是让语句成为强调句,有的时候,它会转向"意外"(mirativity,也就是自反预期)句,如在疑

问句中,强调标记常常得到意外意义。例如:

(4)他根本不喜欢她。——他根本不喜欢她吗?

　　他早来了!——他早来了吗?

　　小王就(是)这么喜欢她!——小王就(是)这么喜欢她吗?

　　他真的来过!——他真的来过吗?

重读的"就、就是"是强调(他反预期)标记,轻读的"就、就是"是意外(自反预期)标记,如"他ヽ**就**这么差!"当"就"重读时,表示说话者强调他的差劲。"他就ヽ**这么**差?!"当"就"轻读"这么"重读时,表示说话者感到意外,不相信他的差劲是真的。

陈振宇、杜克华(2015)说,意外容易导致语用否定,如"他真的来过吗"说话者认为"他来过"是令他意外的,因此他怀疑这事的真实性,他实际上是觉得"他可能或肯定没来"。我们来看看这两种用法的转化,下例的"真的",并不是说话者甲的意见,而是甲引用乙的意见,甲乙处于相反的知识立场,因此乙表明事件为真,而甲则认为事件不应该为真。

(5) a 甲:小李昨天来过吗?　 b 乙:来过。

　　c 甲:……?　　　　　　　d 乙:他真的来过!(事实句——强调句)

　　e 甲:真的来过吗?!(反事实句——意外句)

从还原主义的观点看,句中有何种标记就应该呈现何种意义,那么强调标记为什么有时在句子中突出意外意义? 这是因为存在疑问句等可以使预期性反转的"反预期语境"(context of counter- expectation,参看:陈振宇、邱明波 2010),指说话者在陈述一个认识(不论这认识是他自己猜想的还是别人告诉他的)时,感觉这一认识可能错了,语境中存在着出乎意料的事实。[2]例如:

(6)难道他是你爸爸?! 什么都听他的!

　　难道他是你爸爸? 不然你干嘛什么都听他的!

第一句为一般反预期句,句中有反预期标记"难道",表示说话者对"他是你爸爸"的否定,即说话者实际上是表示"他不是你爸爸",从而指责"(你)什么都听他的"这一行为是不合理的(参看:郭继懋 1997)。第二句中,"难道"也表示强否定意味,即说话者表示"他不是你爸爸";但此时句子处于反预期语境中,说话者怀疑这一认识与事实相反,将"强否定"意义的

"他不是你爸爸"颠倒一下,得到"弱肯定"意义:"(我猜测)他可能是你爸爸",这样才能解释对方的行为"什么都听他的"的合理性。

虽然这两句都用了问号,但第一句更靠近感叹,而第二句更靠近疑问。在汉语研究中,"难道"句的第二个功能称为"揣测问、推测问、测度问",袁劲(1986),龚嘉镇(1995)等都有重要的论述,陈振宇、邱明波(2010)提出"强否定+反预期语境→弱肯定",并认为这是强否定标记的普遍现象,如下例都有猜测问意义:

(7) 凶手是此人不成? ——怀疑凶手可能是此人

　　这么大一个城市三年时间取消 5 平方米户,不是在说大话吧? ——怀疑有关方面可能是在说大话

　　一个弟兄向旁边问:"不会是官军来劫营的吧?"——猜测可能是官军劫营

调查发现,"反预期语境"仅仅存在于说话者有强烈的情感反应之时,一般在特殊的语句中发挥作用。

3. 调查工作

我们在 CCL 语料库中搜寻了相关语料,并得到以下统计结果。

表 1　汉语语料调查数据

类　　型			调查项目	事实	反事实	后成事实	不清楚
自反预期占优势	早	肯定	早应该/★早该	0/4	29/63	1/31	0/2
		否定	早不该	1	0	0	0
	早就	肯定	早就应该/★早就该	2/2	117/60	24/37	11/1
		否定	早就不应该/早就不该	2/5	0/0	0/0	0/0
	就	肯定	★就应该/★就该	12/14	88/86		
		否定	就不应该/★就不该/就不必	76/98/53	3/2/5		
	本来早就	肯定	本来早就应该/本来早就该	0/0	3/5		0/0
	就是	肯定	就是应该/就是该/就是必须	4/0/0	0/0/0		
		否定	就是不应该/就是不该/就是不必	4/7/1	0/0/0		

类　　型			调查项目	事实	反事实	后成事实	不清楚
自反预期占优势	根本	肯定	根本该	0	1		0
		否定	根本不应该/根本不该/根本不必	24/39/32	2/0/11		9/3/3
	根本就	肯定	根本就应该/根本就该	0/0	3/2		0/0
		否定	根本就不应该/根本就不该/根本就不必	26/26/5	1/0/1		12/0/2
	真的	肯定	真的应该/真的该/真的必须	2/0/1	18/1/0		16/1/0
		否定	真的不应该/真的不该/真的不必	3/3/2	0/0/0		4/1/0
	原本	肯定	原本应该/原本该/原本必须	4/0/0	91/13/5		1/3/0
		否定	原本不应该/原本不该/原本不必	2/13/5	0/0/0		0/1/0
	本来	肯定	★本来应该/本来该/本来必须	7/0/1	84/37/1		9/3/0
		否定	本来不应该/本来不该/本来不必	26/31/12	0/0/0		0/6/0
	∅	肯定	★应该/★该	14/40	86/60		
		否定	★不应该/★不该	98/99	2/1		
	原来	肯定	原来应该/原来该/原来必须	0/1/0	9/6/5		1/0/0
		否定	原来不应该	1	0		0
肯定时大致居中,但否定时偏向自反预期	的确	肯定	的确应该/的确该/的确必须	30/9/0	38/9/0		8/2/0
		否定	的确不应该/的确不该/的确不必	1/11/3	0/0/0		0/2/0
肯定时偏向强调(他反预期)用法,但否定时偏向自反预期	原本就	肯定	原本就应该/原本就该	1/3	0/5		0/2
		否定	原本就不该	3	0		0
	本来就	肯定	本来就应该/本来就该	49/26	19/2		6/9
		否定	本来就不应该/本来就不该/本来就不必	11/14/1	7/6/0		4/2/0

类　　型	调查项目			事实	反事实	后成事实	不清楚
肯定时只指未来事件，否定时偏向自反预期	φ	否定	★不必	62	38		0

　　表1中，有"★"号的构式，是因为这一类的语料数量太多，因此任意选取了100例进行分析。其他都是对 CCL 语料库中找到的全部语料的分析。

　　未来的事件一般都是非事实（但有少数例外）。"不清楚"的一列，是因为一些例句讲的是未来的事件或规律事理性的认识，所以与事实性范畴无关，也就无法分析。"后成事实"仅对"早"类语料而言，指说话者已知 XP 为真，但认为实现的太晚（往往是刚出现），应该在更早的时候实现。

　　有的组合在我们的语料库中没有找到用例，包括"必须、就必须、早必须、早不应该、早不必、早就必须、早就不必、本来早就必须、本来早就不应该、本来早就不该、本来早就不必、根本应该、根本必须、根本就必须、原来不该、原来不必、原本就必须、原本就不应该、原本就不必、原来就应该、原来就该、原来就必须、原来就不应该、原来就不该、原来就不必、本来就必须"等，表中没有列入。如"必须"和"就必须"，我们所分析的 5 000 条用例中没有发现表示现在或过去事件的例子，例句基本都是关于未来事件的非事实用法。如果扩大搜索范围，也许可以找到相应的例句，但肯定十分罕见。

　　上述调查带给我们三点启示：

　　1) 此类结构在绝大多数情况下都倾向于获得"自反预期"解读（有"的"无"的"并无大的影响），即在肯定情态句中得到 XP 反事实意义，在否定情态句中得到事实意义。例如（后面的所有例句除部分自拟和极少数来自网络语料外，全都选自 CCL 语料库）：

　　(8) 自然科学方面已有中国科学院院士和中国工程院院士，社会科学方面**早就应该**建立院士制了。——没有建立

　　我认为你**真的应该**加强警卫，因为这里的警卫情况太糟了。——尚未加强

　　其实她好像也**的确应该**第二天早上再去，可她觉得今儿晚上精神

头儿特大，真跟爸爸说的差不多……——结果今晚就走了，不是第二天再走

原来应该<u>打五百鞭子</u>，那么汉文帝的意思说呢，进一步减少，五百鞭子改成三百……——没打五百鞭子

（9）你**早就不该**<u>叫我林市长</u>。——的确是在叫林市长

也许我们**根本不应该**<u>玩这个心理测验</u>，它太准了。——已经玩了

说到底，当初他也许真的**不应该**<u>同丽达分手</u>的。——已经分手了

这场诉讼**原本不该**<u>发生</u>。——的确发生了

我们**本来就不该**<u>去伊拉克</u>。所以，我们必须尽快回来。——已经去了

2）上述格式大都存在一些"他反预期"的情况，即在肯定情态句中得到 XP 事实意义，在否定情态句中得到反事实意义。这种概率性的表现，说明汉语中这些格式的事实性，是一种语用涵义（implicature），具有间接性、可取消性。例如：

（10）只获银牌的田亮却认为，今天的裁判水平很高，打分无可挑剔。**金牌的确应该**<u>属于萨乌丁和他的同伴</u>，因为他们今天超水平发挥了，没有任何明显失误……——金牌已经归了<u>萨乌丁</u>

满头大汗的龙生说："今天，我终于拿回了**本来就应该**<u>属于中国人</u>的荣誉，非常高兴。"——这一荣誉已经属于中国人了

没有反感，没有失望，倒感到自己的女儿确实漂亮。不愧是自己的孩子！也许**就应该**<u>是这个样子</u>。——他的女儿的确就是这个样子

（11）什么东西可以向这种出路本来不太畅通的小河沟里一倒，有不少人家**根本就不必**<u>有厕所</u>。——这些人家的确没有厕所

当然，这也不是人人办得到的，力量不够，要为钱犯愁，反而是自寻烦恼；雪翁**根本不必**<u>愁钱</u>，当然也就不会有烦恼。——胡雪岩在造花园时的确没有愁过钱

3）某些格式与一般的规律存在重大的差异："本来就""本就"与"原本就"（"原来就"在 CCL 语料库中没有找到用例），在肯定句中倾向于强调（他反预期）意义，也就是说此时倾向于得到 XP 的事实解读。

（12）谢什么呀，这本来**就应该**是我做的嘛。——我做了这事

本来就该他上。他以后要当市长啊，加之他又是事故调查组组长，绝对是他上。——他上了

……忙给小航打电话，小航在电话那头态度极其冷淡，说力工怎么啦？他**原本就该**干着力工！说罢收了电话。——小航是力工

"的确"在肯定句中事实解读与反事实解读难分高下。

（13）印度**的确应该**为拉托尔的这枚银牌高兴，因为这枚银牌对印度奥运军团来说意义非同寻常。——印度为拉托尔的银牌高兴（事实）

卓先生，你的确比我强，比所有的人都强，你**的确应该**成功的。——卓先生成功了（事实）

一位母亲经常打孩子，后来她听了有关赏识教育的一节课，觉得**的确应该**常夸夸自己的孩子。——没有夸孩子（反事实）

但在否定句中，"本来就、本就、原本就"和"的确"却都倾向于获得"自反预期"解读，即倾向于得到 XP 的事实解读。

（14）小生命并不是一只"天鹅蛋"，他是一个"狗剩儿"，他**本来就不该**诞生，那只是北大荒的土炕误解了一对青年男女炽热的爱情。——他诞生了

对对，我们**本来就不应该**站在这里，走，到花园里去，那里可以坐下来休息。——站在这里了

有人发言说，这场官司**本就不该**发生，作品一经问世便有了社会性，社会对之褒贬甚至指名批评无可厚非。——发生了

另外，即使是肯定句，"本来就"仍有不少例句是反事实意义。

（15）其中的许多费用**本来就应该**是由国家财政支付的，国家财政该给不给，这才造成农民负担……——国家没有支付

是不是也可能有不好的作用，即让**本来就该**被抑制的细胞受到吸引，从而也会对神经系统产生损害，是这样吗。——没被抑制

上述现象说明，从本质上讲，大多数格式有极强的自反预期倾向，但有一些格式肯定句会有他反预期倾向，而否定句依然保持自反预期占优势的局面。究竟是什么因素造成了这样复杂的分布？我们认为主要有两个机制在起作用："语义和谐"（semantic harmony）原理和"双重反预期"语篇。

4. 语义和谐[3]

当使因(causer)存在,或者一个人有能力做某事,或者这事具有合理性(合乎社会情理的要求),或者某个有权威的人要求做事,或者说话者祈愿事情为真,或者行为主体想做某件事,或者行为主体允诺做某件事,或者行为主体做事的目的是实现这一件事,等等,在这样的情况下,这件事后来得以实现,是合乎常规预期的结果,因为常规预期往往是与说话者预期一致,所以这也合乎说话者心理"联想"(association)的一般方向。

如果把这些使因、能力、合理性、权威要求、祈愿、意愿、允诺、有目的的事件等称为条件事件 YP,把最终出现的结果、行为、状况、目的实现等称为结果事件 XP,则"语义和谐"是指,对说话者或一个正常的社会人(代表常规预期)而言,条件概率 $P(XP|YP)$ 相当大,但并不是等于1。意为:如果 YP 为真,则说话者或一个正常的社会人会认为 XP 很有可能为真或会为真;但这不是百分之一百的,允许出现特殊的情况使 XP 为假。

下面是测试语篇中的语义和谐的两个格式:

1) 如果能进入"YP,所以/终于/于是/果然 XP"格式,不能进入"YP,所以/终于/于是/果然～XP"格式,则说明条件概率 $P(XP|YP)$ 很大。汉语中的这些连词表明因果、时间等顺承关系,但实际上前面的并不仅是使因,还包括一切使结果具有正预期性的各种条件。

2) 如果能进入"YP,但是～XP"格式,不能进入"YP,但是 XP"格式,则说明条件概率 $P(XP|YP)$ 并不为1,还存在少数相反的情况。汉语中的"但是""表示转折,引出同上文相对立的意思,或限制、补充上文的意思"(吕叔湘 1980)。转折是前文反语期的标记,表明后面的小句,表达的是与前文预期相反的事实。

(16) **使因**:刚才下了雨,所以地上是湿的。——*刚才下了雨,所以地上不湿。——刚才下了雨,但是地上不湿。——*刚才下了雨,但是地上是湿的。

能力:他能完成作业,经过努力终于完成了。——*他能完成作业,经过努力终于没完成。——他能完成作业,但是经过努力还是没完成。——*他能完成作业,但是经过努力完成了作业。

合理性:他应该去参加比赛,所以他现在在比赛。——*他应该去参加比赛,所以他现在没在比赛。——他应该去参加比赛,但是他现在没在比赛。——*他应该去参加比赛，但是他现在在比赛。

权威要求：妈妈叫他过去，于是他就去了。——*妈妈叫他过去，于是他没去。——妈妈叫他过去，但是他没去。——*妈妈叫他过去，但是他就去了。

祈愿：我们希望洪水退去，果然洪水退了。——*我们希望洪水退去，果然洪水没退。——我们希望洪水退去，但是洪水没退。——*我们希望洪水退去，但是洪水退了。

意愿：他想来，所以他来了。——*他想来，所以他没来。——他想来，但是他没来。——*他想来，但是他来了。

允诺：他答应帮小明，于是就帮了小明。——*他答应帮小明，于是没帮小明。——他答应帮小明，但是没帮小明。——*他答应帮小明，但是帮了小明。

有目的的行为：他煮了一锅饭，终于把饭煮熟了。——*他煮了一锅饭，终于没把饭煮熟。——他煮了一锅饭，但是没把饭煮熟。——*他煮了一锅饭，但是把饭煮熟了。

同理，当没有原因、没有能力、不具有合理性、有人禁止、有人祈愿为假、有人允诺为假等前提时，事件为假才是合乎常规预期的结果。限于篇幅，不再多说，读者可自行用格式检验。

语义和谐的语用功能是什么？按照以前的观点，是检验句子合格不合格。我们需要讨论的是，语义和谐对语篇安排的影响。语义和谐与说话者当前所处的认知位置、与所选择的主观性视角有关，主要有两种：

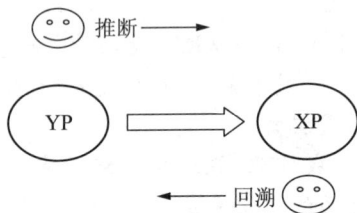

图2 语义和谐与说话者的位置和视角

"⇨"代表语义和谐的方向。人脸代表说话者所在的认知位置
"——▶"代表说话者的视角。这两种视角分别为"推断"与"回溯"

1) 推断:说话者还不知道结果是什么,处于"仅知道条件 YP"的位置,他需要猜测结果 XP。他可以选择最大概率(和谐)的结论作为对未知的预测,也可能反其道而行之,有意按照概率较小的情况(不和谐)来猜测。但在日常生活中,最可靠也最常见的是顺向推理,最大概率选择法是"博弈"的基础,这决定了语言的使用。我们可以用以下模拟的对话来测试,会发现解读 a 很合适,而 b 却很怪异,至少是代表很特殊的情况。

(17) **使因**:a. 地上湿不湿?   b. 刚才下了雨。(说话者认为地上是:a.湿的;b.不湿。)

    能力:a. 他完成作业了吗?   b. 我觉得他能完成。(说话者认为他会:a.完成;b.完不成。)

    合理性:a. 下午他在教室吧。   b. 他又没生病,应该去上课。(说话者认为他:a.在教室;b.不在教室。)

    权威要求:a. 他在家吗?   b. 他妈妈叫他回去。(说话者认为他:a.在家;b.不在家。)

    意愿:a. 你觉得他会去参加比赛吗?   b. 我知道他想去。(说话者认为他:a.会去;b.不会去。)

    允诺:a. 他会帮小明吗?   b. 他答应帮小明。(说话者认为他:a.会帮;b.不会帮。)

前面的例(3),说话者尚未知晓其结论,他只能根据已知的知识进行推论,所以按照和谐的方向,得到符合常规预期的结论:既然应该来帮忙,那很可能来帮忙了,所以现在在厨房。但并不是所有的推断都如此,有两个重大的区别:

第一个区别是,因果链条的直接性与间接性的区别。"祈愿、目的的行为"因为并不是达成愿望和目的的充分条件,所以是间接性,因果关系很弱,我们很难确定祈愿会为真,很难确定行为一定会达到目的。下面的说话者其实不能断定洪水是否会退,不能断定是否会煮熟,没有做出确定的回答。例如：

(18) **祈愿**：a.洪水会退吗？ b.我们都希望洪水退去。

　　　　有目的的行为：a.这次饭煮熟了吗？ b.他已经煮了一锅饭。

　　第二个区别是，在特殊的情况下，说话者会失去自信心，表现为犹疑的韵律模式(尾部拖长、弱的语调、断断续续，等等)，以及某些表示信心不足的词语(如"倒是，说起来"等)，表达的是对常规推理的怀疑，因此推测事情可能正好与和谐关系相反，如在下面的会话中，说话者的意思很可能是 b，而不是 a，或者至少有可能是 b，"有可能"说明这时是弱的猜测：

(19) **使因**：a.地上湿不湿？ b.刚才倒是下了雨……(说话者认为地上是：a.湿的；b.不湿。)

　　　　能力：a.他完成了作业吗？ b.说起来他倒是能够完成……(说话者认为他会：a.完成；b.完不成。)

　　　　合理性：a.下午他在教室吧？ b.他倒是应该去上课……(说话者认为他：a.在教室；b.不在教室。)

　　　　权威要求：a.他在家吗？ b.说起来他妈妈倒是叫他回去……(说话者认为他：a.在家；b.不在家。)

　　　　意愿：a.你觉得他会去参加比赛吗？ b.他倒是想去……(说话者认为他：a.会去；b.不会去。)

　　　　允诺：a.他会帮小明吗？ b.说起来他答应过帮小明……(说话者认为他：a.会帮；b.不会帮。)

　　　　祈愿：a.洪水会退吗？ b.我们倒是都希望洪水退去……(说话者认为洪水：a.会退；b.不会退。)

　　　　有目的的行为：a.这次饭煮熟了吗？ b.他倒是已经煮了一锅饭……(说话者认为他把饭：a.煮熟了；b.没煮熟。)

　　前面的例(6)、例(7)也是这种弱的猜测，说话者正在推断事物的状况，但是对自我失去了自信心，因此认为很可能事情与常规预期相反。但不同的是，例(19)是在语句中表达条件，而例(7)则是在语句中表达结果。

　　2)与本文主题更为相关的是另一个视角：回溯，指说话者站在已经确知结果的位置上，去回溯有关条件的知识。在回溯时，信息价值与说话者

认识所得到的条件概率 P(XP|YP)成反比,如果用香农信息公式的话,可以记为:

$$I(XP, YP) = \log \frac{1}{P(XP|YP)}$$

当和谐性 P(XP|YP) 为 1(百分之一百)时,信息价值为 0;反之,P(XP|YP)为 0 时,信息价值为无穷大。因为根据时间原则,时间在后的事物为真,则时间在前的事物也为真;既然已经知道了结果,那么再回溯前面的条件,信息价值就很低。如已经知道张三去了,又说张三是应该去的,那又有什么言语活动的意义呢? 已知张三去了,但我们说张三是不应该去的,这就突显了它们之间的不和谐性,导致常规反预期和自反预期,信息价值便极大地增强。

这可以总结为语言中的两种言语策略。已知条件 YP 和结果 XP 是和谐的,则:

第一,当已知 XP 为事实时,说话者再进一步说 YP,信息价值就很低,这时必须要有特殊的语篇允准,才能使说话者的话成立。下面我们将要讨论的"双重反预期"就是这样一个允准的场景。

第二,如果说话者已知 XP 为事实时,说话者又要保持自己的话具有高信息价值,他就应该说~YP,即表达条件和结果之间的不和谐关系。或者已知~XP 为事实,他应该说 YP。总之需要将他说的话按不和谐的方向(与常规预期、自预期相反的方向)推理。

因为语篇中"追求更大的信息价值"是无标记的情况,所以第二种策略才是我们常用的策略,在实际语料中,它应该占优势,而第一种策略只在极少数情况下有效。如果我们确定说话者已经知道了事件结果,并且认为他要告诉我们新信息(价值大的信息)的话,则当他说下面各个例句时,我们会极大地倾向于认为事实与他所说的相反(这一点不仅是对合理性有效,而且对所有条件性的 YP 都有效):

(20) a **使因**:刚才本来下了雨。(如果现在地面是湿的,这话就没有什么价值;所以可以推出在说话时地面已经干了)

　　有目的的行为:他本来煮了一锅饭!(但这个饭现在还不

能吃）

b **能力**：上一次他（本来）能考上的！（没考上）

　　合理性：昨天他（本来）应该去参见比赛。（没参加比赛）

　　权威要求：妈妈（本来）叫他过去！（他没去）

　　祈愿：我们（本来）都希望洪水退去！（洪水没退）

　　意愿：他（本来）（是）想来的！（他没来）

　　允诺：他（本来）（是）答应（过）帮小明！（他没帮）

　　不过，"反预期"并不必然是"反事实"，上面 a 类就是事实，如"他本来煮了一锅饭"（YP），他的确是煮了，只是不能吃而已；"刚才下了雨"的确是下了雨（YP），只不过地面现在不湿而已，这是因为，由反预期所推出为假的结果和目的（XP），没有在句中出现，所以我们很难说什么"相反"。b 类是反事实，这是因为结果 XP 内嵌在句子之中，所以我们可以说 XP 反事实。

　　另外，各个维度的强度并不一致，有的很容易得到反预期意义，如"他昨天想来""当时我们希望他来""他昨天应该来"，用不用"本来"等词只是强化与不强化的问题。但是有的维度要达成自反预期较难，如只是说"刚才下了雨""他煮了一锅饭"，不一定表示自反预期，需要用"本来"等强化词才更为明显地表示，这些都是更为直接的使因或行为，中间环节不多，所以更容易达成结果或目的，故预期性更强，表达自反预期就需要更多的语言手段。

　　最后，让我们看看时间与两大视角的关系：从图 2 可以看出，对未来事件的推断是无标记的，对现在和过去事件的推断是有标记的。这也解释了后一种情况十分罕见的原因，当然也不是没有例外，如下例，按照葬俗，在椁中应该有棺，所以虽然没有看见，但说话者依然认为原来有一口棺在那儿（对过去的推断）。[4]

（21）据考古人员分析，石椁里面**原来应该**<u>有木棺</u>，但由于年代久远，已经腐烂。

　　与之相反，对过去的回溯是无标记的（偶尔有对现在的回溯，如"我现在应该在家"实际上没有在家），对未来的回溯是有标记的。因此在本文研究的自反预期例句中，大多都有"过去时"这一性质，这也是前人的立论出发点。但在特殊的情况下,回溯也可以是针对未来事件的,如例(22)所示,当说话者已经具有未来某一事件的确定性时,他回溯合理性,结果是表示这事("后天去复查")没有发生,即"不再在后天去复查了":

(22) **本来是该**后天去复查恢复情况的,刚好我今天休息,就去找孙院帮我检查了。(网络语料)

请注意,此类语料极为罕见,在 CCL 语料库中非常少,而且"应该、必须"等合理性的例子极少,其他语义维度的会多一些:

(23) 为了避开奥运会和欧洲足球锦标赛,**原本应该**在 2008 年举行的亚洲杯将提前一年举行。——报道时间是 2004 年,所以这都是未来的事件,显然亚洲杯不再在 2008 年举行.

不要吵了,我**本来想**明天和你们好好告别!看样子,我无法等到明天!——改为现在就告别了

赖恩走到证物室,他**原本希望**永远不必再碰这个装了证据的保险箱的,现在却不得不把它拿出来。——不可能永远不碰了

考试刚结束,我**原本打算**明后天到你们那里去办签证,没想到你们却捷足先登,上门服务,这在别的国家是没有的。——明后天不去了

因此更准确地讲,造成自反预期(在肯定句中导致反事实)的,不是过去时,而是回溯视角;但回溯视角的确绝大多数是过去事件,推断视角绝大多数是未来事件,因此过去时可以使语句具有回溯视角的概率大大增加,从而使自反预期的概率也大大增加,最终在肯定句中使反事实句的概率大大增加(在否定句中则是事实句的概率大大增加)。

5. 双重反预期

在回溯时,和谐策略必须有特殊语境的允准:

(24) 中国书店举办的"京味文化"讲座自从 4 月份开讲以来,今天已是第 14 讲了。此前,舒乙、史树青、苏移、邓友梅、黄宗汉等京城文化名人已就京味文化的各个方面作过讲座。……作家刘绍棠是坐在轮椅上让人抬上来的。84 岁的侯仁之院士说:"普及北京文化是我的责任,冲这一点我**就应该来**。"

"双重反预期"由两个反预期构成,先意外(自反预期),后强调(他反预期)。后面的"强调"一定是说话者的强调,但前面的"意外"则可以是说话者的意外,也可以是其他人的意外。如例(24)所示,以下我们写出它的语篇意义层次:

1)84岁的侯仁之院士来参加"京味文化"讲座。2)【意外】有人对他的到来感到惊讶,因为他年龄太大,不宜外出活动,所以和谐的情况应该是他不参加。3)【强调】侯仁之院士反对这些人的意见,认为"我应该来";院士认为这些人觉得"我不应该来"的预期是错的,"我来"实际上是和谐的。

在整个言谈过程中,双方的知识立场其实一样,都对结果有了确定性。交锋的不同意见是他们的评价立场,这些人觉得不应该来,而侯仁之认为是应该来;这些人觉得是不和谐的,而侯仁之觉得是和谐的;这些人产生自反预期,而侯仁之是要反对这些人的预期。

有时,第一个意外是说话者自己的意外,而后面的反对是反对自己最初的预期,因此这更像是袁毓林(2008)所说的"解反预期"。如:

(25) 谢先生这才发现自己犯了多大的错误,**的确该**挨打,所以他甘心
    情愿地挨了第二次的嘴巴。

我们写出它的语篇意义层次:

1)谢先生挨了打。2)【意外】谢先生对挨打感到惊讶,因为不应该打人。3)【强调】谢先生后来反对自己先前的意见,认为"应该挨打",因为他犯了错误,而最初觉得"不应该挨打"的预期是错的,"挨打"实际上是和谐的。

在整个言谈过程中,认识者(谢先生)的知识立场一直没变,不同的是评价立场发生了改变,最初觉得不应该挨打,而后来认为是应该挨打;最初觉得是不和谐的,而后来觉得是和谐的;最初产生自反预期,而后来是把这一预期否定掉。再看一个情态否定的例子:

(26) 今天我才算明白过来,……孙悦**本来就不应该**属于我。我不过
    失去了我应该失去的。

1)我失去了孙悦(孙悦不属于我)。2)【意外】我对此感到惊讶,觉得孙悦应该属于我。3)【强调】我后来反对自己先前的意见,认为"孙悦不应该属于我",而最初觉得"孙悦应该属于我"的预期是错的,"孙悦不属于

我"实际上是和谐的。

根据标记性理论,对回溯视角而言,如果一个格式只有自反预期意义的例子,或者大多是自反预期意义的例子,但有少数双重反预期,这种分布都是正常的。但为什么有的格式很容易出现在双重反预期语篇中呢?包括"就是应该 X、真的必须 X、原本就应该 X、原本就该 X、本来就应该 X、本来就该 X"等。还有"的确应该 X、的确该 X"格式,两种意义的例句数相差不大,而相差不大也是违反标记论的。

当然,限于时间和能力,统计难免会有疏漏,可能扩大范围分布会有变化。不过,通过我们的语感,觉得上述格式的确有较大的特殊性,姑且对调查结果作一解释。为了避免偶然性,我们只针对用例较多的"本来就、原本就"格式进行讨论,包括两类现象:

1)"原本就应该 X、原本就该 X、本来就应该 X、本来就该 X"与"原本应该 X、原本该 X、本来应该 X、本来该 X"形成了鲜明的对比,前者双重反预期颇多,后者却主要是无标记的自反预期。但是,"早就应该 X、早就该X"与"早应该 X、早该 X"差不多,都是自反预期为主。

一般而言,在肯定句中用了"就"会使双重反预期的概率大大提高(对否定句无效):

(27) a. 党的干部**本来就应该**<u>是人民的儿子</u>,这才是党和人民群众的本质关系。——的确是人民的儿子

   b. ……而对超、破纪录的选手而言,她们**本来就该**<u>在此次比赛中有好的表现</u>。——的确取得了好表现

但是这对"早"无效,只要有"早",就不会用于双重反预期,这似乎印证了陈国华(1988)的观点,用本文的话说就是:"早"是汉语中倾向性很强的反预期标记(虽然并非百分之一百)。例如:

(28) a. 这世界上有很多人**早就该**<u>死</u>了,却没有人敢去制裁他们,有很多事**早就该**<u>做</u>了,却没有人敢去做,现在我们就是要去对付这些人,去做这些事。——没死、没做

   b. 罗维民说**本来早就应该**<u>做手术</u>的,一直拖到今天,这一次犯得特别重。——没做手术

   c. 因此,曾多次进行过清理整顿,但部门利益和地方保护,使这

些本来**早就不该**<u>存在</u>的市场一直未能清除，对社会造成严重影响。——还是存在

d. 经过这点挫折，老二应该明白过来：东阳那样的人是真正汉奸坏子，**早就不该**<u>和他亲近</u>；在吃亏以后，就该立志永远不再和这类的人来往。——是已经和他亲近

我们认为，双重反预期要发挥作用，必须突显与对方意见不一致的立场，也就是在评价立场上的矛盾冲突。"本来(应)该 XP"只是直接表达说话者对事理的认识，即 XP 是很合理的，如果说有对人际立场差异进行提示，也仅仅是靠"本来"的强化语用机制。而"本来就(应)该 XP"更多了一个"就"，这里的"就"，专门是用来表示强调肯定的语气副词，有说话者意志坚决，不容改变的口气，所以更为突出了与对方的差异，这是造成"就"字句语用性质有所改变的原因。

"早"则与"本来"不同，"本来"有表示过去时间的意义，也有表示事理本源的意义，在矛盾冲突中突显的是事理本源义，说话者强调我所持有的是事理本源，从而动摇对方认识的有效性。但是"早"只有表示过去时间的意义，因此就把冲突引向了过去与后来的时间对立之中，不再表示人际立场差异，而此处的"就"更应该解读为时间副词"就"，而不是强调副词"就"，所以不那么容易触发双重反预期语篇。

2) 在否定句中，自反预期具有压倒性的优势。如"就、就是"否定句绝大多数仍然是事实句，不论句中加了怎样的成分。例如：

(29) a. 老乡一旦与客户吵起来，遭围攻的肯定是老乡：什么千有理万有理**就是不该**<u>和顾客吵嘴</u>呀……——吵过嘴

b. 其实像他这种裁判，**根本就不应该**<u>执法中超</u>！（网络语料）——他在执法中超

c. 二是认为男女不平等的问题**原本就不该**<u>政治化</u>，是女性主义人为制造出来的……——现在男女问题被政治化了

再如，简单的"应该 XP"肯定句两种用法都有，按表 1，"应该"句事实 14，反事实 86；"该"句事实 40，反事实 60。相比而言，自反预期更多，但强调用法也并非罕见。例如：

(30) **强调：事实**

a. 宋建平一直没怎么说话，主要是肖莉在说。既然是她约的他，那么，说话的责任自然**应该**由她担起。——是她在说话

b. 我可能命中注定**应该**是个演员，**应该**站在台上，我从小就极有表演欲望，而且很有创意。——我的确是个演员，的确在台上

自反预期：反事实

a. 可是你有钱没钱也**应该**回家呀，总不照面儿不是一句话啊。——你没回家

b. 他**应该**相信她才是，他怎么这么鲁莽，真是该死！该死！他不断地自责。——他没相信她

但在否定句中，简单的"应该 XP"几乎全都是自反预期，例外只占1%～2%，十分稀少。如下例都是事实句：

(31) a. 就算不欢迎我，也**不应该**用这种表情对我呀。——你是用这种表情对我了

　　 b. 他大概误会以为我对自己的处境感到尴尬，调侃地说，我们当初**不应该出去**的，你应该马上回来。——我们出去了

再如"本来就"如果后面是肯定句，那么根据统计，强调用法占优势，如"本来就应该"强调与自反预期的比例为 3.57∶1；但在否定句中，却颠倒过来，自反预期占优势，"本来就不应该"强调与自反预期的比例变为 1∶1.92。例如下面的肯定句与否定句都是事实句：

(32) a. **肯定**：对于沙大老板这种男人来说，卧房里**本来就应该**有这种喘息声的，如果没有才是怪事。——的确有喘息声

　　 b. **否定**：布什政府**本来就不应该**派兵去伊拉克打一场不明不白的战争，现在撤军为时不晚。——已经派兵了

这也有利于陈国华(1988)、Wierzbicka(1997)、蒋严(2000)等对否定在反事实句中的功能的看法，他们认为汉语反事实句大多都伴有否定标记。我们对汉语否定句的考察发现，汉语否定词已经在很大程度上与意外、自反预期语境形成了强关联性。如上文例(7)中这些不自信的语句都是否定句，汉语"不是、别是、别不是、怕不是、莫不是"等发展为了揣测标记，就是因为它们表示否定，而否定相对肯定是更强的情感，所以触发反

预期语境,表明情形可能与说话者预期相反,结果得到的倒是弱的肯定猜测意义。再如汉语"否定疑问句",常常有"反问"解读,有的表示不合理性,如"你明天不来吗?"(你不来是不合理的),有的表示命题否定,如"他不是你舅舅吗?"(他是你舅舅),这些都是因为句子有意外性质,有关内容与说话者的预期相反(陈振宇、杜克华 2015)。正是因为汉语否定句容易触发自反预期语境,所以在本文考察的否定情态句中,才会大比例地得到事实性解读。

6. 结语

本文主要讨论汉语中反预期是如何影响语句的事实性解读这一问题。我们以"应该、该、必须"和"不应该、不该、不必"这一组情态词的事实性为例,通过大量的语料调查,澄清了这一现象的语用性,指出自反预期和强调(他反预期),是控制事实性解读的两个关键节点。然后在和谐性理论的基础上,给出了几种主要的语用倾向性:推断倾向于按照和谐关系得出结论,仅当说话者失去自信时,会朝相反的方向做出弱的推论;回溯倾向于按照不和谐的方向进行自反预期的解读,因为只有这样才能保证获得高的信息价值,但是有的时候,会有特殊的场景使我们向和谐的方向进行解读,对本文研究而言,主要是双重反预期语篇,它导致了他反预期的解读。再由预期性得到事实性:在自反预期时,肯定情态句得到反事实解读,否定情态句得到事实解读;在强调(双重反预期/他反预期)时,肯定情态句得到事实解读,否定情态句得到反事实解读。

除此之外,一些特殊的语词或格式也会导致语用倾向性上的改变,语气副词"就、就是"在肯定句中会大大提高强调的可能,而时间副词"早(就)"与否定句则会大大提高自反预期的可能。各种因素交织在一起,共同形成了复杂的分布。

当然,还有一些问题并未解决。如"必须"在肯定时表示的都是未来的事件,没有与事实性有关的用法,如"你必须去";而在对应的否定形式中却得到了不少事实或反事实的例句,如"你不必去"有可能是在"你已经去了"的认识后才说的。这说明"不必"较为特殊,具有更强烈的主观感情,但有关原因尚需进一步研究。

附 注

[1] 审稿专家认为,这些副词是表示说话人对命题评价的主观副词,"强调"只是副产品之一。我们同意这一点,不过限于篇幅,本文不涉及它们究竟是怎么从评价转向强调的。

[2] 审稿专家提出最好称为"反预期认知语境",如果认为语境都是心理上的构成,是听者关于这个世界的设想的一个子集,那么语境就没有不是认知的。我们认为,这样一来反倒不必再加上"认知"二字了。

[3] 陆俭明(2010)第一次在语法研究中引入了"语义和谐律"。指"句子诸方面意义都要求彼此之间处于一种和谐状态",如谓词与其论元的搭配需要和谐,汉语述结式的两种类型中,偏离义(把饭煮糊了)是不和谐的,达到预期义(把饭煮熟了)是和谐的。本文的和谐就是从预期上讲的。

[4] 按匿名专家的意见,这一句的"应该"既可以理解为道义情态(葬俗要求有棺),也可以理解为认识情态(考古人员认为)。但我们认为,即使是考古人员的分析,也是以葬俗为依据的,因此这里算作道义情态更好。

参考文献

陈国华 1988 《英汉假设条件句比较》,《外语教学与研究》第 1 期。

陈振宇 2017 《汉语的指称与命题》,上海人民出版社。

陈振宇 杜克华 2015 《意外范畴:关于感叹、疑问、否定之间的语用迁移的研究》,《当代修辞学》第 5 期。

陈振宇 姜毅宁 2018 《事实性与叙实性——通向直陈世界的晦暗与透明》,《语言研究集刊》(第二十辑),上海辞书出版社。

陈振宇 邱明波 2010 《反预期语境中的修辞性推测意义:"难道、不会、怕、别"》,《当代修辞学》第 4 期。

陈振宇 甄成 2017 《叙实性的木质——词汇语义还是修辞语用》,《当代修辞学》第 1 期。

渡边昭夫 1979 《关于普通话中的前提》,《中国语文》第 18 号。

龚嘉镇 1995 《"难道"的多义性与"难道"句的歧义性》,《辞书研究》第 2 期。

谷峰 2014 《汉语反预期标记研究述评》,《汉语学习》第 4 期。

郭继懋 1991 《反问句的语义语用特点》,《中国语文》第 2 期。

蒋　严　2000　《汉语条件句的违实解释》,《语法研究和探索》,商务印书馆。

陆方喆　2014　《反预期标记的性质、特征及分类》,《云南师范大学学报》第 6 期。

陆俭明　2010　《修辞的基础——语义和谐律》,《当代修辞学》第 1 期。

李科第　2001　《汉语虚词辞典》,云南人民出版社。

李新良　2015　《立足于汉语事实的动词叙实性研究》,《世界汉语教学》第 3 期。

林若望　2016　《"的"字结构、模态与违实推理》,《中国语文》第 2 期。

吕叔湘　1980　《现代汉语八百词》,商务印书馆。

马真、陆俭明　1985　《现代汉语虚词散论》,北京大学出版社。

吴福祥　2004　《试说"X 不比 Y·Z"的语用功能》,《中国语文》第 3 期。

雍　茜　2017　《违实标记与违实义的生成——基于大规模语种库的类型学研究》,《外语教学与研究》第 2 期。

袁　劲　1986　《说"难道"》,《青海师范大学学报》第 4 期。

袁毓林　2008　《反预期、递进关系和语用尺度的类型——"甚至"和"反而"的语义功能比较》,《当代语言学》第 2 期。

————　2014　《隐性否定动词的叙实性和极项允准功能》,《语言科学》第 6 期。

张谊生　2000　《现代汉语副词研究》,学林出版社。

朱庆祥　2019　《也论"应该 ø 的"句式违实性及相关问题》,《中国语文》第 1 期。

Bloom, Alfred　1981　*The Linguistic Shaping of Thought*：*A Study in the Impact of Language on Thinking in China and the West*. NewJersey：Lawrence Erlbaum Associates.

Chao, Yuen Ren　1968　*A Grammar of Spoken Chinese*. Berkeley & Los Angeles：University of California Press.

Dahl, Osten　2000　*Grammaticalization and the Lift Cycles of Construction*. Ms.，Stockholm University, 26—27.

Heine, Bernd Urike Claudi, and Friederike Hünnemeyer　1991　*Grammaticalization*：*A Conceptual Framework*. Chicago：University of Chicago Press.

Lewis, David　1970　Counterfactuals. *Journal of Pragmatics*. Vol.40：1865—1895.

Leech, Geoffrey　1981　*Semantics*：*The Study of Meaning*. 2nd edition. Penguin Books.《语义学》,杰弗里·N.利奇著,李瑞华、王彤福等译,何兆熊、华钧校订,上海外语教育出版社,1987 年。

Kiparsky, Paul and Carol Kiparsky　1970　Fact. In Bierwisch, Manfred & Karl Erich .Heidolph(eds.) *Progress in Linguistics*. The Hague：Mouton. 143—173.

Schiffrin, Deborah　1987　*Discourse Markers*. Cambridge：Cambridge University

Press.

Traugott，Elizabeth Closs　1999　*The rhetoric of counter-expectation in semantic change：a study in subjectification.* In Blank，Andreas. &. Peter. Koch. （eds.）*Historical Semantics and Cognition.* Berlin &. New York：Mouton de Gruyter.，61—89.

Wierzbicka，Anna　1997　Conditionals and counterfactuals：conceptual primitives and linguistic universals. In Athanasiadou，Angeliki. &. Dirven，R.（eds.）*On Conditionals Again.* John Benjamins Publishing Company：Amsterdam/Philadelphia，15—59.

陈振宇：chenzhenyu@fudan.edu.cn

姜毅宁：qingming_xiyou@163.com

原载《中国语文》2019 年第 3 期。

叙实抽象名词"事实"的句法、语义探析[*]

方清明

提　要　在现代汉语里,"事实"是典型的高频叙实抽象名词。与"事情"相比,"事实"具有客观性、证据性、个体性等语义特征。在动宾、定中、判断句等句法环境里,"事实"与"事情"存在诸多差异。与叙实谓词预设宾句叙实性不同,叙实名词"事实"直接明示叙实性。"事实上"等词串具有确认、转折、补充、解释、修正等语篇照应功能。

关键词　事实　叙实　抽象名词　语义特征　句法搭配　语篇功能

1. 引言

近年来,语言学界关于"叙实与事实"的探讨呈现方兴未艾的态势,主要表现在以下三个方面,第一,动词的叙实性研究较为深入,成果也较多,如伊藤大辅(2007);袁毓林(2014a);张新华(2015);李新良(2010、2015、2016);李新良、袁毓林(2016、2017)、刘东怿(2017),等等。第二,其他词类的叙实性研究相对薄弱,如张新华(2017)探讨了短时副词"顿时"的叙实性,袁毓林、寇鑫(2018)探讨名词的叙实性及其相关类别。第三,其他方面,如袁毓林(2015)考察汉语反事实表达背后的思维特点,陈振宇、甄成(2017)对叙实性本质进行了探讨,认为"叙实性"本质上是一种语用修辞现象。

基于袁毓林、寇鑫(2018)对名词叙实性的探讨,"事实"是典型的高频叙实抽象名词,但什么是事实,什么不是事实,其语义特征是什么,句法上

---

*　基金项目"基于语料库与 ANTCON3.2.4W 技术的汉语抽象名词搭配研究"(项目编号14CYY033)。初稿在"2018 年汉语句法语义理论研究学术讨论会——叙实与事实"上宣读(复旦大学 2018 年 3 月 31 日至 4 月 1 日)。感谢与会专家和匿名评审专家的中肯建议。文责自负。

有何特点,诸如此类的问题,语言学界并未进行深入的探讨。倒是哲学界从日常语言使用角度对"事实"概念有较多探讨,例如 Vendler(1967:122—146);Lyons(1977:438—451);彭漪涟(1991);陈嘉映(2014:238—273),等等。"Vendler 曾专门探讨了 fact 和 event 的区别。"(陈嘉映2014:239)本文主要不是对"事实"进行哲学式的思辨讨论,而重点以"事情"为参照,从语言学角度考察"事实"在句法、语义、语篇方面的功能。

2. 从动词搭配看"事实""事情"的语义、句法特点

2.1　经常与"事实"搭配的动词分析

2.1.1　"成为"类动词与"事实"搭配

我们把"成为、变成、构成、形成"等归为一类,称为"成为"类动词。"事实"经常与这类动词搭配,而"事情"基本无此用法,例如:

(1) a. 成为事实、变成事实、构成事实、形成事实

b. * 成为事情、? 变成事情、* 构成事情、* 形成事情

c. 这变成了一件不可思议的事情。

(1a)里"事实"能以光杆形式与"成为"类动词搭配。(1b)"事情"不能以光杆形式与"成为"类动词搭配。只有"事情"带上修饰语后能与"变成"搭配,如(1c)。后文还将看到,关于(1c)这种情况并非个案,我们这里先进行统一解释。(1c)是一种有标记形式的体现。"事实"与"事情"的这种差异除了频率因素外,还与二者的内涵属性有密切关系。唐正大(2006:231)指出"抽象名词属于修饰语依赖型名词,这些抽象名词内涵具有不确定性,对于语境具有高度依赖性。这类名词强烈要求修饰语出现以确定其所指"。"事实"自身包含了多种内在属性,如真实性、客观性(详后),因此"事实"可以不依赖外显修饰语,直接以光杆形式与"成为"类动词搭配。而"事情"自身不包含内在属性,因此需要带上修饰语才有可能与"成为"类动词搭配。

张新华(2017)指出"'成为'的组合对象是名词词组,着眼于事物全体,指事物根本性地由一种身份而转变为另一种"。对此,我们深以为然。如"房价上涨已经成为事实"里,"成为"的作用是把"房价上涨"这一事情

或现象整体包装成一个"事实","成为"的认知方式重在某种结果的形成。"成为事实"倾向于把"事实"加工为离散的个体,凸显某一事实的完成,并且这一事实具有整体性、个体性。而且这种事实多是已经达成的,既成性的,其前面可以有表示完成的时间副词"已经、已"等修饰,如例(2)所示。"成为事实"只强调事实的达成,不具体涉及动作的内部进程。

(2) 有些事情既然已经成为事实,就尝试着去接受吧。

"事实"不具有过程性,事实不会开始、继续或结束,如例(3a)。而"事情"则是典型的过程名词,如例(3b)。另外,"事情的原委、事情的经过、事情的起因、事情的始末"等搭配也都说明"事情"具有过程性。

(3) a. *这件事实开始了、*事实正在继续、*事实结束了

  b. 这件事情开始了、事情正在继续、事情结束了

表示完成阶段的动词可以与"事情"搭配,如例(4b)。依据"完成"状态的不同,修饰语也随之不同,"事实"无此类用法,如例(5a)。"凡已经发生的事情、凡摆在那里的事情,都可以叫作事实"(陈嘉映 2014:242)。也就是说,"事实"具有已然性。就已发生的事情来判断是否为事实,这是很自然的,这也与认知规律相符合。已然的事情是事实;正在被人们谈论的事实是既成事实;人们一般不说"未然的事实"或"将来的事实"。

(4) a. *完成事实、*做完事实、*干完事实

  b. 完成事情、做完事情、干完事情

(5) a. *很快完成了这个事实、*终于完成了这个事实、*这个事实分
  三步完成

  b. 很快完成了这件事情、终于完成了件事情、这件事情分三步
  完成

2.1.2 "查清"类动词与"事实"搭配

我们把"查清、澄清、查明、弄清、认清、调查、搜集、核实、了解、还原"等归为一类,称为"查清"类动词。光杆形式的"事实"可以与这类动词搭配,而光杆形式的"事情"与这类动词搭配则有限制,例如:

(6) a. 查清事实、调查事实、澄清事实

  b. ?查清事情、?调查事情、??澄清事情

  c. 查清事情的经过、调查事情的始末、澄清了一些事情

"现象"包括真相和假象,只有"真相"的那一部分才是事实。大千世界里的事实数量无穷无尽,有的往往颇为复杂,有时候甚至像个谜团,因此作为对象的"事实"需要"查清、查明"。但是"*查清事情、*调查事情、*澄清事情"等搭配的可接受度并不高,其完句性较差。我们需要说成例(6c)那样的表达,才好接受。

2.1.3　"捏造"类动词与"事实"搭配

我们把"捏造、伪造、隐瞒"等称为"捏造"类动词。"事实"经常与这类动词搭配,而"事情"基本无此用法,例如:

(7) a. 捏造事实、编造事实、伪造事实、虚构事实、隐瞒事实、掩盖事实
掩饰事实、扭曲事实、颠倒事实、偏离事实、夸大事实、违反事实
违背事实、背离事实、缺乏事实、不顾事实、回避事实、逃避事实

b. *捏造事情、*编造事情、*伪造事情、*虚构事情、*隐瞒事情、*掩盖事情、*掩饰事情、*扭曲事情、*颠倒事情、*偏离事情、*夸大事情、*违反事情　*违背事情、*背离事情、*缺乏事情、*不顾事情、*回避事情、*逃避事情

例(7a)里,尽管动词的语义轻重有所差别,但都属于消极义动词。例如"捏造事实"是指事实完全不存在,造出一个假的事实。"隐瞒事实"是指存在事实,但是故意不让人知道。

2.1.4　"证明"类动词与"事实"搭配

我们把"证明、说明、表明"等称为"证明"类动词。光杆形式的"事实"可以与这类动词搭配,而光杆形式的"事情"与此类动词搭配较为受限,例如:

(8) a. 证明事实、说明事实、表明一个事实

b. ?证明事情、?说明事情、?表明事情

c. 说明事情的经过、证明事情属实、表明事情没那么简单

例(8b)显示,光杆形式的"事情"与"证明"类动词搭配不太自然,需要添加相应的修饰成分,如例(8c)所示。"事实"不仅能充当"说明"类动词的宾语,而且还能充当这类动词的主语,例如:

(9) 事实证明,人的能动性发挥程度越高,管理效应就越好。

(10) 事实说明,不怕"肥水外流",方能"肥水回流"。

（11）这些事实表明，中国从中古至近、现代都还保留过结绳记事的遗俗。

"事实证明、事实说明"已经有习语化倾向，经常位于句首，用来标记后续话语是经过事实证明并且可靠的。确实如此，"事实"往往与证据具有极为密切的联系（陈嘉映2014:238—273）。事实可以用作证据、而事情不可以直接用作证据。"事实是最好的证明、事实充分说明、事实充分证明"等搭配也都说明"事实"的证据性。"事实"是论证的基础与材料，正如陈嘉映（2014:241）所论"事实主要从论证方面着眼，人们用事实来说明道理，支持理论。事实与结论的关系是论证关系，是论据与结论的关系，不是对先后继起的事情的描述"。

从表面来看，事实是不会说话的，但是习用语"用事实说话""事实胜于雄辩"的深层意思是，运用事实的逻辑说服力来证明某种观点。"摆事实，讲道理"是阐明真相，探索真理的过程，因为真相、真理离不开事实和对事实的正确理解，这也说明了"事实"的证据性。另外，"事实"既可以与依据类介词搭配，也可以与依据类名词搭配，如例（12）、例（13）。这都说明"事实"的证据性作用。

（12）a. 按事实……、按照事实……、根据事实……、依据事实……

　　　 b. *按事情……、*按照事情……、*根据事情……、*依据事情……

（13）a. 事实根据、事实依据、事实证据

　　　 b. *事情根据、*事情依据、*事情证据

"事实"作为证据，除了证明己方观点，还可以驳斥对方，多采用否定形式。"事情"无此用法，例如：

（14）a. 不符合事实、并非事实、不是事实、与事实不符、毫无事实

　　　 b. *不符合事情、*并非事情、*不是事情、*与事情不符、*毫无事情

反驳对方的观点、理论等不符合事实，也就是没有证据的意思，具体用例如下：

（15）布什政府以国家安全为由，没有公布这份报告中有关19名劫机者中有15人是沙特阿拉伯人的信息。但这样做是欲盖弥彰，沙特对此进行了愤怒回应。沙特驻美国大使说"这种指责是恶毒

的,根本不符合事实"。(人民网 2003-7-27)

(16) 美国驻阿富汗大使馆发言人说,所谓塔利班领导人奥马尔被抓的报道并非事实。(《文汇报》2002-1-5)

(17) 中国的民众不仅了解日本的历史,也更了解日本的现在。所谓中国民众不清楚日本战后和平发展的说法不是事实。(《文汇报》2005-11-25)

如例(15)里,沙特驻美国大使指出"布什政府"的言论不符合事实,这是一种驳斥性言语行为,用于维护沙特方面的权益。有趣的是,我们检索语料发现"不符合事实〈416〉"使用频率远远高于"符合事实〈98〉"。我们可以这样来解释,这是因为"不符合事实"通过否定对方的事实依据,进而驳斥对方的观点。但是肯定形式的"符合事实"作为支持己方的表达方式,其表达形式已经被"事实证明、事实说明"等占位,因此使用频率较低。

2.1.5　"告诉"类动词与"事实"搭配

我们把"告诉、说出、陈述、强调、叙述、讲"等称为"告诉"类动词。非光杆形式的"事实"和"事情"都能与这类动词搭配,例如:

(18) a. 告诉你一个事实、说出(这个)事实、陈述事实

　　　b. 告诉你一件事情、说出了这件事情、陈述那件事情

观察例(18),尽管都能搭配,但是细而究之,二者仍然不尽相同。如"告诉你一个事实"强调告诉的内容是事实真相,而"告诉你一件事情"强调把事实过程告诉你。"事实"还可以与"告诉"构成主谓关系,如"事实告诉我们/人们/大家⋯⋯",但不能说"事情告诉我们"。"事实告诉我们"这类表达已经习语化,并具有修辞色彩。因为表面上看,"事实"不能发出"告诉"这一言语行为。这类表达主要指人们通过大量事实得出一定的经验、道理、规律。如"事实告诉我们,钱不是万能的,而没钱是万万不能的"。

2.1.6　"发现"类动词与"事实"搭配

我们把"发现、指出、揭露、揭穿、披露"等称为"发现"类动词。光杆形式的"事实"可以与这类动词搭配,而光杆形式的"事情"与此类动词搭配则较为受限,例如:

(19) a. 发现事实、列举事实、指出事实;揭露事实、揭穿事实、披露事实

　　b. ?发现事情、?列举事情、?指出事情；?揭露事情、?揭穿事情、?
　　　披露事情

　　c. 发现事情有变化、列举几件事情、指出事情的困难之处
　　　揭露事情真相、揭穿事情真相、披露事情真相

　　"事实"有时候就像一个藏在地下的宝贝，人们没有发现它，它就静静地摆在那儿；人们发现它时，它才有价值。例（19b）显示，光杆形式的"事情"与"发现"类搭配不太自然，需要添加相应的修饰成分或补足语，如例（19c）所示。

2.1.7 "承认"类动词与"事实"搭配

　　我们把"承认、接受、忠于、尊重、注重、关注、正视"归为一类，称为"承认"类动词。光杆形式的"事实"可以与这类动词搭配，而光杆的"事情"与此类动词搭配则较为受限，例如：

　　(20) a. 承认事实、接受事实、忠于事实、尊重事实

　　　　b. ?承认事情、?接受事情、*忠于事情、?尊重事情

　　　　c. 承认这件事情是我错了、接受事情的最终结局、尊重事情的发
　　　　　展规律

　　例（20a）里，"承认事实、接受事实"这类搭配在一定程度上说明"事实"具有客观性和真实性。也就是说，不论你承认不承认，事实都摆在那儿。关于事实的客观性，罗素指出"大多数事实的存在都不依靠我们的意愿。大部分物理事实的存在不仅不依靠我们的意愿，而且也不依靠我们而存在"（转引自：王建芳 2010）。又如"尊重事实"意味着以事实为依据，与"忠于事实、不抱偏见、实事求是、坚持真理、尊重客观规律"等短语相近。"摆事实"实质上是指罗列事实作为证据。由于"事实"具有客观性，它往往与主观性较强的概念相对出现，如"幻想、理想、可能性、想象"等。例如：

　　(21) 人们希望通过药物减肥只是美好的幻想，事实是花钱买来了暂
　　　　时的心理平衡。

　　(22) 通过立法制止假唱保护真唱，已经成为崔健逢人必讲的理想。但
　　　　事实上，目前音乐界真正签名支持"真唱运动"的不过200多人。

　　(23) 姐姐唱"小小子，坐门墩儿"，总是那个声音。这也许完全是想
　　　　象，并不是事实。

上述用例说明,人们的幻想、理想、想象等观念都非客观存在的事物,不具有客观存在基础,因此不可能是事实。要注意的是,有学者指出"即将成为事实"也可以说,但是大规模语料库里找不到相关例句支持,这说明"事实"的客观性和即成性确实存在。事实不分真假(李新良 2010)。事实与真相关系过从甚密。检索语料发现,"事实真相"经常连用,二者跨距共现达到 780 例,这个数据是非常可观的。例如:

（24）我这么说,或许有人会很失望,表示反对。但这就是事实,这就是历史真相——秦陵地宫早就被盗了。

（25）诈骗罪是指以非法占有为目的,用虚构事实或者隐瞒真相的方法,骗取数额较大的公私财物的行为。

从上述用例可以看出,"事实"经常与"真相"共现,如例（25）里"虚构事实"也就是"隐瞒真相"的意思,二者功能相当。亚里士多德说"以是者为是,以非者为非,即为真","是的就是真的,真的就是是的","事实"的真实性与否表现在"一个特定陈述与一个相应的特定情况可以相符或不相符,前者决定此语句真,而后者决定此语句假"(李大强 2013)。用逻辑语言来说就是,要么"P 符合 Q"要么"P 不符合 Q",例如"房祖名是成龙的儿子"为事实,因为它符合真实的客观情况。而"房祖名不是成龙的儿子"则不是事实。

另外,介词搭配方面,"在事实面前/上、从事实出发"多表示以事实为基点进行相关论证;"用/以/让事实说话"多表示事实的依据性、证据性。"与事实相符/不符"表示依据事实进行判断。

2.2　经常与"事情"搭配的动词分析

2.2.1　"做"类动词经常与"事情"搭配,而"事实"无此用法

例如:

（26）a. *做事实、*办事实、*干事实、*处理事实、*事实做好了、*事实没搞好

b. 做事情、办事情、干事情、处理事情、事情做好了、事情没搞好

"做"类动词很好地体现了"事情"的过程性。因为无论时间长短,"做一件事情"一定会经过开始、发展、结束这样一个过程。从认知方面来看,"事实"遵循整体扫描方式,而"事情"遵循顺序扫描方式。"整体扫描指以一种累积的方式观察一个情景的各个方面,逐步建立一个越来越复杂的概

念。一旦整个情景被扫描完,该情景的所有方面都同时存在,构成一个完形体(gestalt)。""与总体扫描不同,在顺序扫描中,一个情景转化为另一个情景,这一过程持续发生。"(高航 2007)人们总是发现一个个事实,进而可能累积大量事实,然后用这些事实去证明什么,人们似乎并不关心事实的形成过程。而人们对待事情,则总是从开始做,到继续做,直至最后做完。

2.2.2　"想"类动词可以与"事情"搭配,而"事实"无此用法

例如:

(27) a. *想事实、*希望这个事实向好的方向发展、*好期待这个事实发生

　　 b. 想事情、希望这个事情向好的方向发展、好期待这件事情发生

例(27)的差异,仍可从语义特征来看,"事实"是已经发生的真实事情,而"想"类动词属于典型的未然动词,二者语义矛盾,因此不能搭配。人们可以说"这件事情是想象出来的、这是我期待的事情",但"*想象出来的事实、*期待的事实"则是矛盾用语。

值得注意的是,"相信这件事情"和"相信这个事实"都可以说。这是因为"相信"是非叙实动词,在时态上具有多功能性,可以相信过去发生的事情,也可以相信即将发生的事情。因此说"相信这个事实"是指这个事实已经发生,并且说话人表示相信,该句不表示"相信一个未发生的事实"这样的意思。另外,"事情"还能与其他类动词搭配,如"有事情、没事情、出事情、发生事情",而"事实"无此类用法。

2.3　与其他动词搭配的情况

"知道"属于典型的叙实动词,学界已经多有论述。"知道"与"事实""事情"搭配时,不论是肯定形式,还是否定形式都预设事实或事情的存在,例如:

(28) a. 知道这个事实、不知道这个事实(预设"存在这个事实")

　　 b. 知道这件事情、不知道这件事情(预设"有这件事情")

对事实或事情知道与否,不影响事实或事情本身,而是与主体体验有关,因此"知道事实"并不像"吃饭"那样,表达典型的动作与受事关系。"知道"是指向主体体验的动词。"记得、忘记"亦是如此,因此也能与"事

实""事情"搭配,如例(29)。

(29) a. 我还记得这个事实、我忘记了这个事实

　　 b. 我还记得这件事情、我忘记了这件事情

2.4　小结

关于动词搭配情况,可以总结如表1。说明:"+"表示经常或能以光杆形式搭配,"(+)"表示带修饰语后才能与动词搭配,"-"表示不能搭配。从上文以及表1来看,可以认为"事实"具有【+客观真实性】、【+证据性】、【+可解释性】、【+已然性】、【+个体性】、【+整体性】等语义特征。"事情"具有【+过程性】语义特征。

表1　"事实"和"事情"与动词搭配

	成为	捏造	发现	承认	查清	证明	告诉	知道	记得	做	想
事实	+	+	+	+	+	+	(+)	(+)	(+)	-	-
事情	-	-	-	-	(+)	(+)	(+)	(+)	(+)	+	+

3. 从定中修饰关系看"事实""事情"的语义、句法特点

3.1　"事实"受"不可改变"类词语修饰

从例(30)中的修饰语可以看出,"事实"具有不可改变性,"事情"无此类用法。

(30) a. 不可改变的事实、不容改变的事实、不争的事实、不可否认的事实

　　 b. *不可改变的事情、*不容改变的事情、*不争的事情、*不可否认的事情

"事实"具有客观性、已然性,一经形成则无法改变。"铁一般的事实""事实铁证如山"这种隐喻表达都是不可改变性的有力证明。检索语料发现,"不可改变的事实"类否定形式大量存在,而肯定形式"改变的事实"则未见。"凡事实都始终保持原来的样子,是不会也不能改变的。事物被改造仅仅意味着又出现了新的事实,而并不意味着改变了原来的事实。所谓'事实不是任人打扮的小姑娘'","凡事实都是永远消灭不了、抹杀不掉的。某种事实一经发生,它就成了历史中的一个颗粒,一个不可磨灭的组

成部分"。(王长存 2005)举例来说,假如"30 岁以前张三很穷"是一个事实,这个事实并不因为"张三 31 岁时买彩票中了 1 000 万"这个新事实而改变,改变的是"张三 30 岁以后继续穷"这类假设。人们可以改变事实的环境从而产生新的事实,但是原来的事实还是原来的事实,没有改变。

3.2 "事实"受"残酷"类词语修饰

我们发现"事实"还经常受"残酷"类词语修饰,例如:

(31) a. 残酷(的)事实、残忍的事实、冷酷的事实、严酷(的)事实、严峻(的)事实、可怕的事实、无情的事实、惊人的事实、不利的事实、不幸的事实、可悲的事实、痛苦的事实

　　 b. 残酷(的)事情、残忍的事情、冷酷的事情、严酷(的)事情、严峻(的)事情、可怕的事情、无情的事情、惊人的事情、不利的事情、不幸的事情、可悲的事情、痛苦的事情

(32) a. *高兴的事实、*开心的事实、*快乐的事实、*美好的事实、*美妙的事实、*奇妙的事实、*轻松的事实、*神奇的事实、*舒服的事实、*顺心的事实、*幸福的事实、*幸运的事实、*有趣的事实、*有益的事实、*愉快的事实

　　 b. 高兴的事情、开心的事情、快乐的事情、美好的事情、美妙的事情、奇妙的事情、轻松的事情、神奇的事情、舒服的事情、顺心的事情、幸福的事情、幸运的事情、有趣的事情、有益的事情、愉快的事情

例(31)显示,"残酷"类消极义词语可以与"事实"搭配,也可以与"事情"搭配。但是反义的"高兴"类词语不与"事实"搭配,只与"事情"搭配,如例(32)。这与乐观假说并不一致。所谓乐观假说是指"人总是乐于看到和谈论生活中光明的一面(好的事情、好的品质),摒弃坏的一面,因此造成一种普遍的人类倾向:积极评价的词语比消极评价的词语用得更加频繁、多样和随意"(袁毓林 2014b)。沈家煊(1999:185)也指出"乐观假说"是指语言中褒义词的使用频率总是高于贬义词。我们无意否定乐观假说,但"事实"只接受"残酷"类修饰而不接受"高兴"类修饰,这一事实说明乐观原则只是一种倾向,并非绝对规律。当消极体验反复出现并得到主体间(作为社会团体的绝大多数人)的一致认同,这种消极体验就有可

能突破乐观原则,内化为一种稳定的认知方式,并在句法搭配上外显。回到"残酷的事实"这类搭配来看,例如"小王寒窗苦读,已经是第三次高考了,这次他希望考上大学",这一事件的结果有可能如愿以偿,但也有可能再次名落孙山。当后一种情况出现时,小王的体验就是"残酷的事实"或"事实是残酷的"。因为人生实苦,生活不易的情况很多,"残酷的事实"是主体间高频的常态体验,因此能外显为句法搭配。另外,还有一些修饰语既可以修饰"事实",也可以修饰"事情"。例如:

(33) a. 简单(的)事实、重要(的)事实、具体(的)事实、错误(的)事实
　　　　 客观(的)事实、真实的事实、有趣的事实、生动的事实

　　 b. 简单的事情、重要(的)事情、具体(的)事情、错误的事情
　　　　 客观的事情、真实(的)事情、有趣的事情、生动的事情

例(33a)里,仅有"有趣的事实、生动的事实"为积极语义搭配。"客观的事实""真实的事实"只是事实的强调说法(陈嘉映 2014:238—273)。也就是说,这类修饰语为描写性修饰语(施春宏 2001),其分类作用是潜在的、背景化的。这类修饰语并不是区别性修饰语,因为没有对应的"主观的事实、假的事实"这类搭配。要注意的是,即使"重要的事实"和"重要的事情"等都能搭配,但是二者的语义仍然不尽相同,前者可能重在事实的证据性、客观性方面,而后者仅就"事情"自身影响而言。再如,虽然"有趣的事实"与"有趣的事情"都有用例出现,但是从更大范围的语境来看,他们各自使用的环境并不一样,如可以说"做一件有趣的事情",而不能说"做有趣的事实"。同理,其他用例不再赘述。

3.3　修饰"事实"的名词性成分

有些名词性成分与"事实"构成名名复合词或黏合结构,"事情"无此用法,例如:

(34) a. 历史事实、法律事实、新闻事实、经验事实、语言事实、科学事实
　　　　 案件事实、行为事实、社会事实、心理事实

　　 b. *历史事情、*法律事情、*新闻事情、*经验事情、*语言事情、*科学事情、*案件事情、*行为事情、*社会事情、*心理事情

考察例(34a)可知,这类名名复合词都是说明某个领域的,这些领域往往都是最需要事实真相的领域。如"历史事实"里,可以解读为"关于历史方面的事实","历史学"本身就是探寻历史事实规律的学问。"*历史事情"不成立,是因为二者语义没有必然的关联,尚未紧密到需要采用名名复合词的程度。"历史"是过去的事实或关于过去事实的记载(《现代汉语词典》2014),"事情"不一定是过去的,并且不是所有事情都值得作为事实进行记载。

3.4　修饰"事情"而不修饰"事实"的情况

这类修饰语较多,第一类如下:

(35) a. *好事实、*坏事实、*大事实、*小事实、*无聊的事实、*安全的事实、*危险的事实、*糟糕的事实、*可笑的事实、*疯狂的事实、*倒霉的事实

　　　 b. 好事情、坏事情、大事情、小事情、无聊的事情、安全的事情、危险的事情、糟糕的事情、可笑的事情、疯狂的事情、倒霉的事情

分析例(35)可知,"好坏""大小"都可作为区别性修饰语修饰"事情",也就是说"事情"可以分好坏、大小。但是事实就是事实,没有好坏、大小之分。虽然可以见到"大量事实、种种事实、各种事实、更多事实、很多事实"等搭配,但这类搭配也都是描写性的,而非区别性的,因为很少有"*小量事实、*更少事实、*很少事实"类搭配。第二种情况如下:

(36) a. *我的事实、*你的事实、*大家的事实

　　　 b. 我的事情、你的事情、大家的事情

分析例(36a)可知,"*我的事实"不成立,"事实"排斥人称领属,这说明"事实"对主体而言具有客观独立性。"事实是一种非人称化的结构,没有言语者或感觉者的出现"(曾蕾、梁红艳 2012)。陈振宇、叶婧婷(2014)论述过从"领属"到"立场"的情况,"我的事情"成立,因为它是标准的人称领属结构,表示"我做过/正在做/将要做的事情";甚至可以用于立场语境,表达"我的责任、我的任务"的意思,如"这是我的事情,你甭管就是了"。

4. 判断句里"事实"与"事情"的用法差异比较

4.1 "事实"能以光杆形式充当判断句的谓项

先请看如下用例：

(37) a. 这是事实、这就是事实、这明明就是事实、这根本就是事实
这的确就是事实、这显然就是事实、这毕竟是事实

　　 b. *这是事情、*这就是事情、*这明明就是事情、*这根本就是
事情、*这的确就是事情、*这显然就是事情、*这毕竟是事情

(38) a. 事实就是事实、事实毕竟是事实、事实到底是事实、事实总是
事实

　　 b. *事实就是事情、*事实毕竟是事情、*事实到底是事情、*事
实总是事情

　　 c. *事实就不是事实、*事实毕竟不是事实、*事实到底不是
事实

如前文所述，"事实"自身具有较多的内涵属性意义，因此例(37a)"事实"可以直接与判断词"是"搭配，而例(37b)里的"事情"则不行。判断词"是"之前的副词"就、明明就、根本就、的确就、显然就、毕竟、到底"都是对客观性的申辩或强化。当"事实"即用于判断主词也用于判断谓词时，如例(38a)，这种强调客观性作用就更加明显了，如"事实总是事实，那是否认不了的"，吕叔湘(1999:500)也认为这类用法是"强调事物的客观性"，表示某个事情或现象是不容更改的，不容忽视的。这类强调形式一般都不能有否定形式，如例(38c)。

"P是事实"是一种断言(assertion)言语行为，主要对P是否为真作出判断，因此"P是事实"与"P是真的"存在一定的变换关系，如例(39)—例(41)。这类句子不是预设或蕴含叙实性，而是对叙实性的直接判断。"事实"或"真的"直接明示某事件的叙实性。所谓"明示"是指"说话人通过显性(manifest)的方式表达意图，告知听话人"(Sperber & Wilson 2001:49—54)。

(39) 恺撒被谋杀是事实。≈恺撒被谋杀是真的。

(40) 张三所说的都是事实。≈张三所说的都是真的。

(41) 李四喜欢钓鱼是事实。≈李四喜欢钓鱼是真的。

要注意的是,"是事实"与"是真的"不尽相同。张新华(2015)指出"小句所述事态可概括为三种:个体事实,可能事件,一般规律"。上述例(39)—例(41)都是个体事实,二者都可以搭配。"是事实"与"是真的"与后两类事态有不同的搭配情形,例如:

(42)?他想出去玩是事实。≠他想出去玩儿是真的。

(43)太阳从东方升起是事实。≠?太阳从东方升起是真的。

上述对比差异说明,由于"事实"的客观性和已然性,"是事实"只能明示个体事实或一般规律的叙实性,不能明示虚拟事件的叙实性。而"是真的"带有一定的主观性和主观评价,可以明示虚拟事件的叙实性,但不太能明示一般规律的叙实性。以现有的世界知识来看,人们无须说明"太阳从东方升起"的真假问题,正如人们无须说明"1+1=2"的真假问题一样。

4.2 "事实"充当判断句的主项

"事实"可以充当判断句的主项,构成"事实是 Q"判断句,例如:

(44)这条假新闻是由旧新闻更改日期所致,**事实是** 2010 年 1 月 26 日,湖南岳阳临湘发生一起鞭炮爆炸事故,有 3 名消防官兵遇难。

(45)**事实是**"沧海横流难显英雄本色",众多的国有小企业处于一种不景气状态,成了国家、政府的一大包袱。

从例(44)、例(45)来看,借鉴 Schmid(2007)空壳名词理论,如图 1,空壳的"事实"把从句"设备本身存在老化问题"包装起来。我们认为"事实"的核心认知功能在于把从句等复杂信息包装成名词性概念。"事实"像容器一样容纳从句所表达的命题内容。包装使得事件状态打包得像一个实体。把一个事件或事物具体化为像有清晰边界的事实性实体。"事实"对后面的从句进行包装,使得人们一看到"事实是……"表达,就知道从句表达的是与某种事实相关的内容。而从句则对"事实"进行语义充实,从句丰富了"事实"的内涵,使其具体化。"事实"与从句相辅相成,构成一种独特而有效的表达句式。

"事实是 Q"句式跟一般的判断句的差距已经比较大了,"是"的判断语义相对弱化。该句式主要起到说明原因,解释事实真相的作用,"句式里的'是'主要发挥联系项的作用"(黄理兵 2015)。

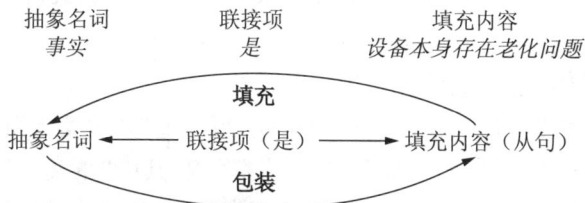

图 1 "事实是 Q"的内部关系

"P 是事实"与"事实是 Q"两种句式从表面上看都是判断句,但是它们各有特点,前者"是"判断义较强,属于典型的判断句,并且可以回指上文信息,如"这是事实"。后者"是"判断义弱化,属于解释说明句,"事实是"起到下指作用,从句 Q 多以新信息出现。

5. "事实"类词串的语篇照应功能

方清明(2016)论证了部分抽象名词词串具有语篇照应功能。"事实"类词串亦是如此。

5.1 "指代成分+事实"的概述回指功能

"指代成分+事实"多具有概述回指功能,相关形式如"这个事实、这些事实、这事实、这种事实、该事实、此事实、那个事实、那些事实"等,例如:

(46) 哈梅内伊说:"世界各国应该认识到,没有美国它们也能活,也能享受和平与繁荣。在与美国断绝关系的过去 15 年中,我们经历了**这个事实**。"(《人民日报》1993 年 8 月 28 日)

例(46)里,回指语"这个事实"是概述回指前面先行语(用画线表示)。概述回指的先行语往往是小句、句群(多个小句)、段落等较大单位,其回指语可以标示长距离照应关系。此外,"以上事实、上述事实"也多为概述回指,例如:

(47) 在未经联合国授权的情况下,以美军为主力的联军部队凭借绝对军事优势迅速占领了巴格达。……美军惨无人道的虐待伊拉克战俘的照片让世人触目惊心。……上海外国语大学中东研究所所长朱威烈教授对**上述事实**作了如此评判：美国前输法理，后输道德。（《文汇报》2004 年 5 月 10 日）

5.2 "事实上"的定语功能

"事实"可以与后置词"上"组合构成"事实上"，"事实上"已经发生词汇化。我们检索"北京大学 CCL 语料库"发现，其中"事实上"14 763 例，占"事实"总用例 47 293 的 31.22％。"事实上"无论是充当定语还是状位成分，本质上都是发挥修饰词功能。从频率来看，"事实上"充当定语的情况并不是很多，无明显的语篇照应功能，如例（48）、例（49）。定语位置的"事实"起到强调中心语某种客观属性作用。如例（49）里"事实婚姻"强调未领取结婚证而以夫妻名义同居生活的事实。

（48）低工资劳动格局主要是源于用人单位可以把<u>事实上</u>的劳动关系，变为简单纯粹的"干多少活，给多少钱"的经济关系，以减轻企业的管理负担。

（49）他们是事实婚姻。

5.3 "事实上"的语篇照应功能

除了"以下事实、如下事实、事实如下"之外，"事实上"的概述下指功能非常突出。检索语料库发现，大量的"事实上"充当状位成分，已经副词化。我们检索发现"。事实上〈5 530〉""，事实上〈3 107〉""？事实上〈175〉""；事实上〈164〉""！事实上〈67〉"，这些数据之和共计 9 043 例，占"事实上"总数 14 763 的 61.3％。这说明"事实上"经常位于句首或者分句之间。也就是说，"事实上"主要起到语篇照应功能。

5.3.1 "事实上"的确认功能

在语境"P，事实上 Q"中，"事实上 Q"是对 P 的某种确认，表示 Q 与 P 的实际情况相符合，例如：

（50）不靠着事先收集更多有用的资料，更正确地加以判断，然后更有效率地采取行动的话，<u>事实上真</u>的是行不通的。（《银河英雄传说》）

（51）"敌人未到雷先埋，敌人不来引他来，敌人不踩逼他踩，雷公定要把花开。"这是当年抗日根据地民兵爆炸组的行动口号。<u>事实上</u>确实如此,抗战期间,最令敌人心惊胆战的就是这赫赫有名的地雷战了。(《人民日报》1995 年 7 月)

例(50)里"事实上"与其后的"真的"同义,表示确认语义。例(51)里"事实上"与其后的"确实如此"同现,其确认语义展现无遗。"事实上"能表示符合预期,而"其实、实际上"一般不能表示符合预期,多为反预期用法(方清明 2013)。

5.3.2　"事实上"的转折功能

检索发现,"但事实上〈1 227〉""但是事实上〈758〉""而事实上〈413〉""可是事实上〈110〉""事实上却〈104〉""然而事实上〈86〉""可事实上〈76〉""不过事实上〈33〉"。这些数据相加为 2 807 例,占"事实上"总数 14 763 例的 19%。这说明"事实上"经常跟转折性成分连用,Q 与 P 之间是一种转折关系,例如:

(52) 影片的拍摄一度曾处于停顿状态。莲达在片中饰演一个不太重要的角色,但是事实上她在影片的拍摄过程中却扮演了非常重要的角色。(《李小龙的功夫人生》)

(53) 很多作家不愿将自己作品中的犹太特性被人指为特点。<u>可是事实上</u>美国文坛上犹太作家的作品已成为一种独特的势力。(《读书》)

(54) 英方为达到其不可告人的目的,口头上表示愿意同中方会谈,<u>事实上却</u>在中英双方已就有关会谈的具体问题接近达成一致之际,悍然采取破坏会谈的行动。(《人民日报》1993 年 3 月)

例(52)"但是事实上 Q"是对上文的转折,"事实上"的转折功能主要在对比语境内实现。总之,在"P,事实上 Q"里,Q 与 P 有两种最基本的逻辑关系:第一 Q 符合 P,这是确认意义,也就是符合预期,也叫顺预期表达。第二,Q 不符合 P,这是反预期表达。从频率上来看,"事实上"的反预期用法较为常见。

5.3.3　"事实上"的补充、解释、修正功能

这类"事实上"不仅标明其后所述内容是事实,而且起到引出新话题的功能,使话题继续得到跟进、阐述与补充。如:

(55) 这个集团的成功之路，<u>事实上也就是</u>在优秀企业家带领下，不断探索转换经营机制，建立健全现代企业制度的过程。(《1994 年报刊精选》(08))

(56) 管理科学应用的科学方法，<u>事实上就是</u>应用各种模型来求解。由于模型和求解方法的性质等方面的不同，存在着多种不同的类型。(《哈佛管理培训系列全集》)

(57) 保龄球市场炙手可热，可是公众没有兴趣看保龄球的杂志，<u>事实上他们也没看</u>。(《哈佛管理培训系列全集》)

例(55)里"事实上 Q"是对 P"成功之路"的进一步补充解释。例(57)里的"事实上 Q"是对 P"没有兴趣看保龄球的杂志"的修正，即"不是没兴趣看，而是没有看"。

6. 余论

6.1　从其他近义抽象名词看"事实"的用法

本文主要以"事情"为参照，考察"事实"在句法、语义、语篇方面的用法特点。其实"事实"类抽象名词是一个词群，包括"事实、事情、事、事儿、事故、事件、事态、事项、现象、真相"等众多词语。我们还可以比较相关词语与"事实"的异同。例如"事实"与"现实"。陈嘉映(2014:238)指出"事实"与"现实"并非同义词，现实更偏向于指整体，差不多可以说，现实是事实的总和，是实际情况的总和。"现实"指当下的情况、状况，常见的搭配有"改变现实、脱离现实"等，而且"现实"经常充当修饰语，如"现实生活、现实意义、现实世界、现实主义、现实情况、现实条件"等。"事实"一般无此类用法。

又如，"事实"与"真相"。"真相"的词典释义与"事实"完全相同，即"事情的真实情况"，不过"真相"强调区别于表面的或假造的情况。"真相大白""弄清问题的真相"等。人们"弄清事实"往往不是其目的，而是一种手段、方式，进而希望继续证明什么。而"弄清真相"往往就是其直接目的或终极目的。"事实"与"假象"相对，"假象"是表面的，可以制造的，而"事实"则是深层的，不能制造的。"假象"会迷惑、欺骗人，"事实"则是帮助人们辨别真相与假象。

6.2　结合语言学与哲学来研究抽象名词

　　抽象名词往往是哲学领域里的重要概念,日常语言哲学对很多抽象名词有所研究。在今后的研究中,一方面我们可以继续借鉴日常语言哲学的相关研究成果,进一步深入研究高频常用名词。另外一方面,语言学里(尤其是语料库语言学)也可以丰富和补充哲学关键概念的研究。可以这样说,当哲学家苦思冥想语言使用的哲学规律时,如果能参考大数据背景下语料库里语词的真实用法,或许能更快更好地获得有用的东西。总之,语言研究的哲学路径和哲学研究的语言路径相辅相成,不可偏废。

参考文献

　　陈嘉映　2014　《说理》,华夏出版社。

　　陈振宇　叶婧婷　2014　《从"领属"到"立场"——汉语中以人称代词为所有者的直接组合结构》,《语言科学》第 2 期。

　　陈振宇　甄成　2017　《叙实性的本质——词汇语义还是修辞语用》,《当代修辞学》第 1 期。

　　丁喜霞　2013　《汉语常用词的演变模式初探》,《河南大学学报》(社会科学版)第 2 期。

　　方清明　2013　《论汉语叙实性语用标记"实际上"——兼与"事实上、其实"比较》,《语言教学与研究》第 4 期。

　　——　2016　《论抽象名词词串的语篇照应功能》,《汉语学习》第 4 期。

　　高航　2007　《现代汉语名动互转的认知语法考察》,中国人民解放军外国语学院博士学位论文。

　　黄理兵　2015　《从"是"看联系项的作用》,《汉语学报》第 1 期。

　　李大强　2013　《事实与真——"事实"的哲学用法分析》,《社会科学研究》第 3 期。

　　李新良　2010　《现代汉语叙实词语研究》,浙江大学硕士学位论文。

　　——　2015　《立足于汉语事实的动词叙实性研究》,《世界汉语教学》第 3 期。

　　——　2016　《疑问句与汉语动词的叙实性》,《语言教学与研究》第 2 期。

　　李新良　袁毓林　2016　《反叙实动词宾语真假的语法条件及其概念动因》,《当代语言学》第 2 期。

　　——　——　2017　《"知道"的叙实性及其置信度变异的语法环境》,《中国语文》第 1 期。

　　吕叔湘主编　1999　《现代汉语八百词》，商务印书馆。

　　彭漪涟　1991　《论事实——关于事实的一般涵义和特性的探讨》，《学术月刊》第 11 期。

　　沈家煊　1999　《不对称和标记论》，江西教育出版社。

　　施春宏　2001　《名词的描述性语义特征与副名组合的可能性》，《中国语文》第 3 期。

　　唐正大　2006　《汉语关系从句的限制性与非限制性解释的规则》，《语法研究和探索》（十三），商务印书馆。

　　王建芳　2010　《事实·命题·符合——情境语义学视野下的"真"》，《湘潭大学学报》（哲学社会科学版）第 4 期。

　　王长存　2005　《论事实》，《光明日报》，2005 年 10 月 11 日第 8 版。

　　伊藤大辅　2007　《叙实谓词"高兴"及其虚化》，《世界汉语教学》第 3 期。

　　袁毓林　2014a　《隐性否定动词的叙实性和极项允准功能》，《语言科学》第 6 期。

　　——　2014b　《汉语词义识解的乐观主义取向——一种平衡义程广泛性和义面突出性的策略》，《当代语言学》第 4 期。

　　——　2015　《汉语反事实表达及其思维特点》，《中国社会科学》第 8 期。

　　袁毓林　寇鑫　2018　《现代汉语名词的叙实性研究》，《语言研究》第 2 期。

　　曾蕾　梁红艳　2012　《"事实"定位及其投射系统》，《现代外语》第 1 期。

　　张新华　2015　《感知类叙实动词研究》，《语言教学与研究》第 1 期。

　　——　2017　《短时副词"顿时"的叙实特征研究》，《语文研究》第 2 期。

　　中国社会科学院语言研究所词典编辑室编　2016　《现代汉语词典》（第 7 版），商务印书馆。

　　Lyons，John　1977　*Semantics Ⅱ*. Cambridge：Cambridge University Press.

　　Schmid，Hans-Jörg　2007　Non-compositionality and of lexico-grammatical chunks：A corpus study of noun phrases with sentential complements as constructions. *Zeitschrift für Anglistik und Amerikanistik* 51，313—340. Texas Press.

　　Sperber，Den & Deirdre，Wilosn　2001　*Relevance Communication and Cognition*.北京，外语教学与研究出版社。

　　Zeno Vendler　1997　*Linguistics in Philosophy*. Ithaca，NY：Cornell University Press.

　　方清明：fangqingm@126.com

　　原载《语言研究集刊》第二十二辑。

近代汉语后期"喜"类侥幸副词的语义机制[*]

张新华

提 要 "喜"类侥幸副词由指"高兴"的情绪形容词演化而来。侥幸副词的语义核心是"价值",这是一种以人的实际生存需要为参照点的指示范畴。侥幸副词表示:人当前遇到的具体事件,即侥幸事件,恰巧有利于其所期望实现的存在情形,即价值事件。"喜"类副词所引事件以弱殊指性为主,对价值事件则表现为条件关系。另外,这种副词也常触发反事实推理,因而引导一种假设句。

关键词 情绪 侥幸事件 价值事件 条件/原因关系 反事实推理

1. 侥幸副词的历史系统及研究概况

语气副词是副词中的一个大类,内部成员众多,本文所讨论的"喜"类表示侥幸语气,简称侥幸副词。学界对这种副词已有所研究。张谊生(2000:60)指出了语气副词中的一种"侥幸态",表示"一种由于避免某种不如意之事而具有的庆幸的、欣喜的、感激的情态",包括"亏、幸、幸亏、幸而、幸好、幸喜、多亏、亏得、好在"等。这个定义强调的是对"不如意之事"的"避免",这个说法并不完善:侥幸副词也常指一种有利条件的存在。

邵敬敏、王宜广(2011:57)认为,"幸亏"指:在不利的情况下,由于存在或出现了某种有利的条件或者原因,促使不利向有利方面发展,并为此感到庆幸。该文把"幸亏"类副词分为三类:1."幸"类:幸亏、幸而、幸好、所幸。2."亏"类:幸亏、多亏、亏得。3."好"类:好在、还好。"幸而"属古代层

---

* 本文得到 2014 年国家社科基金项目"汉语叙实谓词的构式与语篇接口研究"(项目编号14BYY124)的资助。

次,"亏"属近代层次,"好在"属现代层次。

香坂顺一(1992:130)研究《水浒传》的虚词,指出一种"表示际遇的副词",实即侥幸副词,其语法意义是:"指遇到的某事,对说话者,或者对对方或第三者能够带来好处,是有价值的"。有五类:1."幸"类:幸、幸喜、幸然、多幸,天幸。2."得"类:得、幸得、多得、多幸得。3."亏"类:亏、亏了、亏杀。4."喜"类:喜得。香坂顺一(1992:135)只举了三个例子,但没作解释:"今日<u>喜得</u>朝廷招安,重见天日之面。""九叔,且<u>喜得</u>贵体没事了。""只<u>喜得</u>我又无老小,不怕吃官司拿了。"5.其他类:早是、早。

本文认为,纵观汉语史,侥幸副词包括以下五类:

一、"幸"类:"幸、不幸、幸而、幸得、幸赖、幸然、幸喜、幸好、幸亏"等。这一类在汉语史上形成最早,使用时间也最长。如:

(1) 辞曰:"妾不才,<u>幸而</u>有子。将不信,敢徵兰乎?"(《左传·宣公三年》)

(2) 有颜回者好学,<u>不幸</u>短命死矣。(《论语·雍也》)

"幸"一直作为构成侥幸副词的核心语素,如"幸亏、幸喜、幸好"都是以"幸"为基础,加上另外三种表侥幸的语素而构成,时间上则是在近代汉语时期才形成的。

二、"早"类:"早、早是、早知"等,形成、使用于宋元明清时期。

(3) 张妈妈听得,走出来道:"<u>早是</u>你才来得三日的媳妇,若做了二三年媳妇,我一家大小俱不要开口了!"(《清平山堂话本·快嘴李翠莲记》)

(4) 到次日清早辰,西门庆起来梳头,忽然一阵晕起来,望前一头抢将去。<u>早</u>被春梅双手扶住,不曾跌着磕伤了头脸。(《金瓶梅》第七十九回)

三、"亏"类:"亏、多亏、亏得、得亏"等,形成于元代,一直使用至今。

(5) 我一路上,<u>多亏得</u>他帮助。(老乞大新释)

(6) 当初夫主在时,曾许下这厮,不想遇此一难,<u>亏</u>张生请将军来杀退贼众。(《西厢记》第五本·第四折)

(7) 孔明曰:"久闻公乃永昌高士,<u>多亏</u>公保守此城。"(《三国演义》第八十七回)

四、"喜"类:"喜、且喜、只喜、还喜、却喜、喜得"等,即本文的研究内容。形成使用于明清,民国以后基本淘汰了。近代汉语学界对此类副词尚缺乏深入研究。蒋冀骋、吴福祥(1997)将副词分为"时间、程度、范围、语气、情态"五类,"侥幸"归为情态副词,其成员只列有三个:"好在,幸得,幸亏",没提到"喜"类。《汉语大词典》收入"且喜"词条,释为"犹言可喜、幸喜"。举了下面四个例子,但未指出是动词还是副词(按本文顺序编号,下同):

(8) 员外,<u>且喜且喜</u>,小姐说今夜晚间约定在玉清庵中与你赴期,教我先将的鸳鸯被来了也。(《鸳鸯被》第一折)

(9) <u>且喜</u>他不装模样,见说做醮,便肯轻身出观来到我家。(《儿女英雄传》第三一回)

(10) <u>且喜</u>是月半天气,还辨得出影响来。(《初刻拍案惊奇》卷十七)

(11) 抗战连年秋复秋,今秋<u>且喜</u>稻如油。(《和董必武间志七绝》之四)

例(9)、例(10)是侥幸副词用法,例(8)—例(11)则是实义动词用法。

王群(2006)指出明清时期"幸亏"义副词中包括"喜"类(喜、喜得、却喜),但作者只是简单举例,未对其语义机制进行具体解释。

五、"好"类:"好在、还好"等,清末才形成。

(12) 蒋平道:"也倒罢了。只是我这牲口就在露天地里了。<u>好在</u>夜间还不甚凉,尚可以将就。"(《七侠五义》第一零八回)

(13) 王天宠一瞧,心中说:"我要杀了吴恩,必盗回宝刀。<u>还好</u>他乃是一个叛逆之首,我何不跟他去,候他睡熟之际,然后再杀他。"(《康熙侠义传》第七十七回)

总的看,"幸"类侥幸副词在先秦即告形成,但后来在不同时代却又发展出很多不同类型的侥幸副词;而它们在同一时代,往往又会同时被使用,因此就造成汉语系统中侥幸副词复杂的叠加现象。

本文的目标有两个:一是考察"喜"类侥幸副词的形成过程,二是解释"侥幸"这一语法范畴的功能实质。

2. "喜"在古代汉语的两种语法意义

"喜"在上古汉语就已经是一个十分常见的情感动词,并且很早就同时具有两种不同的语法意义。一是指"高兴、愉悦",《说文解字》:"喜,乐也"。这种用法是形容词性,并有使动用法。从时间特征看,高兴、快乐的情绪是短时性的。如:

(14) 乃歌曰:"股肱喜哉,元首起哉,百工熙哉。"(《书·益稷》)

(15) 既见君子,我心则喜。(《诗·小雅·菁菁》)

(16) 王不如设戎,约辞行成,以喜其民,以广侈吴王之心。(《国语·吴语》)

(17) 王子闾曰:何其侮我也。杀我亲,而喜我以楚国。(《墨子·鲁问》第四十九)

一般认为,形容词是不能带宾语的(朱德熙 1982),但指情感的形容词却有点特殊。从深层语义结构看,情绪必然是由特定的事件引起的,即内在包含"事因"这一语义要素。事因的句法化程度一般不高,多表示为复句,但如果要强调事因对情绪的内在关联,也可编码为宾语小句。

(18) 国人莫敢言,道路以目,王喜。(《国语·周语上》)

(19) 世之人主,得地百里则喜,四境皆贺。(《吕氏春秋·季冬纪·不侵》)

(20) 晏子曰:"吾叹也,哀吾君不免于难;吾笑也,喜吾自得也。"(《晏子春秋·内篇杂上第五》)

(21) 国而曰归,此邑也,其曰归何也? 吾女也,失国喜得其所,故言归焉尔。(《穀梁传·庄公卷第五》)

(22) 子同生者孰谓? 谓庄公也。何言乎子同生? 喜有正也。(《公羊传·桓公六年》)

在前两句中,"喜"和事因(画虚线部分)被编码为复句,双方之间的语义关联就松散得多,时间上也有明显的间隔。而在后三句,事因被直接编码为"喜"的宾语小句,双方构成一个高度统一的事件,之间的语义关联就非常紧密、内在,没有时间距离。

同样,现代汉语情绪形容词"高兴"也可以带小句宾语,如"很高兴你能来"。当"喜"带谓词性宾语时,其自身所处的小句是主句,称为"主动词",所带的谓宾则是内嵌小句,称"宾动词"。

二是指"喜欢、喜好"。这与前种用法差别很大:"高兴"侧重于指主体自身的一种直接情绪体验,瞬时性强,感性色彩显著。"喜欢"则侧重于指主体对外物的一般态度,即肯定性的接受,时间性差,并往往暗示愿意进一步采取相应的行动;理性色彩显著。即,"喜欢"的深层语义结构是:"认为 X 有价值","乐意去做 X"。这是典型及物动词的用法,既可带名词、代词宾语,如例(23)、例(24);也可带谓词性宾语,包括形容词,如例(25)、动词,如例(26)、例(27)、小句,如例(28)。

(23) 彤弓䪅兮,受言载之。我有嘉宾,中心喜之。(《诗·小雅·彤弓》)

(24) 昔赵文王喜剑,剑士夹门而客三千余人。(《庄子·杂篇·说剑》)

(25) 凡军喜高而恶下,贵阳而贱阴。(《孙子·行军篇》)

(26) 梁北有黎丘部,有奇鬼焉,喜效人之子侄昆弟之状。(《吕氏春秋·慎行论第二》)

(27) 赵简子曰:"厥之谏我也,必於无人之所;铎之谏我也,喜质我於人中,必使我丑。"(《吕氏春秋·恃君览第八》)

(28) 郑袖因教之曰:"王甚喜人之掩口也,为近王,必掩口。"(《韩非子·内储说下》)

例(23)"中心喜之"表示主体对事物自身所持的一种一般性的接受态度。例(24)"喜剑"则有所不同:并非指对"剑"之全部事物的态度,而仅是指对剑的"使用",即:这种名词宾语实际是带有动作性的。共同之处是,对嘉宾的喜欢,就暗示愿意接近他,与之共处;对剑的喜欢,就暗示愿意使用它。"喜"的"愿意采取行动"这一语义内涵,在组合谓词性宾语时表现得更加明显,"喜高"表示:对"高"的状态抱有肯定性的态度,并愿意处于该状态。"喜效人之子侄昆弟之状、喜人之掩口"也都是如此。

"喜"在"高兴"和"喜欢"两种用法上具有通指性(genericity)和殊指性(specificity)的区别,这种区别不仅表现在主动词身上,还表现在谓宾上——二者各自所组合的谓宾也分别是通指性和殊指性的,即,主动词与宾动词之间形成一致关系。也就是,"喜"之"喜欢"用法指主体对类事件的态度;"高兴"用法则指由某特定事件而形成的当下情绪体验,这种特定事件具有[现实性]的时-体(tense-aspect)特征。如例(20)的"喜吾自得也","喜"的情绪是由实际存在的"吾自得"这个特定事件而形成的。与之相反,在"喜欢"用法上,例(28)"喜人之掩口"指的是对"人之掩口"作为类事件的一般态度,而不是人当下实际地掩口。

由于谓宾在殊指和通指上的区别,"喜"就有"高兴"和"喜欢"两种不同的解读,如例(29):

(29) 代人忘其难得,喜其贵买。(《管子·轻重戊》)

如果"其贵买"读为现实态,即实际已经贵买了,则主动词"喜"就读为"高兴";如果"其贵买"读为通指态,即表示一般性的贵买,则"喜"就读为"喜欢"。上古汉语在体貌范畴上缺乏明确的句法手段,因此,就单独一个动词组而言,现实态与通指态是难以分别的。从上下文看,这句话中的"喜"指的是一般情况,因此应该读为"喜欢":

(30) 管子曰:"狐白应阴阳之变,六月而壹见。公贵买之,代人忘其难得,喜其贵买,必相率而求之。则是齐金钱不必出,代民必去其本而居山林之中。"

句子表示"代人"对"其贵买"一般性的喜欢态度。

此外,指"高兴"时,"喜"自身还有状语功能,可修饰其他动词,其根据也是"高兴"义的瞬时性。这是"喜欢"义的"喜"所不具备的。

(31) 文侯喜曰:"可反欤?"(《吕氏春秋·不苟论第四》)

状语"喜"指动作"曰"在进行当时的伴随情况,因此是瞬时性的。而"喜欢"指一种非时间性的状态,与这种瞬时性的语义表达相冲突,因此无状语功能。"喜"之瞬时性的语义特征对其发展出侥幸功能是很重要的。

在"喜"的以上两种用法中,是"高兴"义演化出侥幸功能,具体是由带小句宾语的用法发展而来。当然,到中古时期,"喜"又发展出"容易"的意义,并可用于陈述无生名词主语,这是助动词功能,如"柴又喜焦、有叶者喜烂"(《齐民要术》)。这种功能与本文无关,此略。

3. "喜"类侥幸副词的形成

汉语史上,"喜"类侥幸副词在明代才发展为成熟的侥幸副词。元末明初《三国演义》中仅检得下面一个"喜得"的例子:

(32) 到四更时分,人困马乏,军士大半焦头烂额,奔至白河边。喜得
　　　河水不甚深,人马都下河吃水。(第四十回)

"喜"后用"得","得"之语法意义的核心是现实性,即实际获得。语义
上,这个"得"已经虚化,黏附性很强,"喜得"已经词汇化了。"喜得"可读
为"好在、还好","值得庆幸的是"。

说"喜"在明代发展出侥幸副词功能的一个旁证是:也是在这个时期,
"幸喜"这个侥幸副词开始普遍使用。"幸"是汉语最早的侥幸副词,它总
是作为语素与后来形成的侥幸副词(如"亏、好")组合为新的副词。"幸
喜"的词形在《太平广记》中已有出现,但作为侥幸副词并不典型,出现频
率也太低,只见下面三例:

(33) 问之曰:"君子何往? 幸喜同宿此浦。"厖眉人曰:"某以公事到
　　　楚,幸此相遇。"(卷第三百二十八·鬼十三)

(34) 虎曰:"我自与足下别,音问旷阻且久矣。幸喜得无恙乎,今又去
　　　何适?"(卷第四百二十七·虎二)

(35) 禹锡诗云:"昔年曾忝汉朝臣,晚岁空余老病身。初见相如成赋
　　　日,后为丞相扫门人。追思往事咨嗟久,幸喜清光语笑频。犹有
　　　当时旧冠剑,待公三日拂埃尘。"(卷第四百九十七·杂录五)
句中"幸喜"既可读为"高兴",也可读为"好在、幸亏"。

元代文献中未见"幸喜",这可能是我们语料搜集还不够,但即便有,
也不会很常用,因为这时"喜"类侥幸副词整体都尚未成熟。而在明万历
年间的《三宝太监西洋记》中,"幸喜、喜得"作为侥幸副词就很成熟了,"喜
得"也作"喜的",且有"幸喜得"的形式。

(36) 国王道:"原是游方来的,卑末一时被他所惑。"元帅道:"幸喜终
　　　其天年,免得我们这一番争斗。"(第六十一回)

(37) 象本性是个爱惜门牙的,却又敲得他疼,他就满地上乱跑乱卷。
　　　幸喜得天上转了一阵东风,王明叫众军士上风头放起火炮、火
　　　铳、火箭之类。(第五十四回)

(38) 总兵官大惊,说道:"喜得你来禀我,不然我一家大小不得安宁。
　　　凡事悉依你处就是。"(第四十八回)

(39) 洪公公道:"喜得还是个毛道长,若是个胡子道长,还有些蹊跷

哩!"(第五十八回)

（40）那番将听得后面马铃儿渐渐的响,料是追我者近也,把个头儿摇了一摇。喜的张先锋眼儿溜煞,看见他头摇,拨转马头便走。(第二十三回)

（41）再又加上两个游击也狠起来,一个一条简公鞭,一个一把月牙铲,鞭的锤敲,铲的斫削。喜的判官是个鬼溜下罢儿,也不觉的。(第九十一回)

有时"喜得"后加"是",这是由于系词"是"的形态化,反过来也正显示了副词"喜得"的高度虚化。

（42）猛然间蓝旗官报道:"前哨的战船险些儿一沉着底,喜得是回舵转篷,天风反筛,方才免了这一场沉溺之苦。"(第二十一回)

"是"成为一种词缀性质的成分,去掉并不影响"喜得"的侥幸义。

时间跨度上,"喜"类侥幸副词直到清末以至民国都相当活跃,有"幸喜、且喜、还喜、又喜、却喜、恰喜、犹喜"等多种形式。

"情绪"这一语法范畴内在包含[感性体验]和[理性评价]这样两个层面的语义要素。在"喜"由指情绪向侥幸的转变中,关键就在于删除了[体验]这一语义要素,这就造成"喜"的词义内涵由感性体验的"高兴",而改变为理性评价的"好"。情绪的感性体验特征表面上很显著,实际上是很肤浅的,也很容易磨损,只要该特征弱化,评价义就自然突显。

这种转变是在语篇环境中逐渐发生的。在小句、句子之上,整个语篇是有一个连贯的事件框架的,这构成语篇的基本陈述脉络。处于该事件框架的小句,就属于语篇前景信息,构成基本述谓单位;否则就属于语篇背景信息。指"高兴"情绪时,"喜"被作为语篇基本述谓单位,是语篇事件脉络的结构成分;相反,如果整个语篇主要陈述的事件并非情绪感受,而是客观物理事件,那么"喜"的述谓地位就被排挤,其语义内涵也就相应发生改变。

（43）将及黄河,喜得宋桓公遣兵来迎,备下船只,星夜渡河。(《东周列国志》第二十三回)

在这个语篇环境中,"喜"可表示"高兴","得"则连后读,即句子读为:很高兴得到宁桓公遣兵来迎。

但是在下面的实例中,语篇环境明显是消极的,"喜"就不能读为"高兴":

> (44) 宜春见父亲不允,放声大哭,走出船舷,就要跳水,喜得刘妈手快,一把拖住。(《警世通言》第二十二卷)

> (45) 断送了毕,宋金只剩得一双赤手,被房主赶逐出屋,无处投奔。且喜从幼学得一件本事,会写会算。(《警世通言》第二十二卷)

> (46) 医治无效,就此呜呼了。且喜代他生下一个孙子,就是现在那个宝货符弥轩了。(《二十年目睹之怪现状》第七十三回)

例(44)—例(46)中,撇开前后小句,也不妨把"喜"自身视为句子主要述谓。但从整个语篇看,"放声大哭、无处投奔、就此呜呼"都指极悲伤的情景,与"高兴"完全矛盾,这样,句中的"喜得、且喜"就不可能读为"高兴、快乐",陈述语篇前景信息,而只能读为侥幸副词"幸亏、好在",指语篇背景信息。

在"喜"类侥幸副词中,"恰喜"这个形式中"喜"的情绪义磨损程度最高,最纯粹指"好"。如:

> (47) 其余人马,俱随太祖即日引舟东下,向江口进发。恰喜江风大顺,征帆饱拽,顷刻到牛渚渡。(《英烈传》第十四回)

> (48) 大少爷心上有点气不服,走到船头,盘算了一回,恰喜这夜并无月色,对面不见人影⋯⋯(《官场现形记》第四十六回)

> (49) 多九公道:"老夫口里也觉发干,恰喜面前有个酒楼,我们何不前去沽饮三杯,就便问问风俗?"(《镜花缘》第二十三回)

句中"恰喜"表示机会的凑巧,基本相当于"恰好、恰巧"。"恰"强化了"喜"所指事件的巧合出现义,同时也就削弱其情绪体验的高兴义。

"还喜(得)"的"喜"也很少"高兴"义。"还"是语气副词,"表示程度上勉强过得去"(《现代汉语词典》(以下简称《现汉》)第6版),"还喜(得)"不指情绪范畴的勉强高兴,而指价值范畴的勉强可接受,因此,"喜(得)"前加"还",也是"喜(得)"发展为侥幸副词的显著标志。如:

> (50) 一连闹了几天,总无下落。还喜贾母贾政未知。(《红楼梦》第九十五回)

> (51) 那一面唐猊铠甲,粉碎如泥。还喜得是三重细甲,不曾打得十分的穿。(《三宝太监西洋记》第六十四回)

(52) 吴厌笑道："这等还喜得一斗糟不少,才有这些些酸味。"(《东度记》第二十回)

例(50)"还喜"指一种自身有价值的事件。"一连闹了几天,总无下落"指当前的一般现实情况,这种情况是不好的,而在这种形势中,"贾母贾政未知"还算是一种较好的情况。例(51)、例(52)"还喜得"指一种相对于另一个事件有利的条件。当前的实际有利形势是"不曾打得十分的穿、有这些些酸味","是三重细甲、一斗糟不少"指前者出现的条件。

4. "喜"类侥幸副词的语义机制

侥幸副词的基本语法功能是表示侥幸事件对价值事件的指向关系。语法效应上,侥幸副词触发两方面的现象:叙实性、反事实推理。

4.1 "价值"范畴的语义机制

4.1.1 关于"偶然条件"的讨论

《现汉》(第6版)对"幸亏"的解释是:"表示由于偶然出现的有利条件而避免了某种不利的事情。"邵敬敏、王宜广(2011:57)对此提出质疑,认为所谓的有利条件,不一定就是"偶然出现",而可能是常规条件、普通条件,或者根本无法判断这是不是"偶然出现"的条件。并举下面两例进行说明:

(53) 幸亏当时室内没人,否则非出人命不可。

(54) 幸亏有孩子照看,不然,你回来后就见不着我了。

他们认为,无法判断"当时室内没人"和"有孩子照看"一定是"偶然出现"的,因为也可以说为:

(55) 幸亏当时室内有人,否则非出人命不可。

(56) 幸亏不是孩子照看,不然,你回来后就见不着我了。

上述批驳还值得探讨。我们看不出为什么"幸亏"所修饰的小句在肯定性、否定性上进行对换,就说明该情况不是"偶然出现"了。另外,作者也没有指出所谓"常规条件、普通条件"的具体内涵为何。

《现代汉语八百词》在比较"幸亏"与"好在"的区别时指出:"幸亏"指"由于某种偶然出现的有利条件而侥幸避免了不良后果",而"好在""所表示的某种有利条件是本来就存在的"。例如："我每天都要去医院照顾他，好在(*幸亏)离得不远。"又："当时情况十分危急，幸亏(*好在)遇到警察才转危为安。"可见，《现代汉语八百词》是把"出现"与"存在"、"偶然"与"本来"相对比，即认为，"好在"侧重于指其所刻画的事件是一般性的，而"幸亏"则是临时性的。

《现汉》用"偶然出现"解释"幸亏"，虽然不很准确，但还是抓住了侥幸副词的一些重要内涵的，对之予以完全否定并不合适。

侥幸总是表现为"机缘巧合性"：主体在当时的具体处境——特别是困境中，恰巧遇到某种对之十分有利的现实情况；相反，寻常可得的，就不值得庆幸了。因此，侥幸副词总是暗示着"机会、走运"这样的潜台词。古代汉语的"幸"就特别强调这种"运气"的内涵，并对之报以否定的态度。《小尔雅》："非分而得曰幸。"《增韵》："非所当得而得，与不可免而免曰幸。"《左传·宣公十六年》："善人在上，则国无幸民。"《荀子·富国篇》："朝无幸位，民无幸生。""侥幸"也作"徼幸"，"徼"有窃取义，也是贬义的。当然，在侥幸副词功能中，这种贬义色彩后来是逐渐弱化了，但其"机缘性"这个语义核心则仍然保留。

4.1.2　侥幸事件对价值事件的指向性

从深层事件结构看，"侥幸"这个语法范畴的语义核心是［价值性］。"价值"即利害关系，这是一种指示性(deixis)的语法范畴(关于"指示"，请参看：张新华 2007)，以个人的生存利益为坐标原点。因此，价值内在是一种强主观性的语法范畴。这种价值参照点本身也是一种具体事件，即"价值事件"，它是主体所希望实现的某种存在方式。所谓评价也就是以价值事件为根据，而对当前所关注的事件做价值认定。一种情况无论是本来一般存在还是临时偶然出现，其自身都无所谓好坏，只有该情况相对价值事件是否"有利"，才具有"好、坏"的价值属性。

侥幸副词指的是：主体当前遇到的一种具体事件，即"侥幸事件"，恰巧符合自己当时的某种实际需要，即"价值事件"。这种巧遇也就是所谓"机缘、运气"。表面上，侥幸强调的是机缘性，而从深层事件结构看，侥幸事件与价值事件各自的句法语义特征，以及特定侥幸副词对它们的编码情况，才是侥幸副词的关键。

"喜"由指"高兴"的情绪谓词而演变为侥幸副词,是有自然的语义根据的:某种情况之所以值得高兴,唯一的根据就是它符合主体的实际需要。但经过转换,"喜"的语义内涵就发生了重要改变。作为主动词,整个句子所要表述的主要信息是情绪体验自身,对事因的关注是背景性的。作为侥幸副词,"喜"的体验要素被抑制、删除,转而聚焦事因的有利性,而这种有利性只能基于对价值事件的符合关系才能解释。

"喜"形成侥幸副词功能,来自宾动词和主动词同时做句法提升的操作,即:原来的宾语小句由内嵌地位而提升为整个句子的主要述谓内容;而"喜"原本作为句子主要述谓内容的地位则被排挤,最终提升为高阶述谓成分,其陈述对象也由句内主语而改变为言者主语。古代汉语小句主语经常省略,是"喜"自身可以直接演化为副词的一个重要动因。例如:

(57) 令尊虽大事未成,且喜贤侄幸逃海外,未遭毒手,可见上天不绝忠良之后。(《镜花缘》第五十七回)

(58) 诸侍女领命,即直悬于房上正柱梁。但冯茂且喜身材渺小,袋中反觉宽大无所苦屈。(《赵太祖三下南唐》第二十九回)

读为情绪谓词,"喜"聚焦由于"贤侄幸逃海外、冯茂身材渺小"而引发的高兴、快乐情绪本身,但并不特别关注该事件对另外的事件是否有利。而作为侥幸副词,句子不再聚焦情绪体验,而是特别强调事因事件是有利的,这种有利的参照基点则是"未遭毒手、袋中反觉宽大无所苦屈"。

价值指向性造成侥幸副词所引事件语义上的依附性——自身只是构成价值事件成立的条件,内在依附于后者。这样,句法上,作为侥幸副词,"喜"的辖域会小于其作为情绪谓词的辖域。例如:

(59) 我便和他七拉八扯的先谈起来。喜得他谈锋极好,和他谈谈,倒大可以解闷。(《二十年目睹之怪现状》第八二回)

(60) 一件件收拾起来,喜得是灰沙地土,水注砚瓦,都没打碎。(《野叟曝言》第十一回)

(61) 大家看罢,悄悄走去。却喜静无人声,钻入树林。(《施公案》第二四七回)

"喜得、却喜"的辖域只是"他谈锋极好、是灰沙地土、静无人声",它们构成"和他谈谈,倒大可以解闷""水注砚瓦,都没打碎""钻入树林"的具体条件。而读为情绪谓词时,"喜得、却喜"的辖域包括后续小句。

4.1.3　侥幸小句的独立成立

一般情况下,侥幸副词所引事件本身并不是目的,而只是造成另外一个价值事件成立的手段,但有时也会发生侥幸事件与价值事件重合的现象。这是一种特殊情况,有两方面的动因。一个动因是,侥幸事件指的是人的一般性存活。在价值范畴中,人活着自身就是最终目的,而不再是另外任何其他范畴的手段。因此,侥幸副词所引事件越是指主体的一般性存活,就越会具有的独立价值,而句法上也就越可以独立成句。

(62) 耳内只闻一阵风声,那大虫自从头上掠了过去。二人把头摸了一摸,喜得头在颈上,慌忙扭转身躯看那大虫。(《镜花缘》第四十九回)

(63) 阿计替答道:"韦夫人不在燕京,未曾遇见。路上且喜平安,不过自灵州到燕京……往返数十日,辛苦异常。"(《宋代十八朝宫廷艳》第八十一回)

(64) 金孝道:"这裏肚,其实不知什么人遗失在茅坑傍边,喜得我先看见了,拾取回来。我们做穷经纪的人,容易得这主大财?"(《喻世明言》第二卷)

(65) 李五道:"一枝兰虽然放走,却喜计大哥已将金牌取回,已可在大人面前销差了。"(《施公案》第二百四十二回)

例(62)"喜得"所引事件"头在颈上"对人就有完全独立的价值,它不能解释为后续小句"慌忙扭转身躯看那大虫"的原因。例(63)"且喜"所引事件"路上平安"也是如此。后两句,"我先看见了,拾取回来"指发财,"计大哥已将金牌取回,已可在大人面前销差了"指撇开麻烦,都被视为独立的价值事件,而非另一个事件的条件。

侥幸小句独立成立的另一个动因是"不幸中万幸、聊可安慰"这样的语篇环境。也就是说,主体当时已经处于十分不利、不幸的处境中,这时候,一件本来普通的正面情况也就具有极大的价值性。逻辑上,这是一种转折关系。例如:

(66) 只见衣服又湿,天色又昏,只是喜得石头岩里暖煨煨的,倒不冷。

（《三宝太监西洋记》第十九回）

(67) 尊者一个便不在心上,总兵官和这个小番耽了许多惊,受了许多
　　　怕。幸喜得一会儿到了一个山头上。(《三宝太监西洋记》第七
　　　十四回)

(68) 一路上辛苦,自不必说,且喜到了保安州了。(《喻世明言》第四
　　　十卷)

(69) 那丫头才留了头,者大瓜留着个顶搭,焦黄稀棱挣几根头发,扎
　　　着够枣儿大的个薄揪,新留的短发,通似六七月的粟蓬,颜色也
　　　合粟蓬一样;荞面颜色的脸儿,洼塌着鼻子,扁扁的个大嘴,两个
　　　支蒙灯碗耳朵;脚喜的还不甚大,刚只有半截稍瓜长短。(《醒世
　　　姻缘传》第八十四回)

　　例(66)中,前面的小句"衣服又湿,天色又昏"指出一种恶劣的处境,
这种情况下,"石头岩里暖煨煨的,倒不冷"对主体就有很大的价值了。例
(67)、例(68)两句指一番辛苦总算有值得安慰、满意的结果。例(69)前面
的多个小句极述"那丫头"的丑陋,这种情况下,"脚还不甚大,刚只有半截
稍瓜长短"就有很大的价值。

　　不难理解,"却喜"就是对这种转折关系的词汇化:

(70) 四面伏兵蜂拥而来,却喜后面人马继至,分左右而杀,冲散伏兵,
　　　各自混战。(《木兰奇女传》第十八回)

(71) 其时正值秦廷有诏,购拿他两人。他两人却喜无人认得,反用监
　　　门名义,号令里中访拿,以掩众人耳目。(《秦朝野史》第十三回)

(72) 用耳朵贴在地上,听得约有四五个警察在园中走来走去的搜索,
　　　却喜没人搜到阶基底下来。(《留东外史》第六十八章)

"却"表示转折关系,而"却喜"所引小句则自身即有独立价值,并不解释为
另一个事件的条件。

　　不过后来,"却"的转折义又磨损了,转而表示依附性的侥幸关系,指
向自身之外的价值事件。例如:

(73) 且言济公看见苏同、张禄复了原职,暗说道:且让你们暂时欢喜
　　　欢喜,马上又有烦恼到了。想着,就在怀中掏出一物、四面封得
　　　坚固。却喜皇上已走出帘外,济公双手献上说道:……(《续济公
　　　传》第九十四回)

(74) 高见道："却喜我今三十二，尚没一根胡子，人称我叫婆子嘴，我装个宣旨的太监好不好呢?"(《续济公传》第六十八回)

(75) 就此几箭步，赶上赵公胜，一同上船。却喜顺风顺水，已到河东，各军登岸。(《续济公传》第一百十一回)

这表明，表示侥幸事件与价值事件之间的语义关联，才是侥幸副词的强势功能。

一个相关的句法现象是：所引侥幸事件的独立性越强，则该侥幸副词自身的独立性也就越强，形式上也就越可以分开，即副词后停顿。副词独立性的强表现就是独立成句。

各种侥幸副词独立性的强弱序列如下：

"好"类＞"喜"类＞"幸"类＞"亏、早"类

"好在、还好"后常常停顿，如：

(76) 她跌坐了下来，用手托着下巴，呆呆的沉思起来。好在，一切都快过去了，好在，老人死后，她将永远逃开风雨园，也逃开这园里的一切! 尤其，逃开那阴魂不散的耿若尘! 那在这几个月里不断缠扰着她的耿若尘! 是的，逃开! 逃开! 逃开!(《心有千千结》第六章)

第一个"好在"的对象是"一切都快过去了"，第二个"好在"的对象是所有后面的下划线小句，它们本身即对主体的存活具有一般性的价值，句末用感叹号，表明该小句之强烈的价值完备性。句中的"好在"不能换为"多亏、幸亏"。

语料中未见"喜"类副词独立成句的用法，表明它们的黏着性要比"好在"高。下面句中的"好在"是黏着性的：

(77) 好在 10 分钟后队友凯·麦克基纳为加拿大扳平比分，使双方进入加时赛。(《文汇报》2002-1-29)

例(77)中"好在"小句的事件只对主体当时的特定存在方式"使双方进入加时赛"有利，构成后者的原因。所引事件的黏附性强，"好在"自身的独立性也相应差。

不难理解，在表示所引事件自身即有独立价值时，侥幸副词又转而取宽域。这就与其作为情绪谓词的辖域特征相同了。但二者在语法意义上

是有实质区别的:侥幸副词指有利性的价值判断,情绪形容词指"高兴、快乐"的体验。

4.2　叙实性(factivity)

"叙实"指这样一种句法效应:一个成分内在引发、要求所关联的结构体指一种现实态的事件(张新华 2015)。侥幸副词就是这样的句法成分。这是由侥幸副词的价值内涵带来的——只有现实事件才能满足主体的存活。进一步地,侥幸副词往往不但要求所饰小句自身具有现实性,还要求所指向的价值事件也取现实态。例如,下面例(78)中的 a 成立,b、c 不成立:

(78) a. 幸亏值勤公安及时赶到,阻止了事态的进一步扩大。(《新快报》2004-6-15)

　　 b. * 幸亏值勤公安可能及时赶到,阻止了事态的进一步扩大。

　　 c. * 幸亏值勤公安及时赶到,可能阻止事态的进一步扩大。

在例(78)的 a 句中,"公安人员及时赶到"与"阻止了事态的发展"都是现实性的,整个句子成立。例(78)的 b 句前一小句是可能态,例(78)的 c 句后一小句是可能态,两句都不成立。

"现实性"有典型程度的差异,其语义的根据是殊指性:最典型的现实事件是高度离散、动态动词的进行体、完成体形式。所谓"现实世界"即一个个作为世界存在单位的最小的"现实事件"的总和,这个"最小"也就是通过离散化、颗粒化的语义机制来实现的。例如,词汇上,动作动词的现实性特征比静态谓词强。句法上,"正在、在"所刻画事件的离散性、动态性程度比"着"高,因此前者的现实性特征就比后者显著。

侥幸事件与价值事件之间的语义关联表现在高低两个层面。低阶层面体现为谓词情状特征上的殊指性/一般性,在此层面,侥幸事件与价值事件表现为一定的一致关系;高阶层面体现为侥幸事件对价值事件的致使关系,有直接性/间接性的分别。后一层面涵盖前一层面,并以其为根据。

"喜"类副词所引侥幸事件对价值事件影响的直接性有很大的伸缩范围,因此形成条件和原因两种关系类型,而以条件关系更为常见。"条件"和"原因"是两种非常相近的语义范畴,很多学科都对之做过讨论,此不赘列。本文的观点是："条件"事件对后果事件之间的关系是间接性，语义上表现为"影响、制约"；"原因"事件对结果事件之间的关系是直接性的，语义上表现为"造成、导致"。所谓直接也就是没有中间性的物质环节，物理力的实施直接造成事物的一种存在方式，即事件。

最典型的因果关系是：原因动作是强动态性的，结果状态是物理性、殊指性的，如"推开、砸碎、杀死"这样的动结式。事态自身的殊指性，与因果致使关系的密切性，这两种语义特征之间是内在相关的。直接性是一种程度问题，因此，"条件"与"原因"之间也构成一种连续统。

4.2.1　条件关系

条件关系有两种类型。

第一种是，侥幸事件表示事物的一般属性。这种事件的殊指性最低，无时间性。事物所具属性对其发出具体的动作只有很笼统的制约作用，因此，前者相对后者就构成最典型的条件关系。二者的主语可以相同，如例（79）；也可以不同，如例（80）、例（81）：

(79) 张狼牙浑身是火。自古道："水火无情。"那里认你是一员大将。喜得张狼牙还是胆大心雄，勒转马一辔头，径跑到中军帐下。（《三宝太监西洋记》第四十一回）

(80) 连忙止他道："多是我的不是。你而今不必啼哭，管还你好处。且喜夫人贤慧，你既肯认做一分小，就不难处了。"（《二刻拍案惊奇》卷十一）

(81) 一主一仆正在急难之处，幸喜得天无绝人之路，有个樵夫荷担而来。（《三宝太监西洋记》第九十五回）

例（79）"且喜"所引事件"张狼牙还是胆大心雄、夫人贤慧"，与价值事件"勒转马一辔头，径跑到中军帐下""不难处"之间的关系十分疏远，前者并不直接造成后者，但却是构成后者的重要前提。例（81）中侥幸事件"天无绝人之路"指一种一般规律，与价值事件"有个樵夫荷担而来"只有模糊的引发关系。这些都是典型的条件关系。

这种侥幸事件不接受"多亏、早是"的引导，后者更强调事件的当下存在性，要求所饰小句谓语动词的动态特征极强。

第二种是，侥幸事件表示价值事件的外部环境。环境对事件的发生、成立起明显的制约作用,但也并不直接造成它,因此也表现为条件的关系。环境要素在时空上与事件是直接相联的,所以对事件的影响要比上面的一般属性高。据考察,"喜"类副词的最常见用法就是引入环境成分,包括三个小类。

A. 指处所:

(82) 侧首一扇朱红子,且喜开着,不免闪将入去。(《二刻拍案惊奇》卷四十)

(83) 寻着一条小路,恰喜无把守,急领败残喽罗往小路而逃。(《侠女奇缘》第七十一回)

(84) 且喜那座古庙,余屋尚多,不如且去借他一间半间,暂时安身,再作道理。(《文明小史》第八回)

(85) 急急向湖边走去。且喜一路无人,天将明时,到了湖边。(《热血痕》第二十四回)

(86) 噗通一声竟自落在井底。且喜是枯井无水,却未摔着。(《三侠五义》第二回)

(87) 且喜太医住得还近,不多时便到了。(《醒世恒言》第十卷)

B. 指时间:

(88) 贾政道:"此论极是。且喜今日天气和暖,大家去逛逛。"(《红楼梦》第十七回)

(89) 喜是十四日二更天气,正有月色,看的分明。(《醒世姻缘传》第七十七回)

(90) 然天下未有不散的筵席,且喜尚有十日之限,仍可畅聚痛谈。(《镜花缘》第六十八回)

(91) 且喜明岁正当大比,兄宜作速入都,春闱一战,方不负兄之所学也。(《红楼梦》第一回)

这种作为侥幸事件的处所和时间,就构成具体物理事件发生的所谓"时机"。物理事件是主体当前的价值、目的所在,时机指价值事件发生的背景、条件。

C. 指相关背景事物的具体存在情形。这种侥幸事件的殊指性程度比上面的两类明显提高。

（92）其余人马，俱随太祖即日引舟东下，向江口进发。恰喜江风大顺，征帆饱拽，顷刻到牛渚渡。（《英烈传》第十四回）

（93）想为得计，急借土遁赶奔，一到后堂余鸿卧帐前榻中，且喜案上灯光未灭，并肃净无一人，只放心持了案上灯，……（《赵太祖三下南唐》第二十七回）

"处所"和"时间"都不属于事物范畴，"江风、灯光"则指事物。事物的展开即存在方式，也即事件，事件则构成信息传达的基本单位。不同事物在认知凸显度上有不同的层级，而对价值事件来说，由于价值的主体总是人自身，因此，像"江风、灯光"这样事物的存在方式，就会被处理为人之存在方式的背景因素。

语义关系上，条件事件对结果事件是包含性的，参与者上则表现为整体/一般对部分/特殊的上下位关系；前者并不直接参与到后者的活动之中。如例（79），"张狼牙还是胆大心雄"可以容纳"张狼牙"的各种具体活动，但"胆大心雄"自身并不直接构成这种活动。同样，例（92）"江风大顺"允许主体进行无数具体的活动，"顷刻到牛渚渡"只是其中的一个特定情况。实体上，处所、时间以及"江风、灯光"这样的背景事物，对具体事件的参与者都构成包含关系，即所谓"框架"。概之，条件的语义内涵大、概括；结果的语义内涵小、具体。

4.2.2　因果关系

这种侥幸事件指某种当下具体的存在情况，殊指性程度高，与价值事件的致使关系很直接。如：

（94）幸喜得还是景门挡住，看还有可救。（《三宝太监下西洋》第八十六回）

（95）何期到一十七岁上，父亲一病身亡。且喜刚在家中，还不做客途之鬼。（《喻世明言》第二十三卷）

（96）幸喜鸳鸯等能用百样言语劝解，贾母暂且安歇。（《红楼梦》第一零七回）

例（94）、例（95）中，侥幸事件与价值事件陈述的是同一个主体，句子表示该主体由于参与了侥幸事件，所以直接导致了价值事件的成立。例（96）分别陈述不同的主体："鸳鸯、贾母"，句子表示由于前者的具体行为，因此导致后者处于一种有利的状态上。

　　与条件对结果的大小包含关系不同,原因对结果的关系是对等性的。实体上,各自的参与者是对待性的,而不是条件范畴那样的框架性;事件上,原因与结果各自都是强殊指性的,双方之间是一对一的,也就是,一个具体的事件造成另一个具体事件的产生。

　　总体看,"喜"类侥幸副词的上述用例很少——这种侥幸关系的典型是用"早是、幸亏、多亏"。"喜"类副词所引事件的殊指性程度较差,一般引出一般性的事态,双方之间的致使关系较为疏远。"早、亏"类副词所引事件的殊指性较高,一般指当下发生的事件,与价值事件在时间上紧密连接,双方之间的致使关系也极为密切。这是有词汇内涵的根据的:"早"指时间上在先,具有时间上的当下性,"亏"指具体付出,表现为实际作用。这都是殊指性的具体体现。"喜、好"则指对事件有利性的一般评价,殊指性差。

4.3　反事实推理

　　语义上,侥幸副词所引事件是强现实性的,这与反事实似乎相矛盾,实际上,二者具有内在相关性。这是由"反事实"这种语法范畴的本性决定的。反事实的语义内涵包括两方面:一是否定,二是构拟。否定的功能是把一种特定的现实情况予以取消,这是一种事后反思的认识活动;构拟则是设想在该事实不存在的情况下,会发生何种情况。因此,反事实内在是一种推理性的语法范畴,一定会编码在句际层面。可见,"反事实"这个范畴表面上是非事实性的,实则强烈要求现实性:它只能以某种特定的事实为根据进行推理。

　　反事实推理的启动总是要求特殊的激活条件,情绪即重要的一种。特定事件对主体的情绪触动越大,越容易激发反事实推理。"侥幸"就是一种会强烈激发反事实推理的语法环境。

　　反事实推理的事件结构包含四个环节:①"喜"所引的侥幸事件;②价值事件;③对①不存在的设想;④设想在③的情况下,所可能出现的负面情景。其中,②在语用上是被抑制的,往往不显性编码,而④则是焦点信息。由侥幸范畴所引起的事件,可以同时涵括四个次事件,但这并不多见。例如(下面直接把这些次事件在语料中进行标记):

(97) 我和你邂逅相逢,你认得我甚么前公?①还喜的不曾拽上你来,③若还拽你上山之时,④你跑到我家里,认起我的房下做个后母。(《三宝太监下西洋》第三十九回)

(98) 王爷道:"①喜得还不曾肆筵设席,③险些儿④弄做个开宴出红妆。"(《三宝太监下西洋》第八十一回)

例(97)"还喜的"所引"不曾拽上你来"指一个现实事件,其指向的价值事件可能是"我才没有受到伤害"之类,它在当前是已经现实存在的,但在反事实推理中,该价值事件不作为表达的重点,也未指出。句子所要强调的是:设想侥幸事件不存在,所可能造成的负面情景。例(98)"险些儿"指明了侥幸之下的害怕情绪,而逻辑上,"险些儿"也就相当于"否则"。

在反事实推理中,环节③是逻辑关系的枢纽,其抽象形式即连词"不然、否则"之类。如:

(99) 总兵官大惊,说道:"①喜得你来禀我,③不然我④一家大小不得安宁。(《三宝太监下西洋》第四十八回)

有时,侥幸事件所指向的价值事件也可以显性表达。如:

(100) 我先前替他愁,①这会子幸喜大老爷不在家②才躲过去了,③不然④他有什么法儿。"(《红楼梦》第一一零回)

(101) 番王叹了两口气,说道:"南朝人说老实,还不老实。"番官道:"①喜得是老实②还会走,③若是不老实④还会飞哩!"(《三宝太监下西洋》第五十四回)

"才躲过去了、还会走"是价值事件,二者都用紧缩的形式跟在侥幸句的后面,并未构成一个独立的小句。基于侥幸事件反事实推理所构想的负面情景,才是语篇的焦点信息,如"还会飞"后用语气词"哩",韵律上,"还会飞"也会重读。

环节③也可不采取否定的形式,而设想一种不同于侥幸事件的具体存在情形。如:

(102) 心里想道:"他的兵器好利害也!①喜得打在刀上,③若是打在我身上,④却不打坏了我么?"(《三宝太监西洋记》第六十二回)

"打在我身上"是侥幸事件"打在刀上"之外的另一种具体存在情形,但它同样需要先对侥幸事件进行取消,即暗含"不然"的语义要素。

5. 结论

汉语史上共出现过"幸、早、亏、喜、好"五类侥幸副词,它们都由实词虚化而来。其中"幸、喜、好"可概括为一类,其编码策略都基于[价值]这一范畴,即外界事物的存在情形符合人的实际需要;"早"的着眼点是时间上在先,"亏"的视角是损益关系。侥幸副词"喜"来自其情绪用法。情绪指直接体验,包含事因这一要素。侥幸则是去除情绪体验而突显评价的内涵,并关注事因对价值事件的具体作用。句法上由主句动词提升为高阶述谓成分。

语义上,侥幸事件总是指向价值事件的,但二者有时也会发生重合,即侥幸事件本身即对人的生存具有重要价值。"喜、好"两类副词有此功能,其他三类则无。

侥幸副词表示的是侥幸事件对价值事件的实际有利性,这就形成叙实效应。而由于"喜"类副词所引侥幸事件在殊指性上的差异,侥幸事件对价值事件就表现为条件关系、因果关系两种不同的关联方式。另外,侥幸副词往往引发反事实推理,因此又可关联一种假设复句。

参考文献

汉语大词典编辑委员会,汉语大词典编纂处 1986 《汉语大词典》,上海辞书出版社。

蒋冀骋 吴福祥 1997 《近代汉语纲要》,湖南教育出版社。

吕叔湘等编 1999 《现代汉语八百词》,商务印书馆。

王 群 2006 《明清山东方言副词研究》,山东大学博士学位论文。

邵敬敏 王宜广 2011 《"幸亏"类副词的句法语义、虚化轨迹及其历史层次》,《语言教学与研究》第 4 期。

香坂顺一 1992 《水浒传词汇研究》(虚词部分),文津出版社。

俞光中 植山均 1999 《近代汉语语法研究》,学林出版社。

张新华 2007 《汉语语篇句的指示结构研究》,学林出版社。

—— 2015 《感知类叙实动词研究》,《语言教学与研究》第 1 期。

张谊生 2000 《现代汉语副词研究》,学林出版社。

中国社会科学院语言研究所词典编辑室编 2012 《现代汉语词典》(第 6 版),商务印书馆。

朱德熙　1982　《语法讲义》,商务印书馆。

Kiparsky, P. & C. Kiparsky　1970　Fact. In M. Bierwisch & K. Heidolph (eds.). *Progress in Linguistics*. The Hague：Mouton.

张新华：zhangxinhua@fudan.edu.cn

原载《语言研究集刊》第十八辑。

成都话的语气词和反事实句

陈振宁

提　要　反事实句在成都话语气词中分布并不均衡。通过对真实语料进行研究，用 12 个维度 44 个特征标注样本后，统计特征的蕴涵关系和功能的聚类情况，我们发现：说者应用反事实句的动因主要来自"反对听者"，同时多伴随"强意外"以直接否定命题的真实性；这两个主要动因引发了一系列相关特征：主要形式为反问句、主要言说对象为听者、主要情感为负面、主要情绪为强、反同盟立场相对更多。语气词中反事实句分布的不均衡性和语气词的主要功能关系密切，反事实句相对显著的语气词是：实际上反对听者的"噻1"、强意外的"㖎、哇"、无论多荒谬也要强求认同的同盟语气词"嘎"。典型反事实句和一些不典型反事实句有着大同小异的真值表现。

关键词　语气词　反事实　叙实性　多维特征　聚类关联

1. 绪论

1.1　命题与真值——真实、事实与叙实

Kiparsky & Kiparsky(1970)提出英语谓词中有"叙实的(factive)"和"非叙实的(non-factive)"，引入了叙实性的概念。之后"事实、叙实"成为语言研究和语言逻辑中经常讨论的问题。

事实和叙实都和命题的真假判断有关，陈振宇(2017)和陈振宇、姜毅宁(2018)认为命题的"真/假"是"相对真值"，只能在特定的可能世界(possible world)中判断，并提出多重可能世界下的真值、真实性、事实性和叙实性等概念。

至少有两种不同的可能世界："真实世界(real world/reality)"或者

"原初世界(original world)",指说话者存身的真正的现实世界;认知世界
(cognitive world),认知主体的意识和话语(语言学中的讨论对象一般是
说者的话语)打开的一种虚拟的世界。

其中,真实世界是一切的起点,是 w0。认知世界则还可以进一步"分
裂"下去:

当说者"直接讲述"一个命题时,说者将自己的话语"当作真实世界"
来进行真假判定,这种"被说者当作真实的世界"在话语中是最根本的,是
"直陈世界(indicative world)"w1。

当说者通过各种手段"拐弯抹角讲述"一个命题时,隐藏了自身直接
的真假判断,也就是说在"直陈世界"之上继续打开更多"虚拟世界
(fantasy world)",理论上可以无限分裂下去,于是有 w2、w3……,可以称
之为 wn(n>1),而这些"拐弯抹角讲述"的手段可称之为意向形式。

在真实世界 w0 为真的命题,具有"真实性";为假的具有"反真实性";
无法判断的具有"非真实性"。但这往往不是语言研究的任务。

在说者直陈世界为真的命题具有"事实性";为假的具有"反事实性";
无法判断的,具有"非事实性"。这和语言学研究关系密切。

"叙实性"则是针对有打开虚拟世界能力的"意向形式"来说的,如果
一个意向形式:其所指论元[1]的真值能够"投射"到直陈世界 w1 中,固定
为真或固定为假,则这个意向形式就是"透明"的;如果其所指论元的真值
在直陈世界 w1 中真假不明,则这个意向形式是"晦暗"的。因为透明和晦
暗之不同,叙实性有多种表现,除最初提出的"叙实/非叙实"两分外,还有
利奇(Leech,1981)的"叙实/反叙实/非叙实"三分,即:叙实,无论意向形
式是肯定还是否定,其论元在 w1 中都为真(透明);反叙实,无论意向形式
是肯定还是否定,其论元在 w1 中都为假(透明);非叙实,无论意向形式是
肯定还是否定,其论元在 w1 中都为真假难明(晦暗)[2]。后来又增加了
"半叙实":意向形式为肯定时,论元在 w1 中为真(透明),意向形式为否定
时,论元在 w1 中真假难明(晦暗)。

1.2 研究内容

除了陈振宇、姜毅宁(2018)提及的意向形式,我们注意到一定的"语

气"也有打开虚拟世界并表现出不同叙实性倾向的情况。

(1)（挤眉瞪眼，有很强烈的特殊重音）张三很**聪明**吗?!／张三**哪儿**聪明啦?!

(2) 我不知道张三很聪明。／我**就不知道**张三很聪明!

(3) 我不相信张三很聪明。／我**才**不相信张三很聪明!

例(1)是常见的两种"反问"句。反问句常常被认为有"否定"的作用，即例(1)中说者并不是真的在进行求证或询问张三很聪明的具体表现，而是表达了"张三不聪明"的判断。

例(2)有意向谓词"知道"，在大多数讨论中被视作典型的叙实谓词，是语义逻辑研究中的"知道逻辑"[3]，不论说者知道还是不知道，"张三很聪明"都是事实，不过陈振宇、甄诚(2017)，与郭光、陈振宇(2019)分析了汉语中"知道"类谓词在语料中的实际表现，指出认知主体是"我"的时候，"不知道"有可能就是表达了说者对"张三很聪明"的反事实判断，也就是说"'知道 X'中 X 在 w1 为事实，'不知道 X'中 X 在 w1 为反事实"，综合来看有两个"知道"：典型透明性的叙实谓词"知道 1"，不典型透明性的正反叙实谓词"知道 2"[4]。而例(2)对"我知道"进行了语气上的"强调"以后，就更倾向于正反叙实的"知道 2"。

例(3)则有意向谓词"相信"，被视作典型的非叙实谓词，是语义逻辑研究中的"信念逻辑"[5]，不论说者相信还是不相信，说明的都是说者的个体信念，在直陈世界中"张三很聪明"真假不明。同样的，当说者对自己的个体信念进行语气上的"强调"以后，"相信"就倾向于半透明的半反叙实了，"相信 X"则 X 在 w1 中真假不明，"不相信 X"则 X 在 w1 中为假。

语气词(mood particles)是汉语语气功能的主要表现形式之一，考察语气词所在句子的事实性，有助于我们研究语气和叙实性的关系。而成都话是笔者的母语，虽然成都话属于官话区方言之一，但受到南方一些方言影响，其语气词系统比普通话/北京话更复杂。成都话的单音节语气词至少有 12 个"嗦、哇、哦、啊、喃、嗫 1、嗫 2、哈、嘎、嘚、嘛、吧"[6]，其功能分化更精细，笔者调查后发现成都话语气词相关例句在"反事实性"上有着

极不均衡的表现。我们在 50 万字规模的成都话语料库中统计后得到 244
例语气词反事实句,如表 1。

表 1　成都话各语气词反事实句分布表[7]

语气词	嗦	哦	啊/啦	哇	喃	嚓1	嚓2	哈	嘎	噻	嘛	吧
反事实	**68**	9	48	**18**	9	**6**	10	19	**12**	12	30	0
总数	**296**	1 358	536	**144**	605	**9**	347	635	**119**	504	1 307	107
比例	**23.0%**	0.7%	8.9%	**12.5%**	1.5%	**66.7%**	2.9%	3.0%	**10.8%**	2.4%	2.3%	0

由此本文研究的问题是:①这些反事实句和语气相关的特征,寻找其
中显著的特征蕴涵和分类情况;②各语气词的主要功能和它们在反事实
句上表现不均衡之间的原因;③这些反事实句的具体功能表现和真值
情况。

1.3　研究方法

笔者采用 12 个维度 47 个特征来考察成都话的语气词系统,如表 2[8]:

表 2　成都话语气词的多维特征表

形　式			言语行为			对象	判断(预期)		评价		语力
独立性	分布	句类	具体行为	确定性	求答性		极性	来源	立场	情感	情绪
独立 黏着	句尾 句首 句中 多句 成句	陈述 祈使 疑问	告知/要求/询问/否定 招呼/话题/话语/条件 并列/转折/顺承 注意/引起下文	确定 弱确定 不确定	不求答 弱求答 求答	说者 听者 三方	反 顺 无	说者 听者 三方	同盟 反同盟 无同盟	负面 正面 中性	强 中 弱

用这些特征对语气词相关反事实例句一一进行标注,可以得到反事
实句的特征分布。然后按照陈振宇、陈振宁(2015)和陈振宁、陈振宇
(2015)提出的"赢多输少"算法来绘制特征和例句的关联图,再按照陈振
宇、陈振宁(2017)提出的偏向聚类策略和陈振宇(2018)提出的层次聚类
法,来挖掘其中的特征蕴涵和功能分类情况。

2. 成都话语气词反事实句的特征

2.1　特征分布

成都话语气词相关反事实句的特征分布如表 3[9]，可见和反事实有关的主要特征是：黏着于句尾的句尾语气词、疑问表达告知/要求的反问句、对字面命题意义的直接否定、确定不求答、听者对象、反预期、说者预期、听者预期、同盟立场、负面情感、强情绪。

第一，句尾语气词这一主要特征似乎和我们要讨论的问题关系不大，因为狭义语气词正是指句尾语气词，不过反事实句中的句尾语气词占比超过 95%，比语料库中句尾语气词的平均比例（88%）略高。这是因为：纯粹表示惊呼的叹词用法，它们不具备命题意义自然无所谓反事实[10]；位于句首、句中、多句中的语气词，作为话题、话语、条件、并列等标记，纯粹起人际语篇作用而没有命题意义，其所处的单句或分句更容易倾向于事实句或非事实句[11]。

表 3　成都话反事实句的特征分布表

维　度	特征	频次	频率	维　度	特征	频次	频率
独立性	**黏着**	**234**	**95.90%**	句类	**疑问**	**166**	**68.03%**
	独立	10	4.10%		陈述	62	25.41%
分布	**句尾**	**232**	**95.08%**		祈使	16	6.56%
	句中	3	1.23%	对象	说者	97	39.75%
	句首	2	0.82%		**听者**	**178**	**72.95%**
	多句	2	0.82%		三方	84	34.43%
	成句	5	2.05%	预期极性	**反预期**	**236**	**96.72%**
具体言语行为	**告知**	**182**	**74.59%**		合预期	14	5.74%
	要求	47	19.26%		非预期	5	2.05%
	询问—求答	6	2.46%	预期来源	**说者预期**	**162**	**66.39%**
	否定	**133**	**54.51%**		**听者预期**	**205**	**84.02%**
	招呼	2	0.82%		三方预期	15	6.15%

续表

维　度	特征	频次	频率	维　度	特征	频次	频率
具体言语行为	条件	3	0.41%	立场	**同盟**	**148**	**60.66%**
	话语	4	1.64%		反同盟	76	31.15%
	注意	10	4.10%		非同盟	20	8.20%
	下文	9	3.69%	情感	**负面**	**212**	**86.89%**
					正面	18	7.38%
					中性	14	5.74%
信/疑	**确定**	**244**	**100%**	情绪	**强**	**236**	**96.72%**
	不求答	**238**	**97.54%**		中	7	2.87%
	求答—询问	6	2.46%		弱	1	0.41%

　　第二,以形式和言语行为"错位"形成的反问句为主,且有 50% 对字面命题意义的直接否定,陈振宇、杜克华(2015)在研究"意外(mirativity)/反说者预期"的语用迁移中指出"强意外→否定(反问)、弱意外→询问"的迁移规律,且这个"否定"主要是用反问句来表达的,包括对字面命题意义的直接否定和隐含的对命题合理性、听者品行、听者言辞的否定。这种明显表达出来的"否定"态度使得说者倾向于使用反事实句。

　　第三,反事实句中信疑维度自然都是确定的,因为说者只要表达出自己对信息的弱确定或不确定,自然导向"非事实"。值得注意的是尽管都是确定的,却并不一定都是不求答的,其中有少量"确定但求答"的询问,即"强求认同"的提问(参见后文)。

　　第四,言说对象主要为听者,即反事实句反对的主要是与听者有关的信息。

　　第五,预期性两个维度集中于"反说者/听者预期"。也就是说,除了"意外/反说者预期"外,还有一个很重要的因素是针对听者预期的"强烈反对",事实上"反听者预期"比"反说者预期"还要重要一些。这和言说对象一起表明了反事实句对听者的针对性。

　　第六,同盟立场最多,这是因为通常对话总是为了将对话继续下去,所以几乎所有对话语篇中同盟立场占比总是很高。当然,语料库中同盟立场总的占比高达 82%,而反事实句里同盟立场才刚刚超过 60%,因此反事实句中超过 30% 的反同盟立场相对来说反而是显著的。这是"针对听者的强烈反对"很自然的倾向。

第七,负面情感比例很高,和所有语气词中 50% 多一点的情况相比也很显著,负面情感正是一种隐性的否定评价。

第八,强情绪同样比例极高,同时也比所有语气词 80% 多的情况显著。反事实句往往和"夸张到荒谬、不合理"有关,所以说者情绪越强越容易反事实。

2.2 特征关联(蕴涵)

用"赢多输少"算法计算出成都话语气词反事实句的特征主要关联(最小简图),如图 1,从中不但可以看出谁是主要特征,还能看出这些特征的蕴涵关系并可计算整体控制度[12]。

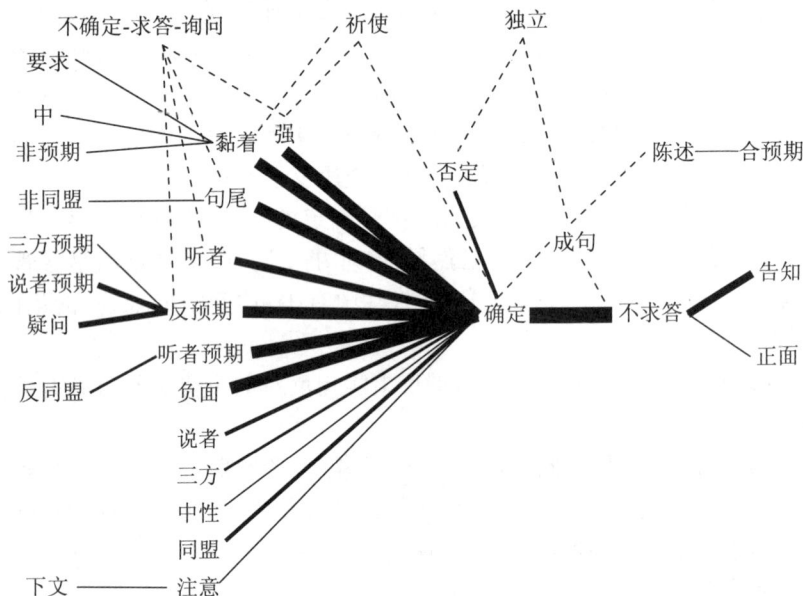

图 1 特征关联简图

图 1 中，各特征点之间连线粗细代表了特征之间关联的权重，越粗则关联越"紧密"。虚线表示歧义边，即相关特征值和另外多个特征值之间的权重完全一样。另外，"句中、句首、多句、招呼、条件、话语、弱"等 7 个特征值对应的例句太少，导致它们的歧义边极多不在本文研究范围内，图中没有列出。

首先，控制度 64.99％，说明反事实句整体来说有一定特征显著性，特征是比较集中的。但这种集中度还不算很高，也就是至少对语气词相关的句子来说，"反事实"没有上升到"语法性标记"的高度，只有"语用倾向性"的一些隐性规律在起作用。

其次，关联的中心关系是"确定—不求答"，通过这个中心分别和其他主要特征相连接。再考虑到和中心关联最强的"告知、否定、强、听者、反预期、听者预期、负面"等主要特征，我们运用反事实句实际上是要"强烈指出(那些听者弄错了的)确凿无疑的事实"。

最后，特征间的优势蕴涵多是各主要特征对"确定"的，但还有另外两个值得注意的优势蕴涵："疑问→反预期"，蕴涵概率 88.9％；"说者预期→反预期"，蕴涵概率 89.7％。也就是说，疑问句类和说者预期不是直接关联"确定"这一中心的，还通过了一个过渡性的次中心"反预期"。这其实是意外和疑问句类关系特别密切造成的，证明确实如陈振宇、杜克华(2015)指出的那样，意外对疑问这一形式特别"青睐"。

3. 成都话语气词反事实句的功能

3.1　功能聚类

244 个例句，特征完全相同的归在一起有 128 个例型，即能实现 128 种具体功能，这些功能的聚类图如图 2。聚类后得到 26 个类，因为这些类几乎全部排列成了以 12 号小类为核心的星型图，所以二次聚类后就立刻收敛为一个大类，这和语气词反事实句在特征蕴涵中控制度较高的现象是一致的[14]。

3.2　中心点：意外后用强反问来反对/解释

功能聚类图的中心是 12 号小类，它的主要特征是[黏着　句尾　疑问　确定　不求答　告知　反听者/说者预期　同盟　强]，另外还有无

0 意外/听者/同盟/正面/强反问告知(4)

2 意外/说者/无同盟/强反问告知/否定(2)

24 意外/三方/无同盟/强反问告知(6)

25 意外/说三/无同盟/负面/强反问告知(3)

4 反听说预期/听者三方/反同盟/负面/强反问告知(5)

8 反听说预期/反同盟/负面/强反问要求/否定(22)

22 反听者预期/听者/反同盟/负面/强祈使要求/否定(6)

12 反听说预期/同盟/强反问告知+(83)

21 反听者预期/听者/反同盟/负面/强告知+(42)

13 反听者预期/说者/同盟/正面/强反问告知(3)

1 反听者预期/三方/同盟/中性/反问告知/否定(2)

3 反听者预期/三方/同盟/中性/强直陈(3)

7 反听者预期/听者/同盟/负面/要求/否定(4)

5 反听者预期/听者/同盟/负面/反问要求/否定(5)

6 反三方预期/无同盟/负面/强反问告知/否定(6)

9 反三方预期/三方/同盟/强反问告知/否定(3)

19 反预期/三方/强直陈(6)

14 说者/同盟/正面/中直陈+话语标记(4)

18 无预期/听说/同盟/正面/强招呼(2)

20 说者/同盟条件标记(3)

16 听者预期/听说/同盟/负面/强直陈+(17)

23 独立/反顺听者预期/听者/同盟/强直陈/否定(3)

15 反听者预期/三方/同盟/负面/三强要求/否定(3)

17 反听者预期/说者/同盟/负面/陈述强语(2)

11 反听者预期/听者/同盟/负面/强求认同询问(3)

10 独立/反听者预期/听者/同盟/负面/强求认同询问(2)

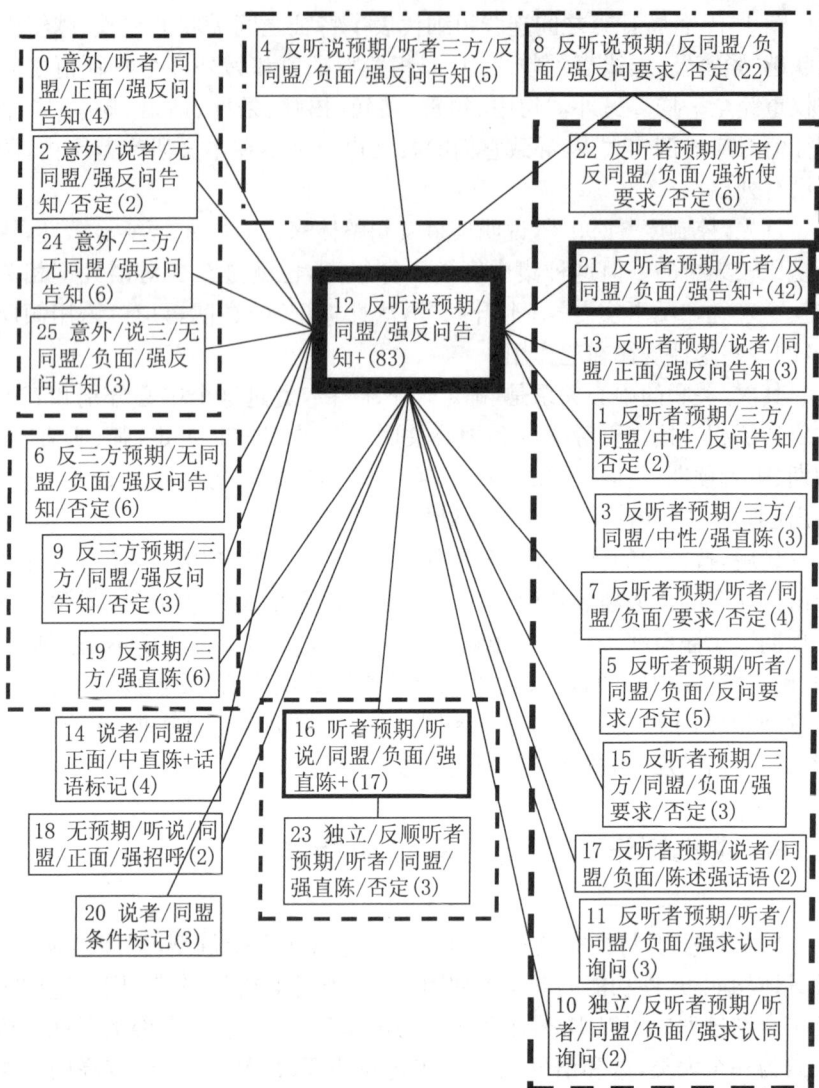

图 2 成都话语气词反事实句功能的聚类图[13]

法单独成类附着于本类的例型,共 83 例。

第一,说者受听者意外刺激后,反问说出一个很荒谬的现象或者现实中几乎不可能出现的现象,用以嘲笑听者、反对听者,但在亲密关系中这种调侃并非责骂,反而表明了说者和听者"言笑无忌"的亲近同盟立场。共有 33 例。

例(4)还可以当作比喻或比拟,即将"(你)给我送脑白金的行为就像人们对待自己父母一样",由此是一种不典型的"反事实";例(5)则仅仅是因为听者在琉璃场火葬场附近,所以说者故意胡乱联想到"去琉璃场被火葬"来调侃自己老公,并不在乎听者是否有行为能用被火葬来比喻或比拟,这种"无厘头式的胡说八道"在亲密关系的日常对话中其实是很普遍的。

(4) 三娃苦笑:"呵呵,今年爸妈不收礼,收礼只收脑白金。<u>你娃把老子当成你们老丈人了嗦</u>? 也对,可以拿给掰哥吃。这叫头痛医脚。不! 应该叫脚痛医头。"

(5) "琉璃场? 咋子哦,<u>排队等到烧嗦</u>?"说完这句,婆娘一个人在电话那头瓜笑,我心头想你笑个锤子笑,等会儿你晓得老子遭了 40 万的晃事你就笑不出来了。

第二,说者受听者意外刺激后,直接说出否定字面命题意义的反问句,从命题真值的角度来反对听者之前告知的信息,同样是调侃式的嘲笑,负面评价下立场还是同盟的。共有 23 例。

例(6)在听者告诉说者自己被女性玩弄了以后,说者意外且不相信,直接反驳了听者提供信息的真值作为朋友间的调侃。例(7)中比较特殊,这种故作惊讶的调侃有恭维之意,用"不是……啊"格式提醒听者"谁说没有美女,你就是美女"。例(8)也比较特殊,荷花池靠近成都的火车站,所以说者不理解钟盅为什么要他去火车站附近,用当前来说不现实的情况来表达自己的中性惊讶,其中副词"未必然 X"有很强的反事实倾向[15]。

(6) 他哈哈一笑,说"<u>你娃也有遭人家耍的时候啊(＝你娃不会遭人家耍)</u>? 不可能嘛,我从来都是看到女的在你面前哭哭啼啼的,你还遭人家伤? <u>你还有感情的啊(＝你没有感情的)</u>?"

(7) "<u>不是有美女的嘛,美女喃</u>?"
"<u>你不是美女啊(＝你就是美女)</u>? 他们听到你要来,都跑了,说得他们太丑,看到你自卑。"

　　(8) 钟蛊灵机一动:走,耙哥,跟我到荷花池去一趟!

　　耙哥:去爪子喔! <u>未必然你要把我带到北京去嘛(＝你又不能带我去北京)</u>?

　　上述两种为 12 号小类的主要功能,另外还有 4 种因为和主要功能关系非常密切,没有独立出去,依附于本小类中。

　　第三,说者受听者意外刺激后,用反问句反对听者预期,反问句本身是用疑问形式来实现告知的行为,是一种间接言语行为,而这种告知还可以更间接地影响说者和听者的行动,也就是"反问告知"更间接的变成"反问要求",这些要求都是负面的,但仍然是同盟的。这一种可以视作本小类主要种类的自然延伸,共 4 例。

　　例(9)听者买车不表态,说者作为朋友帮听者讲价,最后不耐烦了,抱怨听者"不像你买车倒像我买车",有一定比拟修辞,同时还在间接催促听者快表态,虽然有些不耐烦,但不到斥责翻脸的地步,是一种嗔怪式的提醒。例(10)则更复杂一些,说者在人前被自己妻子责备挂不住面子,之后儿子来拉说者离开,说者抱怨妻子"难道她还能不让我活了",同时表达了"不要拉我离开"的允让性要求,抱怨的是妻子,话是说给儿子听的,这种抱怨第三方的要求是要博取听者对自己的同情,所以是同盟的。

　　值得注意的是这种兼具"意外＋反对"的反问式要求,更多的情况下冒犯性比反问告知更强,所以绝大部分是反同盟立场从而独立成了新的 8 号小类。另外,12 号小类里还有少数"意外＋反对"的反问式要求,其言说对象都包括说者(以听者为言说对象的反问要求独立为 5 号和 7 号小类)。

　　(9) 徐烂车过来问我"蒌蒌,你表个态嚷,你妈哟,搞成我们在这儿买车了嘛,我们都是放牛的哈,你娃才是地主得嘛!"

　　(10) 耙哥顿时雄起:我不走,我有话要说,爪子喔,<u>不让人活了嘛</u>!

　　第四,说者没有受意外刺激,只是用反问说一些荒谬的话反对听者,或者直接对字面命题进行否定,共 9 例。

　　例(11)说者想买又便宜又"上档次"的衣服,朋友惊讶愤慨嗔怪说地球上都找不到卖的,朋友提供的这种信息是常识,并不会让说者惊讶,只是他不死心,用"无厘头的胡说八道"来调侃朋友。例(12)说者把自己的私家车停在离家较远的地方,对方惊讶认为他没常识,按照常识说者也不会对听者的调侃感到意外,只是强调反驳听者"其实我也不想",其中有反事实标记"你以为",是对字面命题的否定。

(11) 弹娃又骂了个锤子:"你说的这种衣服整个地球上都买不到!"

　　　"月球上有莫得卖的嘛?"三娃操乱说了。

(12) "你瓜娃子嗦,停那么远!"

　　　"你以为我想哇(＝我也不想),我们那个小区停车简直不摆了……生怕遭挂花了,就天天开到粮农去停,走两步回屋头。"

第五,说者没有受意外刺激,直接陈述夸张修辞乃至荒谬情况以调侃/嗔怪听者,立场同盟,共13例。

例(13)花喜鹊和丈夫老打架,这次打架说者也不意外,只是嗔怪着劝架,夸张的劝说词更类似于一种修辞风格,是不典型的反事实。例(14)说者纯粹是闺蜜间聊天时的无厘头胡说八道以表达亲密之感。例(15)是少数表达正面情感的,说者给听者帮忙被人打了,面对听者的关切焦虑,说者用夸张话语告知听者没关系,有反事实标记"就当",是对字面命题的否定。

值得注意的是,直陈的反事实句少,所以多依附在其他小类里,但也有部分相对比较集中得以自成小类,即16号小类。

(13) 凤姐扶起花喜鹊,抱到一边安慰,一边骂道:是嘛,两口子,<u>脑壳打烂了都镶得起的</u>,有好大不了的事嘛! 进去坐到慢慢说。

(14) 小妹儿问我和老公咋个认识的。(我回答)"<u>和猪认识肯定是在猪圈里嘛</u>,嘎!"

(15) "<u>莫得事,就当是我觉悟高免费献血了嘛</u>。呵呵,一会儿我去找个碗把地上的血旺舀起来回去烧个汤补一哈就对了。"其实三娃的鼻子此刻像要裂开般生疼。再恼火还是要装起,哪个喊自己是男人嘛。

第六,说者受意外刺激,心情不好,不是为了反对听者什么,就是用一种荒谬的情况来强求听者的认同,只有1例。例(16)说者特别招蚊子被咬了很多包,心里烦闷,就用夸张的话语向妻子求认同求安慰,尽管说者对信息的确定性是无疑的,还是强烈要求听者给予(肯定性的)回复。

值得注意的是,这种强求认同的句子在预期性上更多的是反听者预期的调侃,独立为 10 号和 11 号小类。

(16)"……<u>你娃肯定一个夏天着咬的包没的我一个晚上着咬的</u>
<u>多,嘎?</u>"

3.3 分支:意外后反同盟的强烈反斥

这包括两个小类 4 号和 8 号,比之作为系统中心的 12 号小类,它们内部成员的相似性更大,都有着全类成员共享的多个特征,且彼此间也有多个相同特征,即[黏着 句尾 疑问 告知 反听者/说者预期 反同盟 负面 强],加在一起一共 27 例。

第一,是例句数在系统中排位第三的 8 号小类。听者的某种行为让说者意外,说者反对听者的行为,用反问斥责听者,同时也表达了阻止听者的愿望,共 22 例。

例(17)说者和丈夫吵架,丈夫要说者"给个说法(认错)",说者惊怒之余用荒谬场景来反问,斥责并表示"我绝不给你道歉"。例(18)说者的丈夫想买辆名车,说者惊怒,斥责听者并摆出理由"花大价钱买车,买来的外形功能也和普通车一样",从而阻止听者乱花钱。

(17) 花喜鹊:啥子说法嘛,<u>要不要我给你下跪嘛!</u>

(18)"啥子呢?8、90 万,你疯了嘛,老瓜娃子,买那么贵的<u>捞球哦,等</u>
<u>于 8、90 万的就不是四个滚滚儿一个壳壳了哇</u>(=八九十万的
昂贵名车也就是四个滚滚一个壳壳罢了)? 你钱用不完了嘛,拿
来我帮你烧噻!"

第二,是例句不多的 4 号小类,说者受听者意外刺激后斥责听者,这一小类还有一个共同特征就是言说对象为"听者/三方",这时候说者自己是"置身事外"的,共 5 例。

例(19)说者的弟弟被别人骗了,说者用荒谬的场景反问斥责弟弟错误地相信他人。例(20)说者嫌弃听者浪费,告诉听者"已经没有黑社会来养你了",有反事实标记"你以为",是对字面命题意义的否定。

值得注意的是,意外后用反问告知来驳斥指责听者的例句远不止这 5 例,其中绝大部分或只有听者或在讲述听说之间的情况,和其他一些非意外的反同盟斥责聚类到 21 号小类中。

(19)"你都想不出来,我咋个晓得呢,我都不晓得你在冲动啥子,徐杰

给你说欺头,你就去捡嗦,他给你指一坨屎,你咋个不去吃呢?"

(20) 张敏冲过来,把那砣卷纸抢过去看了又看,很严肃地批评了我:
你个死娃娃现在咋还是那么铺张浪费喃?! 你以为还是黑社会
在给你扎起嗦(＝没有黑社会给你扎起)! 把老子新买的"心相
印"用脱一大圈!

3.4　分支:意外后的正面感叹和自言自语感叹

这包括 0 和 2、24、25 号共 4 个小类,它们都是说者纯粹意外,没有
对听者的反对。都有共同特征[黏着　句尾　疑问　告知　反说者预期
强],共 15 例。

第一,是听者的某些情况让说者感到惊喜,这时候说者用夸张的话语
来表达惊喜并恭维听者,有修辞效果,是不典型的反事实,共 4 例。

例(21)更像一个比喻,说者对听者随便让壮汉屈服的能力很惊喜,比
喻成听者会魔术。

(21) 刚一坐下三娃就好奇地问老鬼:"哎,你搞的啥子灯影儿哦? 几
个壮汉就乖乖让了位置? 你会魔术嗦?"

第二,是一系列因为各种惊讶、惊喜、惊吓/惊怒后用反问进行自言自
语式感叹,这时候没有当面的听者,所以说者所受刺激有的来自自身遭
遇、有的与第三方有关、有的两者兼顾,而且没有听者自然也无所谓反对
听者预期了,共 11 例。

例(22)说者进城打工,发现自己没有什么技术找不到满意的工作,又
不甘心,由此在心里感叹表示不愿意回农村,有倾向于反事实的副词"未
必然",是对字面命题的否定。例(23)说者因第三方(酒店)的金碧辉煌而
惊喜,用夸张的修辞来感叹。例(24)的"你"是虚指,其实是说者自己对自
己说话,说者被第三方玩弄了感情,感叹自己识人不清,有反事实标记"你
以为"是对字面命题的否定。

(22) 看到几乎没有自己能沾上边的事,耙哥十分扫兴,摇头叹息不
已:未必然还是回去天天喝茶打牌啊(＝就不回去)! 哼,我
肯信!

(23) 那是金碧辉煌的四楼,整得三娃莽起揉眼睛。妈哟,当真是用金
子装修的嗦?

(24) 后来我才晓得是那个,早晓得就不惹她了,现在看来,那二年的妹儿也没得几个吃素的,<u>你以为你把人家哈到了哇(＝你没把人家把握住)</u>?

3.5　分支:反对听者的各种情况

因为反听者预期是语气词反事实句最关键的特征之一,所以这里包括 1、3、5、7、10、11、13、15、17、21、22 号等多个分支小类,共 75 例。

值得注意的是,这些分支并不是单纯的没有意外只有反听者预期,实际上其中还有大量意外后反听者预期的反听者/说者预期,只是它们因为种种原因从反听者/说者预期最中心的 12 号小类中独立出来并和其他无意外的功能混合了。

第一,是例句数排第二的 21 号小类。它们的主要功能是反对听者、直指听者的强斥责,是反同盟的,有的伴随意外,有的纯粹是反对,还有的比较特殊,共 42 例。

例(25)听者对说者不在乎的表现让说者惊怒,从字面命题角度否定听者、大骂听者。例(26)说者的车被听者撞了,听者只肯赔付 50 元修车,说者惊怒斥责,有"你以为"这一反事实标记,是对字面命题的否定。例(27)说者征婚被听者欺骗,惊怒斥责的直陈句"好哇"是反语,对字面命题的否定。例(28)没有意外只是反对,同时是一个祈使句,然而是荒谬的要求,所以其实不是说者真的要听者去遨游太空,而是听者炫耀后说者告知听者自己的不满和讥讽。例(29)和例(30)都比较特殊,它们都是反语,而且是字面上顺从听者但实际上反对听者的反语,即"反/顺听者预期",其中例(30)正是反事实句倾向特别明显的"噻1"。例(31)也比较特殊,在"反/顺听者预期"形成的反语环境中,独立的"哦"用作话语标记。

(25) "你一点都不在乎老子! 一个星期电话没得,短信不回,QQ 不回,问到就说在打游戏,就跟回个 QQ 浪费你好多时间一样!! <u>我们这个样子像在耍朋友啊(＝我们不像在耍朋友)</u>? 要你妈!! 你给老子滚!!!"

(26) 我说"安?!!! 好多呢? 50 块钱,<u>你以为是办客嗦(＝不是过家家)</u>?"

(27) 赵芬芳:<u>好哇(＝不好)</u>,你想骗婚吃诈钱! 老娘才不得拿给你随便玩!

(28) 美丽的女生向我炫耀,你看,我穿的是太空服! 我很不以为然,说:那你穿起这件人造棉去遨游太空嘛!

(29) "可以啊(=你说的不行),反正老子丢不起那个人,要跳要喊你带队在门口去弄!"我感觉我的元气逐渐在恢复,说话也稍微正常的点儿了,其实老子最反感那种跳操喊口号的了,现在有些美容院每天早上开门都在门口整的忽而嗨哟的,RNM 又不是保险公司,你搞这些捞球哦。

(30) "噻(=你说的不对),我就是有病,你没得药嘛?"我问她。

(31) 三娃笑:"你又在那儿架机枪开黄腔了哈,成都人都晓得夫妻肺片里头有牛舌牛心牛肚牛头皮唯独就莫得牛肺。哦,可能你们美国的夫妻肺片要加牛肺嘛。"

　　第二,是没有意外纯粹反对听者的告知,有反问形式和直陈形式,即 1 号、3 号和 13 号小类,这三个小类例句很少,其独特之处在于尽管是反对听者预期,说者的评价却是正面乃至中性的,究其原因,是因为言说对象是说者自己和第三方,并未直接涉及听者。共 8 例。

　　例(32)听者鼓动说者开餐馆,说者不愿意,并向听者解释,提醒听者有关第三方的不幸遭遇,用了"不是……啊"的这一反问式提醒格式,值得注意的是情绪并不强,这在反事实句中很少见。例(33)和例(34)说者是用夸张的修辞话语自吹自擂,不是典型的反事实。

(32) "我才遇得到哦,你吃得到好多嘛,每天拿 20 斤给你嗨,吃一个星期,你各人都喊扶不住了,我只是觉得餐饮一我不懂,二是太累,以前大老表他们老孃屋头不是开馆子的啊(=他们屋头是开馆子的),你看他们爸,刚刚开始领社保,人就没得了,把国家好死了。"

(33) "老公,我觉得我好为民着想哦嘎? 我不去中南海混个一官半职为天下百姓贡献自己的光和热好可惜嘎?!"

(34) 我对小朋友炫耀,把伤腿在他们面前一摆:看到没得,这块肉是熟了的!

　　第三,反对听者预期的要求,虽然情感是负面的但还保持着同盟立场,因此只是调侃或嗔怪,其中有反问间接告知理由的间接要求、直陈理由后的间接要求、直接祈使句。有些是兼具意外的有些纯粹是反对,言说对象或者直指听者或者是第三方,即 5 号、7 号和 15 号小类,共 12 例。

例(35)说者和听者约定一起去舞厅,说者要打的,听者想省钱要坐公交,于是说者对听者的要求惊讶之余用荒谬的反问告知听者必须打的。例(36)也是说者故意直陈一个荒谬的情况,嗔怪听者,要求听者少说话、快点菜。例(37)没有意外,是说者直接用祈使句哀求听者,"把我当个屁放了"之语有很强的比喻效果,不是典型的反事实。例(38)是本类少有的试探建议性反问,话语荒谬而情绪趋弱。

(35) 钟盅:公共汽车! 你简直是狗夹夹,等你几爷子摇拢了舍,人家舞厅早就散伙了,你们抱到凳子跳啊!

(36) 徐烂说"老子又没有来吃过,晓得这儿啥子好吃嗦,你们两个再在隔壁子摆一会,两个美女都要啃桌子了哈!"

(37) 猪脑壳几乎是半跪着被硬拖到三娃铺子上的:"三娃,不不不三哥三哥! 有话好说,我不晓得你是四哥的人啊! 我,我现在都和宏志划清界限了,我妹儿已经跟他断绝关系拉豁。你大人不计小人过三,就当我是个屁把我放了嘛。"

(38) 三娃有些担心:"现在醉酒驾驶整得凶哦,你想遭拘起了哇?"

第四,说者并无意外,为了调侃听者故作惊人之语,将听者描述得非常荒谬,并强行要求听者赞同自己,10 号和 11 号小类,共 5 例。它们都和语气词"嘎"有关,其中有些是句尾语气词,有些是独立附加问[16]。

例(39)说者和妻子调笑,妻子故作生气不理他,他就进一步调侃妻子是自卑,后面妻子不回答还非要去挠妻子痒痒强求答案。例(40) 也出自同一语境,说者调侃妻子太懒故意讲了个荒谬的故事要妻子赞同。

(39) "小叽叭,你把屁屁对到我,就是好自卑嘎?!"

(40) "肯定就是! 你投胎的时候,别个问你有啥子要求,你就说你想变只牛,又说喜欢看电视,结果就把你变成了只蜗牛,嘎?!"

第五,是比较特殊的在反听者预期中的话语标记,只有 2 例,因为彼此间相似度太高所以单独聚出一个小类。

例(41)说者的朋友(男性)告诉说者"遭了(出大事了)",说者调侃朋友大惊小怪不镇定,在"男朋友怀孕父亲不是我"这样荒谬的语境中使用了话语标记。

> (41)"啥子又遭了嘛? 你又怀起了噻? <u>老子先说哈</u>,不是老子的哈! 哈哈哈哈哈"我把烟锅巴一甩,顺手把徐烂的手推开。

第六,还有一个特殊的小类,在单纯反听者预期的时候,用祈使句直接提出无礼要求,是反同盟的。它并不是和中心直接关联,也没有和各反听者预期的小类关联,而是更接近在"意外+反对"情况下提出反同盟强否定要求的8号小类。这个小类的特殊性还在于,其祈使句本身是反语,即是否定字面命题的反事实,共6例。

例(42)说者对丈夫在外面说自己坏话很生气,字面上是祈使要求"你说噻",实际上是要求"不准再胡说了"。

> (42)凤姐(边说边往里走):泡啥子茶喔,我们消受不起,陈黔贵,<u>你说噻! 谙倒说噻(=不准说)</u>!!

3.6 分支:听者预期相关同盟立场的强直陈

这个分支包括16号和23号。如前所述,直陈和反问不一样,反事实句相对很少,因此其中好些因为太零星而分散在其他小类中,但16号和23号例句比较集中一些从而独立,共20例。

第一,16号小类中主要功能是说者就涉及听说双方之间的信息反对听者,情感是负面的但还保持同盟立场。另外还有一些特殊的零星附属功能种类,共17例。

例(43)说者遇见许久不见的老顾客,用无厘头胡说八道表示"真的很久没见"的调侃,并有反事实标记"以为"。例(44)说者开车很莽撞,听者表达了嗔怪和告诫后,说者撒娇不接受,把自己开快车比作游乐园坐翻滚列车,调侃听者。例(45)是本类中比较特殊的,即听者开车太快,说者直陈不可能实现的情况(如果听者出车祸死了说者不出席葬礼)来陈述理由,进一步间接要求听者不要开快车。例(46)也是比较特殊的情况,它即无意外也没有任何反对,是对听者预期的顺从性告知,其反事实的动因在于"礼貌",说者明明是要努力表演一台好节目,但一定要说是"献丑"以示谦虚,这是一种规约化的礼貌用语,是不典型的反事实。

(43)"哎呀,胡大爷的嘛! 那么久都不来,我还以为你哥子跑到美国 去给自由女神安塑料雨棚去了的。来,烟烧起,里头请。"

(44)"免费让你坐翻滚列车,你赚了噻。"说话间程菲又一个"老刹车" 把三娃撞得惊叫唤。

(45)"爬爬爬,你龟儿子职业病又翻球了嗦? 你还勤奋喃,清早八晨 就跑出去找业务? 小心哟,大清早的车都是怕迟到开得飞叉叉 的哦。一会儿你龟儿子假戏真做遇到个开车不要命的把你虾子 碾成照片嘛,老子不得给你打丧火送踏花被的哈!"

(46)甘江斗:好嘛,那我就献丑了哈!

第二,是一个更小的类 3 号。这个类很集中,都是独立成句的"噻1", 在字面意义上顺从听者但实际上是反对听者的反语,这种嘲笑调侃情感 上是负面的,但立场是同盟的。

例(47)听者遇到一个明星很兴奋,说者则对明星无感,故意用荒谬的 情况顺从听者,实际上是反对对听者。

值得注意的是,作为反语的"噻1"因为总是负面情感,所以有 1 例反 同盟功能,但反同盟例句太少所以依附到了反同盟的 21 号小类中。

(47)"噻,噻,噻,认到他我要多长两斤肉(＝不对,认到他我又不会多 长两斤肉),难得给你两个说,来哦,喝起走哦!"我没有和他深入 说这个话题,应该说是不敢,因为我怕他一说高兴了就刹不到 车,搞紧拿酒来堵他的嘴巴。

3.7 分支:主要和第三方相关的强告知

如前所述,反事实句和听者关系密切,绝大部分都会反对听者,有很 多是说者意外,言说对象也主要涉及听者和说者,第三方往往是听者和说 者附属的对象。但也有少数涉及第三方预期的,或者言说对象只涉及第 三方,这就是 6 号、9 号和 19 号小类,共 15 例。

第一,是叙述语篇中的 6 号小类。语气词一般主要用于对话语篇,但 叙述语篇中也可能出现,尤其是作者为了"讲故事生动",会用近似口语的 风格来叙述。这时候没有明确的当面的听者,叙述的都是和书中角色(第 三方)预期相反的情况。同时立场都是非同盟的,都是用反问句表达对字面命题的否定。

例(48)故事主角"三娃"对存钱持无所谓的态度,字面意义是"存钱有用",反问表达的是对三娃来说"存钱没用"。

(48) 这也是三娃最坏的打算了。事情谈不拢就折财免灾,一万不可能给嘛就把那两千多一下给他了事。反正光棍一个,一个人吃饱全家不饿,<u>存起钱有球用啊(＝存钱没用)</u>!

第二,是9号小类,在对话中说者将第三方的情况告诉听者,且和第三方或某种普遍常识造成的预期相反,这时还可能伴随说者对第三方的意外,用反问表示对字面命题的否定,说者向听者提供第三方信息的对话自然都是同盟的,共3例。

例(49)说者向听者介绍张献忠的七杀碑,反问否定了字面命题。例(50)听者向说者介绍几个朋友,这几个朋友自称自己是专家"泰斗",说者惊讶之余,故意谐音误解为"太陡",并进一步用反问反对那几个朋友的预期,否定其泰斗身份。

(49) "这座碑本是被藏在清政府在成都的一座官衙空屋内,是严禁外人靠近的。因为当时有个可怕的传说:谁摸了七杀碑就会引起火灾。<u>哪个球大爷还敢摸啊(＝没有谁敢摸)</u>!"

(50) "那他们是啥子?"

"泰斗! 他们自己说的!"

"宝器嗦,太陡? <u>有好陡嘛(＝根本不'陡'＝根本不是泰斗)</u>? 喊出来,我瞅一哈!"

第三,是19号小类,都是只涉及第三方的强直陈,预期性上比较分散,共6例。

例(51)是反语,但和前面"反/顺听者预期"不同,这里说者在介绍第三方的情况,听者本身也没有预期,说者的反语直接针对第三方,因此是"反/顺三方预期"。例(52)也是说者介绍第三方情况,然而是说者被第三方惊吓以后的惊呼,同时是一种夸张比喻不是典型的反事实。例(53)说者反对村民对第三方的猜测,用"你猜他出国? 那先说他出省"的胡乱说明来证明听者猜测的荒谬。

(51) 何胖娃儿说"徐哥终于挨晃事了嘛,天到黑跳占嘛,<u>这下对了嘛</u>

（＝这下不对了），不过也好,他反正天天都在幻想不上班都有饭吃,这哈有饭吃了"。

(52) 过了一会儿,有个人找到我二舅舅说:咳! 老何,你快去看一下你侄女啊～,在桥上爬啊～,飞夺泸定桥啊～!

(53) 村民:未必带出国呐!

　　王宝器:出国,还出省嘚(＝当然没有带出国)。不晓得他耳朵咋个听起在,他把人家先带到新鸿路,又带到马家花园,最后又跑到了太升路,嘿,说这个就是我们成都的新、马、泰……

3.8　分支:一些少见的边缘情况

14 号、18 号和 20 号小类的共同点不多,总的来说它们是一些少见的功能。

第一,14 号的特殊在于情绪强度是中等的。绝大部分语气词反事实句总是和"强调"关系密切,前面偶见用"不是……啊"提醒听者的情绪中等的例子,因为这些例子或是负面的或是反问句,所以依附在其他小类中。但还有若干正面情感、直陈的中等情绪例句独立成类,共 4 例。

例(54)是出于礼貌的委婉告知,说者明明就是认为对方出价超过车的价钱,却还要加一个"不是"。例(55)也是一种常见的谦逊着夸耀的话语标记,"没说头"的下面就是要说的长篇大论。

值得注意的是,这种礼貌手法通常是正面、委婉的,所以情绪表现得不强。不过也有前文"我就献丑了哈!"的强情绪,相对较少而依附于其他小类。

(54) 何胖娃一副崩起专家的样子,先掭了一口茶,拿嘴巴 LI 了一下茶叶,吐出来,看到老果果说:"刘哥,不好意思哈,我说下我的看法哈,我觉得 46 万有点高哈,有点超过我们的心理预期了,我不是说值不到这个钱哈(＝其实就是值不到这个钱),都是朋友,你适当优惠点,建哥这边加点就对了噻"。

(55) 不得啥子说头哈(＝下面就是情况报告),现在的敌情分析是我军 5 人,敌军 3 人,而且我军都是平时吃干饭超扁担的,敌军那种干 XIUER 娃娃哪儿是对手嘛,动手,几分钟的时间,可能机麻都没有打完一盘,战斗就结束了,不是说我们全歼敌人,是

JCSS 来了,把我们全部招呼到。

第二,是 18 号小类的殷勤招呼语,它们和有极性的预期性没有关系,表达了正面的强情绪,共 2 例。

例(56)是一种日常生活中常见的殷勤招呼语,说者并不是真要具体邀请听者一起吃饭,就是客气一下,实际上是一种假的邀请,但这种规约化的假邀请不是典型的反事实。

(56) 何胖娃儿本来没有睡醒一直在李晶磊的车子上啄瞌睡的,听到说到了,也跑下来站起,一看是中和场,他给李晶磊说"李老师,这儿离我们电台近得很噻,二天你找不到饭吃了就来这儿嘛……"。

第三,是 20 号少数几个在反事实句中的条件标记,条件句多数是非事实的,但也有反事实条件句,共 3 例。

例(57)是说者请听者吃饭,但在听者询问吃什么时,故意说请听者吃剩饭,用无厘头胡说八道调侃听者,反事实部分就在前面的条件分句中。例(58)是说者用荒谬的情况威胁女儿"不许考不好,考不好有严重后果",反事实部分在后面的结果分句中,并且有一定修辞作用,不是典型的反事实。

(57) "啊,再去要两碗潲水晌午饭嘛就解决了噻!"

(58) 要期末考试的时候,一楼汤娃他妈说,我要给我们红飞炖锅鸡汤补一补! 我妈听到之后,也给我炖了一锅,我喝得之香喔,我妈在旁边欣慰地说:好生考试哈! 考不好噻要把鸡汤给老子吐出来!

4. 进一步分析

4.1　成都话语气词和反事实句的关系

如前所述,成都话各语气词中反事实句的分布并不均衡,现在再来看各语气词的核心功能[17]:

噻:强意外语气词,"恍然大悟",反问为主,偏负面。

哇:强意外语气词和弱意外语气词,强意外部分表反问,弱意外部分表求证问。

哦：强语力语气词，意外还是不少，叹词/陈述式告知。

啊：强意外语气词和强语力词，叹词/陈述式告知比"哦"少一些，反问式告知，少量求证问和真性问。

嗬：强语力语气词，意外还是不少，反问式告知和追问式真性问各一半。

噻 1：强顺听者预期语气词，即强调的肯定听者命题意义的"是"。

噻 2：强反听者预期语气词，陈述式告知和祈使式要求，同盟立场。

哈：较强反听者预期语气词，陈述式告知和祈使式要求，同盟立场。

嘎：同盟语气词，任何内容加上"嘎"以后都表示同盟立场，强求认同。

嘚：强确认语气词（反说者预期和反第三方预期），陈述式告知，非同盟立场（叙述语篇）。

嘛：强调语气词（反说者预期、反听者预期和顺应听者预期均衡），直陈、反问，直接祈使要求较均衡，少量求证问和真性问。同盟立场。

吧：唯一一个中弱语力语气词，弱确定告知和求证问较多。

结合前文对语气词反事实句的分析，我们可以看出"嗦、哇、噻 1、嘎"这四个语气词中反事实句分布较为显著的动因。

首先，强调肯定听者命题的"噻 1"，反事实句分布最显著，高达66.7%。这是因为"过于用力"的肯定走向了反面，隐含了"我无可奈何只能同意你→我其实反对你"，也就是说"反听者预期"是最强的动力。

其次，几乎全部表示强意外和有将近一半强意外的"嗦、哇"的反事实句比例也相对较高，尤其是强意外为主的"嗦"有23%的反事实句。即"反说者预期（意外）"也是一个较强的动因。当然，意外本身还可能导致求证问、真性问和直接感叹，从前文的分析可以看出不和反对结合的单纯意外几乎都不是反事实的，少数正面惊喜后夸张的感叹也往往带有比喻比拟的修辞效果，不是典型的反事实。

最后，反事实句相对较多的"嘎"出现反事实句的动因比较"曲折"：作为同盟语气词，"嘎"主要的作用是强烈要求听者认同，但大部分句子都是事实的，即说者是赞同的相信的、在说者的言说世界 w1 里为真。只是延伸出去，说者说任何荒谬、冒犯的话都在加了"嘎"以后转为同盟立场，能够凸显听说间的亲密关系，这就给了说者"胡说八道"也要强求认同的自由。相对反事实句就多了。

值得注意的是,"反听者预期"较容易导致反同盟责骂,所以反听者预期动因和同盟动因似乎相互矛盾,但实际上它们是在"负面情感"上融为一体,即"调侃/嗔怪"和"责骂"中特别容易出现反事实句。

4.2 不同反事实句的真值表现

前文分析的大量反事实句,从真值表现来看可以分成以下几类:

首先,对字面命题的否定就是说者要表达的主要意思,这是最典型的反事实句,主要形式是反问句、带反事实标记或相关格式、直陈反语,真值如表4:

表4 否定字面命题的反事实句真值表[18]

例　句	W1	W2
哪个还敢摸嘛?!	X不合理 X为假=没人敢摸	X=有人敢摸
你以为你把人家哈到了哇?	X为错觉 X为假=你没把人家哈到	X=你把人家哈到了
再加2%不就全都是水啊?!	提醒相反的X X为假=再加2%都是水	X=再加2%不全都是水
好哇,你想骗婚吃诈钱!	X为气极反语 X为假=不好(太坏了)	X=好哇
嗤,嗤,嗤!	我无奈同意你 X其实为假=你说得不对	X=你说得对
搞成我们在这儿买车了嗦	X为假=不是我在买车(是你) Y不合道义=你不能不表态=你快表态	背景:Y=你不表态 X=我在买车

其次,是一种无厘头胡说八道,也可以视作典型的反事实句,即句中所述命题肯定是假的,不过和最典型反事实句不同,"反事实"并不是作者要表达的主要意思,作者的目的是要表示和听者的亲昵,主要表现形式有反问句也有不少直陈句,如表5。

表5　无厘头胡说八道的反事实句真值表

例　句	W1	W2
琉璃场……排队等到烧嗦?	X 荒谬 X 为假＝你没有排队等着烧 你所在的地点可笑 我是你老婆可以嘲笑你,调侃	X＝你在排队等着烧
免费让你坐翻滚列车,你赚了嘛	X 荒谬 X 为假＝你没赚 你的抱怨可笑 我是你朋友可以嘲笑你,调侃	X＝你赚了

最后,一些并不典型的反事实句,它们或者可视作比喻比拟等修辞效果,或者是一种常见的规约化礼貌格式等,告知反事实有时不是说者的主要目的,有时是主要目的,如表6。

表6　非典型反事实句真值表

例　句	W1	W2
飞夺泸定桥啊!	X 荒谬 X 为假＝你闺女没有夺泸定桥 X 为修辞＝你闺女在做惊吓的举动	X＝你闺女在飞夺泸定桥
你吃了炸药嗦?!	X 荒谬 X 为假＝你没吃炸药 X 为修辞＝你像吃了炸药一样脾气暴躁	X＝你吃了炸药
没得啥子说头哈,……	X 为礼貌话语标记 X 为假＝很有说头 X 表达礼貌＝我谦虚	X＝不说具体情况了
我献丑了哈!	X 为礼貌用语 X 为假＝我要表演自己精心准备的节目 X 表达礼貌＝我谦虚	X＝我表演很差的节目
我不是说值不到这个钱哈	X 为礼貌表达 X 为假＝我告诉你不值这个钱 X 表达礼貌＝我谦虚	X＝我没说不值这个钱

5. 结论

经过研究我们可以得出以下结论：

① 说者应用反事实句的动因主要来自"反对听者"也就是反听者预期；

② 反对听者的时候还常常伴随"强意外"，也就是强的反说者预期，强意外的作用来自人们普遍"自我中心"的认知观，这样，当听者提供的信息让说者意外时，说者以自我为中心就更容易对信息进行质疑；

③ 以上两个主要动因引发了一系列相关特征，即主要形式为反问句、主要言说对象为听者、主要情感为负面、主要情绪为强、直接否定字面命题和反同盟立场相对显著；

④ 此外还有少数直接陈述和直接祈使来表达的反语、少数和听说都无关的反事实句，少数正面和中性情感，少数趋向平缓的中等情绪甚至弱情绪；

⑤ 最典型的反事实句实现显性的否定，即直接否定字面命题或相关行为；

⑥ 比较典型的反事实句实现隐性的否定，即通过荒谬的情况将听者置于可嘲笑的位置上，调侃/嗔怪或责骂听者，否定的是听者的人格、合理性等；

⑦ 更不典型的反事实或者更像一种夸张的比喻比拟修辞，或者是规约化程度高的礼貌性用语，往往未必被视作反事实句，是反事实句和事实句之间的模糊地带。

附 注

[1] 这里的"论元"包括通常逻辑学所说的"实体"和"命题"，并对其等同看待不作区别。

[2] 另可参看沈家煊(1999)，袁毓林(2014)，李新良、袁毓林(2017)。

[3] 参看 Kiparsky & Kiparsky (1970)，Blackburn & Benthem (2006)，张家骅(2009)，李新良、袁毓林(2017)。

[4] 陈振宇、甄诚(2017)中尚未提出特殊的透明形式"正反叙实"的概念，郭光

(2019)也将"知道2"视作非叙实与反叙实的混杂,但在学术会议的进一步讨论和陈振宇的著作(待出版)中,已提出更复杂的叙实性系统,并明确"知道2"为透明的正反叙实。

[5] 同注释3。

[6] 不包括"咯(了2)、哆、在",它们和体标记关系密切,分别有明确的体意义,暂不讨论。

张一舟、张清源、邓英树(2001)认为"哇"是"啊"的语音变体,但杜克华、陈振宇、陈振宁(2016)认为"哇"常有不符合语音变体的表现,功能比之"啊"也有明确分化,所以视作两个语气词。

"嘞"分为独立成句十句中语气词的"嘞1/se/"和句尾语气词"嘞2/sæ/",两者有共同来源,但在现代成都话中其语音和分布上互补,功能也有明确分化。

[7] 因为考察的是"反事实"而不是"反真实",所以不包含说者故意欺骗听者、说者对现实世界错误认知的句子,这两类句子都是反真实的事实句。

[8] 各维度定义参见陈振宁(2018),但文献中没有"对象",特此说明:句子言说对象为"说者",如"我最近多忙嘚";为"听者",如"你说得好笑哦";为特定/泛指的"三方",如"他去了哇"或"世上哪有不要钱的午餐嘛"。另外,"对象"取值不是唯一的,句子言说对象可以同时是"说者/听者"等,如"你骗我嗦"。

[9] 说明:①为节约篇幅,不列取值为零的特征值;②"询问—求答"这两个特征值在本研究中表现完全一致,被算法合并为一个特征;③表中加下画线并加粗的是本维度占比最大和超过50%的特征取值;④"具体言语行为、对象、预期极性、预期来源"这4个维度取值不是互斥的,一个例句可能有多个取值,因此取值和例句之比得到的频率相加会超过100%。

[10] 本文考察最广义的"语气词",因为大量句尾语气词实际上兼做句首/句中语气词和叹词,其功能和同形式的句尾语气词有关联。

[11] 话题标记倾向于事实句如"他们啊,一个怕冷一个怕热",话语标记和条件句中主要是非事实句如"我看你喃,还是学厨师最好"和"你要在城头找工作嘞,怕是不好找"。

[12] "最小简图"和"控制度"定义参见陈振宇、陈振宁(2015)和陈振宁等(2015)。

[13] 星型图中心和边缘成员的关系明确,所以系统整体的控制度通常较高,当然控制度高并不一定是星型图。

[14] 图示说明:每个方框代表一个小类;方框里第1个数字是类号;类号后列举本类的共同特征或主要特征,如果只是主要特征,则后面有一个"十"号表示除了列举的特征外本来还有些无法独立成类的其他特征组合;特征串后括弧内是本类的例句

数;类间连线代表各类间最主要的关联;虚线框为观察和说明需要主要按预期性差异分隔的类集合,注意虚线框仅仅是观察说明辅助线和聚类无关。

[15] 严格地说,成都话的"未必然/未必"不是语法标记意义上的反事实副词,它表达"我绝对绝对不相信"的意思,即非常强烈的信念。信念在一般情况下是"非事实",不过,如前所述,"强烈不相信"很容易成为反事实。

[16] "嘎"是"该是哈"合音,语感上所有做句尾语气词的"嘎"都可以自由地分开成为附加问。

[17] 参见张一舟、张清源、邓英树(2001),杜克华、陈振宇(2015),杜克华、陈振宇、陈振宁(2016)和陈振宁(2018)。

[18] W1 中方框框起来的部分为说者要表达的主要意思,其他没有方框的部分是潜台词。

参考文献

陈振宁 2018 《基于语料库多维特征聚类关联的成都话语气词研究》,浙江大学博士论文。

陈振宁 陈振宇 2015 《用语图分析揭示语言系统中的隐性规律——赢家通吃和赢多输少算法》,《中文信息学报》第 6 期。

—— —— 2017 《基于偏向相似性的自然语言关联和聚类研究》,《中文信息学报》第 1 期。

陈振宇 2017 《汉语的指称与命题》,上海人民出版社。

陈振宇 陈振宁 2015 《通过地图分析揭示语法学中的隐性规律——"加权最少边地图"》,《中国语文》第 5 期。

陈振宇 杜克华 2015 《意外范畴:关于感叹、疑问、否定之间的语用迁移的研究》,《当代修辞学》第 5 期。

陈振宇 姜毅宁 2018 《事实性与叙实性——通往直陈世界的晦暗与透明》,《语言学研究集刊》(第二十辑),上海辞书出版社。

陈振宇 甄诚 2017 《叙实性的本质——词汇语义还是修辞语用》,《当代修辞学》第 1 期。

杜克华 陈振宇 2015 《成都话的语气词"嗦"》,《语言学研究集刊》(第十五辑),上海辞书出版社。

杜克华 陈振宇 陈振宁 2016 《成都话"哇字句"语用功能的形成》,《语言学研究集刊》(第十七辑),上海辞书出版社。

郭光　陈振宇　2019　《"知道"的非叙实与反叙实——兼论"早知道"的语法化》,《语言教学与研究》第 2 期。

李新良　2015　《立足于汉语事实的动词叙实性研究》,《世界汉语教学》第 3 期。

李新良　袁毓林　2016　《反叙实动词宾语真假的语法条件及其概念动因》,《当代语言学》第 2 期。

——　——　2017　《"知道"的叙实性及其置信度变异的语法环境》,《中国语文》第 1 期。

沈家煊　1999　《不对称和标记论》,江西教育出版社。

袁毓林　2014　《隐性否定动词的叙实性和极项允准功能》,《语言科学》第 6 期。

张家骅　2009　《"知道"与"认为"句法差异的语义、语用解释》,《当代语言学》第 3 期。

张一舟　张清源　邓英树　2001　《成都方言语法研究》,巴蜀书社。

Blackburn，P.，J. van Benthem　2006　*Handbook of Modal*，Logic. Elsevier Science Publishers.

Kiparsky，Paul & Carol Kiparsky　1970　*Fact*. In Manfred Bierwisch & Karl Erich Heidolph(eds.) *Progress in Linguistics*. The Hague：Mouton.

Leech，Geoffrey　1981　Semantics：The Study of Meaning(2nd. Edition). Harmondsworth，Middlesex：Penguin.

陈振宁：chenzhenning@jhun.edu.cn

图书在版编目(CIP)数据

叙实性与事实性 / 陈振宇,张新华主编.—上海:
上海教育出版社,2020.8
("汉语句法语义理论研究"丛书 / 陈振宇主编)
ISBN 978 - 7 - 5720 - 0046 - 1

Ⅰ.①叙… Ⅱ.①陈… ②张… Ⅲ.①汉语-句法-
研究 ②汉语-语义-研究 Ⅳ.①H109.4

中国版本图书馆 CIP 数据核字(2020)第 123292 号

责任编辑　廖宏艳
封面设计　周　吉

叙实性与事实性
陈振宇　张新华　主编

出版发行　上海教育出版社有限公司
官　　网　www.seph.com.cn
地　　址　上海市永福路 123 号
邮　　编　200031
印　　刷　上海叶大印务发展有限公司
开　　本　890×1240　1/32　印张　13.875
字　　数　413 千字
版　　次　2020 年 8 月第 1 版
印　　次　2020 年 8 月第 1 次印刷
书　　号　ISBN 978 - 7 - 5720 - 0046 - 1/H·0004
定　　价　106.00 元